개정판

유아교육사상사

김동일 · 조옥희

양서원

머리말

교육사의 전개는 한 시대의 교육현상에 관한 교육적 제 영역을 투시하고 반성하여 오늘의 교육에 대한 한 지표를 구하고 내일의 교육의 주춧돌이 되는 것에 그 의의가 있다고 하겠다.

오늘날 교육이 당면한 가장 큰 문제의 하나는 교육의 목적, 내용, 방법 등을 평가하는 것이다. 따라서 이것을 올바르게 평가하기 위해서는 교육의 역사적 배경과 철학적 기반을 연구하는 것보다 더 중요한 것이 없다. 이는 과거의 교육학설의 연구가 현대의 창조적 교육사고에 이용될 수 있는 자료를 제공하기 때문이다.

이 책은 서양유아교육사상의 역사적 발달을 인물중심으로 교육철학적 맥락에서 다루었다.

각 인물마다 가지고 있는 사상과 교육이론이 교육실제에 어떻게 반영되고 기여하는가에 관심을 기울여 저술하였으나, 각 인물의 사상과 교육내용이 방대하여 모두 다루기에는 한정된 지면에 무리가 따랐다. 그러나 반드시 다루어야 할 공통적인 내용을 선정하려고 애썼다. 따라서 각 인물마다의 교육사상과 생활철학이 교육의 필요성을 어떻게 변천시켰으며, 교육의 필요성이 교육의 개념과 목적을 어떻게 변천시켰고 또한 이 교육개념의 변천으로 인해서 교과의 내용, 교수방법, 교육실제가 어떻게 변천되었는가를 다루었다.

그동안 유아교육사상(철학)을 강의해 오면서 중요하다고 생각한 강의내용과 학위 논문을 위해서 수집한 자료들을 정리하여 책으로 꾸며 보았다. 이 책은 완성된 것이 아니다. 계속 연구하고 보충되어야 할 것이며, 독자 제현의 질정을 통해 연구 보완함으로써 더 나은 책이 되도록 노력할 것을 약속한다.

이 책은 유아교육을 전공하는 학생, 유아교육현장의 교사, 유아교육전문기관의 종사자는 물론 유아교육에 관심이 있는 분들에게 유아교육 철학과 사상사를 연구하는 데 도움이 되고자 한다.

끝으로 이 책이 출판되기까지 애써주신 양서원의 박철용 회장님에게 감사를 드린다.

2011년 2월

저자 씀

차 례

제 1 장 로크

제 2 장 루소

제 3 장 페스탈로찌

제 4 장 프뢰벨

제 5 장 듀이

제 6 장 브루너

제 7 장 몬테소리

제 8 장 피아제

제 9 장 니일

1 로크

Locke

(1632~1704)

1. 생애

17세기 영국의 경험론 철학자이며 정치가, 교육사상가이기도 한 로크(John Locke)는 1632년 8월 29일 중세적 분위기보다 퓨리터니즘이 지배적이던 잉글랜드 남서부 서머셋(Somerset)에서 출생하였다.

그의 조부 니콜라이 로크(Nikolai Locke)는 모직물 경영을 통해 많은 부를 이룩한 영국의 전형적인 가문이었으나, 그의 부친은 그 당시 사회적 지위가 별로 높지 않았던 변호사직을 선택함에 따라 검소한 가정을 꾸리게 되었다. 아버지 존은 말이 없는 엄격한 청교도로서 자녀들의 교육에 깊은 주의를 기울였는데 유아 때는 매우 엄격했으나 성장함에 따라 벗과 같은 관계가 되었다고 한다. 이러한 부친의 자녀교육 태도는 아들의 체험 속에서 승화되어 이후 로크 교육론의 근간을 이루게 된다.

어머니는 아버지보다 10년 연상으로 그녀가 36세 되던 해에 로크를 출산하였고, 이후 로크가 26세 때 병으로 사망한 것으로 알려진다. 로크는 모친이 신앙심이 매우 깊고 자애로웠다는 정도로만 회상하고 있어 모친으로부터의 특별한 교육적 감화는 얻지 못한 것으로 알려져 있다. 이러한 가정 분위기는 로크로 하여금 생애를 통하여 감정보다는 이성에 치중하게 한 주요인으로서 그의 교육사상의 주류를 이루게 된다(김규성, 1993, p.24).

1642년 로크가 10세 되던 해 영국혁명(청교도 혁명)이 일어나 로크는 정치적 파란을 겪게 되었다. 이때 부친이 의회군으로 참가하여 패주하는 사건이 일어나 가정생활이 어려워졌으나, 아버지의 참전이 계기가 되어 14세에 웨스트민스터 학교에 입학이 인정되어 늦은 나이에 지적 생활을 시작하게 되었다.

1647년 14세에 엄격한 고전교육으로 유명한 웨스트민스터 학교에 입학하여 공식적인 교육을 접하게 되었다. 5년간 이 학교에서 수학하면서 학교의 국교주의의 영향으로 가정의 종교인 퓨리턴 신앙에서 벗어나 종교적 광신주의를 배척하게 되어 이후 생을 통해 타 종교에 대한 폭넓은 수용태도를 갖게 된다. 그러나 학교의 엄격한 고전교육(학습내용이 고전어와 고전문학에 한정되어 있는)은 로크로 하여금 지나친 형식주의에 대한 반감을 불러일으켜 학교교육에 대한 비판의 근간이 되었다. 장학생으로 수학을 한 로크는 역시 대학 장학생 선발 시험에서 합격하였다.

1652년 로크는 20세로 옥스퍼드대학(Oxford University) 크라이스트 처치(Christ church)에 입학했다. 대학의 중세풍 커리큘럼과 꽉 짜여진 일과는 그로 하여금 많은 회의와 불만을 일으켰다. 그는 여기서 신학, 희랍, 수사학, 도덕철학과 데카르트(Descartes)의 철학을 배우며 의학 및 자연과학도 연구하여 후세에 근대 의학자로서 스스로의 진로를 개척할 수 있는 계기를 얻게 되었다. 1658년에 석사학위를 획득하고 1660년부터 희랍어 강사, 윤리학, 철학 연구생 등으로 로크는 이 학교와 30년 이상 관련을 맺었다.

1667년 로크는 우연한 일로 당대의 일류정치가인 샤프츠베리(Shaftesbury, Antong Ashley Cooper) 백작의 초청을 받아 그 집의 주치의 겸 비서관, 아들과 손자의 가정교사가 되었다. 이 만남은 로크 생애에 결정적인 영향을 끼치게 되는데, 이때 정치와 철학에 대한 논고, 과학에 대한 탐구가 가능하게 되었다.

1673년, 정치적 상황의 급변으로 샤프츠베리 백작은 관직을 박탈당하고, 로크는 2년 후 건강 등의 문제로 프랑스로 망명을 떠난 중에 그의 대표적 철학 저서인 『인간오성론』을 완성시켰다. 몇 년 후 샤프츠베리의 정치권력이 완전히 무너지자 네덜란드로 망명하게 되며, 1685년에 샤프츠베리와의 우정으로 인해 영국 정부로부터 반역자로 간주되어 사면될 때까지 1년간 은닉생활을 해야만 했다. 그는 망명지에서도 대표적 교육저서 『교육에 관한 고찰』의 일부를 집필하였다. 1689년 명예혁명이 일어나자 은닉생활 중 친분관계를 맺게 된 윌리엄 3세(William Ⅲ)와 함께 새 정부의 이념적 지도자로 환영받으며 귀국하여 요직을 제공받으나 자신의 허약함을 이유로 거절하였다.

만년에 그와 교우관계에 있던 마샴가(the Mashams)에서 손자를 교육하면서 자신의 교육이론을 실천에 옮길 기회를 갖게 되었고, 그 결과 교육방법에 있어서 자신의 신념을 확신하게 되었다.

로크는 평생을 병약한 몸으로 지냈고 그 때문인지 독신으로 1704년 10월 28일 72세의 몸으로 "나는 충분히 오래 살았습니다. 행복한 생애를 보낸 것을 신에게 감사합니다. 그러나 이 생애도 요컨대 허무하다는 한 마디로 끝입니다"라는 마지막 말을 남기고 임종했다(교육고전연구회, 1985, p.162).

로크는 서재에만 갇혀 있던 관념적인 철학자가 아니고, 스스로 가혹한 현실 속에 뛰어들어 다양한 문제들과 싸운 실험적 사상가였다. 그의 생존 시에는 영국 명예혁명을 이끈 정치가로서, 18세기에는 프랑스 혁명을 유도한 이론의 제공자로서, 로크의 이름은 시간의 영역 밖에서도 불후임을 알 수 있다.

2. 사상적 배경

17세기의 유럽은 역사상 대전환기로서 근대사회의 실질적인 출발점이라고 말할 수 있는 시대였다. 이 시기는 과학혁명의 세기라고 불리고, 또 사상 최초로 시민혁명도 전개되어 세계관이나 자연관, 사회관이 크게 전환되어 간 시대였다.

르네상스와 종교개혁이 진정한 인간 생명의 재탄생, 인간 재생운동을 기본이념으로 한 '중세의 가을'에서 근대화의 태동으로 본다면, 17세기야말로 전통적 사회에서 근대사회로의 결정적인 변환점이었다. 또한 교육이 현저하게 보급된 시대로서 역사가이자, 작가인 로렌스 스턴(Laurence Sterne)은 이 시기를 "교육혁명의 시대"라고 불렀다. 청교도 혁명의 영향으로 청교도 목사가 증가하여 성서 읽기 지도가 널리 보급되었으며, 이로 인해 런던의 남성 인구의 약 반수가 읽고 쓰는 능력을 습득했다고 일컬어지고 있다. 근대화 과정에서는 읽고 쓰기의 능력이 필요 요건이므로 교육기관이 크게 증가하여 초등교육이 상대적으로 많이 보급된 시기였다(김규성, 1993, pp.14~16).

이와 같이 여러 혁명들이 발발하거나 그 조짐이 여기저기에 내재되어 있는 시대적인 어수선함에도 불구하고 로크가 그의 독자적인 「교육론」을 정립할 수 있었던 것은 의사로서의 임상적인 경험과 여러 번에 걸친 가정교사로서의 경험이 매우 큰 위치를 차지하고 있음에 틀림없다. 또한 옥스퍼드 재학 시절 신학, 희랍, 수사학, 도덕철학, 의학, 자연과학에 이르는 학습 영역을 비롯하여 실제로 그가 접한 책의 양이 방대하여 그의 넓은 학문 세계를 엿볼 수 있다.

로크의 「교육론」에서 두드러진 교육사상적 배경은 바로 '휴머니즘'이라고 할 수 있다. 그 예로 로크는 독서에 관해 퀸틸리아누스(Marcus Fabius Quintilianus)의 『웅변가의 교육』을 좋은 참고서로 추천하고 있다. 퀸틸리아누스는 고대 로마의 교육사상가로서 고전 휴머니즘 교육 형성의 최대 공헌자로 지칭되고 있다. 고전교양의 습관이 이상적인 인격 형성을 보장한다는 휴머니즘의 전통은 희랍, 로마의 고전교양적 학습이 르네상스에서 자유롭고 선한 인간의 해방을 위한다는 사조를 계승한 것이다.

그러나 로크의 또 다른 사상적 배경에 지대한 영향을 준 몽테뉴(Michel Eyquem de Montaigne)는 문법훈련이나 허식적 형식교육에 치우친 당시 휴머니즘 교육의 실정에 반대했다. 그는 교육목표로서 실질적이고 유용한 교육에 의한 생활력 있는 신사의 육성을 주장하고, 학교보다는 가정에서의 교육을 추천하고 학문보다는 도덕과 예의 실천행동을 우선으로 하는 교육론을 전개하여 로크에게 큰 힘을 주었다.

또 하나 17세기 실학사상의 조류에 직접 투신하여 의학자로서 인간 형성을 성취한 로크는 그 과정에서 실천적인 학문관을 체득하여 비합리적인 세계를 배제하고 인간이성을 구사하여 가능한 한 자연적 세계를 해명하고 인간의 행복에 도움이 되게 한다는 베이커니즘(Baconism)의 논리를 스스로의 사상으로 만들었다. 그 사상도 이 같은 현실생활을 중시하는 리얼리즘사상에 기초를 두고 있다.

이러한 리얼리즘 교육의 최대의 사상가는 『대교수학』을 저술한 코메니우스(Johann Amos Comenius)라고 할 수 있다. 그는 인식의 기초로서 감각을 중시한 직관교수를 제창하고 근대과학의 연구방법론을 교육방법에 적용했으나, 한편으로는 현실사회를 직시하고 모든 아동을 대상으로 한 교육제도를 구상했다. 교육에 의한 교육개혁의 발상은 사회에 의한 교육 개선을 촉구하게 되었다. 코메니우스의 사상은 영국혁명기의 교육론자들에게 적지 않은 영향을 주었다.

밀톤, 페디, 윈스다리 등 당시 교육론자들도 기본적으로는 베이컨 이래의 영국 경험론의 사상적 테두리 속에서 과학혁명의 시대 상황을 충분히 반영한 교육사상을 전개했다. 로크도 같은 범주 내에 들어간다. 단, 신사교육론만을 설명하는 밀톤을 별도로 하고 다른 사상가들의 주된 관심은 민중교육에 있었다. 휴머니즘적 전통과 리얼리즘 사조가 경합하여 실학적 휴머니즘으로서 모든 사람들의 인간 해방을 교육에 의하여 실현하고자 하는 자세가 그들은 공통적인 지평선상에 서 있었다. 로크는 그들과 밀톤의 중간 위치에 서서 사회적 현실을 직시한 그대로 신사에 맞는 「교육론」과 민중에 맞는 「노동학교안」을 구상하였다. 이것으로 로크는 리얼리즘에 철저했다고 말할 수 있다(김규성, 1993, pp.42~43).

이와 같이 그 시대 상황의 현실에 충실하면서 여러 사상가들의 사상을 자신의 것으로 잘 집대성한 그의 「교육론」을 비롯한 많은 사상들은 이후 계몽사상가들과 루소(Jean Jaques Rousseau)를 비롯하여 여러 학자들에게 전수되어 현대 '교육'의 큰 줄기를 형성하고 있다.

3. 교육이론

로크의 교육에 있어서 가장 중요한 기본사상은 바로 '백지설(tabula rasa)'이다. 즉, 인간의 마음은 마치 백지와 같고, 깨끗하게 닦여진 칠판과 같아 이 백지 위에 새겨져 가는 아동의 경험 하나하나는 그의 인간 형성의 중요한 요소가 되는 것이다. 이 때문에 교육의 중요성, 특히 유아기부터 행해지는 올바른 교육의 시행이 그의 주요 저서 『교육에 관한 고찰(*Some Thoughts Concerning Education*)』에 피력되어 있다.

대개의 경우 10명 중 9명은 교육에 의해 선해지거나 악해지며, 쓸모 있는 혹은 쓸모없는 사람이 되는데, 이와 같이 사람에 따라 심한 차이를 유발시키는 것이 교육이기에 교육의 과오는 인생의 모든 면, 모든 단계를 통하여 교정될 수 없는 오점을 남긴다. 따라서 교육의 과오는 용서될 수 없는 것이라는 생각으로 올바른 교육의 중요성과 이런 교육을 맡은 교사로서의 의무감을 깊이 생각하고 있다.

로크는 과학적 지식을 겸비한 의사로서 과학적 이론에 기초하여 현실적으로 많은 어린 환자들을 진찰한 경험과 지식을 토대로 합리적인 교육론을 내놓고 있다.

특히 학습에 대해 그는 "읽기・쓰기・셈하기의 학습이 필요하긴 하지만 주된 일은 아니다"(Locke, 1961, p.47)라고 명백히 밝히고 있다. 즉, 유덕하고 현명한 사람이 대학자보다 더 중요하다는 것이다.

로크는 "학습은 필요한 것이지만, 중요한 인간 능력을 바르게 키우는 데 도움을 주는 수단에 불과하다. 그러므로 아이들의 순진무구함에 상처를 주지 않고, 아이의 좋은 점을 소중히 여기고 키워 주며, 나쁜 성질을 기꺼이 고쳐 주고 뿌리 뽑아 좋은 습관을 형성시키는 것에 주력해야 한다"(임채식, 강진영 역, 1993, p.162)고 그의 교육관을 정립하였다.

1) 유아관

17세기 당시 사람들의 통념에서는 아동에게 가해지는 질책이나 체벌은 당연한 것이었다. 불완전한 아동을 인간답게 기르기 위해서 엄히 징계한 것은 고대로부터 이 전통을 기독교의 교리로 인정하고 있었다. 로크 시대에는 청교도들이 원죄설에 의한 아동관을 가지고 준엄한 태도로써 가정교육을 시켜 왔다. 이 같은 가혹하기조차 했던 아동의 세계는 가정의 변모에 따라 점차 그 양상이 바뀌어 엄한 지배복종과 익애와 과보호 등이 뒤섞여 애증감정이 공존하는 부모-자식 간 관계가 성립되었으며, 자식은 명확하게 교육의 대상으로서 의식되기에 이르렀다. 이러한 부모-자식 관계를 합리적인 지성으로 극복해 낸 것이 로크였다. 로크는 부모들이 자식들을 스스로의 작품으로서가 아니라, 전능하신 신의 작품으로 보호·양육·교육할 의무를 가지고 있다고 밝히면서, '성인은 아동을 이성적 존재로 취급하고, 그 자연적 자유를 침해해서는 안 된다'고 「교육론」에서 설명하고 있다. 아동의 자유와 자연을 존중하고, 체벌이나 질책보다는 칭찬을 권하고, 스콜라적인 엄한 문법훈련을 부정하고, 아동 인식발달의 순서성과 아동의 생활현실에 따르는 교육내용을 충분히 고려한 교육이 주창되었다. 이 같이 로크의 「교육론」은 낡은 아동관에서 새로운 아동관의 전환점이 되었다.

이 로크의 사상은 18세기 아동의 운명에 결정적인 역할을 해내었다. 아동을 귀중하게 여기고, 부모와 자식은 서로 사랑하고 다정하게 대화하며 같이 놀아 주는, 인생의 희로애락을 서로 나누어야 할 존재가 되었다. 비인격적인 부속물로서의 존재에서, 사회의 중요한 구성원이며 인격적 존재로의 전환이라는 의미에서 아동을 발견하고 이해하는 데 로크야말로 최대의 공헌자라고 할 수 있다(김규성, 1993, p.50).

로크에게 있어서 인간은 대부분 모든 일을 할 수 있는 능력이나 역량을 가지고 태어나며, 그리고 상상 이상으로 훨씬 많은 활동을 하게 된다. 그러나 부여된 힘을 연단하고 숙달함에 따라 완전으로 인도될 수 있는 존재였다. 즉, 인간은 이성적 존재임과 동시에 하나의 피조물이라는 견지에서 본다면 여러 가지 욕망에 이끌려 동요되는 존재이므로 이 욕망은 인간에게 있어 결정적인 약점이 될 수 있다. 그러나 인간에게는 정신력이라는 것이 주어지므로 이러한 욕망을 스스로 억제할 수 있고, 자신의 성향을 초월할 수 있으며, 비록 정념에 따르고 있다 해도 이성이 인도하는 곳으로 따를 수 있다고 인간의 존재에 대해 긍정적인 평가를 내리고 있다.

로크의 유아관의 출발점은 아동의 원죄신화에서 해방받은 존재로 도덕적 인격으로 형성될 수 있다는 경험적 사실에 있다. 그러나 부모들이 아동을 너무 익애한 나머지, 자유방임하여 아동들에게 손을 쓸 수 없을 정도의 상태로 몰아가는 극단적인 방향으로 치우치고 있음을 크게 지탄하며, 아동은 어릴 때부터 어른의 절대적인 권위와 감독 아래에 두어야 할 존재라고 주장하였다.

아동은 미숙한 존재여서 여러 가지 잘못들을 범하게 되지만 언어를 습득함과 동시에 이해할 수 있는 이성적 존재로서 성장한다. 그러므로 일찍부터 그들을 이성적 존재로 대우해 줄 필요가 있다. 또한 아동은 바람직한 성격 형성에 있어서도, 종교적 덕성, 사회적 사려 분별에 있어서도 아직 미숙한 존재이므로 이를 위해서 올바른 양육과 좋은 습관 형성, 학식이 중요하다. 특히 습관에 있어서는 세심한 주의가 필요하다. 부모의 익애로 인해 울기만 하면 무엇이든 가질 수 있고 좋아하는 것은 할 수 있다는 것을 유아가 알게 되면 비도덕적이고 자기의 정념에서 헤어나지 못하는 사람이 되므로 아이는 아이로서 그들의 자연스런 욕망들을 수용하되 일단 그들이 졸라대는 것을 바라고 있다는 이유만으로 한 번 더 숙고해 보고 거절할 수 있어야 한다.

아동이 한 인간으로서 이성을 갖고 태어나듯이 (개인차가 뚜렷한) 아동의 개인적 기준이 성격 형성에 지대한 영향을 미칠 뿐만 아니라 그 외 소질이나 경향 등은 쉽게 고쳐질 수 없는 것이라고 하여 교육의 한계점마저도 통감하고 있다. 그러나 최대한으로 그들이 올바르게 성장하도록 돕기 위해서 주위 사람은 아이의 성질과 소질을 잘 연구해야 하며, 아이가 어떻게 변화할 수 있고, 무엇이 그에게 적합한지 알아내야 한다. 아이의 천부적인 것은 무엇이며 그것은 무엇에 적합한지, 그리고 그것이 나쁜 것이라면 어떻게 개선시킬 수 있을지 관찰해야 한다. 그 중요한 예로 아동이 자유로움을 추구하는 가운데 자연스럽게 나타나는 고집은 아동의 지배욕에 연관되어 있어 방치하면 부정·

폭력으로 연결될 수 있으므로 최대한 억제하도록 권고하고 있다.

인생에서 가장 활발하게 움직이는 시기가 바로 유아기다. 그들은 자연에 이끌려 자신들을 표현하고 최선을 다한다. 그러므로 아이에게 어른과 같은 태도, 진지함, 성실성을 기대해서는 안 된다. 아이는 어리기 때문에 어리석고 유치한 행동이 묵인, 허용되어야 하는 것이다. 실수, 부주의, 쾌활함은 아이의 특징이기도 하다. 아이의 자연적인 기질을 성급하게 고집으로 해석해서는 안 된다. 아이가 잘못했을 때 그 아이를 마치 약한 사람을 대하듯이 돌보아 주거나 도와주어 그 잘못을 고치도록 해야 한다. 아이에게 잘못이라고 타일렀어도 똑같은 잘못을 저질렀다고 하여 섣불리 아이가 타이름을 무시하고 있다거나 혹은 고집쟁이로 간주해 버려서도 안 된다(임채식, 1993, p.83). 특히 이러한 상황에서는 쉽게 체벌이 사용될 수 있는데 이는 중대하거나 극단적인 경우를 제외하고서는 사용되어서는 안 된다. 이는 그들의 본성을 억압하여 노예적 기질을 만들 수 있기 때문인데 이러한 견지에서 포상도 주의해서 이루어져야 한다.

유아의 건강에 관해서 로크는 「자연관」에 입각하여 가능한 주어진 환경에 견디며 적응하는 힘을 길러야 한다고 하여 당시 상층계급의 과보호나 자연으로부터 격리하여 양육하는 육아습관에 정면으로 도전하였다. 즉, 자연을 존중하고 자연에 순응함으로써 인간의 성장발달을 원활히 할 수 있다고 보아 '자연은 우리들이 감독하는 것보다 훨씬 잘 정확하게 독자적인 힘으로 일한다. … 자연이 신체의 여러 부분을 형성하는 데 방해하지 않을 것 … 자연이 최선이라고 생각하는 것 같이 자연이 신체를 만들어 가도록 여유를 주라(Locke, 1961, p.11)'는 자연주의적 육아론에 기초하여 유아를 보고 있다.

로크에게 있어서 유아는 강물과 같이 이리저리 바뀔 수 있는 존재로 유아의 정서는 혼재하고 있으며 아동에 따라서는 서로 다른 인상이 정서를 점유하고 소멸되어 간다. 어떤 신기한 것이 머릿속에 들어오면 그 순간 모든 관념은 한구석으로 쫓겨 밀리고 만다. 아동의 자주 변하는 성질이나 불완전성은 결코 나쁜 것은 아니고 그것이 그의 본성이며 미지의 것을 추구하는 원동력이 되는 것(김규성, 1993, p.159)이라고 아동을 중심으로 그의 「교육론」을 펼쳐 그들의 유연하고 불완전한 정서를 무리하게 억압하지 않고, 가르치려는 내용을 보다 흥미롭게 받아들여지는 방향으로 교육시켜야 한다고 하였다.

2) 교육목적

로크 교육이론의 목적은 지식보다는 지혜(wisdom)와 가치(value)의 훈련이다. 즉, 지적이고 도덕적인 전형적 영국 신사의 육성이다. 현대적 의미로는 시민사회의 구성원으로서의 인간을 형성하고자 하는 것이었다. 그래서 로크는 '교육은 누가 하든지 아동이 갖는 재능을 최대한 신장하게 해 주는 것'(Locke, 1961, p.66)이라고 그 목적을 정의하고 있다.

인간에게 있어 가장 중요한 심적 능력을 이성이라고 보아 이를 개발시키는 것에 최대의 관심과 주의를 기울여야 한다고 했다. 로크는 이성은 결코 욕망에 대립되는 것이 아니라 그 욕망의 확대와 더불어 그 작용을 강화하면서 인간의 행복을 실현시켜 나가는 정신적 특성, 즉 인간의 중요한 생존능력이라고 보았다. 즉, 이성과 욕망은 조화적인 통합을 이루어야 한다. 이렇게 조화를 이룬 이성적 인간의 현실적 요건이 바로 덕성인데, 이것이 바로 「교육론」의 최고 교육목표가 된다. 아동들이 덕을 몸에 익혀 선량한 성격으로 훈련되는 것이 바로 로크의 사회이론의 완결이다. 로크에게 있어서 교육의 목적은 덕육이요, 이 덕육의 목적은 자신의 욕망을 억제하고 이성(理性)에 따라 행동하는 데 있다. 즉, 의지를 도야하는 것에 중점을 두어 정욕을 억제하고 아동에게 자연적 도리에 합치되는 행동을 하도록 하는 것이다(김규성, 1993, p.83).

교육이란 자연이 부여해 준 것을 최대로 이용하는 것이며, 악덕에 빠지지 않게 하고, 천성적인 결점을 보강해 가면서 소질을 마음껏 발휘하도록 하는 측면에서 중요하게 제기되는 교육의 또 다른 목적을 극기적 자기 노력을 통해 몸에 익히는 것이다. 로크가 강조하는 적게 먹기, 소박하고 검소한 몸차림, 얇게 옷 입기, 찬물로 목욕하기 등은 과도하게 인위화된 생활양식에서 아동을 해방시키는 것과 동시에 절제와 단련을 통해 그들이 앞으로 나아갈 냉엄한 사회에 적응하고 인내할 힘을 길러 주자는 것이다. 유아기 때의 습관에 관한 부모와 교사의 세심한 주의와 엄한 관리를 통한 극기는 자립심을 길러 줌과 동시에 자신의 욕망을 억제하여 이성과 조화시키는 덕육에도 바로 연결되는 것이라 하겠다.

로크는 형식적인 학교교육을 통렬히 비판하였으며, 그 역할을 가정으로 돌리는 것에 매우 치중하였다. 학교의 고전어 커리큘럼은 덕성이나 실제 생활에 무익한 것으로 형식에 지나지 않으며, 고쳐야만 하지만 쉽게 고쳐질 수 없는 나쁜 습관들만 형성되는 곳이라고 하였다. 이러한 학교에서 주로 이루어지는 전통적 언어학습에 대한 로크의 비판을 지육에 연결시켜서는 안 된다. 로크에게 있어서 지육은 덕육 못지않게 중요한 것으로 간주되고 있다. 덕육이 중요하다고는 하지만 진공 상태에서 이루어질 수 없는 것으로 체계적인 질서를 세워서 하나하나 쌓아 올라가는 지식교육의 분야도 매우 중요하다. 오히려 지육이 덕육의 기초가 되며 덕육은 지육을 지도하고 있다는 의미에서 양자는 분리되어 논의될 수 없다. 그러나 지육은 종래의 학습방법으로는 이루어질 수 없는 것으로 아동들의 감수성을 일그러뜨리는 것이 된다. 이러한 지육을 위해서는 직접 지식을 가르치는 것뿐만 아니라 흥미를 유발하여 스스로 지적 향상을 도모하는 방법을 가르쳐야 한다.

이러한 지육을 통해 뭔가 위대한 것을 자기 힘으로 공부하고자 하는 것, 자신의 문제를 스스로 생각하고자 하는 것, 처음부터 끝까지 질서를 세워 점진적으로 최후까지 도달하려는 정신이 길러질 수 있다.

다음 교육목적으로 제시되는 것이 체육이다. 정신과 육체는 인간 삶에 있어서 어느 하나를 생략하고 다른 것으로 메울 수가 없는 것으로 동등한 가치를 지닌다. 그 당시까지 경시되어 오던 체육에 대한 가치는 "신체가 정신의 명령에 따라서 움직일 수 있도록 체력과 활력을 보유해야 한다"(Locke, 1961, p.31)라는 로크의 말을 통해 재고하게 된 것이다. 신체단련을 위해 로크는 옷을 얇게 입힌다든가, 냉수욕을 한다든가, 소식을 한다든가 하는 자연스런 일상 습관을 통해 자제력과 함께 체력을 증진시키는 것 외에 댄스, 펜싱, 승마, 수영, 검술 등과 같은 스포츠를 통한 신체훈련의 필요성도 내놓았다. 하나의 소양이라 할 수 있는 음악, 스포츠, 수공작업 등의 레크리에이션은 노동에서 피로한 정신과 육체를 건강하게 회복시켜 새로운 피로에 적응하게 하는 것으로 체육에서 주요한 위치를 점한다. 이러한 여러 각도에서 행해지는 신체훈련의 과정이 전개되어 가는 중에 정신 형성이 연합되어 간다는 사상이야말로 로크의 독자적인 사상이다. 신체는 인간교육 가능성의 원천이며 심신의 긴밀한 연결을 통해 지·덕·체의 조화를 이룬 이상적인 인간을 육성해 내는 것이 로크 교육의 주목적이라고 할 수 있다.

로크는 지·덕·체의 주된 교육목적 외에 몇 가지를 부가하고 있다. 어학은 그 자체로서 실무에 도움이 되는 개개인의 유용한 지식을 얻는다는 측면에서 유용하지만 권위주의적인 형식적 암기에 반대하여 계속적인 반복을 통해 이루어져야 한다고 했다. 이러한 반복이 유용하게 사용될 수 있는 분야가 바로 습관인데 이 습관의 올바른 형성은 일생을 통해 이루어져 올바른 성인으로 자립시키기 위한 것들이 포함되어 해야 할 일과 하지 말아야 할 일, 하고 싶지만 극기를 통해 자제할 일 등이 몸에 배이도록 하려함이다.

로크의 교육 구조는 가진 자와 못 가진 자의 이분법적 구조이다. 그러나 기본골격은 거의 동일하여 그 교육원리를 학습시키는 목적, 실생활에 유리한가 불리한가, 생활시간이 태만하여 낭비되지 않도록 방지할 수 있는가 없는가를 가려내고자 하는 것이었다.

체벌은 아동의 흥미를 꺾어 버리고, 노예적 기질을 만들며, 악행과 불규칙적인 생활을 일으키는 근원이라 하여 가능한 어떤 경우에서든 체벌은 행해져서는 안 된다고 여러 번 강조하였다. 그렇다면 잘못된 행동을 유발시키고 지도하는 어떤 동기를 근절시켜 올바른 인격을 갖게 하는 길은 도대체 무엇인가? 교육적인 방법으로 존경심과 불명예를 알게 하는 것이다. 감정과 감각이 예민한 아이들은 이러한 감정적인 존경심과 불명예에 민감하여 이성적 판단을 통해 그들이 이루어 가야 할 이상적인 모습들을 스스로 체득할 수 있게 하는 것이다.

로크는 실제적인 교육방법으로서 여행을 권장하고 있다. 여행이 갖는 교육적 목적은 매우 다양하다. 즉, '많은 사람을 만나고 기질, 습관, 생활양식이 서로 다른 사람들과 교제하면서 지식과 분별력을 향상시키는 것(Locke, 1961, p.212)'으로 끊임없이 미지의 사람들과 서로 이야기하는 데서 자신감이 생겨 처음 대면이라도 부끄러워하지 않고 누구라도 정중하게 응대할 수 있게 된다. 또한 여행에는 신체적 훈련, 언어 및 회화, 지식의 향상이 수반되어 보는 시야가 넓어지고 조심스러우면서 신중하게 사물을 보는 습관을 들이고, 예의가 바른 정중한 태도로써 원만하게 주변의 여러 사람들과 교제하여 자유롭고 안전하게 보호하는 힘이 생겨 본질적으로 장래를 준비하는 자립심과 독립심을 육성하여 한 인간이 되어 가는 과정으로 인간 수업의 역할을 수행하는 것이다.

이상과 같이 다방면에서 기술되는 로크 교육의 목적은 '누가 이끌어 가든지 아동이 갖는 재능을 최대한 신장시켜 주는(Locke, 1961, p.66)' 것으로 신체적 강건함을 위해 체육을 바탕으로 풍부한 지(知) 위에 인간적인 덕(德)을 쌓아 가는 것이다.

3) 교육내용

로크가 교육의 목적으로 내세웠던 '건강한 신체를 갖고 지혜와 덕성을 겸비한 인간'으로 교육시키기 위한 내용에 대해 아주 작은 것에 이르기까지 매우 자세하게 기술하고 있는 로크는 인간 형성의 기초를 일상생활에서 자연스럽게 자연의 리듬을 존중하고 지켜내는 건강교육에 두었다. 만약 지식을 획득하는 것에 의해 건강을 해친다면 그것을 성취하여도 도움이 되지 않을 것을 힘들여 구하는 것이 된다고 하였다. 신체가 건강하지 못한 것은 신에 대한 봉사와 이웃을 돕는 것을 불가능하게 만들어 버린다고 여겨 유베나리스(Decimus Junius Juvenalis)의 '건전한 정신은 건전한 신체에 머문다(mens sona in copore sano)'는 교훈을 전제로 하여 교육내용을 밝히고 있다.

로크에 의하면 아이의 심신을 약하게 하는 것은 도시의 부유하고 사치스러운 생활이다. 그는 만약 정말 자연의 리듬에 따라서 생활하기를 원한다면 시골 농가의 아이들이 건강하게 자라는 것을 보고 배워야 한다고 하였다. 그것은 곧 자연에 의해 자녀의 심신을 단련시키는 것이다. 그래서 우선 얇은 옷을 입힌다거나 나체 그대로 양육시켜야 한다. 나아가 자연과 더욱 친숙해진다는 의미에서 집 밖의 공기를 자주 접할 것, 냉수에 발을 담그는 것과 냉수로 목욕하기, 온몸을 물속에 담가 수영하기 등을 권장하고 있다. 특이할 만한 것은 새는 신발을 신겨 두라는 것이다. 이렇게 함으로써 매일 냉수로 발을 적시게 되어 청결과 건강에 매우 이롭기 때문이다.

그 내용이 매우 세밀한 것까지 이르고 있는데, 자연을 존중하여 의복을 입힐 경우에도 꽉 조이지 않게 가능한 한 느슨한 것을 선택하여야 하고 아직 어린 신체에 멋을 부리고자 코르셋 등의 인위적인 것의 착용을 강력히 부인하였다.

또 식사는 소박하고 간단하게 가능한 한 육류를 삼가는 소식으로 하게 하되 혼합물을 적게 하고, 설탕은 조금만 사용하든지 아니면 전혀 사용하지 않아야 한다. 그리고 아동이 배고파하지 않는다면 어떤 것도 먹여서는 안 된다. 아동에게 제공하는 과일에 대해서는 식전이나 간식 혹은 식사와 함께 주되 잘 익은 것으로 딸기, 체리, 건포도, 사과와 배를 권하고 있다. 로크는 그의 실제적인 의학 지식을 바탕으로 하여 조금 아프다고 해서 혹은 예방을 목적으로 안이하게 약물을 남용하여서는 안 되며, 자연에게 맡기라고 권고한다.

숙면은 아이들을 건강하게 자라게 하므로 이것만은 아이들이 아주 만족할 수 있도록 자게 하되 일찍 일어나는 습관이 중요하므로 일찍 재워야 한다. 그러나 7세부터 10세가 되면 여덟 시간 정도로 그 양을 자제시켜야 한다. 그들이 잘 침구는 약간 딱딱하고 누빈 것으로 해야 한다. 푹신한 침대는 허약함의 근원이기 때문이다.

통변은 아주 규칙적으로 이루어져야 하므로 화장실에 가고 싶든 가고 싶지 않든 아침식사 후 반드시 화장실에 가도록 습관을 들여야 한다. 변비의 경우 이를 약으로 고치려 해서는 안 되고 이 또한 규칙적인 통변습관을 통해서 해결해야 하며, 아이는 가능한 한 합자연성을 좌우명으로 하여 심신을 단련해야만 한다.

이상과 같이 유아 건강의 기초가 확립되면 그 기초 위에 가장 기본적인 학습활동에 의한 지적인 교육이 행해져야 할 것이다. 로크에 의하면 지육은 궁극적인 목적인 덕육을 지탱하는 영혼교육의 일반적 기초이며, 이것이야말로 성인이 된 아동의 영혼 형성에 최초의 전제이다. 그는 이러한 관점에서 올바른 인식을 위해 이성의 사용을 인도하고 나아가서는 올바른 행위를 위한 오성의 사용을 인도하려고 하였다. 즉, 아이의 학습이라는 것은 이와 같은 기능을 사용하고 훈련하는 것을 의미하는 것이다.

로크는 지식교육을 몇 가지 단계로 나누고 있다.

먼저, 기초적으로 읽기와 쓰기가 이루어져야 하는데 여기서 중요한 것은 그들의 흥미를 끌 수 있는 내용과 방법이 제공되어야 하는 것이다. 그 방법은 놀이를 통해 학습이 이루어지도록 하는 것으로 그 방법은 다음 장에서 자세히 다루고 있다. 읽기와 쓰기가 이루어지면 독서가 시작된다. 독서의 내용은 아이의 능력에 알맞은 쉽고 즐거운 생활에 유익한 교훈도 담겨 있는 것으로 선택해야 한다. 그래서 로크는 『이솝우화』를 추천하고 있다. 그 외 기초적인 것으로는 직관적으로 사물 그 자체에 대한 형상인 도형을 그리는 것과 지금 당장에는 필요하지 않으나 기억해 두면 신속한 기록 등의 실용적인 역할을 하는 속기술, 하나의 외국어 공부가 이때 이루어지는 것들이다.

그 다음은 라틴어 학습인데 그 당시에는 신사로서 절대적으로 갖추어야 하는 것이 라틴어였다. 이런 흐름 속에서 로크도 지식 습득에 도움이 되는 수단으로 평이한 라틴어 학습의 필요성을 강조하고 있지만, 이것이 지나칠 경우 형식적인 언어조작에 불과하므로 주의할 것을 당부하고 있다. 이 라틴어 학습을 위해서는 복잡한 문법 공부보다 항상 이야기하듯이 그 내용을 전달하는 방법을 권하였다.

이 라틴어의 문법과 작문은 다음 단계인 중급 단계에서 이루어지는 지육의 내용이다. 문법이라 함은 단순히 말하는 것만을 가르치는 것이 아니라 정확한 언어의 법칙에 따라 말하는 것을 가르치는 것이므로 문법을 크게 강조하지는 않았다. 이렇게 문법과 쓰기학습이 이루어지고 나면 작문이 시작되는데, 이 창작활동은 특히 주의해서 이루어져야 할 교육내용이다. 왜냐하면 경험이 없는 소년에겐 감수성이 파괴될 염려가 있기 때문이다.

어학 이외의 일반과목들은 중급 단계에서 어학과 병행해서 이루어진다. 그에 속하는 것이 바로 지리, 수학(산술), 천문학, 역사, 기하, 연대학, 윤리학, 법학 등이다. "수학은 추상적 추리로서, 인간의 정신은 누구나 그 힘을 가지고 있거나 혹은 이것에 익숙해진다. 그러므로 생활과 실무의 모든 분야에서 대부분 이것 없이는 아무것도 할 수 없다"(Locke, 1961, p.180)고 그 중요성을 밝혔다. 연대학은 지리학과 동시에 평행적으로 학습된다. 이는 시대적 구분방법에 대한 논의가 아니라 시대의 전체적 흐름을 대략적 윤곽을 알도록 학습하게 하는 것이다. 윤리학은 비교적 상급 과정에서 이루어지는 것으로 아동기 때 직관적인 행위의 반복으로 습관화된 것을 로마의 정치가, 웅변가들의 저서를 통해 배우게 되는 것이다. 법학은 전문적인 법학 연구가 아니라 인간의 자유와 권리, 사회의 기권과 그것에서 유래되는 의무 등이 그 내용이다.

마지막 상급 단계에서는 수사학, 논리학, 국어, 자연철학, 헬라어 등이 학습된다. 수사학은 말하고자 하는 취지를 청중의 마음에 보다 깊게 남기고 상대를 설득시키기 위해 말을 효과적으로 구사하는 기술을 그 내용으로 하고 있고, 논리학은 증명과 추리 등을 엄밀하게 훈련하여 상대의 이론을 논증하기 위한 효과적인 논리를 전개하는 기술에 대한 것이다. 로크에게 있어 언어 학습의 최종 목적은 국어의 확립이었다. 즉, 항상 사용하는 국어의 개혁을 촉진하고 장려하면서 국어의 순화가 이루어져야 한다고 그는 생각했다. 헬라어는 그 시대의 사람들이 소유하고 있던 모든 학문의 원천과 기초가 되기 때문에 라틴어와 함께 신학에 있어서는 필수였다. 마지막으로 자연철학은 사물의 있는 그대로의 원리, 특질, 작용에 대한 지식이기에 가장 최고 단계에서 이루어져야 하는 것이다. 즉, 학습내용은 아이에게 유익함이 있어야 하고, 이를 배움으로써 이전에는 할 수 없었던 것을 할 수 있게 되고, 다른 사람에게는 없는 어떤 힘이 생기고, 진짜 뛰어날 수 있다고 생각하게 하는 것들을 선택해야 한다.

그 다음으로 체육과 지육을 바탕으로 이루어져야 하는 것이 덕육이었다. 로크에 의하면 덕육의 형성이 가장 중요한 과제이지만 특히 어린 시절부터 신에 대한 사랑과 경건심을 가지도록 하는 것이 중요하다. 덕성이란 신이 명하는 양심에 따라 자기를 억제할 수 있는 것을 말하며, 신사로서는 반드시 익혀야 할 최고의 자질이지만 아동은 아직 신을 모르기 때문에 신에 대한 그들의 덕성도 아직 미흡한 상태이다. 그러므로 유아기 때 중요시되는 덕성의 측면은 올바른 버릇과 그 습관을 몸에 익히는 것이 주요 교육내용이 된다. 로크는 덕육에 있어서 특히 조기교육을 강조하여 선악이 제대로 이해되지 못할 때이지만 계속적으로 그 내용을 반복하여 얘기해 주는 것이 중요하다고 했다. 이렇게 습관을 형성시키는 것에는 자연스럽게 체벌과 보상이 문제시된다. 그러나 이러한 강압적이고 일시적인 방법보다는 존경과 치욕을 체험하여 정신에 각인되도록 하는 것을 덕육의 주요 내용으로 하고 있다.

또한 아이에게 기도하는 습관을 형성시키고 기독교 교리를 올바르게 가르쳐 신에 대해 올바른 관념을 가질 때, 덕의 기초는 형성된다고 그는 보았다. 아이가 어려서부터 타인을 사랑하고, 친절하게 대하는 것이 정직한 사람이 갖춰야 할 덕의 기초임을 가르쳐야 한다.

이상의 세 가지에 덧붙여 중요시되어야 할 것은 바로 예의범절 교육이다. 로크는 이 예의범절을 지육보다도 더 중요한 것으로도 생각했다. 일반적으로 예의가 바르다고 하는 것은 자신의 일과 다른 사람의 일을 다 같이 존중하는 태도에 있다고 할 수 있다. 즉, 너무 내성적이고 너무 부끄러워하는 것도 모두 예의 바른 태도가 아니다. 무례함이란 첫째로는 완전히 다른 사람의 마음을 헤아릴 수 없는 것이고, 이것은 무관심과 다른 사람에게 신경을 쓰지 않는 것에서 나타난다. 둘째로는 다른 사람에 대한 존경심의 부족에 의한 것으로 이것은 언어와 동작 속에 나타나 다른 사람을 불쾌하게 한다. 셋째는 남의 결점을 들추어내는 것을 즐기는 악취미이다. 이것이 심해지면 남의 흠을 들추어내는 것을 자기만족으로 삼는 아주 나쁜 습관이 되어 버린다. 넷째는 이야기 도중에 말을 자르는 것과 분위기를 깨뜨리는 것이다. 이것이 좀 더 심해지면 절제 없는 반론벽과 논쟁을 좋아하는 데에 빠지게 된다. 아이를 이러한 무례함으로부터 구출하고 아이가 자기 자신을 지나치게 존대하거나 또는 비굴하게 되지 않도록 하기 위해서는 모든 기회를 이용하여 예의범절을 본받게 하고 그것을 습관화하여 몸에 배게 해야 한다. 처음부터 잘 교육받은 아이는 태연하게 행동하여도 어딘지 모르게 의연한 태도로써 남에게 호감을 주게 된다. 이러한 모습은 형식적인 예절교육을 통해서만 이루어지는 것이 아니다. 오히려 예법은 내적인 원리가 습관화되어 자연스럽게 몸에 배인 친절과 겸손이어야 한다. 이처럼 어떤 의미에서 자연스럽고 편안하게 밖으로 표출되는 것이기 때문에 이를 위해서는 덕성을 함양하고 그 마음을 자연스럽게 표현할 수 있는 지혜가 필요하다.

교육내용에 있어서 중요한 또 다른 한 가지는 지혜이다. 이는 사람에 대한 올바른 태도를 지니기 위한 기본이다. 지혜란 일반적으로 어떤 일을 유능하고 통찰에 의해 처리해 가는 것으로 훌륭한 지식의 산물이며, 정신뿐 아니라 경험도 풍부해야 하므로 아이가 지혜를 갖기란 어려운 것이다. 로크가 강조하는 지혜는 아이 때부터 오로지 성실함을 기르는 것을 통해 이루어지는 것으로 허위에서 벗어나 세상을 진실되고 성실하게 살아가는 가운데서 생겨나는 것이며, 밖으로부터 주어지는 것이 아니라 내적인 필연에 의해서 자율적으로 성장해 나가는 것이다. 그러므로 교육은 이를 도와주고 조성해 주는 것이다. 이는 결국 아이에게 덕이 형성될 수 있는 여건을 마련해 주는 것이다.

이 외에 로크가 「교육론」에서 다루고 있는 교육내용은 매우 세세한 곳까지 관심을 보이므로 매우 다양하다.

아이의 호기심은 곧 지식욕이다. 이는 아이를 무지로부터 벗어나도록 자연이 부여한 것으로 이 호기심을 잘 이용하면 학습에 흥미를 갖게 할 수 있다는 측면에서 주요한 교육내용이다.

교육내용에는 장난감에 관한 것도 있다. 장난감은 아이들에게 유용한 것으로 여러 종류를 갖게 하되 너무 많이 부여하거나 부실한 관리에도 이를 방치하면 욕망의 무절제, 낭비가 생기므로 주의해야 하고, 가능한 한 인공적이 아닌 자연에서 얻을 수 있는 것 또는 아이가 직접 만드는 것 등이 유용하다.

교육에 있어 가장 다양하고 실제적인 삶의 교훈을 얻을 수 있는 것이 여행이다. 많은 사람과 다양한 모습들을 접하게 되면서 시야가 넓어지고 자신감도 생기며 자립심이 길러진다는 측면에서 매우 중요한 교육내용이다. 즉, 여행을 통해 완전한 인간이 되어 가는 인간수업인 것이다.

4) 교육방법

로크는 형식적인 학교교육으로부터 아이들을 가정으로 데려와 가정에서 교육시켜야 한다고 했다. 어른의 입장에서 아이를 양육함이 아니라 아이는 아이 그 자체로 대하여 인위적인 인간의 틀에서 벗어나 아이의 본성 그대로 자연적인 것과 화합하도록 도와야 한다. 즉, 로크는 '아동들의 상처받기 쉬운 체질에는 될수록 손을 쓰지 않고, 절대로 필요한 경우에만 손을 쓰게 하는 것이 나의 이론과 경험에 비추어 적절하다고 생각한다'(Locke, 1961, p.29)라고 했다.

학습의 동기는 아동의 본성 안에 있으므로 교육방법은 여기에서부터 시작되어야 한다. 그러나 학습하는 아이의 정신은 아직 미숙하여 적은 범위의 활동에 한정된 약한 것으로 보통은 한 번에 한 가지 생각밖에 받아들일 수가 없다. 또 그때에도 아이의 정신은 대개 틀린 판단을 하는 경우가 많은 것도 아직은 미숙 단계에 있는 아이들이기 때문이다. 이때 아이들을 사로잡을 수 있는 것은 아이들에게 있어서 신기한 사물이다. 일반적으로 아이들은 같은 것에 대해서는 곧 싫증을 내고 만다. 이와 같이 아이에게 즐거움을 주는 요소는 변화와 다양성에 있다. 재빠르게 옮겨 가는 생각을 하나의 목표점에 고정시키려는 것은 어떻게 보면 강압이고 모순이다.

그러므로 이러한 아이에게 하나의 사물을 학습시키기 위해서 교사와 부모는 우선 아이의 머릿속을 깨끗이 하여 하나의 사물만으로 가득 채울 수 있도록 계속해서 머릿속을 교체시켜 주어야만 한다. 그러기 위해서는 우선 아이의 자연스러운 경향성을 통찰한 뒤 서서히 정신적인 집중력을 내적으로 이끌어야 한다. 이런 과정에서 부모와 교사의 성급함은 절대 금물이며, 충분한 시간적인 여유를 가지고 어린이에게 접근하는 느긋하고 여유 있는 마음이 필요하다.

로크는 의사로서의 해박한 지식과 폭넓은 경험을 바탕으로 건전한 신체를 가꾸는 방법에 대해 깊은 관심을 가졌다. 그 자신은 평생을 독신으로 지낼 만큼 병약하였으나 72세까지 장수할 수 있었던 것은 건강에 대한 지식과 실행의 결과였다.

건강한 육체를 길러 내기 위한 근본적인 사고는 정직한 농부나 자영농민이 아이를 기르듯이 기르라는 것이다. 즉, 부모의 익애로 인한 과보호는 아이들의 건강을 해치는 것뿐만 아니라 아이들의 성격을 망쳐 다시는 되돌릴 수 없는 과오를 저지르는 첩경이다.

얼굴은 태어나면서부터 신체의 타 부분보다 강할 리 없지만 환경에 적응하여 한랭한 공기에도 견뎌 낸다. 이 같이 신체의 타 부분도 옷을 두껍게 입는 것을 피해 언제든 차게 입히더라도 자연은 아이를 해치지 않는다. 매일 발을 냉수로 씻기고 물에 가까이 갈 때는 물이 새는 신발을 신기고, 냉수를 통해 몸을 단련시켜야 한다. 아이를 길들이는 것은 어린 시기에 서서히 이루어져야 하므로 비교적 어린 시기에는 늘 눈을 떼지 않고 지켜보며 여러 가지 제약을 가함으로써 나이가 들면 스스로 삶을 영위하도록 자유를 부여해야 하는 것이다.

로크는 신체교육의 방법에 대하여 건전한 신체를 기르기 위한 유의사항을 단련주의에 입각하여 다음과 같이 제시하고 있다.

① 겨울이거나 여름이거나 얇은 옷을 입혀 추위나 더위에 대한 저항력을 기른다.

② 의복은 외관보다는 활동하기에 편리하도록 만들어야 한다.

③ 음식물로 빵과 우유가 가장 좋으며, 쓴 것이나 독한 술은 마시지 말아야 한다.

④ 약은 되도록 적게 사용하며, 가능한 안 쓰는 것이 좋다.

⑤ 침대는 딱딱한 것을 사용하는 것이 좋다.

⑥ 충분한 수면을 취하는 것이 좋다. 일찍 자고 일찍 일어나는 습관을 기르는 것이 가장 유익하다.

⑦ 머리와 발을 차게 하며 발을 수시로 냉수에 씻어야 한다.

이것이 지켜야 할 규칙이다(Locke, 1961, p.30).

앞에서도 말했듯이 본질적으로 변화를 지향하는 아이들에게 읽기와 쓰기를 어떻게 가르칠 것인가? 로크는 지식 학습에 놀이를 도입하였다. 즉, 읽기를 학습시키기 위해서 주사위를 이용하여 각 면마다 알파벳을 붙여 가지고 놀면서 자연스럽게 기억하도록 하는 것이다. 그리고 놀이가 끝나면 아이의 손이 미치지 않는 곳으로 치워 언제든지 사용할 수 있는 것이 아니라는 것을 알게 하여 계속적으로 흥미를 유발시켜야 한다. 이렇게 놀이처럼 시작된 읽기를 본격적으로 학습시킬 때 처음의 교재는 가능한 삽화가 많이 그려진 것을 사용하여 흥미를 불러일으키고 쉽게 책과 친해지게 하는 것이 좋다. 이런 의미에서 가장 좋은 읽기 교재는 앞에서도 말했듯이 『이솝우화』를 추천하고 있다. 여기에서 조금 더 나아가게 되면 필독서로 『성서』를 읽혀, 읽기뿐만 아니라 지혜와 덕의 습득에 도움이 되도록 한다.

이렇게 '읽기' 학습이 어느 정도 숙달되면 '쓰기' 학습으로 연결시켜야 한다 이때 펜을 잡는 법, 종이 놓는 법, 올바른 신체 자세 등을 주의하여 가르쳐야 한다. 제일 처음에는 습자교본을 이용하는 것이 좋다. 쓰기가 잘 이루어지면 함께 여행을 다녀온 후 기행문을 쓰도록 권유한다. 그러나 이 경우 문자로 채우기보다는 그림일기의 형식을 채택하는 것이 자연스럽게 아이를 학습으로 이끈다. 이러한 여러 단계에 걸친 학습에서 주의해야 할 점은 분명하고 단순한 것으로부터 시작하여 한 번에 할 수 있을 만큼의 분량을 가르쳐야 하며 새로운 것을 가르치기 전에 이미 배운 것을 정확히 기억하고 있는지 확인해야 한다는 것이다. 아이에게 처음에는 하나의 단순관념을 가르치고 정확히 그 내용을 받아들여 완전히 이해하면 다음 단계로 진행시켜 조금씩 학습해 가면 혼란스러움이나 거부감 없이 자신의 이해의 폭을 조금씩 넓혀 가게 된다. 그리고 가장 좋은 방법은 자신이 배운 것을 다른 사람에게 가르쳐 주도록 하는 것이다.

이상의 건전한 체력과 지식을 바탕으로 교육의 최고 목표인 덕성교육이 이루어지게 되는데 덕성의 함양에 관한 방법은 아이의 내적인 발달 정도에 따라 적절하게 처리되어야 한다. 로크에 의하면, 이성적인 능력은 아이가 성장함에 따라 발달하는 것이기 때문에 로크는 그 기본 방침에 대해 '정신이 가장 유연하고 어린 추기에 규율에 따라서 도리를 알게 하라'고 교육을 강조하였다. 이때는 아직 악의 씨앗이 없으므로 밖으로부터 심어지지 않도록 배려하는 것이 가장 중요한 의무이다. 그러므로 말로 타이르는 것이 아니라 부모가 취하는 좋은 몸가짐을 통해 좋은 습관을 갖도록 해야 한다. 이때 아이들이 귀찮게 조를 때 바로 그것을 이유로 거부하지 않게 되면 못된 습관이 생기게 된다. 그러나 아이의 태도가 가치롭고 아이가 원하는 것이 무익하지 않은 것이라 판단되면 가능한 만족시켜 주어야 한다. 단, 이것이 일시적 기분에 의해서가 아니라 올바른 이성에 의해 이루어져야 한다. 여기서 부모는 어릴 때는 권위로써 엄격하게 대하되 아이가 성장하여 스스로의 통제력이 생기면 자녀와의 간격을 줄여 친구와 같이 대하여 그들을 완전한 인격체로 존중한다는 것을 보여 줌으로써 자식에 대한 부모의 권위, 부모에 대한 자식의 사랑이 확립된다. 이것은 바로 올바른 덕성교육의 출발점이며 귀착지이기도 하다.

예를 들면, 처벌에 관한 문제에 있어서도 아이가 그들 나름대로 명예심, 자존심 등을 지니게 되면 외면적, 타율적인 체벌이나 보상은 삼가야 한다. 만약 나쁜 짓을 저지른 경우에는 부모와 교사가 이 아이가 이런 일을 한다는 것은 전혀 의외라고 하는 태도로 정말 놀란 모습을 보임으로써 아이가 스스로 깨닫도록 한다. 만일 타이름에도 불구하고 똑같은 잘못을 재발하여 아이를 꾸짖을 때가 생기면 효과적으로 체벌을 가해야 하는데 이때 감정이 섞이지 않은 상태에서 온당한 이유를 갖고 해야 한다. 이렇게 함으로써 아이는 자존심을 상하는 일 없이 스스로 부끄러워하고 자신의 잘못을 깨달을 수 있다. 이상과 같이 덕성교육을 습관화시키기 위한 방법으로 로크는 세 가지를 제시하였다.

먼저 부드럽게 사랑으로 타이르고, 다음으로 작은 것부터 시작하여 한 가지가 끝나면 다음으로 옮겨 가도록 하고, 마지막엔 어느 정도 시행해 보아 습관화되지 않고 아이에게 부적합하다고 판단되면 무리하게 요구하지 않는다. 이렇게 해서 아이들은 어릴 때부터 그 나름대로 자율적으로 행동하는 것을 배워 나가게 되고 미래의 성인으로서 명예로운 인격 형성의 길을 걷게 된다.

그 외에 아이의 교육에 있어서 주요한 방법론적 측면을 몇 가지 더 지적해 보자면 첫째, 가정에서 이루어지는 교육에 있어서 가정교사의 역할과 그들이 수행해야 할 방법상의 문제들이다. 가정교사는 성실, 절도, 자비심, 근면, 신중함을 갖추어 아이가 덕이나 유익함에 순종할 수 있고, 인간미를 불어넣어 주고 훌륭한 덕성을 애호하고 모방하게 하고 훌륭한 예의를 갖추게 해야 한다. 그러기 위해 아이의 능력을 훈련시키고, 게으르고 나태하지 않도록 하며, 시간 활용법을 가르치고, 인내를 가르쳐야 한다.

그의 부친으로부터 크게 영향을 받은 로크는 부권을 강조하여 교육방법으로 내세웠다. 아버지로서의 확실한 권위를 가지고 아이들의 경험 많은 친구가 되어 아이들의 고민을 들어 주고 이성적으로 사고하도록 훈련시켜 주어야 한다. 그들의 성향을 파악해 도덕, 신중함, 예절에 관한 문제를 제기하여 스스로 판단하고 실행에 옮기도록 돕는 것에 아버지는 큰 역할을 담당하게 된다.

아이들은 본능적으로 자유를 좋아한다. 동시에 지배력에 대한 그들의 애착 또한 일찍부터 나타나지만 로크는 강력하게 이 권력과 지배력에 대한 애착을 방관하지 말라고 한다. 그러기 위해서는 먼저 '배고프다'와 '불고기를 먹고 싶다'는 것을 잘 판단하여 울며 조르는 것을 금지시켜야 하나 아이가 원하는 것을 말할 때는 먼저 귀 기울여 주어야 한다. 둘째는 아이의 우월성과 오만불손함을 구별하여 아이에게 거만함과 악함이 나타나면 즉시 고쳐 주어야 한다. 마지막으로 자신의 물건을 타인에게 나눠 주도록 가르쳐 관대함을 몸에 배이게 하는 방법으로 교육해야 한다.

아이가 쉽게 빠지게 되는 감정 중에는 공포가 있다. 이 공포에 대해 로크는 인간에게 화가 미치는 것을 감시하기 위한 경고라고 말하면서 이런 감정을 없애기 위해서는 먼저 공포의 허구성에 대해 이성적으로 설명하여 그 감정에서 벗어나게 한 후 용기를 불어넣어 주면서 서서히 무서움에 익숙해지게 한다.

아이의 호기심을 지식욕으로 이끌어 내는 방법은 세 가지가 있다.

첫째, 어떤 질문도 저지하거나 창피를 주지 말고 모든 질문에 대답해 주면서 알고 싶은 것이 무엇인지 파악해야 한다. 둘째, 모든 질문에 성실히 대답하고, 그 질문이 유용한 것이라고 칭찬해 주며, 마지막으로 아이의 질문이 때로는 중요하지 않을 때도 있지만 가볍게 여겨서는 안 된다. 질문에 대해서는 항상 진리만을 답해야 하고, 곤란한 것을 물을 때 거짓으로 얼버무리지 말고 솔직히 그것을 아이가 알면 곤란한 것이라고 말해야 한다. 아이들은 거짓을 금방 알아차릴 수 있기 때문이다.

인간수업의 최종 단계라고 할 수 있는 여행은 제대로 된 지도 없이 이루어질 때 각국의 부덕함만을 몸에 익히거나 외국에 정신적 종속이 유발될 수 있는 등의 역효과도 있다. 유익한 여행이 되기 위해서는 명확한 여행목적, 적절한 계획 및 여행인솔자, 여행지에서의 여러 가지 교육적 배려가 올바로 진행되어야 한다. 여행은 16~21세, 언어학습이 목적일 때는 7~16세가 적당하지만 사춘기에는 금할 것을 권한다. 처음에는 감독자의 인솔하에서 이루어져야 하나 자립의 시기에 달하면 감독자 없이 독립적으로 한 성인으로서 자신의 삶을 책임지는 마음으로 여행에 임하게 된다.

이상과 같이 로크는 그의 교육론에서 다음과 같이 교육방법을 요약·강조하였다. 아이에게 자신의 성향을 극복하고, 욕망을 이성에 따르도록 가르쳐야 한다. 그리고 끊임없이 실행하여 습관으로 형성되도록 해야 한다. 아이는 칭찬과 격려를 좋아하므로 습관을 형성시키고자 하는 데 유용한 수단이 될 수 있다. 가능한 한 평판과 수치심에 민감하게 하여 아이의 행동을 좌우하게 해야 하는데, 이에 비해 회초리의 가벼운 아픔에 대한 공포는 대수롭지 않은 것이다. 평판과 수치심은 나아가 도덕과 종교의 원리를 접목시키는 데도 적합한 기초가 된다.

4. 현대 교육에의 기여

17세기 사상의 결론이며, 18세기의 사상적 출발점이었던 로크의 사상은 독일의 범애학파에게, 또 프랑스의 계몽사상가들에게 크게 영향을 주었고 헤르바르트를 거쳐 듀이에게까지 계승되었다.

특히 로크의 「교육론」의 영향은 루소(J. J. Rousseau)에게서 현저히 나타나 있다. 루소의 『에밀(*Emile*)』에서 여러 부문에 걸쳐 그의 사상을 인용할 뿐만 아니라 비교·공략의 긴장관계를 통해 교육사상을 계승하고 있다. 즉, 로크의 「교육론」이 매우 실제적인 현실 직시의 리얼리즘이라고 하면, 루소의 「교육사상」은 환상적 교육에 대한 몽상과 같은 유토피아를 그렸다는 점에서 지극히 대조적인 면도 나타난다(김규성, 1993, p.45).

아동을 사회와 성인의 부속물인 비인격적 존재에서 사회의 중요한 구성원이며, 하나의 완벽한 인격적 존재로 그들을 발견하고 이해하여 세계의 아동관을 코페르니쿠스적으로 전환시키는 작업의 선구자라는 점에서 현대 유아교육에 끼친 공헌은 매우 높다.

즉, 그의 「교육론」의 뿌리는 바로 '아동존중'이다.

아동을 한 인간으로 인식함과 동시에 아이는 아이로서 그들의 세계를 자연에서 자연적으로 펼치게 하라고 강조하였다. 이는 그때까지 사회에 방치된 존재에서 가정의 구심점으로 아동을 받아들이는 동안 이상하게 사회 전체에 만연된 과보호와 익애에 대한 비판으로, 아이가 가정의 최상전으로 떠받들어지는 현대 가정에 대한 비판으로 연결된다. 아이를 하나의 인격체로 보지 못하고 부모의 작은 우주로 취급하여 부모 자신의 생을 건 목표가 되면서 자신들의 허영을 위해 아이들을 희생시켜 물질적으로는 부유하지만 정신적으로는 가난에 허덕이게 된 것이다. 익애와 과보호가 부모가 자식에게 줄 수 있는 최고·최선의 길이 아님을 로크는 그의 「교육론」을 통해 말한다. 시골 농가의 아이들이 자라듯이 아이들을 자연의 품에 안기게 하고, 그들에게 최대의 관심을 갖되, 그 관심과 배려의 마음은 아이들에게 극기를 가르치는 것으로 보이라고 했다.

그는 학교의 형식적 교육은 시간낭비이며, 부도덕한 습관을 형성시킨다는 측면에서 학교교육을 통렬히 비판하면서 가정에서 아동을 단호히 지키라고 한다. 자식에게 가장 큰 영향을 미칠 수 있는 사람이 바로 부모이기 때문이다. 요즘엔 이런 비판의 대상인 학교만 존재하는 것이 아니다. 아이들의 조기교육을 통한 소질계발이라는 깃발을 들고 잠시도 아이들이 집에 머물게 내버려 두질 않는다. 점차 학년이 올라가면 가정은 한낱 하숙집으로 전락하고 마는 우리의 현실에 시사하는 바가 크다. 현시점의 우리는 아이들을 지키기 전에 먼저 학교로부터 아이들을 가정으로 되돌려 놓아야 한다.

이런 가정이라 하여 모습이 그리 아름답지만은 않다. 엄부자모도 옛말이다. 아버지의 권위는 여러 모양으로 실추되고 양육에 대한 권리는 거의 어머니에게 뺏긴 상태이다. 이런 우리의 현실을 예상이라도 했듣지 로크의 「교육론」은 '부권' 존중에 있다. 아버지는 자애로움 속에 엄격함을 가져야 한다. 이 엄격은 자녀가 어릴 때에 중요하게 작용을 하지만 그들이 청소년기에 이르면 경험 많은 친구로서 존경받는 부자관계를 성립해야 한다. 이를 가능하게 하려면 아버지가 먼저 아이들에게 사랑으로 마음을 열고 자신의 올바른 삶을 보여 주고 충고와 명령·권위에서 벗어나 인간 대 인간의 상담을 해 주어야 아이들에게도 한 인간으로서 자유를 부여하며, 그들에게 어느 정도 능력이 있다고 생각되면 자신의 일을 이야기하거나 조언을 구해 보기도 하는 식으로 존경받는 친구와 같은 아버지가 되어야 한다. 우리의 가정이 이제는 '아버지 부재'의 현상에서 벗어나도록 아버지들이 먼저 일어서야 한다.

요즘의 가정에는 체벌이란 것이 희석되어 버렸다. 하나 혹은 둘뿐인 귀한 아이에게 제약을 가하는 걸 사랑이란 이름으로 포기해 버린 듯하다. 로크도 체벌은 가능한 하지 말라고 했지 아예 금하라고 하지는 않았다. 오히려 부모의 입장에서 이성적 판단에 의해 필요를 느끼면 단호하게 행하라 하였다. 즉, 아이가 원하는 모두를 제공하고, 행하는 것 모두를 수용하는 것은 유아를 서서히 파괴해 가고 있음을 명심해야 한다. 아이들의 미래를 생각하여 그들을 위한 제약이 반드시 있어야 하며, 여러 가지 방법을 사용하여도 불가능한 경우에는 체벌을 가하되 감정적이지 않게 이성적으로 아이가 수긍할 만한 온당한 이유를 갖고 합리적으로 행해야 한다.

그 다음은 지, 덕, 체의 조화에 관한 공헌이다. 요즘 아이들을 도식적으로 나타낸다면 머리만 큰, 가슴과 몸은 작고 왜소하여 그 큰 머리를 떠받치기엔 안쓰러운 모습일 것이다. 이것이 바로 우리 교육의 모습이다. 학교가 주로 지육에 관한 것을 맡고 있다고 볼 때 그들은 자신들의 책임을 성실히 수행하는 것이라 할 수 있다. 그러면 문제는 무엇인가? 건전한 신체를 위한 교육, 인간 본성의 마음 상태를 연마하는 교육은 도대체 어디에서 이루어질 수 있는가? 바로 우리 사회요, 가정이다. 건강한 몸과 따뜻한 마음으로 현명한 머리를 조화시키도록 도와야 한다.

또한 아이들의 흥미를 유발시키기 위해 학습에 놀잇감을 처음 도입했다는 것도 큰 공헌이다. 이것은 현재 우리 사회에 일반화된 것이다. 그 외에도 로크가 우리 교육의 전반에 걸친 영향은 아주 작은 세세한 방법에서부터 그 근본적인 정신에 이르기까지 너무나도 방대하다.

참고문헌

교육고전연구회, 『교육고전의 이해』, 서울: 이화여자대학교 출판부, 1985.

김규성, 『존 로크의 교육사상』, 서울: 학문사, 1993.

손인수, 『서양 교육사』, 경기: 교육출판사, 1967.

임채식, 강진영 역, 『존 로크의 미래를 위한 자녀교육』, 경기: 양서원, 1993.

한기언, 『서양 교육사』, 서울: 박영사, 1961.

石山濟平, 『西洋近代教育史』, 東京, 1953.

Broudy, H. S., *Building a philosophy of education*, 2nd ed., Prentice Hall, Englewood Cliffs, N. J., 1961.

Dewey, J., *Democracy and education*, Macmillan, New York, 1916.

Kneller. G. F. (ed.), *Foundations of education*, Willey, New York, 1963.

Locke, J., *Some thoughts concerning education*, The Harvard Classes 37, Collier of Sonciparation, 1961.

Rousseau, J. J., *Emile ou de l'education*, Paris: Carnior, 1967.

Thut, I. N., *The story of education*, Macgraw-Hill, N.Y., 1957.

2 루소

Rousseau
(1712~1778)

1. 생애

루소(Jean Jacques Rousseau)는 1712년 스위스에서 아버지 이삭 루소(Isaac Rousseau, 40세)와 어머니 쉬잔느 베르나르(Suzanne Bernard, 39세) 사이에서 출생하였다. 어머니는 루소를 낳은 지 10일 만에 세상을 떠났고, 루소는 감상적인 고모 아래서 자랐다.

1722년 루소는 제네바 교외 보세이(Bossey)에서 랑바르세 목사와 유년시절을 보낸다. 그는 이곳에서 자연에 대한 사랑을 배우고 아름다운 감정을 가지는 데 결정적인 작용을 하게 되었다. 목사의 신앙에 대한 가르침은 그의 신관과 자연종교관 형성에 바탕이 되는 계기가 되었다. 또한 사보이(Savoy)의 아름답고 놀라운 경치에서 낭만적인 성격이 형성되어 후일 그의 정치, 종교, 교육, 철학에 깊은 영향을 미친다.

14세 때 루소는 혹사와 학대로 성품이 비뚤어져서 악습에 젖게 되고 잡서의 남독으로 괴독벽과 공상벽이 생기게 되었다.

1728년 Madam do Warens와의 만남은 긴 방랑생활의 종막이었다. 이 새로운 환경 속에서 사상가 루소는 출발하게 된다. 여기서 루소는 오랜만에 모성애를 느끼게 된다. 또한 그가 샤르메트에 한거하면서 탐독했던 철하서저은 데카르트, Malebranche, 라이프니쯔, 로크 등 모두 17세기 철학자들의 저서였다.

1740년 루소가 28세 때 리옹에서 마블리(Mably)가에서 가정교사 경험을 하게 된다. 이때의 경험을 살려서 그는 『생뜨마리의 교육안(Cassier, 1970, p.30)』을 발간했으며, 이 작품은 그의 초기의 교육을 이해하는 데 도움을 주고 있다.

그리고 루소는 그의 『참회록』에서 『에밀』에 관해 '20년간 명상과 3년간의 노작의 결과'라고 말하고 있다. 실제로 그가 『에밀』을 구상하기 시작한 것이 마블리가의 가정교사를 하던 1740년이었다. 이처럼 루소는 다른 저서와 마찬가지로 그의 전 생활 경험과 인간적인 심오한 경험에서 『에밀』을 집필했음이 분명하다. 그러므로 『에밀』에는 스승으로서의 루소만이 아니라 제자로서의 루소도 있는 것이다. 그리고 어버이로서의 루소도 숨어 있다. 『에밀』은 200여 년이 지난 오늘까지도 당시 못지않게 참된 아동교육의 성서로서 우리들에게 인간교육의 정신을 일깨워 주는 위대한 책이다.

또한 1749년 디종(Dijon)의 아카데미가 현상모집하고 있는 논문 「학문과 예술의 부홍은 습속의 순화에 기여하는가?」에 응모하여 수상의 영광을 얻게 된다. 당시 프랑스 사회를 지배해 온 Rationalism으로 종교, 정치, 사회의 전 권력적 속박으로부터 인간의 이성을 해방시키려는 것이 주된 사상이다.

루소는 자신의 개혁을 계속하였다. 1753년 11월에 디종 아카데미 현상 논문에 응모하기 위해 생제르 숲에 체제하여 원시자연인에 대한 명상을 통해서 『인간 불평등 기원론』에 대한 착상을 하여 1755년 『인간 불평등론(*Discours Sur l'origine de l'inegalite parmi les hommes*)』을 썼다. 이때 그는 종교적인 큰 변화를 고백한다. 자신이 스스로 생애 최대의 과오라고 생각했던 가톨릭으로 개종한 잘못에서 회개하고 다시 개신교로 돌아옴과 동시에 제네바의 시민권을 취득하게 되는데, 이것은 루소에게 있어서 잃어버린 고향을 되찾는 의미를 가진다.

그리고 1760년에는 루소의 대표작인 『에밀(*Emile ou de l'education*)』과 『사회계약론(*Du Contract Social*)』을 발간하게 되었다. 『에밀』의 출간은 매우 의의 깊다. 『에밀』은 루소 사상의 총체라고 할 수 있다. 즉, 『인간 불평등 기원론』에서 처음 밝힌 '자연인(L'homne Natural)'을 전적으로 실현시키는 방법으로서 새로운 인간 형성의 이념적 탐구이며, 『학문예술론』에서 신랄하게 비판한 문명비평론이며, 『사회계약론』에서 가장 이상사회로서의 사회계약에 의한 사회개혁을 가능케 한 전제를 만든 것이다. 그래서 『에밀』은 하나의 단순한 소설의 교육론이라기보다는 새로운 인간의 탐구서이며, 신랄한 문명비평서이며, 이상사회 건설을 위한 지침서이다. 또한 『에밀』에서 일관된 가장 중요한 내용은 아동을 아동으로서 진실되게 살게 하자는 주장이다. 또한 『에밀』은 '아동의 복음서(Evangelium der Kinderheit)'이다. 특히 노동과 교육의 관계를 확인하고 신체교육의 중요성을 언급했다.

1772년 루소의 자기탐구와 자기변호의 글인 『대화, 루소는 쟝자크를 심판함』을 쓰기 시작하였으며, 같은 해에 『폴란드 통치론』을 완성한다. 루소 자신에게 밀려드는 고독과 자신에 대한 입장을 밝히는 글이었다. 루소는 파리의 거리를 방황하였다. '정의와 진리를 사랑하는 모든 프랑스인에게'란 전단을 만들어 뿌렸으나 아무도 귀 기울이는 사람이 없었다.

루소는 근대사상의 원천이며 현대사상의 아버지라고 할 수 있다. 즉, 한 시대의 획을 그은 사상이다. "볼테르(Voltaire)와 더불어 한 세대가 끝나고, 루소와 더불어 한 세대가 시작된다"(Babbit, 1957, p.39)라고 함은 의미 있는 것이다. 분명히 루소의 사상은 17세기 사상의 결론이며, 18세기 사상의 출발이었고 교육사상에 큰 영향을 주었다. 루소의 사상은 그 이전의 사상과는 완전히 다른 사상을 포함하고 있으며 그 후 사상의 분기점이 될 수 있는 사상가이다(김동일, 1992, pp.13~20).

1777년 『제 9 산책』이 완성되었으며, 1778년 『제 10 산책』이 미완성인 채 죽음이 가까이 옴을 느꼈는지 전원으로 돌아갈 것을 원했다. 5월 22일 파리에서 약 30km 떨어진 에르메농빌(Ermenonville)로 옮겨 간 후 1778년 7월 2일 11시, 루소는 숨을 거두었다(최정웅, 1987, p.13).

2. 사상적 배경

루소의 교육사상에 대한 배경을 시대적 배경과 사상적 배경으로 구분하여 서술한다. 시대적 배경에서는 당시 프랑스를 중심한 사회 여건과 『에밀』 출현 전후의 아동관의 변화, 사상적 배경에서는 그의 삶과 경력, 저서와 사상적 영향 등을 살피고자 한다.

먼저 시대적인 배경을 살펴보면, 아무리 뛰어난 인물이라 할지라도 그 시대적 배경을 무시할 수는 없다. 그 시대는 그 시대에 걸맞은 인물을 배출해 내기 마련이므로, 루소가 생존했던 시대의 배경을 알아볼 필요가 있다. 따라서 먼저 루소가 아동교육의 중요성을 주장한 18세기의 시대 상황을 살펴보기로 한다.

18세기는 인간의 정신과 사회를 지배한 계몽정신의 시대라 부를 수 있다. 즉, 인간 본성의 원죄설, 비과학적이고 비합리적인 사고에서 벗어나 인간 이성에 따른 합리적인 사고와 진리의 탐구가 강조되었다. 이러한 정신의 흐름은 종교적 권위주의, 절대군주제도, 폐쇄적 경제제도, 계급적 사회제도에 항거하여 이성, 과학, 자유가 중심이 되는 새로운 사회의 확립을 목적으로 전개되었다. Graves는 18세기의 구라파에 대해 "교회와 국가의 독단적인 권위에 대한 반동의 극치와 극단적인 개인주의를 찾을 수 있다"(Graves, 1915, p.1)고 논평하였다.

1715년에 죽은 루이 14세의 치하에서 프랑스는 세계의 지적 중심지가 되었다. 그러나 정치적 타락의 뿌리는 깊었고 그 영향은 사회에 여러 모로 심대한 영향을 미치는 원인이 되었다. 특권을 가진 소수는 노예화된 천민의 등 위에 타고 있었다. 정치 형태는 독재였고, 사상의 자유는 전무한 상태였다. 국가와 교회를 지배하는 전제정치 때문에 일반인의 개성은 완전히 말살되었다(Huebsch, 1930, p.4). 이와 같은 국가와 교회의 부패는 불가피하게 스스로의 종말을 초래했다. 또한 Catholicism을 국민에게 강요하여 종교상의 절대주의를 견디다 못한 수십만의 국민(프랑스 신교주의자)이 외국으로 망명하게 되었다. 이로 인해 노동인구의 1/4을 잃게 되어 공장은 문을 닫게 되고 산업은 막대한 타격을 입게 되었다. 그리하여 루이 15세가 집권했을 때는 모든 곳에서 불만이 터져 나오기 시작했다. 이 시기에 18세기 계몽시대의 출현의 시기가 무르익기 시작하여 시민들은 속박에 대한 투쟁운동을 전개해 나갔다. 이 운동은 권위와 강압에 대한 지성을 일깨우기 시작했다.

18세기의 또 다른 운동은 자연주의 운동이었다. 자연주의 교육운동은 현대 교육의 특징인 과학적·사회학적 기저가 되는 운동으로서 교육의 실제적 정신과 목적에 기틀을 마련하였다. 자연주의는 실학주의의 계승임과 동시에 19세기의 신인문주의를 잇는 선구가 되었다. 자연주의 운동은 자연에 일치하는 교육을 의미하며 결국 인위적인 것에 반대하여 자연으로 돌아간다는 것을 의미한다. 당시 대중의 압박과 부자유에서 자유를 일깨워 준 운동으로서 강제가 아니고 개인의 권리가 보장되고 자연의 상태를 유지하는 것이었다. 이 운동은 지성에서 감성으로 옮겨 가는 정신적 전환이었는데 루소는 이 운동의 옹호자였다. 첫 번째 운동은 교회로부터 등을 돌리는 것이었고, 두 번째 운동은 국가에 대한 투쟁이었다. 그것은 민주적이고 건설적이며, 모든 시민의 이익에 호소하는 것이었다. 루소는 그 당시의 잘못을 지적하고, 그 다음에는 어떻게 그것을 올바르게 개선할 것인지에 대한 대안을 강구했다.

이상에서 나타난 시대 상황에서는 필연적으로 개혁이 갈구되고 새로운 윤리와 생활양식을 찾는 소리가 높아지기 마련이다. 루소는 『학문예술론』에서 "옛 정치가들은 풍습과 미덕에 관해 이야기했으나 우리 시대의 정치인들은 상업과 금전에 관해서만 말하는 시대가 올 것"(Rousseau, 1963, p.217)을 예언하였다. 세금에 짓눌린 농민들이 농토를 버리고 도시로 몰려드는 현상을 그는 『인간 불평등 기원론』에서 밝히고 있다. "대도시는 우둔한 백성의 눈을 놀라게 하고 감탄케 하면 할수록 전답을 버리고 땅을 일구지 않은 채 길거리에는 불행한 시민이 넘쳐흐르는 것을 보고 탄식의 소리를 지를 수밖에 없었다"(Rousseau, 1950, p.180). 또한 반란이 여기저기서 일어나고, 상류사회의 사치한 생활 이면에는 민중의 비참한 일상생활이 있음이 알려지기 시작했다. 이러한 당시의 부패한 사회상을 폭로하면서 『인간 불평등 기원론』에서 그는 이와 같은 사회상을 악으로 간주하였다.

루소는 이를 다음과 같이 지적하고 있다. "농민은 노동과 기아에 허덕이며 일생을 보내도록 선고되어 경멸의 표적이 되어 있는 농민은 그들의 농토를 버리고 본래 자기들이 생산하여 도시로 보내주고 있는 빵을 구하기 위해 도시로 간다"(Rousseau, 1975, p.180). 또한 논과 밭은 버려져 땅이 황폐화되었으며, 큰길에는 거지나 도적이 되어 언젠가는 차에 깔려 죽든가 골목길에서 생을 버리게 될 비참한 운명에 처해 있는 불행한 시민들로 가득 차 있었다. 이 당시 루소는 제네바에서 살고 있었다. 그때 시민들의 어려운 생활을 루소는 그의 『고백론』에서 "오랫동안 농민을 괴롭히는 폭정과 그 압제자에 대해 그때부터 내 마음에 증오감이 싹트기 시작하였다. 농부는 땀 흘려 얻은 빵을 먹을 수도 없고 빈곤한 생활을 가장함으로써 겨우 자신의 파멸을 면할 수 있는 것이다"(Rousseau, 1987, pp.96~97)라고 했다

루소가 청년으로서 파리에 왔을 때 절대왕정의 위기가 닥쳐왔다. 루이 15세는 폴란드 계승전쟁과 오스트리아 계승전쟁을 치렀다. 루소는 당시의 프랑스의 상황을 "머지않아 프랑스는 붕괴되리라고 생각한다. 전쟁의 참화, 극심한 재정의 문란, 행정권의 쟁탈은 나의 예언을 정당화하였다"(앞 저서, p.297)라고 술회하고 있다. 계속되는 전쟁으로 정국은 동요되고 절대왕정은 위기를 맞이하여 훗날 프랑스 혁명으로 이어졌다. 18세기 후반에는 현실비판의 소리가 더욱 높아져 갔으며 그 대표적 인물은 몽테스키외(Montesquieu), 볼테르(Voltaire), 디드로(Diderot), 케네(Quesnay) 등이었다.

1748년 몽테스키외는 『법의 정신』을 저술하면서 정치형태를 전제정치(공포), 군주정치(명예), 민주정치(미덕)로 구분하고, 국민에게 정치적 자유가 가장 필요하며 그것을 유지하려면 삼권이 분립되어야 함을 주장하였다. 볼테르는 정의와 관용을 주장하며 사회

의 부정과 미신에 도전하여 『철학서한』 등 많은 저술을 남겼다. 디드로에 의해서는 계몽사상의 집대성이 이루어져 훗날 프랑스 혁명에 있어서 지적인 원천이 되었다.

그런데 몽테스키외와 디드로의 입장은 루소의 주장과는 상반되는 것이었다. 몽테스키외와 디드로는 물질문명을 긍정적으로 보았으나 루소는 문명에 대해 부정적인 입장에서 출발하여 자연주의를 주장하였다. 이와 같이 당시 절대왕정의 정치, 경제, 사회 등의 새로운 개혁운동은 계몽사상가에 의해 무르익고 있었다.

계몽시대의 인간관은 교회 권력에의 투쟁과 그리스도교적 인간관의 극복에 있다. 즉, 원죄의 교의를 부정하고 인간과 세계에 대해 있는 그대로의 자연적 본질을 인정하는 것이다. 인간의 본성은 결코 악이 아니라는 것이다.

루소의 『에밀』을 통해서 아동의 새로운 변화가 일기 시작하였다. 즉, 루소 이전의 아동관은 원죄설에 입각하여 아동을 아담의 후손으로 죄악시하였다. 또한 17세기의 대표적인 교육기관인 예수회까지도 아동을 원죄의 씨앗으로 생각했다. 그래서 부모들은 자녀를 방해물로 취급하여 유모에게 맡기고 수도원에 위탁 교육시킨 다음 성장 후에 부모와 만난다. 귀부인들은 자녀에 대한 애정표현은 품위를 손상시키는 일로 생각했다. 그러므로 원죄설에 입각한 아동교육은 엄격한 교육방법과 철저한 감시 속에서 교회를 통해 조직적으로 키워야만 했다. 따라서 세례와 성서를 통해서 예수 그리스도를 영접하는 절차가 어린이를 재생시키는 것으로 보고 이것이 교육의 일반적 특징이 되었다. 아동에 대한 어른들의 강압적인 자세야말로 가장 신성한 그리스도 교도의 의무로 생각했다. 루소가 쓴 『에밀』 이후의 아동관은 전혀 다른 관점에서 출발한다. 그것은 계몽시대에 들어오면서 완전히 세속화된 형태로 나타났다(안인희, 1990, pp.47~48). 18세기에 루소는 완전히 새로운 아동 개념을 주장하였다(Hyunshik, 1989, p.84). 이를 『에밀』에서 세 가지로 구체화하였다. 첫째, 아동은 성인과 '질적으로' 구분된 독특한 사고방식을 가지고 있으며, 둘째, 아동은 학습과정에서 '능동적'이며, 셋째, 아동은 '생득적' 성장 기제를 가지고 있다. 그래서 아동교육은 인간의 자연적인 발달에 따라야 한다.

루소는 교회가 주장하는 원죄설을 부정하고 성선설을 주장하였다(Rousseau, 1762, p.35). 당시의 아동관은 루소의 아동관과 상이하였다.

계몽주의자들이 편찬한 백과전서에 아동관은 의학적 견지에서 본 어린이로 서술되고 있는데 당시 사람들은 대체로 어린이의 정신 형성에만 관심이 있었지 신체발달에는 무관심하였다. 법과 도덕적 관점에서 어린이의 친자관계는 세 단계로 나누어 설명되고 있다. 즉, 판단력이 불완전한 유아기 단계, 아동이 성장하여 이성적인 사람이 됐으나 친가에서 독립하지 않는 단계, 결혼 후 부모와 별거하는 단계로 구분된다. 이성을 그 원리로 하는 계몽시대는 이성을 기준으로 아동관을 구성했다.

루소의 아동교육을 알기 위해서는 그의 사상적 배경을 알아야만 할 것이다. 사상은 개인적인 사고의 산물임과 동시에 그가 처해 있는 기반 사회의 복잡한 변화와 갈등(葛藤)의 산물인 것이다(Golob, 1954, p.85).

Roche는 말하기를 "루소 이념의 근원은 스토아학파와 세네카(Seneca)로부터 크게 영향을 받은 것이다. 반면에 그의 정치조직에 대한 사상은 고대 폴리스(Polis)의 이념으로 돌아간다"(Roche, 1947, p.2)고 하였다. "그의 '자연에 따라 산다'란 말은 스토아학자로부터 따온 것이다"(Huebsch, 1930, p.21). 루소가 이 어구에서 표현하고자 하는 의미는 고대인들이 표현하고자 하는 의미와 똑같이 일치한다. Murray는 "자연에 따라 산다는 것은 '단순히 사는 것(living simply)'을 의미하지 않는다"(Murray, 1916, pp.32~34)고 말한다. 그것은 정신적인 의미를 가지고 있다. 그것은 세계를 자라게 하고, 진보시키는 정신에 따라 사는 것을 의미한다. 그리고 그의 기본적인 사상은 주로 고대 철학자들의 사상으로부터 깊은 영향을 받았다.

플라톤(Platon)의 사상에서 루소는 큰 감명을 받았으나 그대로 수용한 것이 아니라 선택적으로 긍정했으며 거부한 면도 있다. 즉, 두 사상가에서 일치한 면은 이상적인 사회와 사회정의의 실현을 지향한 Utopia적인 면으로 기존의 정치 현실과 사회체제를 비판했으며 현실을 불완전하고 일시적이며 모순에 찬 세계로 간주하여 교육을 통해서 무가치한 현실을 가치의 세계로 지향할 수 있음이 가능하다고 본 점이다. 두 사상가 사이의 상이한 면은 첫째, 플라톤은 지와 덕의 일치사상, 즉 덕의 실천은 지식에 의해 가능하다는 입장으로 감성을 크게 신뢰하지 않았으며 도리어 감성은 인간의 덕성을 실현하는 데 장애요인으로 보았던 반면, 루소는 지덕은 일치하지 않는다고 하여 이성보다 감성을 더욱 신뢰하였다. 둘째, 플라톤은 천재와 영웅을 숭배하는 교육으로 귀족주의적이고 차별교육이며, 엘리트 교육이나, 루소는 평범한 인간을 더 존중하여 대중적이고 평등한 민주적인 교육이었다. 셋째, 플라톤은 사유재산제도를 부정하는 원시공산주의적 입장을 취했으나, 루소는 사유재산제를 인정한다. 그러나 지나친 재산의 소유나 부의 편재를 죄악시하였다. 그래서 루소는 아무에게도 예속되지 않는 독립자영의 농민을 중시하였다.

누구보다도 루소에게 깊이 영향을 끼친 사람은 몽테뉴(Michel de Montaigne)이다. 루소의 사상을 분석한 Faguet에 따르면, "루소 글에 주석을 단다고 하면 그 대부분의 출처는 몽테뉴에게서 빌려온 것으로서 아마도 주석이 본문보다 많을지도 모른다"(안인희, 1990, p.51)고 말할 정도다. 특히 몽테뉴로부터 교육방법에 있어서 책에서 배우는 것은 별로 중요하지 않으며 경험이 교육적으로 가치 있고 개별적으로 지도하는 것이 가장 효과적인 교육방법이라는 신념을 얻게 된다. 이는 후에 그의 체험과 독서를 근거로 자연사상에 크게 영향을 미치게 된다.

다음으로 루소가 크게 영향을 받은 사상은 계몽주의 사조라고 할 수 있다. 계몽시대는 프랑스 혁명이 일어나기 전까지의 시기를 말하며 18세기 중엽 루소의 전성기와 함께 절정을 이루는 시기이다. 계몽사상의 뿌리는 르네상스의 휴머니즘과 17세기에 지배적인 영향을 준 과학정신에 있으며 어떻게 믿느냐의 방법론에 초점을 두었다고 할 수 있다. "루소는 계몽주의의 진정한 아들"(Ernst Cassier, 1963, p.273)이라고 불린다. 그는 1712년 출생하여 중년기까지 프랑스 계몽주의에서 큰 영향을 받았다. "사실 루소는 계몽주의 철학자와 더불어 교육철학에 많은 영향을 끼쳤다. 루소 사상의 기저는 계몽주의의 일반적인 경향에 뿌리를 내리고 있다(Im Hyunsick, 1989, p.12)." 또한 루소는 이성보다 자연에 흥미를 더 느끼는 영국의 계몽주의 철학자들의 영향을 받았음에 틀림없다. 계몽사상의 근원을 이룬 베이컨(Francis Bacon)으로부터 루소 철학의 기본이 되는 진실된 사고는 개인적 경험에 기초할 때 가능하다는 사실과 자연을 탐구하는 중요성을 배웠으며, 권위와 전통이 잘못 수용되었을 때 개인성장에 있어서 위험성이 있음을 배우게 되었다(Huebsch, 1930, p.15).

루소의 교육사상은 코메니우스(Comenius, 1592~1670)의 감각적 경험주의에 영향을 입었다. 루소는 모든 지식은 감각적 경험론에 의해 성립된다고 보고 있으며 교육에서 경험과 직관의 중요성은 이 같은 경험주의자들과의 깊은 교류에서 영향을 받은 것으로 볼 수 있다. 코메니우스의 자연은 객관적 자연주의요, 루소의 자연은 주관적 자연주의로 분류되지만 자연을 무오류의 규범적 전제로 간주한 점에서 상호 공통점을 가지고 있다. 코메니우스의 민주적 교육이념과 인간발달 단계에 의한 교육의 제시는 루소에게 받은 시사점을 준 것은 틀림없다.

경험주의 철학자인 영국의 로크(1632~1704)는 자연법 해석을 통한 경험론을 확립하여 루소에게 많은 영향을 주었다. 로크의 자연법은 이성의 법칙이며 모든 사람은 평등하고 독립되어 있으므로 타인의 생명, 건강, 자유 및 재산을 침해해서는 안 된다는 것이다. 이 같은 로크의 자연법은 "루소의 『사회계약론』과 그 전에 출판된 『인간 불평등 기원론』의 기본 이념이 되었으며 『에밀』의 주제"가 되었다. 그래서 "루소의 『에밀』은 로크의 『교육론(*Some Thoughts Concerning Education*)』과 매우 흡사하다"(안인희, 1990, p.16). 또한 로크의 『인간오성론(*An Essay Concerning Human Understanding*)』도 루소의 인간관에 깊은 영향을 끼치게 된다.

루소는 『에밀』에서 아홉 번이나 로크에 대해서 언급하고 있다. 루소는 로크와 불일치하기도 하지만 로크로부터 많은 영향을 받았다. 특히 정치, 사회, 교육, 철학에 있어서 기본적인 가정들은 로크에게서 왔음이 분명하다. 즉, "전통과 맹목에 대한 비난, 지식의 원천으로서의 감각, 아동의 육체적 발달의 강조, 아동의 자연발달에 대한 옹호, 교육수단으로서의 놀이의 사용, 교육의 원천으로서 호기심의 중요성 등이 깊이 관련되어 있다"(Rush, 1957, p.153). 또한 루소는 로크가 아동교육에 관심을 가진 사람 중에 가장 현명한 당대의 유일한 교육자라고 칭송할 정도로 로크의 교육사상에 영향을 받았다고 본다.

그 다음으로 프랑스에서 계몽주의를 발전시킨 주도 세력은 '백과전서파(Encyclopediste)'이다. 계몽주의자들이 편찬한 『백과전서』는 루소의 사상적 성장과는 불가분의 관계를 맺고 있는데 이 전서의 집필자는 볼테르, 디드로, 루소로서 합리주의를 사상적 기반으로 하고 있다. 이 백과전서파는 18세기 때 하나의 정치적·사상적 세력으로 조직되어 당시 왕권과 교회 권력층의 분노를 사기도 했다. 이성만능을 주장했던 계몽주의자들, 그중에서도 백과전서주의자들과의 사상적 결별로 루소는 디드로, 볼테르와는 사상적 대립을 일으킨다. 즉, "계몽주의자들은 이성에 대한 신뢰에서 종교를 비판했다. 그러나 루소는 이성도 종교와 함께 비판했던 것이다. 또한 계몽사상가들은 이성과 과학을 존중하는 세계관을 정립했으나 루소는 이성은 감성 없이는 불모에 지나지 않는다고 본 것이다"(최정웅, 1987, p.99). 루소는 디드로의 귀족적 관점과 합리주의 때문에 적대적이었음에도 불구하고 권위에 대한 공격이나 정치, 철학, 종교에 있어서 급진적인 사고와 미신과 종교에 대한 혐오가 일치하여 근원적인 영감을 받았다.

이상에서 살펴본 바와 같이, 루소 사상의 기저에는 고대 사상가들로부터 17세기의 과학적 실학주의와 계몽사상에 의한 저명한 사회, 정치, 교육, 철학자들의 새로운 변화의 영향을 받은 것이 명백하다. 그러나 루소는 어떤 한 사상가의 교훈에 치우치지 않고 오히려 다른 여러 사상가들에 격렬히 반응하면서 그들의 사상을 비판적으로 수용함으로써 고유한 창조적 사상으로 그의 사상을 발전시켰다.

3. 교육이론

1) 유아관

루소의 아동관은 그의 발달단계론에서 찾을 수 있다. 즉, 인간발달은 여러 단계를 거쳐 이루어지는 것으로 각 단계마다 그 독자적인 세계에 존재하는 성장과 성숙을 마칠 때에 비로소 다음 단계로 진행되는 발전적인 것으로 보았다. 어린이는 어른의 축소한 세계에서 사는 것이 아니며, 또한 장차 어른이 되기 위해 오늘을 희생하는 생활이 되어서도 안 된다. 어린이에게는 성장과정의 각 시기마다 완성해야 할 독자적인 세계가 각기 따로 있다는 것을 발견했다는 점에서 루소는 어린이의 발견자가 되는 것이다(안인희, 1992, p.27).

다음으로 그의 아동관은 성선설이다. 이는 루소 사상의 핵심이다. 『에밀』에서 "신은 모든 것을 만들었다"(Rousseau, 1967, p.35)라는 말은 그의 아동관이 성선설에 근거해 있음을 알 수 있다. 이는 그 당시 기독교적 아동관에 정면으로 도전한 것으로 인간은 근본적으로 선하게 태어났으나, 병든 문명과 퇴폐적인 사회제도가 인간의 성선을 말살하여 아동의 선성 발달을 저지한다고 보고 있다.

루소는 『에밀』 서문에서 다음과 같이 아동에 대해서 밝히고 있다. "현재 가지고 있는 잘못된 관념하에서는 가면 갈수록 혼란에 빠진다. 가장 현명한 학자들도 어른이 알지 않으면 안 되는 일에만 전념하고 있어서 아동이 어떠한 것을 이해할 수 있는가를 고려하지 않고 있다. 그들은 언제나 아동 가운데서 어른을 구하면서, 아동이 어른이 되기 전에 무엇을 했던가를 생각하지 않는다. 이것이 내가 가장 열심히 연구한 문제이다"(Rousseau, 1967, p.32)라고 말한다. 여기서 루소는 어른들의 잘못된 아동관을 지적하였다. 이것은 마치 어른들이 망원경을 거꾸로 해서 아동을 바라보듯 잘못된 아동관에 대한 일대 도전이며, 이 말 속에서 루소의 아동중심 사상의 중요한 일면을 찾을 수 있다(김동일, 1992, p.1).

그의 사상은 아동관에 있어서 새로운 전기의 계기가 되었다. 아동을 한낱 비인격적인 존재에서 사회의 중요한 구성원이며, 인격적인 존재로 보아야 한다는 의미에서 오늘날 아동교육에 있어서 중요한 시사점을 주고 있다.

진정한 의미에서 아동관은 루소에 의해서 제창되었다고 보아야 하며, 코페르니쿠스적인 혁명과도 같은 대변혁은 루소 때부터이다. Cahn은 "루소의 『에밀』은 아동관에 대한 강한 신념을 내포하고 있으며, 유아를 한 인간으로서 취급할 것을 주장하고 있다(Cahn, 1970, p.153). 이와 관련하여 루소는 아동중심 사상을 주장하고 있다. 이 아동중심 사상은 그 당시로는 혁신적인 교육관이다.

2) 교육목적

교육목적은 교육이 계획하고 실시되는 기본적인 방향이며 교육을 통해 성취하고자 하는 궁극적인 표적이라고 할 수 있을 것이다. 여기서는 루소의 교육목적 중에서 아동교육에 한정하여 그 목적을 밝히고자 한다.

아동도 한 인간으로서 고유한 삶을 살 권리를 가지고 있기 때문에 아동에게 해당하는 교육의 목적이 있어야 한다. 루소의 아동교육의 목적은 올바른 아동의 양성에 있다. 그래서 루소는 아동교육의 목적을 "아동의 본성 개발로 규정하고, 환경과 인위적인 제한과 훈련에서 벗어나 아동이 자유롭게 성장하고 발달할 때 교육의 효과가 증진한다"(Brubacher, 1969, p.129)고 보고 있다. 아동교육의 목적을 아동의 자연성 개발과 인위적인 제한으로부터 아동을 보호하는 것에 두고 있다.

루소는 아동교육을 인위적인 과정이 아니라 자연적인 과정으로, 외부의 강요가 아니라 내적 발달로, 그리고 또한 지식의 획득이 아니라 자연의 능력을 신장하는 것으로 강조하고 있다.

아동은 연약하다. "아동은 관목과 같아서 어떤 땐 길가에서 자라기도 하고 어떤 땐 지나가는 사람에 의해서 곧 없어지기도 한다. 만약 그것이 정원사의 보살핌이 없었더라면 죽어버리듯이, 교육은 한 인간의 올바른 삶을 위해서 필수적인 것이다. 아동은 약하게 태어났기에 교육이 필요하고, 우둔하게 태어났기에 판단력이 필요하다. 이와 같은 이유 때문에 아동의 결핍을 보충하기 위해서 교육이 필요하다. 따라서 루소는 아동교육의 궁극적인 목적을 선량한 한 인간을 만드는 데 두고 있다"(Boyd, 1910, p.158).

루소의 아동관에 따르면 "아동을 불완전한 성인으로 취급하지 아니하고 아동 자신의 완전성을 가졌다고 간주하였다. 그래서 아동을 완전한 'Mature-Child'를 만드는 것을 교육의 목적으로 보았다. 'Mature-Child'를 통해서 '성숙한 인간'을 만들 수 있다고 보고 있다. 그러므로 성인을 위한 준비기간으로서 아동기를 정의하는 것은 불합리하다. 루소는 아동교육의 목적을 '아동기의 완성'에 두었다"(Im Hyunshik, 1989, p.40).

루소는 그의 『에밀』에서 아동중심의 교육을 이미 강조하고 있다. 그것은 그가 생존했던 당시의 일반적 교육이해에 비추어 볼 때 대단히 혁명적인 것이었다. 그 당시의 아동에 대한 무관심과 오류에서 벗어나서 아동을 아동으로서 보아야 하고 아동기의 완성을 통해서 성인이 될 수 있음을 말해 주고 있다. 그래서 최정웅은 "아동을 아동답게 성장발달하도록 하는 교육이어야 한다. 아동의 자주적이고 주체적인 능력을 개발하여 창조적인 인간을 육성함으로써 인간적 자유의 실현과 자유로운 발달이 교육의 목적이 되어야 한다"고 주장했으며 루소의 입장에서는 교육의 목적을 "당연히 아동을 자연인으로 만드는 것"으로 보고 있다.

또한 "아동교육의 목적을 'Amour de Soi'의 인간적 본능을 강화해서 'Amoure Propre'

의 파괴적인 사회본능을 제한하거나 적어도 승화시킬 수 있음”(Roosevelt, 1987)으로 강조하였다. 이 역시 개인중심적 교육목적에서 시작하여 사회중심적 교육목적을 지향하고 있다. 그리고 『에밀』에서 루소는 교육의 목적을 합리적인 인간을 만드는 것이며 그러기 위해서 먼저 사람이 되어야 하고 더 진보적이며 그 시대 어린이에게 맞도록 조정되어야 한다고 주장하고 있다. 즉, 사회의 관습과 전통에 따르는 인간이 아니라 스스로 살아가는 인간을 말한다. 루소의 교육목적은 자연적인 선성의 보존과 개인의 자연권에 기초를 둔 사회를 구성하는 데 있다. 교육의 궁극적 의도는 자연인의 양성에 의해 자유, 평등, 박애의 덕이 실현될 수 있는 사회질서의 성취에 있다. 루소는 자연인의 완성을 교육의 궁극적 목적으로 삼고 있다. 즉, 인위적인 사회악으로부터 아동을 방어하여 선한 천성이 자발적으로 자연스럽게 발전하는 것을 목표로 삼았다.

이상에서 논술한 루소의 아동교육의 목적을 종합해 볼 때 크게 두 가지로 양분할 수 있다. 그 하나는 개인중심적 입장이고, 다른 하나는 사회중심적 입장으로, 전자가 후자보다 더 강하게 나타나고 있다. 결국 루소의 아동교육의 목적은 참다운 아동의 완성으로부터 사회적 시민의 양성이 그 기초가 되어 있다. 자신의 완성에 의해 자신을 희생할 줄 아는 사람을 양성하는 것, 즉 인간성의 완성이자 조화로운 인간 형성이다. 그러기 위해 천부적인 능력과 재능을 조화롭게 발달시켜야 한다. 아동으로 하여금 올바른 인간으로서 장래보다 현재의 삶을 더욱 충실히 하도록 해야 한다. 루소는 우수한 인간이나 뛰어난 인간이기보다는 평범하고 자연적인 인간의 완성을 아동교육의 목적으로 보았다.

3) 교육내용

루소의 아동교육 내용을 아동교육 내용의 일반적 측면과 발달단계에 의한 구체적 교육내용으로 구분하여 서술한다. 그리고 발달단계에 의한 아동교육 내용은 첫째, 유아기, 둘째, 아동기, 셋째, 소년기로 구분하여 각 기마다 『에밀』의 교육내용표(표 2-1 참조)를 중심으로 고찰한다.

〈표 2-1〉『에밀』의 교육내용표

교육적 시기 \ 사상	사회발전 단계 비교	지적 발달	심신상태	체육교육
유아기 (Infancy) (0～5세)	동물시기(The Animal) 가정교육과 체육교육 (습관과 정서 훈련의 시기)	획일적 감정	• 약소, 무지, 욕망이 작아짐 • 순연한 감각적 감정(쾌락, 고통) • 기억력, 상상력, 판단력, 이성이 없음 • 도덕적 행위 없음 • 따사로운 자연의 애정이 가득한 가정＝인간 형성의 첫걸음	• 사지의 자유로운 운동 • 단련(고통이 작다) • 신체적 교육 가장 필요
아동기 (Childhood) (6～12세)	야만시기 (The Savage) 감각교육	• 감각적 행동 • 처벌을 금함 • 만지고 부수고 하는 등은 지적 호기심이므로 말리지 말 것 • 지적 훈련을 늦춘 것은 사고하고 정상적 능력을 다지기 위해 늦어짐	• 욕망의 증대 • 감각기관 성숙 • 이성의 판단이 있음 • 판단력, 기억력, 상상력이 조금 생김 • 도덕적 행위를 못함	• 자유로운 운동 • 단련 • 감각기관의 훈련 • 끊임없는 활동놀이 • 노동＝인간 형성의 일부(식물대비, 농업)
소년기 (Boyhood) (13～15세) 중간교육시기	농부시기 (The Famer) 로빈슨 크루소 (Robinson Crusoe) 이성과 수공(手工) 교육	• 지적 발달 시기 • 이성(理性)의 정열이 솟기 전이므로 학습하기 좋음 (유용성과 지적 훈련)	• 이성(理性)에 눈뜸 • 호기심 발동 • 지적 세계 분리 불가 • 감상적 대상에 흥미를 가짐	• 육체의 연마와 정신의 단련이 상호 다른 것에 대해 휴양이 되도록 함 • 레크리에이션 활동 필요
청년기 (Adolescence) (16～20세) 고등교육 도덕 본격적 교육	초기 사회인 (The incipient social man) 합리적 사고의 시기 감성교육	영적(Soul) 시기 (도덕성, 사회성, 심미 훈련 시기)	• 자기애에서 정욕이 발동 • 도덕적 생활이 시작 • 신체적 변화가 심함	• 신체는 그만큼 많은 운동을 필요로 하지 않음
성인기 (21～22세)	사회인(Social man) 성인기 성교육		• 혼약기(22세) • 결혼기	

감성도덕교육	지능교육	정치교육	종교교육
• 알지 못한 것에 대한 공포를 없앰 • 분노하거나 슬픈 감정이 제멋대로 생기지 않게 함 • 감각을 통한 인지 가능, 사물과 관련하여 단어를 가르침 • 노래를 통한 오락	• 감각에 의한 정열적, 찬 것, 부드러운 것, 형태가 큰 것, 그 외에 다른 일체 성질을 판단하는 것을 배움 • 거리의 판단(원근) 교육 • 언어교육(모국어)		
• 경쟁심, 질투, 갈망, 허영이 생김을 막을 수 없음 • 암흑에 대한 공포심 없앰 • 악덕을 범하지 않게 함 • 외관에 따라 인간을 판단하지 말 것 • 관대, 인내, 강직한 덕을 가짐	• 문장, 지리, 역사, 어학을 가르치지 말 것 • 가장 간단한 작곡 음악교육 • 독서를 하지 말 것 • 실험물리학 • 간단한 관찰교육 • 정확한 화술 • 소유의 관념인 농업교육 • 자연물 묘사 그림, 관찰		
• 사회적 덕은 갖지 않지만 자기 자신에 대한 넓은 덕은 이미 가지고 있음 • 양심 = 신성한 본능, 지적 · 자유적 존재의 확실한 지도자	• 사회관계를 연구시킴 • 인간을 연구하는 역사교육 • 외국어 고전을 읽힘 • 우화, 역사, 사회, 사회인 교육 • 마음에 드는 독서 권장 • 라틴어 문법교육 • 언어와 문학교육 • 수학교육, 역사 · 문학 분야의 고전		• 교리문답이 아닌 근본적인 진리와 관련된 종교의식 깨우침 • 특정 종교의식을 가르치지 말 것
• 정욕발동의 시기 • 호기심이 생기고 상상력을 기름 • 자존심을 기름 • 연민, 자비, 친절, 은혜 등의 감정 생김 • 사회 속의 인간의 부패, 타락	• 결혼의 관계 • 지식교육을 함(22세)	• 처세술을 가르침 • 전 사회조직 묘사해 보임	• 17세 이후의 종교교육(자연종교)
• 절제와 극기(22세) • 부부간의 애정과 의무		• 나라의 풍습(분위기)을 익힘 • 시민적 관계 연구	

(1) 아동교육 내용의 일반적 측면

루소의 아동교육은 그 성격상 소극적 교육이다. 이는 밖에서 어린이에게 적극적인 영향을 주어 어린이를 통제하려는 적극적 교육의 반대 개념이다. 그는 종래의 지식 습득을 강조하는 주지주의의 입장을 비판하고 지식교육을 멀리하였다. 루소는 교재를 통한 학습을 반대하였다. 교재는 아동과 사물과의 사이를 가로막기 때문에 교재로 사용하는 책 대신에 세계를 읽게 하도록 권하고 있다. 그러나 교육이 불필요한 것은 결코 아니다. 어떤 것을 학습하느냐 하는 것이 중요하다. 교육내용의 선택은 아동의 성격과 유관하기 때문이다. 아동교육의 내용과 인성은 깊은 관계가 있으며, "아동이 선하거나 악하거나 하는 것은 우리가 아동에게 무엇을 가르쳤느냐에 따라서 큰 차이를 가져올 수 있기 때문에 교육내용에 그 모든 문제의 회답이 달려 있음을 주장하고 있다." 루소는 교육내용 선택의 제일 원리로서 "그것이 무엇에 쓸모 있는지요? 이것이 이제부터는 우리들 생활의 모든 행동에 있어서 결정적인 말이 될 것이다"라고 주장하였다. 교과에서 얻어진 지식이 생활과 무관하면 무가치한 것이다. 그래서 교육내용으로서는 물리, 지리, 천문, 박물 등이 유용성과 관련된 주요한 교육내용으로 제시되고 있다. 그리고 5세 이하 아동교육에 대해서도 자세히 말해 주고 있다. '주로 신체 안전'에 대해서 세심한 교육내용을 제시해 주고 있다.

루소는 아동의 신체단련을 교육내용으로 대단히 중요시하였다. 즉, 수영, 달리기, 점프, 던지기 등으로 건강교육의 중요성을 강조하였다. "우리들의 사지를 훈련해야 하고 우리들의 감각과 우리들의 기관을 단련해야 한다"는 루소의 일관된 체육교육은 질병을 사전에 예방할 수 있는 직접적인 효과와 더 넓게는 우리들의 몸은 이지의 도구이며 이 도구를 최대한으로 활용하기 위해서는 그와 같은 도구를 공급해 주는 몸을 건강하게 관리해야 되기 때문에 필요하다. Peter는 신체조건을 수단적 가치로서 인정하지만 선험적 정당화를 적용하지는 않는다. 그러나 신체활동은 이론적 활동을 가능하게 해 주는 조건이라는 점에서 필수적이다. 즉, 인간의 참된 이성은 건강한 신체조건에서 원활하게 활동할 수 있기 때문이다. 신체는 정신의 명령에 복종할 수 있을 만큼 튼튼할 필요가 있다. 루소가 에밀에게 권한 유일한 한 권의 책은 『로빈슨 크루소』이다. "이 소설은 고도 근처에서 홀로 동료의 도움 없이 맨몸으로 음식을 입수하고 몸을 지키면서 생활을 획득하는 내용에서 신체적 강건과 독립적 생활능력을 중시한다." 루소가 이 책을 권하는 이유는 곧 고립생활과 개척자의 체험을 갖도록 함이다. 즉, 자신의 힘으로써 자연을 상대로 필요한 의식주를 해결할 수 있게 도와주며 에밀에게 경험을 통한 교육을 성취할 수 있다는 것이다.

그리고 종교교육에 대해서 루소는 "만약에 내가 한 어린이를 바보로 만들고 싶다면 어린이에게 그가 낭독한 교리문답을 설명하도록 그에게 강요할 것이다"라고 하면서 아동에게는 종교교리를 가르치지 말도록 주장하고 있다.

Brumbaugh는 '청년기가 될 때까지 가정교사는 종교교육을 금할 것'을 주장했으며 부모는 그들의 종교를 자녀들에게 강요하지 말 것을 권하고 있다. 루소는 사람들이 신에 관해서 아동에게 얘기하는 것이 적으면 적을수록, 또 사람들이 그에게 그 스스로 신에 관해서 얘기하는 것을 허용치 않으면 않을수록 보다 더 아동은 신에게 몰두할 수 있다고 강조한다. "신앙심이 두터운 어린이를 만들기 위해 싫증이 나도록 교회에 데리고 간다. 어린이들에게 끊임없이 기도를 드리게 함으로써 더 이상 하느님께 기도하지 않아도 되는 행복한 시간을 기다리게 만든다"(Rousseau, 1967, p.126).

그러므로 가장 중요한 것은 어른들조차 완수하지 못하는 수많은 고통스러운 의무를 신의 이름으로 아동에게 부과하는 것이 아니라 아동에게 먼저 모범을 보여 주어야 하며 특히 부모들이 자녀들에게 종교적인 모범을 보이지 않으면 종교교육은 성공할 수 없음을 주장한다.

이상에서 루소의 아동교육을 통해서 흐르고 있는 일관된 내용은 그의 소극적 교육론이다. 이는 아동 밖에서 아동에게 적극적인 영향을 주어 아동을 통제하려는 적극적 교육론의 반대 개념이다. '모름지기 자연으로 돌아가라'는 그의 이념은 이 소극적 교육으로 짜여진 것이다. 이와 같이 그의 교육관은 성선설과 아동중심 사상 위에 세워진 소극적 교육인 것이다. 아동 내부의 가능성은 자연의 법칙이 따르는 것으로 보고, 일체 외부의 간섭을 피하고 자연에 따라서 교육할 것을 권하고 있다. 루소의 아동교육은 아동을 '혼자 있게' 함으로써 자연의 섭리에 따라서 양육해야 한다고 주장한다. 소극적 교육은 아동이 아직 교육받을 시기가 도래하지 않기 때문에 기다리는 것이다. 그러나 만약에 교육받을 시기가 도래하면 많이 가르치기 때문에 오히려 적극적 교육이다. 그러므로 형식은 소극적이나 실은 적극적인 효과를 예상할 수 있는 적극적인 교육인 것이다.

(2) 발달단계에 따른 아동교육 내용

아동교육에 있어서 위대한 선구자는 로크와 루소이다. 12세기까지 중세의 미술가들은 아예 아동의 그림을 그리지 않았다. 이는 "아동을 어른의 축소판(ready made miniature adult)"(Aries, 1962, p.33)으로 생각했기 때문이다. 아동과 성인의 차이를 양적이고 상대적인 관점에서 해석했다. 루소는 아동과 성인을 다른 존재로 본 로크의 주장에 동의하였으나, 아동은 백지 상태의 빈 그릇이 아니라 특유의 감정과 사고방식을 가지고 있다고 본다. 즉, 자연으로 하여금 아동의 성장을 인도하도록 하는 것이 매우 중요하다고 보았다.

루소는 인간의 발달단계 이론을 확립하는 길잡이 역할을 하고 있다. 아동기는 성인으로 이행하는 준비기로서보다는 인생행로에서 중요한 과정에 속해 있다. 그러나 어른은 이 시기를 전혀 모르고 있다. 이것은 성인의 기준에서 성인사회에 적응하기 위해 배울 필요가 있는 것에만 관심을 쏟기 때문이다.

루소는 『에밀』에서 중요한 다섯 가지의 단계를 주장하고 있다. 이 다섯 가지 단계 중에서 광의의 아동기는 유아기와 협의의 아동기와 소년기를 포함한다. 여기서는 각 세 단계에 따른 아동교육의 내용을 〈표 2-1〉에서 고찰한다.

① 유아기

출생에서 5세까지의 유아기를 말한다. 이 시기는 사회발전 단계로 비교하면 동물의 시기이다. 루소는 유아기의 양육과정을 묘사하고 양육방법의 기본은 자연질서에 일치할 것을 제시하고 있다. 인생의 최초 스승은 우리에게 젖을 먹여 주는 유모이다. …… 교육이란 말은 옛날에 젖을 먹인다는 뜻이었다. 양육에 있어서 가장 기본적인 교육으로 어머니의 교육을 강조하고 있다. 어린이가 받는 최초의 선물은 쇠사슬이지만 루소는 인간 형성의 기초를 유아기에 두고 부자유하고 부패된 사회를 개혁하는 힘은 초기 어머니에 의한 교육에 의해서 가능하다고 보고 있다.

유아기의 심신 상태는 연약하고 무지하다. 이때는 쾌락과 고통만을 느낄 수 있는 순진한 감정을 가지고 있어서 기억, 상상, 이성적인 작용은 할 수 없다. 그래서 유아기 때는 '따사로운 사랑이 넘치는 가정(Rousseau, 1967, p.42)'에서 가정교육을 통한 인간 형성 교육이 필요하다고 루소는 주장한다.

그리고 신체 및 체육교육에서 볼 때 사지를 자유로이 움직일 수 있으므로 발육에 필요한 신체교육이 필요하다. 분노하거나 슬픈 감정이 일어나지 않도록 배려해야 한다. 노래를 통한 간단한 오락학습이 가능하다. 지식교육에서는 감각훈련(냉온, 경중, 대소 등)으로 사물의 성질을 학습하도록 해야 한다. 그 이외에 원근 등 거리의 판단을 가르치고 언어 지도에서 모국어를 교육할 것을 주장한다.

이상에서 루소의 유아기는 감각을 통해서 직접적으로 세계를 경험할 수 있는 내용이 중심이 된다. 도덕교육에서는 일정한 때가 되면 언제나 유아 자신들의 잘못이 자연적으로 스스로 교정되기에 어른들의 강압에 의해서 현학적으로 유아들의 잘못을 교정해서는 안 된다고 주장한다.

② 아동기

6세에서 12세까지는 협의의 아동기이다. 이 시기는 사회발전 단계로 비교하면 '야만인 시기'이며 감각교육기이다. 또한 만지고 부수고 하는 등 지적 호기심이 왕성한 시기이며 감각기관의 훈련과 건강한 신체 발육에 중점을 둔다. 따라서 심신 상태는 욕망이 증대하고 감각기관이 성숙한다. 그래서 루소는 아동기 교육의 중요성을 장차 독립적인 생활을 위한 올바른 사회인의 필수조건으로 보고 있다. 체육교육은 감각훈련과 단련이 과제로 되어 있다. 즉, 신체를 강하게 하며 감각의 식별능력과 발달을 위해서 '수영, 유희, 공놀이' 등을 권장하고 있다. 이때 인간 형성의 일부로서 노동이 무엇인지를 경험할 것을 강조하고 있다. 밭을 갈고 씨앗을 뿌리고 야채류가 싹이 나서 자라는 것을 한 번 보면 스스로 밭일을 해보고 싶어 한다. 창조하고 모방하고 생산함으로써 능력과 활동의 학습은 노동을 통해서 자연적으로 얻어질 수 있는 것이다. 이때의 노작교육은 지적 목적을 위한 수단으로서보다는 건강과 창조적 능력의 개발을 통한 교육적 가치로서 기여하게 된다. 그리고 판단력과 상상력이 조금씩 발달하지만 이때 아동으로 하여금 선악 등 도덕적 교훈을 교수해서는 안 된다. "선과 악을 인식하고 인간의 의무를 이해하는 것은 아동이 해야 할 일이 아니며 …… 자연은 어린이가 어른이 되기까지 그대로 아동이 되어 주길 바란다"(Rousseau, 1967, p.108). 만약 섣불리 도덕적인 학습을 시키게 되면 차례를 도치시켜서 설익고 맛없는 썩어버린 과일을 따먹는 것과 같다고 비유했다. 한편 정서교육은 아동으로 하여금 경쟁심, 질투, 갈망, 허영심이 생기지 않으며 악덕이 생기지 않게 해야 한다고 강조하고 있다. "악덕을 예방하지 못한 결과로 인생의 불행이 그 과실과 함께 시작된다"(Rousseau, 1967, p.115).

그리고 지식교육의 내용은 아동에게 영향을 끼칠 수 있는 사실의 성질을 시험할 수 있는 '실험 물리학(experimental physics)'을 강조하고 있다. 이 시기는 책을 통해서 지식을 얻는 것은 무의미하며 무용함을 암시하고 있다. 전통적인 교과중심 교육에서 교육의 동력을 아동중심으로 전환시켰다. 이는 교육에 있어서 일대 개혁이라고 볼 수 있다. 교육은 지식 획득의 장이라기보다는 아동 활동의 장으로 그 의미를 부여받게 된다. 그래서 지리나 역사교과를 가르치지 말 것을 권장한다. 자연물을 묘사하는 그림 그리기, 정확하고 명료한 화술 익히기 등의 교육을 권장하며 과학서나 책을 존중하지 않는다. 생활 그 자체가 교육이지 미래의 준비를 위한 것은 아니다. 따라서 교과서 중심 교육을 거부하며 전통적인 교과중심에서 아동중심에로의 전환을 주장하였다(최정웅, 1987, p.279).

이상의 논의한 결과에서 볼 때 루소는 아동기에는 혼자서 걷고, 말하고, 뛸 수 있도록 스스로 능력을 발달할 수 있는 교육내용을 가르치도록 권장한다. 선악에 대한 도덕적 명제중심의 도덕교육을 금하고 노동과 교육을 결부시킨 창조와 생산적인 노작교육을 권장하고 있다. 그리고 교과중심에서 아동중심에로의 교육은 교육사상사에서 획기적인 전환을 의미하고 있다. 또한 루소는 아동의 과보호에 대해서는 반대하였는데, 이는 로크의 단련과정(hardening process)에 영향을 받은 것으로 보인다. 루소는 이 시기에 가르쳐서 안 될 부정적인 요인들을 주로 열거하고 있다. 이 시기의 교육적인 특징은 자연적이고 감각적인 것이다.

③ 소년기

13세에서 15세까지를 소년기라고 한다. 이 시기는 사회발전 단계로 비교하면 농부의 시기이며 이성과 수공의 교육이 가능한 활동이 왕성한 시기이다. 이성에 대한 정열이 솟기 전이므로 학습하기에 좋은 지적 발달의 시기인 것이다.

체육교육을 통해서 신체운동을 하게 하고, 정신적인 단련이 신체적 연마와 서로 휴식이 되도록 레크리에이션 활동의 필요성을 제시하였다. 루소의 교육의 비결은 미개인과 같은 게으름뱅이가 되지 않도록 농부로서 노동하고 철학자로서 생각하도록 하는 것이다. 루소는 교육의 위대한 비결에 대해 '육체의 단련과 정신의 단련이 항시 도와줌으로써 상호 간에 휴식이 되도록 하는 것이다'(Rousseau, 1967, p.270)라고 했다. 루소에게 있어서 지적인 교육은 비교적 늦게 시작한다. 이는 지적 능력을 가볍게 생각한 것이 아니고 오히려 시간을 낭비함으로써 시간을 아끼는 루소 특유의 교육관을 제시하고 있다. 이 시기에 가르치는 교과로는 지리학, 우주학, 물리학, 박물학을 권장하고 있다.

특히 루소는 육체노동의 필요성을 강조한다. 노동 자체를 인간 형성의 일부로 보고 있는 것이다. 그중에서 가장 기본적인 것을 농업으로 보고 농업은 인간이 할 수 있는 고귀한 직업으로 보았다. "기술 중에서 가장 존경할 만한 것은 농업이다"(Rousseau, 1967, p.248). 이는 농업이 삶을 영위하기 위한 제일의 직업임을 의미하고 있다. 그리고 자연과학 교재로서 『로빈슨 크루소』 읽기를 권장하였다. 그는 "에밀이 읽게 될 최초의 책, 이 책만이 그의 서가를 오랫동안 차지하게 될 것이다. …… 자연과학에 관한 우리들의 대화는 모두 다 그 책의 주석이 될 것이다. 이 훌륭한 책이란 『로빈슨 크루소』"라고 하였다(Rousseau, 1967, p.238). 이 책은 아동에게 생활에서 필요한 경험을 교육으로 전달할 유일한 책이다. 로크(1974)는 말보다 경험을 중요시하였다. 교사들은 아동에게 말로써 가르치는 것을 중요하게 생각하여 왔다. 그러나 루소가 주장하는 교육은 경험을 통한 행동의 변화에 있지 말에 있지 않음을 의미한다. 경험은 아동 자신의 행동과 연결되기 때문에 지워질 수 없이 각인된다고 보고 있다.

이상에서 고찰한 소년기에 있어서 교육내용을 종합해서 볼 때 이 시기는 이론적이거나 언어적인 내용보다도 농사일이나 목수일 등 구체적이고 가시적인 유용한 과제를 통해 자신의 경험을 훈련시킬 수 있음을 강조하고 있다. 또한 소년기는 전사회적 시기이기 때문에 자신의 필요한 일에만 관심을 가질 것을 권장하고 있으며, 이 시기는 중간교육의 시기이기 때문에 읽기와 쓰기, 농업과 상업교육 등 직업교육의 필요성을 강조하고 있다.

4) 교육방법

루소의 아동교육 방법을 고찰함에 있어서 첫째, 아동교육의 일반적인 방법과 둘째, 발달단계에 의한 아동교육 방법으로 구분하여 서술한다. 또한 발달단계에 따른 아동교육 방법은 첫째, 유아기, 둘째, 아동기, 셋째, 소년기로 구분하여 밝힌다.

(1) 일반적인 아동교육 방법

루소의 아동교육 원리는 첫째, 합자연의 원리, 둘째, 소극적 교육과 자연활동 원리, 셋째, 생활, 즉 교육의 원리, 넷째, 직관교육의 원리, 다섯째, 사회생활의 원리로 대별해 볼 수 있으며, 이 원리는 루소 아동교육 전반에 걸쳐서 그 기저를 이루고 있다.

루소는 아동교육 방법에 있어서 말이나 책에 의한 교육을 배제하고 있다. "어린이를 마냥 책 위에 붙잡아 두는 대신에 내가 그를 공작실에서 공부하게 한다면 어린이의 손은 그 어린이의 영혼에 보탬이 될 것이다"(Rousseau, 1979, p.227). 책을 통하지 않아도 아동의 기억력은 항상 주위의 사물과 접하고 있다. 즉, 보는 것, 듣는 것 모두가 아동의 마음을 움직이고 아동은 이것을 기억한다. 그를 둘러싸고 있는 모든 사물이 책으로서 어린이는 무의식적인 판단력으로 판단할 수 있으며 끊임없이 풍부하게 기억을 할 수 있다. 루소는 경험을 중시하고 생활중심 교육을 강조했기 때문에 교과중심의 교육과정을 비판한 데서 책에 대한 가치를 강조하지 않았다. 특히 아동기의 교육방법에서 책을 거부하고 있다. "그러므로 우리는 세 가지 종류의 스승에 의해서 배운다. 인간에 의해서, 자연에 의해서, 사물에 의해서 배운다"(Rousseau, 1979, p.21). 사물에 대한 교육은 전 생애를 통해서 일어나며 이것은 참된 지식을 넓힐 수 있는 교육방법이다. 우리들을 자극하는 갖가지 사물에 관해서 학습과 자신의 경험에 의해서 얻어지는 자율적인 방법을 제시하고 있다. "설령 어린이가 무슨 질문을 해도 아무 대답도 하지 말라. 자신에게 맡겨 두라"(Rousseau, 1979, p.217). 자율학습은 스스로 알도록 하는 방법인 까닭에 각 연령별, 단계별 학습자의 특성에 따라 처방되어야 한다. 만약 교사가 학습자의 능력 밖의 것을 가르치려고 하면 그것은 교사의 편견일 뿐 학습자로 하여금 모르면서도 아는 것으로 생각하게 하여 학습자의 본성을 왜곡하는 결과가 된다.

이와 같이 루소에 따르면 아동을 둘러싼 구체적 사물의 세계야말로 진정한 산지식의 창고를 건축할 책이며 문자에 의해서 기록된 책은 단지 공허한 말에 지나지 않는다. 이것에 의해서는 아무런 유용한 관념도 쌓을 수 없을 뿐 아니라, 오히려 관념을 죽이는 결과가 될 것이다. "과도한 지식은 뻔뻔스러운 무식꾼을 만든다. …… 세계 이외에 책은 없으며, 사물 이외 지육이란 불필요하다. 책을 읽는 어린이는 책을 읽을 뿐 생각을 하지 않는다. 그는 지식을 몸에 지니지 아니하고 낱말을 배울 뿐이다"(Rousseau, 1979, p.215). 즉, 잘못된 독서 때문에 야기된 잘못된 결과를 지적하고 있다. 책의 과잉은 세계라는 책을 잊게 하기 때문이다.

또한 루소는 자유롭고 평범한 인간으로 교육할 것을 권하고 있으며, 아동이 어떤 곳에도 자유롭게 적응하는 방법을 제시해 주고 있다. 루소가 말한 사물교육은 교과목에 따라서, 그리고 교사의 목적과 계획에 따라서 발달단계와 필요를 고려하여 교사는 가장 적절히 정돈된 사물들이 질서 있게 제시되어야 함을 강조하고 있다. 루소는 다음과 같이 자연의 교육방법을 진술하고 있다. "자연의 요구는 어디서나 동일하므로 이 자연의 요구를 만족시키는 수단은 동일하게 평등해야 하며, 인간의 교육을 실제 인간에 적합하도록 하라." 즉, 루소의 자연과정 교육은 자연현상 법칙의 탐구에 있으며 내적 인간의 자연과 외적 자연과의 친근한 연합에 의한 것이다. 인간의 자연적 본성과 자연세계를 함께 강조함으로써 자연환경에 관련되는 아동의 성장, 흥미를 중요시한다. 즉, "자연은 독립적 자료로서 다른 교육요소인 인간과 사물을 지배하며 다른 요소에 의해 제한될 수 없으므로 자연에 일치하는 합자연의 교육이 교육방법의 규준이 되는 것이다"(정호표, 1977, p.67).

그리고 아동의 종교교육 방법에 대해서 루소는 부모가 특정한 종교로 이끌 것이 아니라 오히려 이성의 작용을 통해서 스스로 종교를 선택할 것을 권하고 있다. 그는 에밀에게 가르친 종교교육 방법에서 어떤 종파에도 소속시킬 필요가 없이 스스로의 이성을 옳게 사용하여 종파를 선택할 수 있도록 교육해야 됨을 강조하고 있다.

루소는 다음과 같이 에밀 스스로 올바른 종교를 찾도록 그 방법을 제시하고 있다. 즉, "상호 간에 서로 추방하고 서로 배제하고 있는 저렇게 많은 종교들 중에서 만약 올바른 종교가 있다면 단지 하나만이 올바른 것이네. 그 하나를 인정하기 위해선 하나의 종교를 검토하는 것만으로는 충분치 않네. 모든 종교들을 검토해야만 되네. 그리고 그것이 어떠한 것이건 이해치 못한 채 비난하지 말게나. 반론은 증거와 비교해야 하네(Rousseau, 1979, p.411)." 이는 특정 종교의 일반적 개념을 형성하려는 것이다. 이 점에서 루소의 종교교육이 교화(indoctrination)에서 벗어날 것을 주장한 것으로 보인다. 『에밀』의 한 부분에서 루소는 그의 종교 개념의 해석을 아동에게 들려주고 있는데, 그 하나로서 고도의 개인주의적이고 반권위주의를 들고 있다. 종교는 순수한 개인적인 일이며 신과 더불어 마주 앉아 단둘이서 비밀스럽게 하는 만남이다. 신과 인간은 모든 의사소통을 직접 해야 하는 것이다. 교회의 권위와 조직을 거부하고 인간의 순수한 종교적 감정만이 신과 통할 수 있는 방법임을 제시하였다.

이상에서 살펴본 사물중심의 교육방법에 대한 루소의 공통된 원칙은 아동으로 하여금 사물을 보고 만지게 함으로써 풍부한 경험에 접하도록 해야 한다는 것이다. 책은 타인의 의견을 가장 많이 전달할 수 있는 매개체이기에 책으로부터 악이 전달된다는 극단적인 견해를 나타내고 있다. "교육은 사물의 지식을 통한 성취에 있는 것이지 말에 있는 것은 아니다. 그래서 교육은 스스로의 경험에 의해서 지워질 수 없이 각인되어지는 것이다"(Roche, 1974, p.44)라고 주장한다.

Morrish는 로크 사상의 바탕 위에서 아동을 이해하고 아동을 발견한 최대의 사상적 공헌자 루소의 교육이념과 방법을 다음과 같이 요약하였다.

첫째, 교육은 성장이다. 그러기에 그것은 자연스러운 과정이어야 한다.

둘째, 교육은 아동중심이어야 한다.

셋째, 교육은 아동의 자유와 행복을 위한 것이다.

넷째, 교육은 경험을 통해서 이루어져야 한다.

다섯째, 교육은 개성의 개발이다.

이상에서 본 루소의 일반적 아동교육의 교육방법은 말이나 책에 의한 교육을 배제하고 사물을 접해서 보고 들음으로써 학습자 자신의 학습을 통해서 학습하도록 하는 것이다. 요컨대 루소는 아동의 자발적 노력에 의한 자연현상의 관찰을 강조하며, 행동 학습 원리로서 아동 본성의 자기활동을 주장함으로써 개개 아동의 자연적 이성에 의한 성장과 관련된 개성화된 실제 학습을 시사한다. 교육방법에 있어서 주관성과 개별성의 원리가 분명히 강조되고 있다.

(2) 발달단계에 따른 아동교육 방법

① 유아기

출생에서 5세까지 유아기의 교육방법은 사려 깊고 구체적이어야 하며 주로 신체의 안전과 관련된 교육방법이 중요시되고 있다.

이는 단순히 유아 양육방법 면에만 국한된 것이 아니라 불완전한 인간으로서 유아의 인간상을 무시한 잘못된 교육관에 대항하고, 인간 이성 존중에 입각하여 어린이의 인격을 존중하며 아동중심적 발달을 고려한 교육방법을 제시한 것이다. 또한 그 당시 부부관계, 자녀교육 등 가정생활 전반에 걸쳐 있는 악습과 잘못된 사회의 관습을 바로잡기 위한 방법을 가장 기본적 단위인 가정에서부터 교육에 기대한 것이다.

루소 교육에서 유아에 관한 연구는 모든 교육방법의 결정적인 요소이다. 루소의 교육적인 공헌은 아동이 교육과정의 중심이 되어야 하며, 유아의 교육방법은 자연법칙에 순응해야 한다는 데 있다. 유아기의 경험은 커서도 계속된다. 어린 시절부터 두꺼비, 가재 등을 두려움 없이 예사롭게 보아 온 아동은 성장한 후에도 두려움 없이 볼 것이다. 인생 초기의 어린 시절에 있어서 기억력과 상상력은 성인이 된 후에도 지식의 으뜸가는 소재가 된다. 그래서 Boyd는 유아기의 습관에 대해서 주의를 환기시켜 준다.

즉, "세 살 때 자기주장만 하는 아이는 커서 고집쟁이가 된다. 이 아동을 고함을 쳐서 키우면, 12세에는 말을 듣지 않고, 20세에는 싸움하기 좋아하고, 30세에는 오만해지고 그의 전 생애를 통해서 참을성 없는 인간이 되어 버린다"(Boyd, 1963, p.80).

유아의 감각이 모든 지식의 최초의 기억이며 이 최초의 기억이 나중에 올 교육에 중요한 바탕이 될 수 있기 때문이다. 이 시기에 잘못된 성장발달은 여러 가지 악의 요인이 되기 때문에 이 시기의 교육은 세심한 관심이 필요하고 교육적인 애정이 요청된다. 루소는 유아 양육에 관한 네 가지 자연교육 원리를 다음과 같이 제시하고 있다.

첫째 원리: 유아의 힘은 그의 요구에 충족하기에도 모자라므로 한껏 사용하도록 내버려 두어야 한다. 그래도 힘을 헛되게 사용치 않을 것이다. 그들에게 손을 뻗을 수 있고 움직일 수 있게 하는 요람을 제공해야 한다. 그러나 과보호는 유아를 망치므로 지나치게 귀여워하지 말아야 한다. '의도적으로' 하는 유아교육은 유아를 약하게 할 뿐이다. 그를 뛰게 하라. 하루에 백 번이라도 넘어지게 하라. 그런 방법 속에서 그는 곧 일어나는 방법을 배우게 될 것이다. 그들을 밖의 정원에서 뛰게 하라.

둘째 원리: 지적이건 힘에 관한 것이건 결여되어 있는 것은 도와주고 보충해 준다. 유아의 힘은 제한되어 있으므로 그의 부족을 도와줄 의도적인 도움이 필요하다. 유아가 배고플 때 먹여 주어야 하고 위험할 때 안전하게 도와야 한다. 기본적인 욕구는 신속하게 지속적으로 무조건 만족시켜 주어야 한다.

셋째 원리: 유아에게 주는 도움은 그들의 변덕이나 까닭 없는 욕구에 동조되지 말아야 한다. 변덕은 자연적인 것이 아니기 때문이다.

넷째 원리: 유아의 언어와 표정을 조심해서 관찰해야 한다. 그들의 욕구가 자연으로부터 직접 오는 것인지 또는 고집에서 오는 것인지 분석해야 한다.

이 네 가지 원리는 첫째, 자유활동의 원리, 둘째, 기본 욕구충족 원리, 셋째 원리와 넷째 원리는 연관될 수 있는 것으로 욕구변별의 원리에 해당한다. 이 원리들은 『에밀』에서 가장 풍부하게 경험되기 시작한 사물교육에 대한 기초를 제공하고 있다. 아동의 요구는 변덕에서보다 사물의 필요에 의한 것일 때 도움을 제공해 주므로 유아는 튼튼히 성장할 것이다.

이상에서 논의한 결과에서 볼 때 유모가 아무리 뛰어난 여인일지라도 아이는 어머니의 가슴속에서 성장하도록 해야 한다. 어머니와의 따스한 인간적인 접촉에서 아이는 삶의 큰 걸음을 사랑으로 내딛게 된다. 모정은 자연 그 자체이며 모든 사회개혁의 기반으로 작용한다. 어린 시절 새겨진 지식은 성인이 된 후에도 작용하므로 세심히 신경을 써야 한다. 유아를 의도적으로 교육하려 들지 말며 맘껏 그 자신을 발산하게 하고, 기본적 욕구는 의도적으로라도 무조건 충족시켜 주며, 아이를 세심하게 관찰하여 자연으로부터 오는 욕구일 때는 지체 없이 도움을 주어야 한다.

② 아동기

6세에서 12세까지의 협의의 아동기의 교육은 소극적 교육이다. 초기 교육은 완전히 소극적이다. 그것은 미덕이나 진리를 가르치는 것이 아니라 마음을 악덕으로부터, 또 정신을 과오로부터 지켜 주는 일이다. 루소의 아동에 대한 소극적인 교육은 실은 적극적인 결과를 가져온다. 루소의 소극적 교육방법은 다만 자연적인 발달단계에 따른 교육에 불과하다. 루소가 가장 싫어한 것은 인간 본성 발달의 계열을 무시하고 태어나면서부터 모든 지식을 가르치려고 하는 중세 교육사조와 조기 주입교육이다. 루소는 "아버지들이나 교사들은 어린이를 어린이로 만들지 않고 박사로 만들려고 하기 때문에 일찍부터 벌주고 야단치고 위협하고 상을 주겠다고 약속하고 이치를 내세운다"(Rousseau, 1979, p.112)라고 조기 주입교육의 잘못을 지적하고 있다.

루소의 모든 교육 중에 가장 중요하게 사용한 교육방법은 시간을 아끼지 않고 오히려 시간을 적절하게 안배하도록 하는 것이다. 아동교육 방법은 결코 시간을 아끼지 말고 천천히 착실히 해 가기를 권한다. 그러나 "아동기의 교육이 소극적인 교육인 까닭에 법이나 진리의 교육을 하지 않아야 되지만 악이나 잘못에서는 마음과 정신을 막아야 한다"(Boyd, 1956, p.300)고 주장한다.

루소는 아동교육에 있어 책을 통해서 지식을 습득하는 것은 무의미하여 독서는 일종의 재앙이라고 혹독하게 비판하였다. 그리하여 책을 읽는 학습을 가능한 한 줄이도록 강조했다. 그에 따르면 "독서는 어린 시절의 재앙이다. …… 에밀은 열두 살이 되어서 겨우 책이 무엇인지 알게 되었다. 독서가 그에게 유용할 때까지 독서는 그를 귀찮게 할 뿐이며"(Rousseau, 1979, p.141)라며, 간접적 경험으로서 책을 통한 학습은 배격되어야 한다. 따라서 아동에게 언어적인 교육과 책은 아동들의 학습욕구를 충족시키기에는 어렵다. 사고하지 않는 독서는 다만 읽는 것에 불과하며 하등의 도움이 되지 않는다. 그리고 언어에 의한 구술적·설명적 말로 하는 학습방법도 반대하였다. 말뿐인 학문은 어린이에게 적합하지 않을 것이다. 로크 역시 말뿐인 언어주의보다 경험주의를 중시한 것은 루소가 주장한 바와 일치한다. 아동은 심신이 항상 자유로이 활동하기를 원하고 있다. 아동의 자연적인 소질은 자연 속에서 생활하면서 자유롭게 발달되어야 한다. 즉, 루소가 주장한 것은 아동에게 성인 기준의 속박에서 자유롭게 하고 진보적인 교육방법으로 아동을 아동으로 교육하도록 하는 것이다. "자유로이 놔둔 어린이가 죽었다거나, 병신이 되었다거나, 큰 변을 당했다는 얘기를 들은 적이 없다"(Rousseau, 1979, p.90).

"미래를 위해 현재를 희생하는 저 잔인한 교육으로 어린이를 속박하고 결코 누릴 수 없을지 모르고 언제 도래할지도 모르는 그런 행복에 대비시키기 위해서 어린이를 불행하게 만드는 잔인한 교육에 대해서 …… 견딜 수 없는 멍에 밑에서 마치 노예나 죄수처럼 …… 공부를 강요당하는 불행한 아동을 보면서 의분을 터뜨린다. …… 죽음이 급기야는 어린이를 끌어들인다"(Rousseau, 1979, p.91).

루소는 "교육에서 철저히 어떤 누구의 간섭도 배제시켰다. 어린이가 바르게 선택하는 데 방해가 되지 않는 한 자유로워야 한다"고 주장하였다. 청교도의 복음주의 교육은 어린이를 억제하고 훈련하는 것을 정당화시켰다. 그에 반해서 루소는 자유를 강조하였다. 이는 어떤 암시, 영향, 힘의 사용을 배제하고 강요 없는 자유로운 활동에 의한 독립과 발달의 가능성을 확신한 것이다. 자유는 독립심이 강한 아동을 만든다. 그러나 루소는 욕구의 무조건적 표출을 위한 자유보다 욕구를 제한하는 것도 동시에 교육시켜야 한다고 주장하였다.

또한 루소는 행복과 자유를 동등한 것으로 생각했다. 즉, 행복한 생활을 위한 자유를 성취하기 위해서 루소는 아동교육이 소극적이어야 한다고 주장했다. 그것은 아동교육은 덕과 진리를 가르치는 데 목적이 있는 것이 아니라 악으로부터 아동을 지키는 데 있다고 보기 때문이다.

이상에서 살펴본 아동교육 방법의 요체는 자연적 발달단계에 일치하는 교육, 소극적 교육, 사회악으로부터 보호의 교육 등이 있다. 유용에 의하지 않은 그저 읽는 독서와 말뿐인 지식은 배제시키며 참된 경험을 중시하고 있다. 루소는 아동을 성인의 틀에 넣어 속박할 때 아동으로서의 죽음을 의미하게 되므로 자연 속에서 자유로이 활동할 수 있을 때 아동으로 성장해 갈 수 있으리라 보고 있다. 아동에게 명령하고 그들을 복종하도록 하는 어떤 권위나 아동에 대한 구속은 아동의 건전한 발달을 방해한다는 것이다. 아동을 복종하도록 강요하는 교육은 나중에 성인이 된 후에 주체성이 없는 나약한 인간을 만들 수 있음을 시사해 주고 있다.

③ 소년기

소년기는 13세에서 15세까지를 말한다. 이 시기는 "능력의 발달이 욕망의 발달보다 앞서는 시기이며, 한 사람의 어른으로는 약하지만 어린이로서는 대단히 강한 때이다"(Rousseau, 1979, p.211). 또한 이성, 호기심, 감각적 대상에 흥미를 갖는 단계이다. 지식은 호기심과 흥미를 통해서 얻게 된다. 교사는 제자들에게 호기심이 일어날 수 있도록 해야 한다. "만약 제자가 질문을 던져 온다면 그의 호기심을 길러 주는 정도로만 대답을 하고 결코 만족할 정도로 대답을 하지 말라"(Rousseau, 1979, p.221). 또한 육체의 활동은 스스로 발육을 시키고 연이어 정신의 활동은 스스로 지식을 구한다. 우선 아동은 그냥 움직일 뿐이지만 뒤이어 호기심을 지닌다. 그리고 호기심이 바르게 행해지면 정신력을 발전시킨다. 호기심은 지적 활동의 동기가 되며, 따라서 알려고 하는 욕망과 유용성을 자극하여 아동 자신이 학습하려고 하는 발견학습이 되도록 해야 할 것이다. 호기심을 잘 지도하면 정신력을 잘 발달시키게 된다고 보고 있다. 신체와 감각의 왕성한 활동에 의해서 정신과 판단력과 자아의식이 도취된다. 그래서 소년은 사고하는 사람, 일하는 사람, 탐구하는 사람으로 교육해야 함을 주장하고 있다. 육체적인 활동에 연이어서 사고하고 판단하는 정신능력인 이성이 눈뜨게 된다. 그래서 육체적 연마와 정신의 단련이 상호 다른 것에 대해서 보완이 되도록 해야 할 것이다.

루소는 훌륭한 교육의 근본적인 원리는 과학을 가르치는 것이 아니라 과학을 맛보게 하고 과학에 대한 호기심이 더욱 커졌을 때 과학을 배울 수 있는 방법을 제시하는 것이다. "모든 학문을 공통된 원리에 연결시키고 그것을 계속적으로 발전시켜 나가는 일련의 일반적인 진리의 연쇄이다. 이 연쇄가 철학자들의 방법이다. …… 이 연쇄에 의해서 개별적인 사물이 잡아당기기도 하고 뒤따르기도 한다. 이 질서는 계속적인 호기심이 요구되는 주의력을 가꾼다"(Rousseau, 1979, p.221). 결국 학생 자신이 지식을 발견하도록 하는 교육적인 효과를 나타낸다. 발견학습은 많이 아는 것보다 정확히 알도록 해 주는 것이다. 루소는 잘못 아는 것보다 오해와 편견 때문에 왜곡되어서는 안 된다는 것을 강조하고 있다.

또한 발견학습은 지식습득 방법을 익히게 해 주는 점에서 중요하다. 루소에 의하면 발견학습은 발견의 내용과 발견의 방법을 익힐 수 있어야 한다는 것이다. 또 루소는 아동에게 학습시키기 위해 동원되는 모든 교육방법을 비판하였다. 아동은 그가 배우고 싶어 할 때 배우고, 그가 배우기를 좋아하는 정도만큼 배운다. 무슨 일을 자기 스스로 배우고 싶을 때 배우면 남으로부터 배워서 아는 것보다 더 명료하고 더 확실한 관념을 가지게 된다는 점은 이론의 여지가 없다. 여러 가지 관련을 발견케 하고 또 여러 가지 관념을 연결하게 되며 또 도구를 발견하는 데 더 재치 있을 것이다. 이처럼 스스로 탐구하는 독립 탐구의 원리가 아동교육 방법의 원리가 된다. 그리고 아동 자신이 여러 가지 기구를 발견하고 그것들 상호 간의 관련을 알 수 있게 될 것이다. 사물을 보일 수 없을 경우가 아니고는 기호가 어린이의 주의력을 흡수하여 그것이 나타내고 있는 사물 그 자체를 잊어버리게 하기 때문이다. 아동교육 방법에 있어서는 모든 구체적인 사물을 직접 관찰하고 만져 봄으로써 더욱 확실히 알 수 있게 된다.

이상의 교육방법을 요약하면 실제적 요구가 교육방법 선정의 근본적 기준이며, 학습의 내용보다 질이 중요하고 책보다는 경험을 통해서 학습한다. '학생이 이해할 수 있고 유용성을 갖는 것만 배운다'라고 Wynne는 루소 교육방법의 원리를 요약하고 있다.

이상에서 살펴본 교육방법에서 나타난 것을 집약해 보면, 루소는 말이나 책에 의한 교육방법이나 강제나 통제에 의한 교육을 배제하고 자연, 사물, 인간에 의해서 학습하도록 강조했다. 이것은 교사중심 교육에서 아동중심 교육방법에로의 획기적인 전환을 가져왔다. 교과중심이나 지식중심도 거부하고 오로지 아동중심의 자유로운 학습을 강조하였다. 그리고 발달단계에 따라서 유아기, 아동기, 소년기의 각 단계마다 아동들은 서로 다른 세계를 경험하고 각 단계마다의 사고와 행동에 따른 교육방법을 제시하였다.

루소의 자연주의 교육방법에 따른 아동교육 방법은 200여 년이 지난 오늘까지도 우리 교육에 있어서 혁명적인 전환점을 주는 계기가 되었다. 특히 전통적인 교육방법에서 아동중심에로의 전환은 현대 교육에 있어서 깊은 영향을 끼쳤으며 불멸의 공적을 남겼다고 평가될 것이다.

4. 현대 교육에의 기여

1) 교육목적의 측면

현대 교육의 근간을 이루고 있는 "교육사상가들은 거의 루소의 자연주의와 일치하는 교육관을 가졌거나 영향을 받았다"(Meyer, 1949, p.6)고 한다. 이처럼 루소의 자연주의 교육이 현대 아동교육에 심대한 영향을 미치고 있음을 알 수 있다. 특히 현대 아동교육이 외적인 조건에 강요되어 루소가 주창해 온 자연주의 교육목적과는 배치되어 가고 있는 현실을 감안해 볼 때 루소의 자연주의 교육목적의 기반 위에서 아동교육의 새로운 활로를 모색해야 할 필요성은 절실해진다. "현대 교육이 자연을 무시한 채 교육의 수단과 방법에만 너무 집착함으로써 중대한 오류를 범하고 있다"라는 Maslow의 말을 깊이 새겨 볼 필요가 있다.

루소는 230여 년 전에 벌써 잘못된 교육목적에 대해서 비판하고 나섰다. "나는 세상의 교육이라는 것에 대해서도 역시 기대하지 않는다. 왜냐하면 이와 같은 교육은 상반된 두 개의 목적을 추구하되 그 둘을 다 놓쳐 버리기 때문이다. 이와 같은 교육은 항상 모든 것이 타인을 위해서 이바지하는 것처럼 나타내 보이면서 기실 자기 자신만을 위해서 이바지하는 이중 인간을 만드는 데에만 적합한 것이다"라고 당시의 공공교육기관인 '콜레이즈'의 잘못된 교육목적을 지적하였다. 그래서 루소는 교육목적을 참다운 시민의 양성에 두었고 아동으로 하여금 장래보다는 올바른 인간으로서의 현재의 삶에 더욱 충실할 것을 주장하였다.

루소는 아동과 환경에 대해서 깊은 관심을 갖고, "아동을 인위적인 제한에서 해방시켜 자유롭게 성장하고 발달하게 할 때 교육의 목적을 성취할 수 있다"고 보았다. 루소는 인간은 근본적으로 선하다는 성선설을 주장하였다. 악하게 만드는 것은 다름 아닌 환경으로 보고 있다. 이와 같은 견해에 의해서 루소는 페스탈로찌와 프뢰벨과 미국의 진보주의자들에게까지 영향을 끼치게 된다.

루소는 그의 자연주의 사상으로부터 교육목적의 개념을 도출하였다. 인간에 대한 그의 사상은 인공적인 것이 아니라 자연에 두고 있었다. 교육철학사에서 루소는 아동은 어른의 축소판이라는 개념을 최초로 부정하였다. 그는 아동의 독특한 사고방식과 자연에 따라 교육목적을 설계하였다. 그리고 아동을 불완전한 성인으로서 정의하지 않고 아동은 이미 그 속에 완전성을 가졌다고 보고 있다. 루소는 아동의 성숙 없이는 성숙한 인간교육이 불가능하다고 보고 있다. 그러므로 루소는 교육목적을 아동에게 본질적으로 주어져 있는 자연스러운 성장발달에 따른 아동의 완전한 성숙 자체에 두고 있다. 이것이 바로 루소의 자연주의 교육목적관이다. 코메니우스가 자연계의 제 법칙에 따른 객관적 자연주의를 강조하였다면 루소는 아동의 천부적 소질이 그대로 성장발달하도록 놓아두는 것이 교육이라고 하는 주관적 자연주의 교육관을 주장하였다. 그래서 아동의 성선설을 전제로 한 교육목적관을 수립하였다. 아동중심주의는 진보주의 교육의 중요 부분이라 할 수 있으며 현대 교육사상의 대표적 사상이라 할 것이다. 이러한 사상은 특히 근대의 인본주의 교육에서 싹터 계몽사상에 의해 더욱 발전하며 신인문주의 교육에 의해 크게 제창되었다. 그 대표자는 루소, Basedow 등이라 할 수 있다. 여기서 모든 아동을 존중하여야 한다는 아동중심 사상은 피할 수 없게 그 기반을 다지게 되었다. 이어서 이 아동중심 사상은 미국의 진보주의 교육자인 듀이에게 영향을 미치게 된다. 루소는 17세기 자연과학적 실학주의와 18세기 계몽사상의 합리주의를 배합하여 새로운 인간주의를 형성하고 이를 『에밀』의 기본이념으로 삼았다. 『에밀』은 단순히 아동중심의 차원을 뛰어넘어 인간개조와 사회개조사상에 영향을 주어 훗날 프랑스 혁명의 밑바탕을 이룬다.

"나는 명백히 우리 사회제도의 구속을 낱낱이 파헤칠 것이며 우리 사회제도의 횡포를 여지없이 폭로할 것이다"(Frost, 1973, p.308). 당시 사회를 인간과 자연의 본성에서 벗어나 부패한 것으로 보고 자연에서 벗어난 인공적인 것에 대해 맹공격을 하였다. 루소가 살았던 18세기 중엽부터 고조되기 시작한 사회개혁이 있음을 알 수 있다. 절대왕정의 소산인 불평등하며 부자유스럽고 타락한 사회에서 개혁은 당연한 것이다.

2) 교육내용의 측면

루소의 교육은 두 가지로 집약될 수 있다. 그 하나는 자연주의 교육론이요, 다른 하나는 아동중심 교육사상이다. 기독교의 성악설에 반대한 성선설이 그의 아동교육의 기저인 것이다. 또한 『에밀』의 전체에서 파악할 수 있는 것은 인간의 선은 문명과 사회의 악 때문에 타락하며 이 과정에서 아동의 올바른 발달이 저해당한다고 보고 있다.

또한 루소는 성인과 아동은 다르다고 했으며 '아동의 완전성'이란 개념을 최초로 소개한 교육자이다. 따라서 루소의 아동중심 교육은 현대 아동존중 교육에 크게 공헌하였음을 알 수 있다.

이와 같은 루소의 교육과정은 교과서 중심보다 자연중심이요 사물중심이다. 따라서 루소는 교재를 통한 학습에 반대하여 아동이 직접 사물과 접하도록 강조하고 있다.

아동기 교육에서 루소는 책을 통한 학습을 비판하고 나섰다. 아동의 모든 과제를 제거하면서 동시에 그들의 가장 큰 불행의 도구, 책을 배척한다. 책에서 습득한 지식은 단편적인 것으로서 통일성이 없다고 지적하고 있다. 다만 자연을 통한 교육, 합자연주의 교육이 이루어져야 함을 일깨우고 있다. "이와 같은 자연주의 교육은 결국 진보주의 교육과 여러 가지 측면에서 공통점을 갖게 되면서 교육사적 발달과정에서도 진보주의와 흡사함을 알 수 있다"(최정웅, 1979, p.111).

따라서 루소의 자연주의 교육은 현대 교육사조의 중요한 흐름인 진보주의 발전의 바탕이 되는 데 큰 공헌을 했음을 알 수 있다. 그러므로 그의 교육사상은 전통주의 교육에서 진보주의 현대 교육으로 이행하는 데 초석이 된다는 점에서 그 의의를 찾을 수 있다. 루소의 교육사상은 현대 교육실제의 여러 분야에 그 영향이 미치고 있으며 특히 현대 심리주의에 지대한 영향을 끼치고 있다. 루소의 교육사상은 너무나 획기적이어서 그 당시는 물론 오늘날까지도 이해하기 쉽지 않다. 그의 암시적인 아동중심 교육과 생활중심 교육은 현대 활동중심과 경험중심 교육에 끼친 영향이 지대하다.

그래서 루소의 아동중심주의 교육내용은 그의 사상의 핵심으로서 특히 오늘날 병든 문화와 사회로부터 교육내용, 사회적 준거를 선택하는 데 비판을 제기하며, 사회적 실제보다는 아동의 자연적 요구에 일치하는 교육내용의 선정을 중시하는 계기가 되었다.

아동기 교육은 자연질서에 일치할 것을 제시하고 있다. 18세기에 루소는 아동에 대한 새로운 개념을 정립하였다. 이는 현대 교육에 있어서 그 공적을 높게 평가할 수 있다. 『에밀』에서 표현된 루소의 아동 개념은 세 가지로 구체화될 수 있다. 이 아동 개념에서 교육내용에 대한 추론이 가능하다고 볼 수 있다.

첫째, 아동은 성인과 '질적'으로 구분되는 독특한 사고방식을 가지고 있다. 둘째, 아동의 학습과정이 '능동적'이다. 셋째, 아동은 '생득적'으로 성장기제를 가지고 있다. 그래서 교육은 아동의 자연적인 발달에 따라야 한다고 본다. 이와 같은 자연주의 교육사상은 현대 교육에 있어서 교육원리나 아동에 대한 교육 개념에 영향을 주어 아동교육에 새로운 발전의 계기가 되도록 하였다.

Vanpee는 루소를 "너무 혁명적이고 너무 기발해서 기존에 없었던 이론을 전개시키고 있다. 누구도 추진할 수 없을 정도로 기발하다. 그는 너무나 독창적인 교육이론을 제시하고 있다. 현대 교육에 영향을 미쳤으며, 특히 아동교육에 큰 영향을 끼쳤다. 『에밀』은 아동교육을 위한 청사진으로 사용할 수 있다"라고 평했다.

3) 교육방법의 측면

루소의 교육방법은 그 당시 언어주의 교육방법에 대한 하나의 공격이라고 볼 수 있다.

루소의 아동중심 교육방법은 사물을 통한 학습자 자신의 경험에서 얻어지는 자율적 훈련, 지적활동의 동기를 통한 아동을 자극하여 아동 자신이 학습하려고 하는 자발성의 원리, 아동 자신이 스스로 탐구하는 독립탐구의 원리, 아동의 직접적인 경험을 통한 노작의 원리 등으로 나타내며, 이는 현대 교육방법에 미치는 영향이 크고 대단한 공적을 남겼다고 보아야 할 것이다.

이에 크게 영향을 받은 Basedow는 현실생활에 관련된 학습을 역설하였다. 자연주의와 아동교육 사상에 근거하여 『에밀』의 교육방법을 그대로 범애학교(philanthropinum)에 적용하여 실험하였다.

페스탈로찌는 루소의 교육방법을 발전시킨 실천가이다. 구체적으로는 『에밀』의 교육방법을 그의 외아들에게 적용시킬 만큼 루소에 깊이 영향을 받게 된다. "모든 교육은 합자연의 원리에 의해서 질서와 순서를 갖고서 단계적으로 진행된다고 보며 교육도 이러한 자연의 원리에 일치해야 한다"라고 주장하였다. 그리고 페스탈로찌의 이러한 사상은 당시 교육방법에 큰 전환을 가져왔다.

『에밀』에 나타난 그의 교육방법은 소극적 교육방법과 발달단계에 따른 구체적인 교육방법이다. 아동이 자연의 법칙에 따라 스스로의 힘에 의해서 학습할 수 있는 독립탐구의 원리와 자발의 원리는 현대 교육에 영향을 끼치게 되었다. "『에밀』 발표 이후에 자연주의 교육학설에 대한 책이 그 이전에 비해서 거의 두 배나 증가하게 되었다" (Graves, 1929, p.108)라는 것은 『에밀』이 루소 이후의 교육사상가들에게 영향을 주었다는 것을 여실히 증명하고 있다.

현대 교육에 있어서 이른바 준비설(the preparation theory)은 학교교육 전반에 걸쳐 침투되어 있다. 학교는 단계적으로 상급학교 입학을 위한 입시와 취업이 가장 중요한 목적이 되어 버렸다. 청소년들의 긴 학교생활에서 올바른 인간 형성을 위한 교육은 극히 드물다. 즉, 생활의 목적 자체가 없이 그들을 다른 목적을 위한 수단만으로 교육하고 있다. 극단적인 준비설의 희생양인 것이다. 루소의 "자연인으로서의 교육방법에 나타난 그 천재적 통찰과 정열은 오늘날 아동교육에 있어서 중요한 시사점과 그 의의가 크다고 할 수 있을 것이다. 결국 교육은 목적으로서 자연적인 방법에 의해서 지도할 것을 주장한다"(Good, 1969, p.207). 『에밀』에서 교육을 자연인에게 둔 루소의 교육방법은 물론이고 교육개혁의 출발점을 준 데서 그 의의가 있다고 할 수 있다.

또한 루소의 교육방법은 아동의 개인차에 관심을 가지고 있다. 선천적인 능력은 각 개인마다 다르며 그 차이는 천재의 정도에만 적용되는 것이 아니라 능력에도 적용된다. "루소는 당시의 교육이 아동이 가진 저마다의 능력을 무시하였다고 주장하면서 아동기에 있어서 교육방법이 본래 능력의 기반이 됨을 강조하였다"(Huebsch, 1930, p.165). 이는 현대의 왜곡된 학교교육에 있어서 특별히 시사하는 바가 크다고 할 수 있을 것이다.

아동기 교육은 감각을 통해서 직접적으로 사물을 경험하도록 해야 한다고 주장하였다. 루소는 감각교육의 주창자인 코메니우스의 실물교수와 로크의 인식의 출발로서의 감각작용에 깊은 영향을 받아 아동교육에 있어서 감각교육의 중요성을 일깨워 주었고 현대 교육에 있어서 새로운 교수법 발전에 많은 영향을 주고 있다. 아동기 교육은 주로 수공과 농사와 같이 경험을 통해 이루어진다고 보았다. "농부로서 일하고 철학자로서 생각할 필요가 있다"(Rousseau, 1967, p.270). 이와 같은 루소의 자연주의 교육사상은 현대 진보주의 교육사조로 이행하게 하는 데 크게 영향을 끼쳤다. 초대 진보주의자들이 기존의 교육방법에 반대한 것은 루소의 『에밀』과 깊게 관련되어 있는 것으로 보인다.

루소의 교육방법에서 아동중심 교육은 『에밀』 전체에서 강조되어 있다. 그의 교육방법에서 유용성의 강조를 지나치다고 보아서는 안 될 것이다. 아동의 나이에 맞지 않는 것은 쓸모없음을 알게 된다는 것은 교육이 아동의 요구에 일치하는 방법으로 수행되어야 함을 강조하는 것이다. 오늘날 주지주의적, 기술주의적 내용 전달의 효율성을 중시한 나머지 인간의 기본적 욕구와 정서가 교육방법에서 고려되지 않고 있는 시점에서 루소의 교육방법은 아동교육에 있어서 새로운 사고의 촉구이며 아동중심 교육에 영향을 끼쳤다고 할 수 있을 것이다.

또한 루소의 교육방법은 아동 각각의 발달단계에 따라 교육방법을 구분하고 있다. 200여 년 전 그 당시에 아동의 발달단계에 따라서 교육방법을 제시했음은 의의가 있으며 오늘날 아동심리학이나 발달심리학에 끼친 영향이 실로 크다. 관찰, 경험, 실물에 의한 교육방법 원리는 현대 교육에 미친 영향이 크다고 할 수 있다.

이상에서 고찰한 루소의 교육방법은 사물을 통한 학습자 경험에서 얻어지는 자율적인 훈련의 원리, 유용성에 의해 학습되는 자발성의 원리, 단계와 계열성의 원리, 아동 자신이 탐구하는 독립탐구의 원리, 아동의 직접적 경험을 탐구하는 노작의 원리로 요약되며 이는 현대 교육방법에 큰 영향을 끼쳤다고 할 수 있다.

참고문헌

김동일, 'Jean Jacques Rousseau의 자연주의 교육사상 연구', 『신일전문대논문집(2집)』, 1985.

_____, 'Rousseau의 아동교육사상에 관한 연구', 박사학위논문, 효성가톨릭대학교 대학원, 1992.

_____, 'Rousseau의 종교사상에 관한 연구-Emile을 중심으로-', 한국교육철학회, 『교육철학(제8집)』, 1990.

교육고전연구회, 『교육고전의 이해』, 서울: 이화여자대학교 출판부, 1983.

안인희, 『루소의 교육론』, 경기: 양서원, 1990.

_____, 『루소의 교육사상』, 서울: 이화여자대학교 출판부, 1992.

정봉구(역), 『에밀』, 서울: 범우사, 1988.

정호표, 『교육의 역사 · 철학적 기초』, 서울: 형설출판사, 1977.

최정웅, 'Rousseau와 Pestalozzi의 교육사상의 비교연구', 한국교육철학회, 『교육철학(제1호)』, 1978.

_____, 'Rousseau의 가정교육론', 『효성여자대학교 연구논문집(제36호)』, 1988.

_____, 『루소의 교육사상』, 서울: 배영사, 1987.

_____, '사회개조를 중심으로 한 Pestalozzi의 교육사상', 박사학위논문, 경북대학교 대학원, 1979.

_____, '자연주의 교육이념과 방법(루소의 Emile을 중심)', 『효성여자대학교 연구논문집(제34집)』, 1987.

_____, '자연주의 사상에 있어서 유아교육의 본질', 효성여자대학교 여성문제연구소, 제15집, 1987.

Aries, P., *Centuries of childhood: A social history of the family,* translated by Robert Baldick, New York: Vintage Books, 1962.

Babbitt, I., *Rousseau and Romanticism*. Cleveland, Ohio: World Publishing Company, 1962.

Boyd, W., Selected and Transed, the Minor Educational Writings of Jean Jacques Rousseau. London: Blackie and Son Limited, 1910.

________, *The educational theory of Jean Jacques Rousseau*. New York Russell & Russell Inc., 1963.

________, *The Emile of Jean Jacques Rousseau*, N.Y., Bureau of Pub., Columbia University, 1956.

Bricker, D. C., "Rousseau's Emile: Blueprint for School Reform?" Teaches College Record, May, 1973.

Brubacher, J. S., *Modern philosophies of education*, New Delhi: Tata McGraw-Hill, 1969.

Cahn, S. M., *The philosophical foundations of education*, New York: Harper and Row, Publishers, 1970.

Cassirer, E., *Rousseau, Kant, Geothe*. Princeton: Princeton University Press, 1970.

_________, *The question of J, J. Rousseau*. trans. & ed. Peter Gay, Bloomington Indiana Entwistle, Haroid, Child-Centered Education, London: Methuen & Co. Ltd., 1970.

Frost, S. E., *Historical and philosophical foundation of western education*, Columbia, Charles E. Merrill Publishing Co., 1973.

Golob, E. O., *A history of evaluation*, New York: Havper and Low Pub., 1954.

Good, H. G., *A history of American education*, 1969.

Grace G. Roosevelt, "Rousseau on War, Peace, and Education", Columbia University, Ph.D. Thesis, 1987.

Hoffmann, S., "Rousseau on War and Peace." *The American political science review*, Vol.17, No.2(June, 1963).

Huebsch, A., "Jean Jacques Rousseau and John Dewey: A Comparative Study and a Critical Estimate of Their Philosophies and Their Educational and Related", New York University, Ph.D. Thesis, 1930.

Im, Hyunshik, "Rousseau Since Mid-century: An Analysis of Rousseau on Educational Aims and a Critigue of His Recent Critics", Harvard University, Ph.D. Thesis, 1989.

Maslow, A., *Religions, values and peak-experience*, Pennsylvania: Penguin Books, 1964.

Meyer, A. E., *The development of education the twentieth century*, New York: Engle Woodcliffs, Prentice-Hall Inc., 1949.

Mury, E. R., *Fröbel as a pioneer in modern psychology*, London, 1916.

Roche, K., *Rousseau: stoic and romantic*, London: Methuen Company Ltd., 1974.

Robert, R., *The doctrines of the great educators*, London: Macmillan Co., 1957.

Rousseau, J.-J., *Discourse on the origin and foundation of inequality*(Second-Discourse), translated by Roger D. and J. R. Master, New York: St. Martin's Press, 1984.

___________, *Discourse on the sciences and arts*(First Discourse), Translated by Roger D. and J. R. Masters, New York: St. Martin's Press, 1964.

___________, *Emile order übrer die Erziehung*. Einband geitaltung, Alfred Krugmann, Meinheim: Ferdinand Sch ningh, 1987.

___________, *Emile or on education*(1762), Trans. Allian Bloom, New York: Basic Book, Inc. 1979.

___________, *Emile ou de L'édueation*, Paris: Garnier, 1967.

___________, *Social contract*, Translated by Hilaic Gildin, Chicago: The University of Chicago Press, 1983.

__________, *The confessions*, translates by J. M. Cohen, New York: Penguin Books, 1988.

__________, *The social contract*(1743), Trans. Maurice Cranston, Harmondsworth, Middlese, England: Penguin Books Ltd., 1968.

3 페스탈로찌

Pestalozzi

(1746~1827)

1. 생애

페스탈로찌(Johann Heinrich Pestalozzi)는 모든 사상가들과 마찬가지로 유년기에 가족들로부터 많은 영향을 무의식중에 받게 되었다. 아버지 Johann Baptist Pestalozzi (1710~1751)와 어머니 Susanna Holtz Wadenswil(1720~1796)의 차남으로 출생한 페스탈로찌는 6세 때 아버지가 사망한 후 어머니로부터 도움을 많이 받았고, 유년기 시절에는 목사인 조부로부터 가르침을 많이 받았다. 23세 때 안나(Anna)와 결혼하였으며, 가족들은 모두 독실한 기독교 신자로서 성실, 근면하고 경건심이 강하였다. 따라서 페스탈로찌는 유년기부터 몸소 종교를 체험하였으며 특히 목사인 조부로부터 받은 신앙에 관한 가르침이 그의 신관을 형성케 하는 데 기여했다고 해석된다. 다시 말하면 이러한 신관과 더불어 페스탈로찌의 감상적이고 상상력이 남달리 풍부한 성격이 결부되어 신을 이해하기보다는 느끼는 신관으로 발전하는 계기가 되었다(최정웅, 1987, p.19).

그는 취리히(Zürich)대학에서 신학을 공부하면서 사회개조에 큰 관심을 가졌지만, 그 후 가난한 민중을 돕기 위해서 법학을 공부하였다. 1769년 페스탈로찌는 안나와 더불어 비르(Birr) 부근의 토지를 매입하여 노이호프(Neuhof)를 만들었다. 그는 이곳에서 가난한 농민을 위한 노동학교를 세웠다. 그러나 그가 경영한 농장은 실패하였다. 그는 이곳에서 빈민의 경화된 심성을 극복하기 위해서 자립능력을 길러 자활능력을 키우는 교육을 실시하였다. 하지만 이 학교는 1780년에 문을 닫게 되었다.

페스탈로찌는 루소의 『에밀』을 읽고 크게 감명을 받았으며, 그의 아들 H. Icor에게 『에밀』에서 읽었던 루소의 교육이상을 실현하려고 노력하였다. 이것이 바로 페스탈로찌가 어린이를 연구하는 계기가 되었다.

1779년에서 1798년까지 페스탈로찌는 『은자의 황혼(*Die Abendstude eines Einsiedlers*, 1780)』과 교육소설 『린하르트와 겔트루트(*Lienhard und Gertrud*, 전 4권, 1781~1787)』라는 불후의 저서를 남겼다. 『린하르트와 겔트루트』는 가난한 농부의 아내가 열과 성으로 온 마을을 아름답게 변화시킨 교육소설로서, 오늘날의 교육에 큰 영향을 주기도 하였다.

1798년에 슈탄츠(Stanz)에 고아원을 세웠으나 반 년 만에 문을 닫게 되었다. 그는 헌신적으로 고아를 돌보았다. 그는 당시의 경험을 술회하기를 "우리는 함께 울고 함께 웃었다. 나는 가족과 친구와 시종이 없었으나 오로지 그들만이 있었다. 나는 그들이 병들었을 때나 건강할 때나 잠잘 때까지도 함께 있었다." 후에 슈탄츠 고아원은 전쟁이 심화되자 야전병원이 되어 1799년에 문을 닫았다.

1799년 부르크도르프(Burgdof)의 한 학교 교사로 부임한 그는 그 후 그의 교육법이 학무당국으로부터 인정을 받아, 1800년에는 부르크도르프의 고성을 대여해 자기 교육 이상을 실현시킬 수 있는 기회를 얻었다. 그러나 겨우 5년 만에 시당국의 사정으로 성을 비워야만 하게 되어 학교를 뮌헨부흐제(Münchenbuchsee)로 옮기게 되었다. 그러던 중 곧 이페르텐(Iferten) 시의 초빙을 받아 1805년에서 1825년까지 20년간 이곳에서 교육에만 전념할 수 있었다. 페스탈로찌의 새로운 교육이론과 방법에 의해 그의 학교를 참관하기 위해 사람들이 몰려들었다. 그중에선 오래 이곳에 머물면서 그의 교수법을 배우는 자들도 있었다. 유치원의 창시자인 프뢰벨이 이 무렵 가르침을 받은 사람 중의 하나였고, 교육단계설(Formal Steps of Instruction)로 유명한 헤르바르트도 이에 앞서 부르크도르프 시절에 페스탈로찌를 방문한 바 있다(교육고전문헌연구회, 1985, p.254).

1804년 페스탈로찌는 부르크도르프의 학교를 뮌헨부흐제로 옮겼고, 이베르동(Yverdon)에서 새로운 실험학교를 세웠다. 이 학교는 유명해져서 유럽 각 국가와 미국의 교육자들이 방문하였다. 그러나 이 학교 역시 학원 내의 갈등으로 경영이 어려워 문을 닫았다. 페스탈로찌는 교육사상가나 철학자라기보다는 교육 실천가로서 우리에게 그 자취를 남겼다. 그는 교성(教聖)으로서 공간과 시간을 초월하여 온 인류의 위대한 스승이었다고 할 것이다.

페스탈로찌는 1827년 2월 17일 82세를 일기로 세상을 떠났다. 스위스 취리히 근방의 비르에 있는 페스탈로찌의 무덤에는 다음과 같은 비문이 새겨져 있다.

> "여기 하인리히 페스탈로찌 잠들고 있다.
> 1746년 1월 12일 취리히에서 태어나서 1827년 2월 17일 부르크에서 영면하였다.
> 노이호프에서는 빈민의 구제자
> 부르크도르프와 뮌헨부흐제에서는 초등학교의 창설자,
> 이페르텐에서는 인류의 교육자,
> 참다운 인간, 기독인, 시민이었다.

모든 것을 남을 위해서 바치고 자기 자신을 위해서는 아무것도 한 것이 없도다.
그의 이름에 축복 있으라!"

Hier ruht Heinrich Pestalozzi ;
geboren in Zürich an 12. Januar 1746
gestorben in Brugg den 17. Februar 1827
Retter der Armen auf Neuhof
Prediger des Volks in Lienhard und Gertrud,
Zu Stanz Vater der Waisen
Zu Burgdorf und Münchenbuchsee Gründer der neuen Volksschule,
In Yverdon Erzieher der Menschheit, Mensch, Chirst, Bürger.
Alles für Andere, für sich nichts, Segnen Seinem Namen!
(Here Rests Heinrich Pestalozzi,
Born at Zürich, the 12th of January 1746,
Died at Brugg, the 17th of February 1827,
Saviour of the poor at Neuhof, at Stanz the father of orphans, at Burgdorf and Münchenbuchsee founder of the popular school, at Yverdon the educatoer of humanity, man, Christian, and citizen.
All for others, nothing for himself. Blessed be his name)

2. 사상적 배경

페스탈로찌 교육사상의 배경은 먼저 그의 가정에서부터 찾아볼 수 있다. 기독교적 신앙심이 독실한 조부의 신앙적인 감화와 자애로운 어머니의 사랑과 겸손은 그의 삶과 신앙에 심오한 영향을 미쳤다.

그 이외에 스위스의 아름다운 자연환경과 사랑과 단란한 가정환경 속에서의 '사랑, 감사, 신뢰, 체념, 헌신의 분위기'(長田新, 1962, p.5)가 페스탈로찌로 하여금 뛰어난 교육적 소질과 선량한 양심을 가진 한 교육자로 성장케 하였을 것이다.

또한 그의 교육사상을 형성한 기초는 자연주의, 범애주의, 신인문주의에서 찾을 수 있다. 코메니우스의 자연관이 인간성 없는 자연에 치중한 반면에 페스탈로찌는 인간 유기체의 자연성을 강조했으며, 로크의 세계에 대한 감각적 경험의 중요성과 감각자료의 분석, 비교, 연합, 조정에 따른 지식의 형성이론을 취했다. 아울러 신체의 중요성에 대한 로크의 주장을 인정했다. 루소에게서 아동에 대한 견해, 자기개발의 가치, 기본적 교육기관으로서 가정의 역할, 관찰과 경험의 중요성을 받아들였으나 훈련 없는 자연의 가치나 자연 상태를 이상사회와 동일시하는 견해를 배격했다(정호표, 1988, p.164).

한편 페스탈로찌는 루소의 영향을 많이 받았다. 페스탈로찌가 최초로 루소 사상에 접한 것은 취리히대학 교수 Bodmer의 지도하에 애국단원으로서 활동할 무렵이었다. 이때 루소는 애국단의 정신적 교사였다. 따라서 그들의 주요한 노력은 인생 및 교육에서의 단순성과 자연성을 목표로 하였으며, 제네바 철학자의 원리를 신봉하고만 있는 것이 아니고 그것을 생활에서 실현하려고 열심히 노력했다. "나는 내가 어머니 안방 및 학교에서 받은 교육과 루소가 『에밀』에서 요구하고 있는 교육과 루소를 비교해 보았다. 그 뒤로는 세계의 모든 교육이 나에게는 완전히 기형으로 생각되었다. 그 이웃에 있는 실제의 상태에 대한 일반적인 교육 수단을 루소의 높은 이념에서 구할 수 있고 또 구해야 한다고 나는 생각했다"(Pestalozzi, 1944, p.446).

페스탈로찌가 가장 존경한 사람은 Bodmer, Breitinger, Steinbrüchel 등이다. 이들 세 사람은 Chistian Wolff의 제자로 학생들에게 자극을 주었고 독일 문학과 정치적 자유에 새로운 관심을 불러일으켰다. 특히 Bodmer는 페스탈로찌에게 가장 큰 영향을 주었는데, 그는 목사와 정치학 교수로서, 부패되어 가는 관습과 사회조직은 옛날 스위스 정신의 회복에 도전하여 자유와 정의를 사랑하는 청년들을 계몽시킴으로써 사회적인 도덕의 상태를 회복할 수 있다고 믿었다. "재학시절에 그리스 히브리 교수 Breitinger와 역사, 정치학 교수 Bodmer가 있었다. 학생들에 대한 이들 교수의 영향은 대단하였다. 더구나 Bodmer는 부, 사치, 물질적 위안을 업신여기고 정신과 영혼의 쾌락만을 돌보았으며 정의와 진리의 계속적인 추구에 열중하였다. 오랫동안 페스탈로찌와 그의 친구들은 소토(素土)에 잠들었고 그들의 의복 외에 다른 것은 입지 않았으며 빵과 채소만 먹었다."

이상과 같은 페스탈로찌의 동기와 수용된 이상은 그로 하여금 목사, 정치가 그리고 농민계몽가로서 사회개조를 실현하려는 본래적 이상에서 교육에 의한 인간 정신의 순화와 정치에 의한 사회개조에 의해서 그의 이상을 실현하기 위해 빈민 고아들의 교육사업에 처음으로 착수하게 하였다.

페스탈로찌가 많이 영향을 받은 사상과 사상가를 더욱 구체적으로 제시해 보면 Neo-Numanism과 계몽사상, 자연주의 독일의 이상주의, 자연신교사상, 경건주의와, 루터, 스피노자, 라이프니쯔, 루소, 칸트, 피히테 그리고 Francke와 Herder라고 할 수 있다. 그중에서 특히 루소의 영향은 대단하였는데, 페스탈로찌는 자기의 독창적인 사상으로 정립하여 간다. 즉, 모든 것을 극복하고 이론을 실천하고 추상을 구체화하여 '생명교육학'으로 발전시켰고 민중과 함께 민중을 위한 교육을 생활화한 것이다. 제 1 기에 있어서는 루소 사상을 비판 없이 깊게 수용한다. 페스탈로찌는 그의 생애의 처음에는 루소의 영향하에 있었다. "『에밀』에서 페스탈로찌는 자연으로 돌아가라는 관념을 뽑아내었다. 비록 그가 루소의 자연이라는 이상향에 완전히 따르지는 못했지만, 교육이란 아동의 자연성에 조화되어야 하고 인간의 발달은 자연법칙에 의존해야 하고 학교는 형식주의와 단순한 언어의 공허한 입놀림을 중지해야 한다는 것은 인정하였다. 루소의 자연주의 개발은 페스탈로찌에 의해 완성되었다. 페스탈로찌는 루소의 소극적이고 다소 모순적인 자연주의를 적절한 교육과 새로운 교수방법에 의해 부패된 사회를 개혁하는 방향으로 보다 적극적으로 시도한 최초의 교육자가 되었다"(Graves, 1926, p.277).

이상의 루소의 영향과 루소의 사상을 초월한 면을 고찰해 볼 때에는 루소의 영향은 지대한 것이었다. 즉, 페스탈로찌가 청년시절, 애국단에서 활동한 당시에는 그러했다. 그러나 항상 페스탈로찌는 루소의 이념을 단순히 사고로서만 취급하지 않고 실제적으로 구체화했기 때문에 비판적인 입장을 취했고, 따라서 그를 벗어나게 되었다고 할 수 있다. 이것은 자기 체험을 통해서 자기 사상이 정립되어 감을 의미한다(최정웅, 1787, pp.20~22).

3. 교육이론

1) 유아관

페스탈로찌의 유아관은 그가 영국의 Greaves에게 보낸 『어머니들에게 보내는 편지(*Letter on Early Education*)』(Pestalozzi, 김정환 역, 1995)에서 잘 나타나 있다. 이 책은 34통의 편지글로서 페스탈로찌의 유아교육사상을 잘 설명해 주고 있다. 이 서신을 쓸 때 페스탈로찌가 인생에 있어서 황혼기였으며, 성숙한 그의 사상을 유감없이 보여 주고 있다.

여기서 그의 유아관은 어머니의 관계 속에서 설명하고 있다. "모성은 온 자연의 질서 중에서 가장 아늑하면서도 가장 매서운 힘입니다. 모성은 이에 대한 자격을 갖추고 있습니다. 왜냐하면 신의 섭리가 이 과업을 수행할 능력을 선사하였기 때문입니다"(김정환, 1995, p.13). 그래서 페스탈로찌는 어머니를 하늘이 내리신 교사라고 설명하고 있다. 또 어머니의 아이에 대한 교육을 그 뿌리에서부터 지탱하고 있는 것은 어머니의 사랑이라고 하였다. 어머니의 그 인자한 눈 속에서 인류애를 느낄 수 없는 자는 세계를 돌아다닌다고 해도 인간의 눈물 가운데 사랑의 동기를 찾을 수 없다고 했다. 이 견지에서 볼 때 모든 유아교육의 출발은 어머니의 가슴임을 알 수 있다. 특히 어머니의 모성애는 교사의 제 1 의 조건이며 원동력인 것이다. 그래서 유아교육은 모성애를 통해서 성취될 수 있다는 것이다.

또한 페스탈로찌는 "어린이는 모든 인간 본성의 능력을 부여받고 있습니다. 다만 어느 능력도 아직 발달하지 못하고 있는 상태라 하겠습니다. 아직 피지 않은 봉오리입니다. 봉오리가 열리면 모든 잎이 핍니다. 그대로 남아 있는 것은 하나도 없습니다"(Ibid., p.17). 유아들 속에 잠재되어 있는 전 능력을 조화롭게 개발시키는 것이 유아교육이며, 이 교육관은 페스탈로찌의 고아교육사상의 가장 귀한 교육사상의 하나이다.

유아의 본성에 대해서 "이 부패한 세상에서도 어린이의 순진한 마음을 보호하여 이것이 군센 터가 되도록 하는 것이 어머니들의 과제이기 때문입니다. …… 어린이가 지금 어머니의 가슴에서 느끼는 티 없고 귀엽고 순진한 안정감이 언젠가는 성장하여 지상의 모든 선한 것을, 하늘나라에 모든 성스러운 것을 확고부동하게 믿을 수 있게 해주는 일이 어머니에게 있습니다"(Ibid., p.43)라고 말했다. 페스탈로찌는 루소의 영향을 많이 받았다. 페스탈로찌의 유아관은 아동은 근본적으로 선하다고 보고 있는 루소의 사상에 동의하고 있다.

페스탈로찌는 루소의 유아사상에서 더 발전하여 그의 독특한 유아관을 정립하였다. "유아는 선천적으로 선도 악도 아니다. 선인, 악인을 만드는 것은 그의 환경이다"(Butts, 1917, pp.218~219). 결국 페스탈로찌의 새로운 아동중심의 유아관은 선도 악도 아닌 '중간적 존재'(Ibid., p.219)로 보고 있다. 또한 페스탈로찌는 새로운 유아관을 세우는 데 선구자로서 아동중심주의 교육을 더욱 촉진시킨 근원자이며, 그의 유아관은 진보주의 교육사상과 더불어 아동중심주의 교육사상에 큰 영향을 주었다고 생각한다.

페스탈로찌의 유아관은 저서 『육아일기』, 『은둔자의 황혼』, 『어머니들에게 보내는 편지』에서 잘 설명해 주고 있다. 여기서 페스탈로찌는 어머니와의 관계를 설명해 주고 있으며, 신앙과 인간관계를 기저로 하고 있다. 이것은 그의 유아관의 한 특징이다.

2) 교육목적

페스탈로찌 교육의 궁극적 목적은 학습의 완성에 있지 않고 생활에 대한 준비에 있다. 페스탈로찌에 따르면 지식의 획득보다 힘의 증가가 더욱 중요시되었다. 지식의 가치를 과소평가했다기보다는 정신에 지식을 강요함을 부자연스러운 것으로 생각한 데 기인한다. 또한 그는 타인의 사고와 판단에 대한 맹목적 복종의 습관 획득보다는 독립적 행동의 능력을 강조했고, 실체 없는 문화는 지식의 내용보다 형식을 제공하기에 생활과 유리된다고 보았다. 지식은 세계에 대한 추상적 체계가 아니며 생활의 힘이 될 때 가치 있게 된다.

교육이 완전한 인격의 실현에 의해 인간적 생활을 영위하도록 하는 데서 교육의 의의를 찾았다. 교육의 힘에 의해 인간은 지적인 자유를 향유하며, 도덕적으로 자율의 생활을 영위할 수 있게 된다. 인간은 이러한 자유와 독립을 획득할 권리를 평등하게 부여받고 있으므로 교육도 이 권리를 갖도록 모든 사람에게 평등하게 작용해야 한다는 것이다. 그는 교육목적을 개인적 요구와 사회적 요구를 만족시키는 데 중점을 둔다. 교육의 사회적 기능과 사회통합의 힘을 명확히 인식하고 있었다.

페스탈로찌에 따르면 인간발달은 유기적이며 자연법칙에 따라 통합적으로 진행하는 것이다. 교사의 임무는 아동의 모든 기능의 자연적·체계적·조화적 발달을 기하도록 자연을 조력해 주는 것이다. 교육은 정신의 자연적 활동의 통합을 추구하는 계속적 발달에 의해 성취될 수 있다. 따라서 교육은 자연적 발달의 유용한 환경을 제공하고 인간성 개발을 목적으로 해야 한다. 이러한 인간에 의해 사회개조가 가능하다고 생각했다(정호표, 1988, p.168).

페스탈로찌 교육의 목적은 여러 다른 차원에서 진술되고 있으며, 다분히 신앙적인 목적이 그 기본을 깔고 있다. "인간의 능력은 최고의 목적에 쓰이도록 합니다. 우리가 조금만 더 생각하면, 그들의 즐거움을 더해 주며, 그들의 많은 고통, 불만, 비참을 들어줄 수 있습니다. 바로 이를 위해 교육이 존재합니다. 언젠가는 꼭 이루어진다고 소망하는 것이 인류복지에 진정으로 관심을 갖는 사람들의 꾸준한 노력의 목표입니다"(김정환, 1995, p.166).

그 목적을 김정환은 다섯 가지로 요약하고 있다(Ibid., p.167). 첫째는 하나님이 각자에 부여한 능력의 개발, 둘째는 여러 능력의 조화적 개발에 의한 인격도야, 셋째는 각자가 하나님이 맡기신 몫을 하면서 개성을 실현하는 일, 넷째는 각자가 그 삶으로 사회의 바람직한 일꾼이 되는 일, 다섯째는 궁극적으로 인류의 완성을 위하여 믿음, 소망, 사랑을 실천하는 일로 요약하고 있다.

또한 페스탈로찌는 인간이 내재한 무한한 잠재력의 계발을 교육의 목표로 보고 있다. 즉, 심정력(가슴), 정신력(머리), 신체력(손)의 세 가지 능력의 조화를 교육의 목표로 삼고 있다. 심정력은 인간의 감정을 대표하는 종교심의 육성을 말한다. 정신력은 지성이나 지적인 활동을 대표하는 사고력과 판단력의 도야를 말한다. 신체력은 신체적인 제 기능을 훈련시키는 것을 말한다. 위의 세 가지 능력은 서로 조화를 이뤄야 한다고 본다. 그래서 이 능력의 조화를 교육의 목표로 삼아야 하며, 그중에 심정력의 발달을 매우 중요시하였다. 특히 유아기에 있어서 풍성한 심정력의 육성을 강조하였다. "제아무리 뛰어난 손재주만 가지고는, 제아무리 넓어도 지식만 가지고는, 제아무리 너그러워도 착함만 가지고는 인간을 행복하게 만들지 못하며, 어느 하나만 가지고는 안 됩니다. 인생도, 세상도, 교육도 그렇습니다"(Ibid., p.28). 그러기에 여러 능력의 조화 이것이 진정한 인간 행복의 기초이다.

또한 유아의 개성 계발이 교육의 목적이다.

"하나님은 어린이의 가슴속에 싹을 심어 주시고, 그것을 계발하고 북돋아 주고 굳세게 키워 주기 때문입니다. 그것을 계발하고 북돋아 주고 굳세게 하여 신앙과 사랑의 참된 열매로까지 성숙케 해야 합니다"라고 그는 말했다. 페스탈로찌는 유아가 가지고 태어난 천부적인 소질을 계발하는 것을 교육의 목적으로 보았다.

역시 인간에 있어서 최초의 교사는 어머니이며, 어머니에 의해서 아동의 개성을 계발해야 한다고 보고 있다. 왜냐하면 아동의 갖가지 품성과 개성은 어머니가 가장 잘 알고 있기 때문이다. 만일 하느님이 유아에게 훌륭한 소질을 부여하였지만 그것을 슬기로운 방향으로 계발해 주지 않는다면 어머니는 그 소임을 다 감당하지 못하는 결과가 된다. 따라서 교육의 목적도 달성할 수 없게 되는 것이다. 어린이의 본성 안에는 인간 창조의 무한한 지혜의 목적이 들어 있기 때문이다.

페스탈로찌는 그의 교육론에서 "어린이로서 자기 신분에 맞는 인간이 되도록 교육해야 한다"(Pestalozzi, 교육론 Ⅲ, p.174)고 하였다. 그 당시는 어린이를 어린이로서 인정하지 않았다. 마치 어린이를 어른의 축소판으로 생각하였다. 이와 같은 입장에서는 어린이의 올바른 교육이 이루어질 수 없다. 개인이 가지고 있는 소질, 능력, 잠재력을 인정하지 않았다. 그러나 페스탈로찌는 어린이의 개성 계발의 중요성을 인식하였다. 따라서 참다운 개인차를 인식하고 각 개인이 가지고 있는 특성을 계발하는 것을 교육의 목적으로 보고 있다.

페스탈로찌는 그의 교육론에서 "사회의 유익한 구성원이 되게 하라"(Ibid, p.151)라고 하였다. 유아는 성장하여 신체적 능력을 육성하며, 동시에 어린이는 지적이나 도덕적으로 독립하게 된다. 장래 성인이 되어 사회 속에서 건전한 생활을 유지할 수 있는 기틀을 닦아야 한다. 즉, 성인이 되어 건전한 사회인을 육성하는 데 목적을 두고 있다.

이어서 "가정의 부모들이여! 그대들은 당신의 생명과 자녀교육에서 자주정신을 기르도록 교육해야 한다"라고 했다. 이러한 페스탈로찌 사상의 뿌리는 유아들에게 건전한 인간성의 존중과 아동중심 사상을 일깨워 주어야 한다고 볼 수 있다. 여기에서 더 발전하면 성인이 되어 그가 처한 사회를 개조할 수 있는 기틀을 마련할 수 있다고 본다.

3) 교육내용

페스탈로찌의 유아교육사상은 영국인 제자 Greaves에게 2년에 걸쳐서 보낸 34통의 편지 『어머니들에게 보내는 편지(*Letter on Early Education*)』(김정환 역)에서 체계적으로 전해지고 있다.

그의 유아교육의 내용은 가정교육이 중심이라고 할 수 있을 것이다. "가정교육 속에 정서적 분위기가 도덕적·종교적 감각으로 승화되어 융합되어야 하겠습니다. 이 가정교육 속에서 모성애가 다른 어떤 기구에서보다 조직화되어 조기교육으로 나타나야 합니다"(김정환 역, 1995, p.25). 여기서 인간 형성의 기초가 되는 가정교육을 강조하였다. 어머니의 모성애는 교육자의 원동력이라고 보고 있다. 유아교육은 모성애를 매개로 하여 어머니의 도움에 의해서 달성된다. 김정환은 페스탈로찌의 가정교육을 다음과 같이 설명하고 있다(김정환, 1984, p.146).

첫째, 가정에는 질서(Ordnug)가 있어야 한다. 위아래 성원 간의 도덕적 질서는 물론이요, 일상생활 자체의 질서가 서야 한다. 생활의 질서는 마음과 정신의 질서를 낳는다. 빈민이 그 가난의 구렁에서 헤어나지 못하는 이유는 가난→무질서→가난→무질서의 악순환에서 헤어나지 못하는 까닭이다. 신앙생활을 가장 귀하게 여기는 페스탈로찌였지만, 신앙생활보다 생활질서가 우선되어야 한다고 본다. 페스탈로찌는 여성에게 가정이 그의 삶의 전부이며, 주부는 묵묵히 일하며 가정의 질서를 세워야 함을 강조하였다.

둘째, 가정은 순수한 정감들(reine Gefühle)이 길러지는 도덕교육의 터전이다. 이 순수한 심정(사랑·믿음·순종·신뢰심)이 우선 어버이와 자녀 간에 발생하고 익혀져 하나님께로 향하고 다시 내려와 이웃에 퍼져 가는 것이다. 여교사로서의 어머니 겔트루트는 아이에게 일체 말로 설교하지 않고 행동으로 익히게 해 준다. "이웃을 사랑하라" 하지 않고, "이 빵을 이웃 아이와 나누어 먹어라" 한다. "기도를 해라" 하지 않고 자기 자신이 식탁 앞에서 또는 골방에서 경건하게 기도를 한다. "순종하라", "복종하라" 하지 않고 우선 자기 자신이 남편에게 순종·복종하고, 또 아이들의 모든 일들을 희생적으로 보살펴 준다. 이러한 생활을 통한 사랑의 도야, 덕성의 도야는 가정생활의 가장 특징적인 것 중의 하나이다. 학교에서 교사에게 머리로 들은 '도덕의 덕목 부스러기'는 집에 돌아오는 길에 도랑을 넘다 잊어버린다. 그러나 자기 빵을 이웃 아이와 나누어 먹으면서 느낀 흐뭇한 심정, 즉 자신의 생활과 행동으로 익혀 얻은 덕성은 깊이 심정 속에 새겨진다. 눈에 보이는 이웃과 형제를 사랑하지 못하는 자, 어찌 눈에 보이지 않는 하나님을 사랑할 수 있겠는가.

셋째, 가정은 기초교육(ememental Bildung)이 다져지는 곳이다. 종래의 기초교육은 소위 3R'S(書·讀·算)이었는데 페스탈로찌는 여기에 다시 도덕교육과 실제교육(사랑하기·일하기)을 덧붙인다. 실제교육이란 생활의 경제면·노동면에 대한 소양과 관심을 기르는 일이다. 어머니 겔트루트는 아이와 같이 실을 짜면서 노래를 부르며, 구구셈을 하며 정화된 모국어로 대화를 나눈다. 아이에게 실을 짜게 하며 일을 시키는 페스탈로찌 방식에 우리는 회의를 느낄 수도 있다. 그러나 그것은 아이가 짜낸 실의 한 발 두 발의 상품가치를 문제시하지 않고 일을 시킴으로써 아이에게 경제·노동·생활에 대한 눈을 뜨게 하며 직업에 대한 신성한 감정을 싹 틔우게 하는 데 의의를 두고 있는 것이다.

페스탈로찌의 교육은 자연의 발달을 조성하는 것이며, 유아에 내재한 능력을 함양할 수 있도록 도와주는 것이다. 그래서 그는 정신력인 지능, 윤리적인 심정력, 집행적인 기술력의 세 가지 요소가 통합될 때 전인교육이 이루어진다고 보고 있다.

유아교육의 요소들을 구체적으로 구분하여 최정웅은 다음과 같이 설명하고 있다.

(1) 정신력 도야

읽기, 쓰기, 셈하기(3R'S)와 수(數), 형(形), 어(語)를 중심으로 한 인식의 수단으로서 직관교수가 중심을 이룬다. 주로 이해력, 판단력, 창의력, 지각력, 사고력의 계발에 기초가 되는 능력을 중심으로 가르친다. "매일의 생활사와 관련해서 겔트루트(Gertrud)는 읽기, 쓰기, 셈하기의 기초교수 외에 아이들에게 실 뽑고 가정을 돌보고 항상 질서 있고 청결한 생활을 강조해서 가르친다." "아이가 모든 사물의 성질에 관하여 특히 어떠한 사물이나 그 수, 형, 어에 대하여 명백히 발표할 수 있도록 모든 것의 조화에 기초를 두는 것이다. …… 아동은 비로소 어떠한 사물이나 그 본성 전체의 포괄적인 지식에까지 인도되고 또 그것을 정의하는, 즉 사물의 본성 전체를 정확·간명하게 언어로 써 표현할 수 있도록 하는 것이다"(Pestalozzi, 1944, p.324). 이와 같은 페스탈로찌의 지육은 단독으로 이루어지는 것이 아니라 항상 생활이 도야한다(Das Leben bildet)는 원리에 의하여 생활하는 가운데 노작과 결합해서 이루어지는 것이다. "아이들이 실제적인 일을 하는 동안 그들은 어머니에게서 이론적 교수를 받아들인다. 안방에서 일을 하고 동시에 학습이 계속된다. 실을 뽑고 바느질하는 것을 겔트루트는 그의 아이들에게 함께 가르친다. 계산하는 것은 머리 질서의 기초가 된다." 그리고 페스탈로찌의 지육은 무엇을 아이들에게 가르칠 것인가의 문제보다 어떻게 하면 아이들이 스스로 깨닫고 이해할 수 있을 것인가의 문제가 더 중요시된다. 그러므로 페스탈로찌에게는 내용 면보다 방법적인 면에 역점을 찾을 수 있다. 그래서 그의 지적 교육은 외계자연과 더불어 자발적으로 관찰하고 스스로 알고자 하는 지적 호기심에 의한 활동을 통해서 학습한다. "인간이 배워야 하고 필요로 하는 사실은 가정에서, 안방에서, 자연에서 가장 잘 배운다. 모든 아버지와 어머니는 가능한 이러한 안방 수업을 자녀를 위해 해야 한다"(Pestalozzi, 1994, p.149)고 페스탈로찌 자신이 말하고 있다.

(2) 심정력 도야

가정도야의 내용으로서 심정력 도야는 도덕과 종교에 관한 것이 된다. 이것은 머리의 문제이기보다 가슴의 문제요 이성이나 지성의 면이라기보다 정의적(情義的)인 면이라고 할 수 있다. 그래서 정신력 도야인 지적 측면에서 본 내용보다는 덜 구체적이고 명백한 내용의 제시가 어렵다. 왜냐하면 심정, 즉 정의(情義) 그 자체가 느낌이요 체험이기 때문이다. 그래서 실천을 지향하는 태도와 습관 형성의 기반이 되도록 하는 것이 전부라고 할 때 무엇을 도야할 것인가 하는 내용 면에 분명한 기준이 없는 것이다. 그러면서도 페스탈로찌의 가정도야는 도덕과 종교를 지향한 심정력 도야가 가장 우선되고 있음을 알 수 있다. "아동의 초기 교육은 머리의 문제가 아니고 감각이나 가슴의 문제이다. 페스탈로찌의 진보된 교수는 정서(情緖)의 계발에서 판단의 훈련으로 서서히 진행해 간다." 따라서 이러한 심정력은 역시 모성애에 의하여 도덕성의 기초와 종교적 성향이 점차로 도야된다. 즉, 모성애에 의한 가정도야는 아이에게 도덕과 종교에 관한 감각을 갖도록 해 준다. 아이의 가슴에는 말할 수 없는 어떤 것이 생겨난다. 아이의 가슴에서 믿음의 경향이 일어난다. 어머니가 신을 말하면 신의 이름을 들을 때는 스스로 기쁜 마음이 생긴다. 이렇게 해서 아이는 믿음이 생긴다. 어머니의 말에서 아이는 믿음의 기초가 확립되어 간다. 신은 어머니의 신이다. 신은 나의 가슴의 신이다. 어머니, 내가 당신을 사랑할 때는 나는 신을 사랑하는 것입니다. 이렇게 해서 페스탈로찌에게는 인간성과 신에 대한 경외심이 일치한다.

"어머니는 육체적 본능에 의해서 아이를 돌보며 양육한다. 이렇게 해서 아이는 만족을 느끼고 행복하다. …… 페스탈로찌는 어머니가 아이의 육체적 욕구를 충족시켜 주는 것이 도덕적 감각을 일깨우고 그래서 이것이 교육적 인간관계에 의해서 자연적으로 발달한다." "아이의 도덕의 발달은 종교교육의 기초가 된다. 왜냐하면 인간의 도야된 감정이 나중에는 신으로까지 옮겨지기 때문이다. 유아기의 어머니는 신의 위치에 있다. 그 다음에는 신이 어머니의 위치로 바뀐다. 아동은 그의 아버지 어머니처럼 신을 믿고 감사한다. 그의 어머니를 믿는 것처럼 신을 믿음으로써 이제 아동은 어머니를 기쁘게 하는 것과 같이 나아가서는 신을 또한 기쁘게 하며 올바르게 행동하게 된다"는 실버 등의 주장에서와 같이 페스탈로찌에게서 어머니와 신, 도덕과 종교의 일치를 알 수 있고 이것은 어린이가 가정에서 부모와 자녀의 상호관계에 의해 느끼면서 생활하고 행동하는 가운데 도야되어 간다.

(3) 기술력 도야

가정도야의 내용으로서 기술력 도야는 인간의 기술적 측면의 계발에 의해 성취되는 노동에 의한 직업과 각종 예체능 분야의 기초 도야를 의미한다. 여기에서 페스탈로찌의 가정은 산업의 장이요 전문화된 기술을 배우기 위해 이전의 수공업 중심의 가업을 배우는 장의 성격도 가지고 있다. 그래서 페스탈로찌의 가정도야에는 노동과 학습의 일체적 의미가 생기는 것이다. 이것은 나아가 그의 물질 및 경제적 가치를 증진해서 산업사회의 지향에 의한 사업개조를 생각한 직업도야 혹은 산업도야의 근본이 되는 것이다. 초보적인 직업훈련은 개인을 위해서는 생활의 보다 높은 표준을 가져다준다. 그 결과 개인으로서, 시민으로서 책임을 완수할 수 있고 그 지역사회와 국가의 복지에 이바지할 수 있다고 페스탈로찌는 생각한 것이다. 그리고 기술력 도야는 정신력 도야에 대하여 신체도야(Körperbildung)라고 할 수 있다. 그러므로 신체적 단련과 훈련을 중심으로 한 체육활동과 신체 각 기관의 숙련 기능과 그러한 기능에서 생산과 제조활동으로 발전해 가는 것이다. 신체도야인 기술력 도야는 수공업 위주의 직업에 대한 준비요 기술과 실제적 실용을 의미한다.

페스탈로찌에게 이러한 기술력 도야 역시 궁극적 목적은 직업과 신체적 훈련을 통해서 인간 내면성의 순화를 의도하는 도덕과 종교와 합치하는 데 있다. 정신의 참다운 도야는 생활에서 인간의 직업과 인간의 실제적 능력의 훈련과 깊은 관계를 갖고 있다.

페스탈로찌는 정신력, 심정력, 기술력을 통한 가정교육은 생활의 현장에서 사물을 통해서 교육해야 한다고 했다. 사물은 유아들의 오관을 통해서 설명하고, 확인하고, 그 명백한 여러 개념을 형성해야 한다는 것이다.

4) 교육방법

페스탈로찌의 교육방법을 한 마디로 요약하기는 쉽지 않다. 그의 구체적인 교육방법은 『*Methode*』(1800)의 출간 이후, 주저 『*Wie Gertrud ihre Kinder lehrt*』(1801)에서 전개하고 있다.

이미 앞에서 살펴본 교육내용을 중심으로 교육방법을 제시하고자 한다.

(1) 정신력 도야방법

그의 정신력 도야방법은 유아에게 쉬운 것에서부터 어려운 것으로, 가까운 곳에서부터 차츰 먼 곳으로, 저차원에서 고차원으로 가르쳐야 한다는 것이다.

또, 사고력의 도야는 외적 사물의 직관이 주는 인상에서 출발해야 한다고 하였으며, 직관은 내적 감관과 외적 감관에 직접적으로 접촉되고 스스로 발전하려고 하는 충동을 자극하게 되므로 직관을 지적 도야의 출발점으로 해야 한다는 것이며 직관의 궁극적 목적은 명확한 개념을 얻는 데 있다는 것이다.

그러므로 그는 명확한 개념을 얻는 길은 ① 물건을 수(數)에 의하여 분류하고 ② 형(形)을 눈으로 파악하고 ③ 언어에 의하여 그 물체를 기억하는 것이라고 하였다. 또한 그는 이것에 의하여 교수의 세 가지 임무가 당연히 발생하게 된다고 하였다. 그 첫째 임무는 아동에게 사물을 시각을 통하여 직접적으로 파악해 가르치고, 둘째는 물체에 대한 형체, 척도, 비례를 알게 하고, 셋째는 물체의 이름을 알게 하는 것이다.

이와 같이 인식론상의 사물의 본질적 요소를 페스탈로찌는 '수, 형, 어'로 보고 이들은 지적 도야의 출발점이며 교수의 기초적 수단이라고 하였다. 즉, 교수의 출발점은 직관이며 그 도달점은 명확한 개념이므로 교수의 임무는 직관에서 개념에 도달하게 하는 데 있고 여기에는 심리적 순서와 논리적 수완에 따라야 한다고 하였다. 즉, 자체의 이해에서 전체를 종합하고 통일하는 순서로 나아가야 한다는 것이다.

심리적 수단이란 직관에서 개념에 도달하기 위한 것으로 이것은 직관적 사물을 인식의 세 범주인 '수, 형, 어'에 알맞도록 하여 명확한 개념으로 유도하는 것을 말한다. 다시 말하면 직관교육에 있어서 인식의 대상인 사물을 첫째로 수의 범주에 알맞도록 직관적 사물을 다른 개체와 명료하게 구별하여 정확하게 지각케 하고, 둘째로 형의 범주에 알맞게 사물의 현상, 색채, 경중, 맛(味) 등 여러 가지 성질을 명백하게 하며 사물의 개념을 파악하게 하는 것이며, 셋째로, 언어의 범주에 알맞게 하는 것으로 이것은 파악한 사물의 성질을 간명하게 정의하고 그 성질을 언어로 발표하게 하는 것을 말한다(이춘겸, 1979, pp.262~263).

(2) 심정력 도야방법

페스탈로찌가 말하는 인간의 3육(三育)은 교육 중에서 심정력 도야를 가장 중요하게 생각하였다.

그는 Greaves에게 보낸 유아교육에 관한 편지 중에서 "어린이 장래에 가장 결정적인 영향을 미치는 것이 무엇이냐에 대한 질문에서, 그것은 가슴이라고 대답하고 싶습니다"(김정환, 1995, p.21)라고 하여 심정력의 중요성을 강조한 바 있다.

이 심정력 도야 교육을 위해서는 "어머니는 특별한 배려를 해야 합니다. 어떤 방법이 있겠습니까. 어린이가 내면에 깃든 양심의 소리에 귀 기울이도록 일깨워 주는 방법"(Ibid., p.22)을 강조하였다. 페스탈로찌의 3육 교육은 지·덕·육을 조화롭게 양육하는 것을 의미하는 것이지 결코 그 셋을 균등하게 양육하는 것은 아니다. 덕육교육이 그 셋 중에서 가장 중요하다고 강조하였다. 이를 위해서는 유아 때 양심감각을 일깨워 주어야 함을 강조하고 있다.

그리고 페스탈로찌는 심정력 도야에 있어서 종교교육을 매우 중요시하여 '어린이에게는 하나님이 주신 거룩한 인간성의 힘이 깃들어 있다'고 하였다. 인간성은 신으로부터 받은 재능과 소질을 교육을 통해 조화롭게 개발하는 것이 그의 교육방법에 있어서 핵심적인 내용이다.

따라서 페스탈로찌는 종교교육은 인간의 마음을 바르고 순결하게 발달시키며, 이 종교교육의 도장은 바로 가정에서 이뤄진다고 본다. 그래서 그는 가정은 도덕의 학교라고 하였다. 그러므로 페스탈로찌에 의하면 심정력 도야의 궁극적인 목표는 인간 지성의 마음이며, 이것은 신에의 신앙이라고 명시되고, 이러한 교육의 실제는 교훈이 아니라 실행이며 먼 곳에 있는 것이 아니라 우리들의 생활 주변 가까운 곳에서 이루어져야 하므로 부자간의 애정이 자연적인 가정생활에서 이루어지는 것과 같이 학교에서는 사제 간의 사랑이 순조롭게 이루어져야만 한다고 하였다. 이러한 사랑의 형성은 인간을 선량하게 만드는 것이며 선량한 인간의 형성은 곧 교육의 목표달성이 되는 것이므로 가정에 있어서 부모의 책임과 학교에 있어서 교사의 성실이 무엇보다 중대하다는 것을 암시하고 있다.

즉, 인간 형성의 근본이 되는 심정력의 도야에 있어서 부모의 관심과 노력이 얼마나 큰가는 '인간 본성의 숭고한 감정이 부모의 깊은 배려와 충실로 양육된 아동은 그것만으로도 선량하며 온후하다'는 것으로 보아 알고도 남음이 있다. 이러한 숭고한 감정은 나아가 인간을 사랑하고 인간을 신뢰하고 인간에게 감사하고 인간에게 순종하는 길이 되는 것이라 하겠다(이춘겸, 1979, p.264).

(3) 기술력 도야방법

페스탈로찌는 셈의 기초교육을 실시할 때 유아들에게 그들이 놀고 있는 방 한 모서리에서 다른 모서리까지의 거리를 유아들의 발걸음으로 세어서 알게 하였다. 또한 창문을 셀 때나 실을 감을 때 실패바퀴의 감는 수를 세어서 셈 연습을 하게 하였다. 그는 생활 속에서, 노작 속에서 기술력을 도야하고 있다.

"별 재주가 없는 아이도 무엇인가 활동을 하고 있다는 자체로 흥분을 느낍니다. 자연 안의 원리에 따라 배운다면, 그림 그리기와 조형은 둘 다 다른 교과의 학습에도 유용할 것입니다"(Ibid., p.124). 그는 유아들이 그리고, 맞추고, 재고, 관찰하게 함으로써 아동에게 내적으로 숨어 있는 모든 신체적 재능을 발전시키고자 하였다. 즉, 활동을 통한 교육이다.

페스탈로찌는 일상생활을 통해서 능력을 발달시킨다고 보았다. 그리고 삶을 통해 능력은 발달한다고 보았다. 이러한 생활을 통한 인간도야의 원리는 유아들의 생활과 접근한 경험을 강조하였다. 페스탈로찌가 말하는 생활의 의미는 유아의 삶과 자기활동을 말한다.

"노이호프의 학교에서는 농사의 경작과 방직 등 일하면서 노작교육을 실시하였다"(長田新, 1962, p.401). 일하면서 배우고, 배우면서 일하는 교육방법을 사용한 것이다. 유아들이 공부하는 것에 싫증을 내지 않게 하기 위해서 오락이나 유희를 가미할 것을 권하고 있다. 그는 지식을 얻는 데는 노작이 불가피하다고 말하고 있다. 때로는 공장을 견학하기도 하고 농사일을 하여 아동에게 자기 자신이 자발적으로 노동하고 경험하게 하는 것이다.

이와 같이 교육은 손에서 입으로 곧 필요한 지식을 배우게 하는 것이 아니고, 모든 지식의 기초 내지 본질로서의 인식을 육체화하는 것을 중시하여 인간에 필요한 기술, 신체, 직업, 손 등을 연습과 훈련에 의하여 도야하였던 것이다.

또 페스탈로찌는 기능의 중요성을 강조하면서 학교에서는 아동에게 특별히 작업이나 노동을 하게 하여 일하는 습성을 길러 주고 일하기 싫으면 먹지도 말라는 교훈을 마음속에 심어 주는 동시에 작업과 근로를 통하여 실제적인 생활을 배우게 하며 공업적인 교과와 근로를 인간도야의 방편으로 하여 진정한 인격도야를 이루어야 할 것이라고 하였다. 지금까지 페스탈로찌의 전인교육과 인도적 교육방법을 알아보았다.

한편 페스탈로찌는 유아교육에서 가정교육 방법을 다음과 같이 설명하고 있다(최정웅, 1987, pp.75~77).

① 합자연

자연은 비약이 있을 수 없다. 자연은 순서가 있고 질서가 있다. 따라서 아이의 발달단계를 고려해서 알맞도록 가르친다. 또 아이의 욕구와 행동 그리고 흥미를 존중하고 아이들의 감각을 고려하고 인식의 기초를 직관에 두고 인간성이 조화 통합되도록 가르친다. 즉, 자연이 아이를 가르친다고 페스탈로찌는 주장하는 것이다. 그리고 이러한 자연의 진행에서 최고의 교육적 기능이 질서를 찾는다고 말한다. 또한 합자연에 의한 교육은 인위적인 방법이나 기교에 의한 방법은 배격한다. 어린이에게 적합한 방법이 선택된다. 성인이나 부모중심이 아니고 어린이중심의 교육이다. 미래중심이 아니라 어린이의 현재가 중요시된다. "인간도야가 기교적으로 다루어지는 곳에 가장 위험한 것이 야기됨을 알게 될 것이다. 가정적인 혼란은 목사, 변호사의 계급에 언제나 심하게 일어난다는 것을 알 것이다. 이 계급의 사람은 자녀들의 교육에 기교를 부리고 있기 때문이다"(Pestalozzi, 1944, p.327). "인간 그가 마땅히 되어야 할 인간이 되려면 우선 어린이로서 행복하여야 하며 어린이로서 행복하게 하는 행동을 해야 한다. 그는 어린이로서 전부이어야 한다. 자기 이상이어서는 안 된다"고 페스탈로찌는 주장한다.

② 생활 경험

특히 어린이의 도야에 있어서는 언어 이전에 행동과 실천이 중시된다. 사물에 대한 관찰력을 기르고 또 거기에서 지적 호기심을 갖도록 한다. 이론중심도 아니요 이해 위주로 가르치는 것이라기보다 아이 스스로 깨닫고 느끼도록 한다. 모든 것은 생활과 경험에서 배우는 것이다. 생활이 도야한다는 페스탈로찌의 독특한 방법이 어린이에게 가장 강하게 적용된다. 그는 계속해서 다음과 같이 말한다. "내가 행복하고 나의 가정이 행복하게 된 것은 나의 아버지의 하인 덕택이다. 그는 나를 강요하여 가정사에 필요한 여러 가지 일들을 직접 처리하도록 했다. 이러한 사정이 아니었다면 나는 가정의 일들을 버려 두었을 것이다. 나를 이러한 나로 만들어 준 사람은 바로 그 하인임을 나는 확실히 알고 있다." "어린이들을 둘러싸고 있는 자연과 일상생활의 요구 그리고 언제나 생생한 그들의 활동력, 이러한 것을 나는 교육수단으로 사용하고자 했다"(Pestalozzi, 1944, p.97). 도덕을 말로써 설명하기보다 피부로 느끼도록 했다. 왜냐하면 어린이들이 모르는 일을 설명으로써 가르치는 것은 좋지 못한 것이라고 느꼈기 때문이다. 즉, "학습과 분수는 조약돌과 콩이 사용되었다. 혹은 사과나 과자도 사용되었고 가끔은 활동으로 스스로 나타내었다. …… 아이들이 배우는 모든 것은 자신의 관찰과 경험에서 얻어진다"(Silber, 1965, pp.126~127). 또한 Natorp도 "가정은 생생한 행동으로써 가르친다. 그러나 말로써 가르치지는 않는다. 가정은 아이에게 순종을 가르친다. 그러나 아이는 말로써 표현하지는 않는다"(Natorp, 1922, p.84)고 말하고 있다.

③ 자율

자율은 생활, 경험 그리고 합자연의 방법과 관련이 있다. "아이들을 가르치는 주목적은 일하고 싶은 의지를 일깨워 주고 끊임없이 격려해 주고 자립심에 대한 욕구와 성인활동에 대한 존경심을 갖게 하는 것이다"(Ibid., p.114). 도야의 과정은 내재적 법칙에 순종하는 것으로 그것은 철저히게 자발직으로 실현된다. 따라서 이러한 자율성은 개별화에 의하여 이루어진다. 왜냐하면 자율성은 개성의 발달을 위한 전제조건이 되기 때문이다. 어린이의 도야에는 특히 자율성이 강조되는데 이것은 곧 합자연에 의한 것이요 창의성 계발이라는 정신적·기능적 도야를 위해서도 필요한 것이다. 페스탈로찌는 "소년 시절에는 자기 손으로 나비를 잡아라. 그리고 산과 계곡을 뛰어다니면서 약초를 찾아라. 그렇지 않고 책상 위에서 노력하여도 그 방면에 별 진보가 없을 것이다"(Pestalozzi, 1944, p.346). "가정의 아버지와 어머니들이여, 당신들은 자녀의 생명과 교육에서 자주정신을 기르도록 해야 할 것이다"(Ibid., 1944, p.39)라고 말한다.

④ 노작

페스탈로찌의 노작은 생활과 직결된다고 볼 수 있다. 생활의 필요에 의해서 그리고 생활을 풍요롭게 하기 위하여 노작이 요청되기 때문이다. 따라서 그의 노작은 단순히 아이들에게 산업과 경제적 가치를 인식하게 하기보다는 도덕과 정신적 가치를 실현하게 하는 것이 궁극적 목적이라고 할 것이다. 따라서 이러한 목적을 달성시키기 위한 수단으로서 노작이 중요시된다. 페스탈로찌는 "나는 학습을 노동과 결합시키고 학교를 공상과 결합하여 양자를 통합하려 했다"(Ibid., 1944, p.118). 어린이들은 노작에 의해서 가르칠 수 있다는 것이다. 실버도 "페스탈로찌는 아동들에게 도덕을 가르치지 않았다. 그러나 그들에게 일을 하도록 했다. 즉, 그것은 자아통제를 요구하는 것이다"라고 했다.

이상에서 페스탈로찌의 가정도야에 있어서 방법원리를 고찰해 보았는데 본질과 내용에서 대체로 어머니 중심의 방법이라고 하겠다. 페스탈로찌는 저서 『*Wie Gertrud ihre Kinder lehrt*』에서 겔트루트라는 어머니에 의한 교육방법을 제시하여 그것을 증명하고 있다.

4. 현대 교육에의 기여

(1) 노작은 교육적 지향이다.

노작, 수공훈련을 통한 생활중심의 교육관을 반영해 주고 있다. 그러나 순수한 공리적 효용성보다 교육적 가치로 노작을 강조했다. 즉, 노작을 통해서 정신적이고 도덕적인 가치를 추구하는 것이다. 즉, 손발의 노동을 통해서 가슴의 덕성을 함양하고, 정신적인 의지를 단련할 수 있다고 보고 있다. 궁극적인 목적은 노작을 통해서 도덕성을 함양하는 것이다. 따라서 노작과 학습, 생산과 도덕성을 통합하여 올바른 인간과 조화로운 교육을 가능하게 할 수 있다고 보고 있다.

(2) 가정의 중요성을 강조하고 있다.

페스탈로찌는 가정은 도덕의 학교이며, 장차 닥쳐 올 천국의 모형으로 보고 있다. 또한 가정교육 속에 정서적 분위기가 도덕적·종교적 감각으로 승화되고 융합되어야 한다고 보고 있다. 가정교육을 통해서 유아들은 부모의 삶 자체를 보고 배우며 깨닫는다고 한다. 사랑이 넘치는 가정에서 사랑과 덕성이 도야된다고 보고 있다. 현대 가정의 극단적 개인주의와 이기주의는 이런 가정의 이념을 파괴하고 있다. 어린 시절의 가정은 교육장이며 참교육의 실현이 가능한 곳이다. 올바른 가정교육 위에 학교교육과 사회교육이 가능한 것이다. 그래서 페스탈로찌는 가정은 도덕의 학교로서 아름다운 사회건설을 위한 기반이라고 보고 있다. 도덕의 원천은 가족끼리의 사랑, 믿음, 감사, 순종에서 비롯된다.

(3) 모성의 회복에 대한 일깨움이다.

모성은 천부적인 교사로서 사명의 자각이다. 여성의 천직에 대한 구체적인 각성을 하고 있다. 어머니는 가정을 잘 경영하여 자녀교육을 맡는다. 오늘날 우리나라 가정에서 가사노동에 시달리고 있는 주부로서보다 교사로서 천직을 자각하고 있다. 페스탈로찌는 가정의 안방을 중요한 교육의 장이며 출발점으로 보고 있다.

가정은 부모에 의해서 도덕, 지식, 직업에 대한 기초를 이룩해야 한다. 그래서 모성은 인간 형성의 근원이요 사회 건설의 본질인 것이다. 오늘날과 같이 어머니가 일터에 나가고 난 후에 가정교육이 어머니의 손에서 보육원 교사의 손으로 옮겨져 점차 어머니의 따뜻한 사랑에서 멀어져 가고 있는 현실에서 모성의 회복은 현대 가정에 큰 기여가 될 수 있을 것이다.

(4) 형식적인 종교교육을 지양한다.

종교교육에서 교리문답과 성서를 기억하는 형식적인 종교교육을 지양하여 참종교교육과 사랑과 경건심을 고취하였다. 인간과 신 사이의 종교문제는 지식에 의해 해결하기보다는 사랑과 정서에 의해서 해결된다고 보고 있다. 한층 더 나아가 페스탈로찌는 종교에 근간을 둔 도덕교육을 지향한다. 그는 인간이 하나님에 대한 신앙의 부족으로 도덕적 부패가 생긴다고 보고 종교교육을 통한 도덕성의 회복을 강조하고 있다. 따라서 종교와 도덕이 일치되며 종교가 지향하는 궁극적 목적과 그가 지향하는 사회개조가 일치된다. 이와 같은 종교, 도덕 및 교육의 이념이 통합되었다는 것은 현대 교육의 정신 및 도덕의 가치를 중시해야 한다는 입장에 영향을 주고 있다

(5) 자유와 평등의 정신이다.

페스탈로찌 사회개조사상의 중심을 이룬 이 자유와 평등의 정신은 남녀는 사회적 지위와 법률적 측면에서 자유롭고 평등하며 특히 여성의 교육적 역할의 중시는 인격적 존중 정신의 기본이 되어 사회적 자유와 평등이 실현된다는 것이다. 하류계층과 상류계층의 인간적인 사회적 평등을 페스탈로찌는 강조한다. 따라서 이때의 평등은 산술적 평등이나 절대적 평등이라기보다 차별을 통한 평등이다. 자유 역시 절대적 자유보다

순종을 중시한다. 사회정의와 복지사회의 건설을 위해 무제한적 자유에 대한 부정과 이성의 판단에서 오는 절제 있는 자유로운 행위를 강조한다.

페스탈로찌는 인도주의 정신에서 출발한 자유와 평등의 정신을 갖고 있다. 버림받고 소외당한 인간에게도 신이 준 아름다운 인간성이 있고 그들도 인간답게 살 동등한 권리를 부여받고 있다. 그러므로 빈민, 하류계층, 고아, 불량아도 인간성을 도야해서 인간답게 살도록 교육의 기회가 평등하게 제시되어야 하고 국가적 배려와 이익을 제공해야 한다. 따라서 페스탈로찌의 자유와 평등의 정신은 범애정신과 이기주의 기독교 정신에 근거를 두고 있다. 이러한 자유와 평등의 정신이 기초되어 있을 때 사회정의가 실현되고 복지사회는 건설되고 민중도야가 성공할 수 있다는 것이 페스탈로찌의 입장이라고 보았을 때 그는 국가와 법은 불쌍한 사람을 보호하고 그들에게 더욱더 국가적 배려를 해야 한다고 주장한다. 반면에 상류계층이나 부유층 사람에게도 비판과 각성을 촉구하고 비인간성을 공격한다. 그들은 도리어 인간성이 부패되어 있고 도덕적으로 타락되어 있다고 그는 생각한다. "민중의 갑작스런 풍요, 상류층의 방종한 사치, 음란한 신문 등 이러한 것이 짧은 시간 내에 민족을 범죄로 이끌어 간다"(Delekat, 1968, p.141).

이렇게 상류계층과 하류계층의 대립과 분열을 없애기 위한 사회문제의 제시에서 상류층은 물질적 풍요가 정신적 풍요와 조화를 이루지 못한 데서 문제가 있다고 하고 하류층은 물질적 빈곤이 정신적 빈곤을 가져오는 데 문제가 있다고 주장한다. 그러므로 "하류층 사람에게 넓게 퍼져 있는 내면적 힘의 상실은 민중의 도덕감을 상실케 한 것이다." 따라서 사회계층 간의 많은 불평등이 사회개조와 발전을 저해한다. 그렇기 때문에 사회정의를 실현하고 자유와 평등의 실현을 위해 하류계층에 더 많은 국가적 혜택이 있어야 한다는 것이다. 그러므로 사회는 균형적 발전을 기할 수 있고 공동사회적인 이상적 도덕사회가 건설될 수 있다는 페스탈로찌의 이해는 민주교육을 실천하는 데 시사를 준다(최정웅, 1987, p.76).

참고문헌

교육고전연구회, 『교육고전의 이해』, 서울: 이화여자대학교 출판부, 1985.

김정환, 『교육학개론』, 서울: 박영사, 1984.

_____ 역, 『어머니에게 보내는 편지』, 경기: 양서원, 1995.

_____ 역, 'Pestalozzi 사회교육론연구', 『성곡론총(8집)』, 1977.

_____, 'Pestalozzi의 교육철학과 교육방법론연구', 『고대인문논문집(17집)』, 1972.

이상노 · 이윤수 공역, 『교육사회학』, 경기: 교육과학사, 1972.

이춘겸, '페스탈로찌의 전이교육사상연구', 전남대학교 교육대학원, 1979.

정호표, 『교육의 역사 · 철학적 기초』, 서울: 형설출판사, 1988.

최정웅, 『루소의 교육사상』, 서울: 배영사, 1987.

_____, '사회개조를 중심으로 한 Pestalozzi의 교육사상', 박사학위논문, 경북대학교 대학원, 1978.

長田新, ペスタロッチ全集(13卷), 東京: 平凡社, 1962.

岩峻喜一, ペスタロッチの人間の哲學, 東京: 牧書店, 1945.

Butts, R. F., *A Cultual history of education*, New York: McGraw-Hill Book Co., 1947.

Delekat, F., *Pestalozzi*, Heidelberg: Quelle & Meyer, 1968.

Graves, F. P., *A Student's history of education*, New York: Macmillan Co., 1926.

Natorp, P., *Pestalozzi, Sein Leben und seine Ideen*, Leipzig und Berlin: B. G. Teubner, 1922.

Pestalozzi, J. H., *Drei Briefe an N. E. Tüber Erziehung der Landjugend*, 1977.

_____________, *Lienhard und Gertrud*(I · II), 1981.

_____________, *Pestalozzis Brief an einem Freund über seinem Aufenthalt in Stans*, 1799.

_____________, Pestalozzis Werke. 8Bande. Herausgegeben von P. Baumgartner, Zürich: Rotapfel Verlag, 1944.

_____________, *Von der Erziehung*, 1782.

_____________, *Wie Gertrud ihre Kinder lehrt*, 1801.

_____________, *Zuverlässige, Nachricht von der Erziehungsanstalt armer Kinder auf den Neuhof*, 1778.

Silber, K., *Pestalozzi*, New York: Schocken Books, 1965.

4 프뢰벨

Fröbel

(1782~1852)

1. 생애

프뢰벨(Friedrich Wilhelm August Fröbel)은 독일 튜링겐 오버바 이스바하에서 1782년 4월 21일 태어났다. 그의 아버지는 교회 목사이고 넓은 교회구역을 책임 맡아 주야로 교회 일에 쫓겨 매우 바빴다. 어머니는 그가 태어난 후 9개월째에 세상을 떠났고, 네 살 때 계모를 맞이하였으나 프뢰벨에게는 매정하였다. 프뢰벨은 가정의 따스한 보살핌도 받아 보지 못하고 영유아기를 보냈다. 이러한 이유로 프뢰벨의 어린 시절은 어둡고 고통스러웠으며, 내성적이고 자기 분석적이기 쉬운 민감한 기질이 그로 하여금 참혹한 고통을 받도록 하였다. 그는 초기의 고초들을 결코 잊지 않았으며, 이것이 그의 전 생애를 전환케 한 요인이었음을 자서전에서 밝히고 있다. 출생지에서 초등학교를 다녔고, 11세부터 15세까지는 숙부인 요한 크리스토프 호프만 목사 댁에서 지내, 수년 시기는 부모보다는 숙부에게 더 많은 영향을 받았다. 이때 비교적 견고한 믿음과 예절을 안정된 가정생활에서 익히게 되었다. 프뢰벨은 당시의 학교교육에 관하여 순간순간의 직관성과 삶에 연관된 교육에 대한 아쉬움을 이야기하면서 "지리 교과서에서는 모두 앵무새와 같은 이야기만 하고 있어 말은 많이 하나 알고 있는 것은 아무것도 없다" (Eby, 1952, p.528)라고 비판하였다.

자신의 이러한 자기 고백 이후 프뢰벨은 종교적인 관찰, 일요일마다의 설교, 입교식에서는 물론 가정에서의 아버지의 충고 등에서 삶의 규범을 삼을 만한 가치를 스스로 얻어 정신과 영혼의 양식으로 삼았으며, 이에 따라 그리스도교적인 세계관이 스스로 정립되었다. 이 그리스도교적인 세계관은 프뢰벨의 교육자적 존재와 영향을 형성시킨 생명력이 되었다.

프뢰벨은 1797년 학교를 졸업한 후 15세에 독립해서 임무관의 제자가 되어 2년간 식물을 채집하고 자연물에 친근해졌으며 자연을 벗 삼아 생활했다. 1799년 예나(Jena) 대학에 입학하여 자연과학과 수학을 공부하였다. 여기에서 그는 방법론적인 문제에만 흥미를 가진 것이 아니라 그의 독백에서 보는 바와 같이 간단한 기초에서부터 일어나는 현상의 내적인 관계성을 찾았고, 알기를 원했으며 해명하려고 했다(Monroe, 1905, pp.639~645). 프뢰벨은 이때에 '자연연구협회' 회원이었다. 그 무렵 예나대학은 독일 낭만주의의 중심지로 쉘러가 역사학 교수였고, 쉘링이 철학 교수로 재직하고 있었다. 프뢰벨은 쉘링의 사변적 자연철학과 노발리스 영혼 추구의 자연 해석을 알게 되었고 그 영향을 많이 받았다(Neumann, 1952, p.10).

1802년 초에 프뢰벨의 아버지가 세상을 떠났고, 그 해 봄 프뢰벨은 뱀버그 근처에 위치한 버나 산림국에 측량기사로 부임하여 아름다운 자연과 더불어 생활하였다. 1808년 프뢰벨은 Yverdun에 있는 페스탈로찌 학교에서 2년간을 지냈다. 여기에서 프뢰벨은 페스탈로찌의 국민교육사상에 반하게 되며, 직관적이고 자연주의적인 학습방법을 알게 되었다. 이때 프뢰벨은 자신의 교육철학과 관련하여 미래의 교육계획에 대한 관심과 자신의 지식을 더욱 깊이 할 수 있는 교육적인 요구를 철학적으로 정립하고 싶은 욕망이 생겼다.

프뢰벨은 1810년부터 1812년까지 29세의 늦은 나이로 괴팅겐대학과 베를린대학에서 철학, 인간학, 윤리학, 교육학, 언어학, 역사, 지리학, 방법론 등을 배웠다.

그는 결정학(Kristallkunde)에 흥미를 가졌으며 이 결정체의 성장에서 구조법칙이 있음을 믿었고 이 법칙은 자연의 생존과 인간의 정신적·육체적 삶 속에서도 작용하는 유효한 법칙임을 인식하였다. 따라서 프뢰벨은 구상(球狀)의 자연철학적인 법칙이 떠올랐고 이 법칙은 자연 형체의 기본 형태가 공의 모양으로서, 이는 삶의 단위의 상징이며 내·외적인 자연의 법칙성을 깨닫게 한다고 믿었다. 이 '球狀的 法則(Sphaerisches Gesetz)'은 프뢰벨의 모든 인간교육의 기본 법칙이 되었다(박덕규, 1991, 14).

프뢰벨은 1813~1814년에 뤼초브의 의용병단에 소속되어 있었으며, 1814년 베를린 광물 박물관의 조교가 된다. 1816년에는 그리스하임에서 고아가 된 조카의 교육을 맡게 되며, 1817년 루돌슈의 카일하우에 '일반독일학교(Allgemeine deutsche Erziehungsanstalt)'를 설립했다(이 학교는 1839년까지 운영되었다). 1826년 카일하우에서 프뢰벨은 주요 저서인 『인간교육(*Die Menschenerziehung*)』을 저술했다(Ibid., p.14).

프뢰벨은 1837년 블랑켄브억에 '어린이·청소년을 위한 노작 욕구 보호학교'를 설립했다. 학교 설립과 교육에 필요한 자금은 '후원금(Gaben)'으로 충당하였다. 이 후원금은 곧 유명해졌으며, 사립학교 설립의 시작이 되었다. 프뢰벨은 어린이 교육을 새롭게 하기 위하여 1840년 '일반 독일 킨더가르텐(Allgemeiner deutscher Kindergarten)'을 설립했다. 이 킨더가르텐은 1844년 받 디벤슈타인으로 이전했다. 강연과 글로써 프뢰벨은 자신의 아이디어를 전파하는 데 지칠 줄 몰랐다. 1848년은 프뢰벨이 노력의 결실을 수확하는 해였다. 그러나 1850년은 프로이센에서는 모든 킨더가르텐이 금지당하게 되었다. '무신론주의 교육(Heranbildung zum Atheismus)'이 폐쇄의 이유였다.

프뢰벨의 이론과 학교는 실제로 종교적인 바탕 위에 성립되었다. 킨더가르텐의 폐쇄 조처는 사실 비극이 아닐 수 없었다. 그러나 프뢰벨은 자신의 사상에 대한 정당함을 많은 동료로부터 얻게 된다. 특히 아돌프 디스터벡은 프뢰벨의 사상을 이론과 실제적인 교육학의 주요한 발전으로 공공연하게 주장하였고, 킨더가르텐의 폐쇄 조처를 철회할 것을 요구했다. 이러한 학계의 여론은 초기에 무시되었으나 이 폐쇄 조처는 1860년에 해제되었다. 그러나 프뢰벨은 1852년 6월 21일 마리엔탈(마리아 계곡)에서 그의 생을 마쳤다(Ibid., p.16).

2. 유아교육사상의 기초

프뢰벨의 교육사상을 일관하고 있는 근본사상은 그의 주저로 일컬어지는 『인간교육』의 전체에서 보여지는 형이상학적인 법칙관이다. 즉, "모든 천지간의 만물 속에는 하나의 영구불멸의 법칙이 존재하고 이것이 만물을 살리며, 그 법칙은 외계, 즉 자연에 있어서도 내계, 즉 정신에 있어서도 또 내·외 양계의 결합으로서의 생명에 있어서도 똑같이 항상 명료하게 표현되어 있다는 법칙관이다"(Fröbel, 1826, p.7). 이는 프뢰벨의 통일사상을 기점으로 하여 그의 모든 사상을 출발시키고 있는 것이다. 따라서 그의 통일에 대한 개념은 신, 자연, 인간, 그리고 교육관을 정립하고 있다. 이 점은 피히테가 '정신으로부터 자연'(Hartmann, 1974, 114)을 유도하였고, 셸링이 '자연으로부터 정신'을 유도한 것과는 상이하게 프뢰벨은 통일로부터 자기 행동적이고, 자발적인 정신과 자연을 유도하였던 것이다.

프뢰벨의 통일사상은 우주만물은 모두 하나님의 행위의 결과이며 신의 창조이지 인간에 의해서 이루어지는 것은 아니며, 일(一)과 다(多)의 관계, 부분과 전체의 관계, 개(個)와 보편(普遍)의 관계가 모두 신의 통일이요 개개의 존재는 모두 신성에 의해서 전체로 통합되어 있다는 것이다(Ibid., p.8). 프뢰벨의 사상에서 물리적 세계와 정신적 세계는 사고의 과정으로서 모든 것이 사고에서 추론될 수 있기 때문에 모든 진화과정을 변증법적 발전과 창조적 진화법칙으로써 설명한다. 그래서 그 원리는 정신적 에너지를 발전시킴으로써 대립의 법칙이요, 반대의 법칙이 성립한다. 그것은 정(正)의 법칙, 반명제의 법칙, 합의 법칙과 유사하였고(Eby, 1952, p.505) 따라서 프뢰벨의 모든 법칙은 역동적인 원리인 것이다.

프뢰벨의 주요 저서인 『인간교육』을 중심으로 프뢰벨의 유아교육사상의 형이상학적 기초를 신, 자연, 인간의 유기적 통일을 중심으로 고찰해 보기로 한다.

1) 신관

프뢰벨의 교육사상에 있어서 우주를 지배하는 주체는 신이며, 자연과 인간은 이 신을 중심으로 하여 통일을 이룬다. 즉, 만물 속에 영원한 법칙이 깃들고 움직이고 또 지배하고 있으며 모든 것은 신적인 것이 그 속에 작용함으로써만이 비로소 존재하고, 이 각각의 것 속에서 작용하고 있는 신적인 것이야말로 모든 것의 본질이라고 본 것이다(Fröbel, 1826, p.36).

프뢰벨은 어린이의 자유로운 영혼을 소중하게 다루고 있는데, 이는 곧 어린이가 신의 축복을 받은 완전한 개체라고 인정했기 때문이며, 그의 유아교육사상의 기초인 신과 인간과 자연의 일치가 어린이에게서 나타난다고 보았기 때문이다.

프뢰벨은 신의 정신은 자연 속에서 안식하고, 자연 속에서 살며, 자연 속에서 자기를 표현하고, 자연을 통하여 자기를 전달하고 자연 속에서 자기 형성을 계속해 나간다고 하였다(Ibid., p.62). 신과 자연, 신과 인간과의 관계는 불가분의 관계를 형성하고 있다는 것이다. 또한 종교는 인간의 정신이 신과 합일하려고 하는 노력으로 보았다. 이는 인간의 정신이 본시 신과 하나였다는 예감을 명확한 의식으로 높이려고 하는 노력이며, 이 의식에 바탕하여 신과 합일하려고 하는 노력이다. 또한 이 신과의 합일 속에서 생활 각각의 상황과 관계를 명확하고, 또 힘차게 살아가려고 하는 노력이 종교라고 본 것이다. 종교는 이미 성립되어 버린 것이 아니라 영원히 존속할 수 있는 것이라 하였고 종교를 영원히 추구해 나가려는 노력으로 간주한 것이다(Helmut, 1968, p.83). "유한한 것 속에, 즉 인간 속에 현실의 존재로서 나타난 신적인 것은 자기가 신적인 것으로부터 나온 것이라는 것을 희미한 예감으로서지만 이미 일찍부터 의식하고 있는 것이며, 더욱이 이 희미한 예감이야말로 일찍부터 인간 속에서 육성되고 강화되고 배양되어 나중에는 의식에까지 높아져 순화되지 않으면 안 되는 것"(Fröbel, 1826, p.23)이라고 하였다.

프뢰벨은 인간에 내재하는 '신적인 것'의 전개에 의해 종교적 목표인 '신과의 통일', '생명의 합일'이 가능하고, 신앙에의 길은 인간이 가지고 있는 자연적 소질에 따라 지도하게 되기 때문에, 종교교육은 외부로부터 초래되는 방법에 따른 것이 아니라, 어린이 안에 이미 예감되어 있는 종교적 심정(心情)을 전제로 해서 그것을 의식화하는 것을 과제로 한다고 본 것이다(Ibid., p.41).

2) 자연관

프뢰벨은 자연 속에 신의 정신이 담겨 있다고 보았다. 자연의 본질과 작용은 신으로부터 나왔고 신에 의하여 창조된 전체상이라는 것이다.

신의 정신은 자연과 우주만물에 나타나 있으며 신과 자연의 관계는 인간에 의하여 진리로 관찰되고 인식될 수 있고, 이 관찰과 인식은 하나의 순수한 내면적인 영혼의 관계를 분명하게 하며 직관을 통해서 이룰 수 있다(Ibid., p.97)고 보는 신적인 면을 내포한 것이 프뢰벨의 자연관이다.

또한 자연은 하나의 다양성으로 자신 내부에 다양하고 독특한 개별성으로 나타난다. 자연은 내면적이고 생동적인 개체로서, 또 그 개체로부터 독자적인 형태로, 그리고 독자적인 발달 형태는 결정과 목적을 지니고 고요하게 나타난다. 따라서 견고한 형태의 발달이 전체적인 자연과정 속에서, 또 이 자연과정은 자연대상물에서 스스로 나오는 것으로서, 영혼의 발달과 정서가 함께한다. 그러나 인간은 견고한 형체와 같이 외적인 현상 속에서 살아가는 데 통일성을 스스로 생성하며 단면성, 불완전성, 개별성의 특징을 지니고 있다. 그런 후에 인간은 노력에 의하여 동일면성과 일치성과 완전성을 얻으려 한다. 이와 같은 현상은 자연과 인간의 발달과정 속에서 모든 현상과 같이 자기인식, 자기교육, 타인교육을 위하여 대단히 중요한 것이다.

자연현상의 각각은 개별적인 자연대상물을 위하여 분리되고 분열되는 것과 같이 프뢰벨은 "신의 정신도 자연 속에서 보이지 않지만 보이는 것으로 나타나는 것이며, 따라서 자연은 보이지는 않지만 보이는 신의 나라인 것이다"(Ibid., p.97)라는 신적인 자연관을 취하였다. 자연과 인간 사이는 하나의 원천에서 출발하고 동일한 법칙에 따라서 모든 힘이 작용하고 있는 것이다. 그러므로 자연의 주시와 관찰은 이러한 면에서도 인간에게 대단히 중요하다. 그리고 가장 미세한 부분까지도 그 자체가 한 점에서 나와서 모든 방향으로 향하여 한 가지로 작용하면서 자동적으로 자기를 전개하고 표현하려고 하는 근원이다(Ibid., p.100)라고 하여 자연이 만물의 근원적인 힘을 가졌음을 말해 주고 있다.

자연은 신의 순수한 정신을 보다 명확하게 나타내어 주며 인간이 자연 속에 순수하게 나타나 있는 이 신의 정신을 봄으로써 인간의 본질을 더욱 명확하게 깨닫는다는 것이다. 프뢰벨은 자연현상과 인간의 삶이 동일한 법칙에서 기인된다는 점을 인식하고 그 후 자신의 결정적인 '구상법칙(Lilley, 1967, p.15)'에 도달했다.

3) 인간관

(1) 인간의 본질

프뢰벨은 인간을 보편적이고 영원한 법칙인 신적 통일의 법칙에 접근하여 합치되도록 노력하는 존재로 보았다. 태어나면서부터 지닌 자기활동적 본성은 외부로 표현할 수 있는 여건만 조성된다면 명료화될 수 있을 것이다.

프뢰벨은 인간의 본질을 피조물로 보고 그것을 지상에서의 자신의 생활 속에서 적극적으로 나타내는 것이 인간의 사명이라고 했으며 이 사명을 충분히 이룩하려고 애쓰고 또한 그것을 목표로 나타내는 것이 교육이라고 말하고 있다.

인간 존엄성에 있어서 절대적인 것은 칸트에서 시작해서 피히테, 쉘링 등의 독일 낭만주의적 철학자에 의해 엄격히 강조되고 있다. 프뢰벨은 이들의 철학과 동일한 입장에 서서 사상을 확립한데다 기독교적 인간상에 기초를 둔 그 고유의 세계관을 완성했다(Hartmann, 1974, p.47). 프뢰벨의 인간교육 안에 흐르는 인간관과 아동관은 당시 독일의 낭만적 흐름 속에 있는 낭만주의적 성격이 기조가 되어 있다고 보인다. 여기서 주목해야 할 것은 프뢰벨이 인간성을 신성이라고 보았다고 해서 인간성을 하나의 추상적 존재라고 생각하지는 않는다는 것이다. 프뢰벨에 의하면 "인간은 다른 피조물과 달라서 인간에게만 주어져 있는 독자의 능력을 가지고 그 능력에 의해서 자신의 존재, 즉 자기를 인식할 수 있으며, 특히 자신을 인식하는 것은 인간이 자기 스스로를 신을 향해서 가장 높고, 가장 안전하게 높인다고 했으며, 인간의 특수한 재능은 모든 다른 피조물과 동일하게 가지고 있는 능력 이외에 이와 같이 자신을 인정한다는 움직임 속에서 존재하고 있다는 것이다. 일반적으로 인간은 근본적인 본질을 인식하는 것에 의해서 비로소 자기 스스로의 가장 내적인 천직을 발견할 수 있다"(Fröbel, 1826, p.19).

(2) 인간성의 실현

프뢰벨은 인간과 인류의 관계를 '부분적 전체'라는 말로 설명하고 있다. 인간 각자는 유아 때부터 인류의 본질적인 성원으로서 인정되고 육성되어야만 하고 다음 세대의 인류, 다음 세대의 개개인은 각기 종속의 그 이전의 발전과 형성의 전체를 자기 속에서 통과시켜야 한다(Ibid., p.17)는 것이다.

프뢰벨은 『인간교육』에서 신의 소질과 자연의 소질과 인간의 소질을 갖고 있는 인간은 신과 자연과 관계하고 동시에 통일성과 개별성과 다양성을 자기 자신 속에 포함하고 또 현재, 과거 및 미래를 자기 자신 속에 갖고 있는 것으로 관찰되고, 주의되고, 그리고 취급되지 않으면 안 된다고 말하고 있으며, 인간성을 고정적이고 완결된 것으로 보지 않고 계속 전진 발전하는 것으로 보았다(Hartmann, 1974, p.41). 프뢰벨은 『인간교육』에서 "인간과 인간에 내재하는 인간성은 외적 현상으로서 이미 완전히 나타난 것, 완전히 생성되고 고정화된 것, 그리고 부동한 것으로서가 아니라 앞으로 끊임없이 생성을 계속하고 있는 것, 발전해 나아가는 것, 영원히 산 것으로서 무한과 영원 속에

안주할 목표를 지향하면서 발전과 형성의 한 단계에서 다른 단계로 변함없이 전진을 계속하는 모습으로 고찰되어야 한다"(Fröbel, 1826, p.17)고 서술하고 있다.

(3) 인간 생명의 발전

프뢰벨은 유아의 사지 운동과 감각기관의 운동 등 유아의 자기활동을 자아발전과의 관계로 받아들이고 유아의 표현은 내부의 대립적인 것과 내부의 차이를 조화적으로 음합시키는 일로 생각하였다. 즉, 유아가 자기활동을 행한다는 것은 생명의 다양성으로 대립적인 것을 통일적이고 조화적으로 표현한다는 것을 의미하고 그것은 변증법적인 의미에 있어서 보다 고차원의 단계로 생명을 승화시키는 '생명의 발전'을 의미하고 있는 것이다. 유아는 대립적인 요소로 가득 찬 외계의 혼돈 상태의 모순적 상황에서 그것들을 행동에 의해 조화시키고 혼돈을 통일한다. 이러한 이유에서 유아의 본질은 다양성 속에서 대립과 모순을 조화시키는 것이라고 프뢰벨은 생각하였다(Prüfer, 1927, p.61).

발아기부터 식물의 생명이 충실해지듯이 유아의 경우도 아직 활동은 미숙하고 의지할 곳 없는 존재로 보일지라도, 틀림없이 그 미숙한 활동 속에서야말로 유아의 생명이 충실히 머물러 있다고 그는 생각했던 것이다.

유아는 작은 동물의 새끼나 어린 식물 등이 빛이나 열의 작은 자극에도 반응하듯이 활동 속에서 매우 작은 주위 환경에도 감수성이 예민하게 작용하고, 그와 같은 감수성이 유아의 생명을 각 방면에 전개시키게 된다. 이렇듯 유아기 유아의 감수성은 예민하고 신경은 매우 과민하기 때문에 그만큼 한층 더 주의를 기울여서 교육하지 않으면 안 된다(Gumlich, 1935, p.3)는 것이 프뢰벨의 생명 발전에 대한 주장이라 할 수 있겠다.

(4) 인간 생명의 통일

프뢰벨은 인간생활에 있어서 이상적인 통일의 존재방식을 '생명의 통일'이라고 불렀다. '생명의 통일'이라는 것은 자기 자신, 자기와 인류, 자기와 신에 있어서, 제각기 관계가 분리되어 있는 상태에 있을 때 이것을 바람직한 관계로 이끄는 것을 의미한다. 이것은 인간교육의 목표이고 그 과정에서 이룰 수 있는 노력으로 볼 수 있다. 그러나

'생명의 통일'은 결코 인간의 동질화, 획일화를 목표로 하는 것은 아니다. 프뢰벨은 '생의 합일'이라는 것이 통일성에 근본적 기반을 두면서 그 위에 개성을 구축해 가는 것으로 보았다.

프뢰벨은 도처에서 내적 통일(Inners Einheit)을 추구했으며, 통일이라는 하나의 영원의 법칙으로 구성된 세계 또는 한 사람의 인생 속에서도 인정하고, 이 법칙상에서 모든 교육원리를 발전시켰다(Prüfer, 1927, p.60). 특히 유아의 내부에 생명이 진행한다는 것은 그것 자체가 보다 높은 통일로 가는 것을 의미하며, 유아의 운동이라는 것은 자기의 생명을 모든 다양성 속에서 표현상의 상위라든가 대립을 통해 하나의 통일로 향하게 하는 것이 된다. 예컨대, 그것은 자아가 통일로 향하는 것을 의미하는 것이며, 이것은 마치 한 그루의 건강한 수목이 다양한 자연의 요소와 대지의 성분을 자신의 내부에 받아들여 그 본질과 법칙에 충실히 따르면서, 그것을 동화해서 잎, 꽃, 과실을 만들어 가는 것과 같다.

유아는 외계를 예감하고, 그것을 내면에 받아들여서 다시 그것을 외계에 표현해 간다고 하는 운동을 반복하고, 자기의 안에 점차 정리와 조화를 느끼고 결국 '자신은 이 우주에 존재하고 있다'라는 '자아의 의식'이 자라는 것을 느끼게 되며, 더욱이 유아는 그와 같이 표현했던 외계를 재차 자신의 내부에 받아들여, 그것을 통일된 것으로 통찰하고, 다시금 그것을 외계에 재구성하게 된다는 것이다.

3. 유아교육의 원리

프뢰벨은 인간의 삶 전체가 교육적 삶이라고 했다. 특히 유아교육은 성인의 삶의 세계에서 파생되는 위험성으로부터 보호하고 자연스럽고 안전하게 성장하도록 마치 꽃밭의 꽃들과 같이 키워야 한다고 했다. 그러나 여기에서의 꽃들은 유치원이라는 꽃밭의 터전보다도 꽃 그 자체로서의 가치를 더 중요시하고 있다. 그래서 프뢰벨은 교육 그 자체보다도 어린이들이 어린이로서, 어린이답고 어린이 본연의 형태, 즉 자연성이 교육과 함께 중시되어야 한다고 했다.

프뢰벨의 『인간교육』은 천재적인 직관력에 의해서 생긴 깊은 이해력을 바탕으로 어린이의 영혼에 관하여, 특히 발달에 관하여, 그리고 학습과 교육의 포괄적인 철학적 의미를 기술하고 있다. 그는 깊은 사물의 최고의 결정은 신의 출현이며, 끝과 끝 속에 무한히 표현되고 있고, 모든 교육의 의미는 성장세대에 있어 신적인 전체 속에서 자연과 인간의 뿌리를 의식적으로 만드는 것이며, 그것으로 인도되는 것으로 표현하였다.

프뢰벨의 관점에서, 정신은 다양한 경험의 감각을 하나의 통일체로 결합하는 기능을 한다. 그리고 이것은 하나의 끊임없는 과정이고 계속적인 상호작용이다. 외부세계에 대한 이러한 자각은 또한 자기의식이기도 하다. 왜냐하면 그 환경과 자아는 본질적인 관계에 놓여 있기 때문이다. 또한 프뢰벨은 우리 내부의 세계와 외부의 세계가 발달양식에 있어서 서로 연관되어 있고, 인간의 정신과 자연의 진행과정 사이에는 친화력이 있으므로 전 생애를 통해 인간은 자신이 인지하는 사물이라는 매체를 통하여 그리고 그 사물들에 대한 반응을 정신발달에 몰두하고 있고, 경험에 대한 반응은 하나의 통일체로서 정신적 · 지적 결단력과 감정을 포함한다고 보았다. 이러한 실체와 사물 사이의 유기적 관계, 그리고 전 우주를 통한 연속적인 발달과 상호작용의 과정에 대한 이념은 프뢰벨 교육사상의 근본적인 것(Lilley, 1967, p.8)이라 할 수 있겠다.

1) 교육이념

(1) 교육의 개념

프뢰벨은 인간이 태어날 때부터 신에게서 받은 무한한 가능성을 지니고 있음을 믿고 있다. 그리고 그 무한한 가능성을 '신성'이라고 부르고 그것을 인간의 본질이라고 보았다. 인간은 신과 비슷한 모습으로 창조되어진 것이며, 인간 내면에는 신과 동일하도록 끊임없이 창조하고, 일하고, 표현하는 힘이 내재되어 있다. 이 인간의 본질인 '신성'을 발휘시키는 것이 곧 교육의 힘인 것이다.

프뢰벨은 또한 교육의 대상으로서 유아를 생각하고 교육을 시작해야 할 시기에 대해 "인간은 지상에 나타나자마자, 즉 수태의 순간부터 고려되지 않으면 안 된다. 또 눈에 보이지 않을 때, 즉 어머니의 태내에 있을 때부터 이미 배려되고 보육되지 않으면 안 된다"(Fröbel, 1826, p.16)고 하여 조기교육의 중요성을 강조하였다. 당시로서는 아직 사람들이 관심을 갖고 있지 않는 분야였지만 프뢰벨은 이 미지수의 생명을 내면에 가지고 있는 유아야말로 자기가 이상으로 하는 생명혁신이라는 장대한 목표에 합당하다고 보고 여기에서 교육의 가능성을 발견했던 것이다. 즉, "지금 막 태어난 아이는 마치 성숙한 씨가 부모 나무에서 떨어진 것과 같은 것이고, 생명은 자기 내면에 가지고 있는 성숙한 종자와 같은 발전적인 것"(Ibid., p.21)이라고 『인간교육』에서 서술하고 있다. 또한 "그 발전은 소위 생명 전체의 끊임없는 정신적인 관계로 보전하면서 자기활동적인 것으로 나타내 오는 것이므로 유아의 활동과 행동은 유아 생명 최초의 표현이라고 보지 않으면 안 된다"(Ibid., p.20)고 하였다. 프뢰벨에 의하면 유아는 태어나면서 발전적이고, 그 발전은 생명 전체와 끊임없이 정신적인 유대를 가지면서 자기활동적으로 표현되고 있다고 한다. 유아의 활동이나 행동은 그것이 사소한 것일지라도 끊임없이 지각과 감각과 일치하는 것이고, 자기의 능력을 분명하게 하는 것이다. 그리고 이는 유아의 생명 혹은 유아로서의 인간의 생명을 표현하는 것이라고 프뢰벨은 보았으며 그것이 곧 자기활동의 원리인 것이다. 이러한 사고에서 그는 유아의 활동을 높게 평가하고 그것을 교육의 중심으로 생각하였다. 그리고 활동 충동은 인간의 삼위일체적인 창조적인 활동, 즉 행동하고 지각하고 사고하는 세 가지 작용이 일치를 이루어야 한다고 보았다. 프뢰벨은 활동 충동 및 노작 충동을 위해서는 무엇보다 유아를 놀이하도록 유도하는 것, 놀이를 지도하는 것 또 즐겁게 놀이하는 동시에 유아의 능력을 발전시키는 것이 중요하다고 보았다.

프뢰벨은 유아의 활동을 항상 창조적이고 자기 계시적인 것으로 보고 있다. 물론 그 창조적인 활동은 어느 것을 보더라도 힘이 약한 것이고 구성력이 부족한 것이지만 미약한 힘이라 할지라도 그것은 유아 내면의 창조적인 활동 충동을 표현하려고 하는 것이다. 이에 프뢰벨은 이러한 유아의 내면적 욕구에 대한 이해의 결여가 유아를 악한 존재로 만드는 것으로 보고 "인간 내지 유아와 소년을 최초로 악하게 하는 것은 대개의 경우 인간이다. 더욱이 종종 교육자 자신에게조차 그러한 이해의 결여가 존재한다"(Ibid., p.75)는 것을 강하게 주장하고 있다. 그러므로 현실에서는 성인의 눈에 의미 없는 것으로 보이는 유아의 활동에 대해서도 이것을 방해하지 말고 주의 깊게 주시해 주고 사려 깊게 보육할 필요가 있다고 프뢰벨이 언급한 것처럼 본래 단순하고 선량한 유아는 완전히 방임되는 것을 좋아하지 않는다는 것이다.

유아의 발달이 하나의 끊임없는 진보로 간주되는 것은 유아의 전체 교육을 위해서 매우 중요하다. 유아기(乳兒期)-유아기(幼兒期)-아동기-청년기-성인기-노년기를 거치면서 그 감각의 단계를 개별적이고 별개의 것으로 간주하는 것은 잘못된 것이다. 프뢰벨은 "자기의 사명을 달성하고 자기의 직분을 완수하기 위하여 자기를 발달시키든지 자기를 형성하게 하는 인간의 영위는 끊임없이 연속적으로 전진하여 어느 한 발전단계에서 다음 발전단계로 언제나 상승을 계속해 나가는 분리할 수 없는 하나의 전체이다"(Ibid., p.59)라고 하였으며, 이것이 프뢰벨의 교육에서 강조하는 연속발달의 원리이다.

프뢰벨의 교육관은 인간을 통해 그리고 인간과 그 자신과의 관계, 외부세계와의 관계를 통해 모든 것을 설명하려 하였다. 그리고 이 인간의 본질인 신성을 유아에게서 본 것이 프뢰벨의 독자적인 교육관이라 할 수 있겠다.

(2) 교육의 목적

프뢰벨은 그의 종교적 기본사상을 교육의 과정과 목적의 기초로 삼았다. 교육은 자신에 대한 자각과 이해 속에서 발달하고 있는 창조물로서의 인간을 자극하여 이 실행에 이르도록 해야 한다. 그리고 그것을 어떻게 이루는지를 보여 주어야만 하며, 우선 신과 인간 사이에서 생명의 통일을 인정하고 각자의 인간에게 이 생명통일을 자각하게 하는 것이 교육의 목적이다.

프뢰벨은『인간교육』에서 "의지란 언제나 일정한 점에서 일정한 방향을 갖고 일정하게 의식된 목표와 목적을 향하여 의식적으로 나아가는 것이며, 인간의 존재 전체와 합치하는 인간의 정신활동이다. 그러므로 교육의 목적은 자유스러운 환경을 제공하여 각자가 영원한 법칙에 의하여 내부로부터 자연스러운 자기활동적 인간이 되도록 하는 데 있다"(Ibid., p.59)고 하였다.

교육은 인간의 내적 본성을 발현(unfolding)하는 것이다. 즉 교육의 진정한 목적은 인간 내부의 것을 끌어내는 것이다(Lilley, 1967, p.24). 교육자가 그 자신의 내부에서 자신을 통해 삶의 과학을 깨닫고 실행할 때 사물의 영원한 질서를 깨닫게 되며, 그것의 원인과 결합을 이해하고 전체성 속에서 삶을 알게 될 때 교육은 하나의 과학이 되는 것이다. 또한 교육기술은 이 지식의 지혜로운 적용 및 인간발달과 훈련에 있다. 그렇게 함으로써 이성적인 존재로서의 목적을 성취할 수 있는 것이므로 교육은 그것의 요구에 부합하는 삶의 실현에 목표를 둔다. 그리고 아동의 자연 그대로의 의지활동을 강인하게 하기 위해서는 아동의 모든 활동과 모든 의지가 내적인 것의 발달, 형성 그리고 표현으로부터 출발함과 동시에 다시 되돌아와서 교육과 관계하지 않으면 안 된다는 것이다.

2) 교육내용

(1) 종교교육

프뢰벨은 종교를 인간이 신과 합일하려고 노력하는 것이라 보고 이를 이미 성립되어 버린 것이 아니라 영원히 추구해 나가는 것이라고 하였다.

또한 그의 종교교육은 신과의 합일이 방해되는 경우에 그것을 회복하기 위한 수단과 방법을 제시하는 것이다. 즉, 신와 인간의 관계를 통찰시키는 것이며, 이 인식은 생명 자체에 적용하고 인류의 한층 더 높은 발전과 형성을 꾀하여, 인간의 본성상 하지 않으면 안 되는 일들을 인식시키고, 이해시키는 것, 나아가서는 신과의 참된 합일을 유지하면서 살려는 노력을 만족시키는 수단과 방법을 제공하고 지시하는 것이 바로 그의 종교교육이다. 그리고 "종교교육은 참된 교육을 이미 인간의 심정 속에 미리 발견하고 있을 때에만 열매를 맺을 수 있고, 그것이 생명이 있는 곳에 파고들어 가 그 생명에 영향을 미칠 수 있게 된다"(Fröbel, 1826, p.83)고 정의하고 있다.

프뢰벨은 교육을 통해 인간이 신의 아들로서 자신을 더욱 명확하게 인식하고 이 인식에 따라서 행동하고 생활한다면 그것이야말로 그리스도교에 합당할 것이라고 하였다. "만일 인간이, 자신의 정신적인 자아가 신으로부터 태어났다는 것과 본래는 신과 하나였다는 것, 따라서 필연적으로 신의 제약을 받고 항상 신에 의존하고 있다는 것을 의식적으로 분명히 인식한다면, 그는 참으로 인간적인 의미에 있어서 신 속에서 자신의 아버지를 인식하는 것이다"(Ibid., p.86)라는 그의 서술은 종교의 본질에 대한 인식과 통찰력이 인간의 본질 속에 이미 들어 있고, 인간과 함께 하나가 되어 있으므로, 매우 순수하다는 것을 의미한다. 왜냐하면 인간은 동시에 육신적이며, 공간 속에서 살아가는, 하나로 통합된 존재이기 때문에 항상 분리가 전제되고 그 전제 아래에 놓여 있기 때문이다. 어떠한 개별적인 존재라도 그 사명을 달성하고자 한다면, 반드시 그 본질에 충실히 따르면서 삼위일체적인 방식에 바탕을 두어야 한다. 이 방식에 근거하여, 통일성 및 개별성과 다양성으로서, 영원히 발전하는 자기를 알리고 계시하는 것이 아니면 안 된다(Ibid., p.90)는 것이다. 프뢰벨은 이 진리야말로 종교교육의 기초를 이룬다고 보았다.

(2) 자연과학과 수학

프뢰벨은 종교가 표현하고 있는 것들이 자연을 나타내고 있고, 자연이 표현하고 있다고 하였다. 그는 자연이 하나의 통일체로서 존재하며, 삼위일체적인 방식에 있어서만이 계속 발전하는 것으로 보고 있다. 즉, 현실에 존재하고 있는 것은 모두 그것에 내재하고 있는 존재를 통해서만이 그 근거를 갖고 그 존속을 유지하고 있다. 또한 그것은 그 자신에 의한 절대적인 통일이듯이 각기의 사물도 상대적인 하나의 통일이다. 각각의 사물은 비록 상대적인 것에 불과하겠지만 언제나 하나의 통일이기 때문에, 자기 자신의 표현과 계시인 삼위일체적인 방식에 있어서, 또 그것을 통해서만이 언제나 발전을 계속하는 것이다. 그러므로 상대적이긴 하지만 전체적인 발전에 있어서 그 본질을 나타내고 있다(Ibid., p.90)는 이 진리가 모든 자연관찰과 자연인식, 그리고 자연이해의 기초이다. 프뢰벨에게 있어서 구(球)는 외적인 형상으로서 주로 물질계, 즉 단순히 작용하는 힘으로써 이른바 외적으로 창조하는 통일이며, 근본적인 구조적 단위이고, 우주는 궁극적인 형태이며, 합법의 상징이고 정신세계와 자연의 통일체인 것이다(Ibid., p.107). 이는 모든 사물이 구조직 속에서 서로 관계를 맺고 있으며, 그것들은 각각 자기의 중심점을 지니고 있고, 사물의 절대적인 중심과의 재결합 능력을 보유하고 있는 것이다.

프뢰벨은 자연의 여러 형태의 개별성과 다양성, 모든 자연의 내면적인 직관 그리고 모든 물질과 힘을 하나의 통일체로 보았다. 또한 일반적으로 말하여 둥근 입체적인 형태는 자연의 전체를 형성하고 있는 것이고, 이것이 바로 가장 보편적인 최초의 그리고 최후의 자연의 형태로서 나타나는 것이라고 하였다. 그리고 모든 것이 통일로서 나타나 있으므로 공간적이고 입체적인 구는 다른 자연 형태의 어떤 것과도 닮지 않았다 하더라도 그 본질과 조건과 법칙으로 보아 모든 자연 형태를 자기 속에 담고 있는 것이다(Ibid., p.69). "힘 그 자체는 어떠한 방향에도 똑같이 작용하는 자동적인 움직임이며 통일 그 자체이든 혹은 상대적인 통일이든 언제나 어떠한 형식의 통일에서 생긴다. 이 힘의 하나하나는 각기 자기 속에서 자발적인 작용을 하고 있지만, 그것은 통일을 전제로 하여 표현된다는 제약이 있다"(Ibid., p.112)라고 하여 동일한 힘이 동일한 물질 속에서 움직이는 경우, 그것은 개개의 많은 현상으로 분할되어 움직이거나 힘의 형성 법칙 속에 포함되고 있는 높이와 길이가 같은 연장관계의 어느 한 방향으로 움직여 여러 형태의 형성을 제약하는 것으로 보았다. 더욱이 형태의 점진적인 복잡성을 분류하기 위해 구의 개념을 사용했고 그 표면이 복잡해질수록 그 결정은 구에 더 가깝게 접근한다는 것을 보여 주었다. 그는 결정에서의 연속적인 변화의 발달을 설명하기 위해 고유한 구체의 개념을 이용했다. 그는 이러한 발견들을 그의 발달이론에 대한 과학적 증명이라고 해석하였다.

유아 자연탐색에 대한 본능적인 희열은 매우 크다. "그들의 좁은 세계를 확대시켜 주는 것은 무엇이든 간에 유아들에게 기쁨을 주며, 유아들은 스스로 그것을 알고 싶어 하므로 그 자체의 모든 성질과 그것의 가장 내적인 본질까지도 알고 싶어 하는 것이다. 그래서 유아들은 그것을 찢어 보기도 하고, 대상을 사방으로 돌려도 보고 아래위로 뒤집어 보기도 하며, 깨물어 보기도 하는 것이다. 심지어 입에 넣어 삼키려고까지 하는 것이다"(Ibid., p.45)라고 말하였다. 유아들이 이렇게 외부 사물에 대한 탐색과 발견을 할 때 교사는 유아들이 행하고 꾸미고 보고 발견한 것을 언어로 표현하고 그것에 이름을 명명해 주는 것이 최선의 태도라 할 수 있겠다. 이러한 분위기에서 유아가 발견한 자연에 대한 탐색은 실로 엄청난 것이다. 프뢰벨은 유아들이 외면상에 나타나는 다양한 사물의 현상으로부터 그 내면적인 본질과 그것의 자기 자신과의 관계를 명백히 하기 위해서 무엇보다도 먼저 사물에 대한 근거를 규명하고자 모든 일들을 한다고 보았다. 그와 같은 관점에서 볼 때, 자연교육은 무엇보다 중요하다고 볼 수 있다.

수학은 이른바 그 경향과 법칙과 조건에서 보면 인간이 소유할 수 있는 자연이고, 그 필연적인 조건에 따라서 단적으로 인간 정신에 내재하고 있는 것이다. 그리고 내재하고 있지 않으면 안 될 자연인 것이다. 더욱이 인간의 정신이 없으면 자연도 또한 완전히 인간에 의하여 인식되지 않는 것이 되기 때문에 수학은 외적인 현상으로서 실제로 거기 있는 자연보다도 한층 더 완전하게, 한층 더 통일적으로 인간 자신에 의하여 인식될 수 있는 자연이다(Ibid., p.126).

프뢰벨은 수학이 정신적인 것의 작용과 본질의 인식을 위하여, 그리고 인간의 사고의 법칙과 감각의 법칙의 인식을 위하여, 현재 이미 일반적으로 예감되고 있는 것보다 훨씬 가르칠 것이 많은 것이며, 유익한 것이라고 보고 수학과 인간과의 관계에 대해 "수학이 없는 인간교육은 완전한 것이 아니며, 인간의 정신과 수학과의 관계는 인간의 심정과 종교처럼 나누어질 수 없는 것이다"(Ibid., p.130)라는 것을 피력하고 있다.

프뢰벨은 유아의 생명 속에 수에 대한 요구가 나타남에 따라 곧, 수를 접하고 직접 행할 수 있다고 보았다. 이렇듯 어린이가 걷기 시작할 때, 어린이는 수의 기초가 되는, 같은 것과 다른 것을 분류하기 시작하는 것이다.

또한 유아는 대상을 도형으로 그리고 도형을 표현하는 일과 표현에 필요한 직관을 통하여 곧 같은 종류의 대상은 언제나 되풀이되어 같은 수의 결합방식을 갖는다는 것을 인식하기에 이른다. 그리고 유아는 대상의 도형을 그림으로써 수를 인식하고 수에 관심을 갖게 된다.

프뢰벨은 유아의 수에 대한 관심과 수의 인식, 세는 능력의 발달과 형성에 의하여 유아들은 지식의 범위와 그들 생명의 세계가 더욱 확대되고 내면적 본질의 요구와 정신적 갈망이 충족될 수 있다고 보았다(Ibid., p.49). 특히 유아가 수를 인식하기 시작하면 세밀한 관찰을 통하여 유아에게 설명해 주는 것이 바람직하며 또한 유아가 수의 서열과 물체를 분류할 때 유아와 함께 소리 내어 말해 주는 방법이 유아의 분류, 조작, 서열 등의 수의 인식을 도와주는 방법이 된다고 하였다. 유아는 적어도 열까지의 수에 대한 지식이 유아 속에 명료하고도 확실하게 발달되어 있어야 하며, 수를 세는 것에 있어서도 암기하게 하는 것보다는 유아와 함께 수를 세면서 그 수를 명확히 하고, 수사를 입에 오르게 하는 것이 바람직하다. 그리고 여러 가지 대상을 세어 보고 정리할 때도 단순하게 정리하는 것보다는 물체의 속성을 같은 것과 다른 것으로 분류하면서 정리하는 것이 바람직하다(Ibid., p.50)고 보았다. 이는 유아가 활동의 주체가 되도록 도와주어야 함을 의미하며 이러한 수개념 발달은 그 전개에 있어서 유아가 어떻게 하여 또 어떠한 법칙에 따라서 가장 개별적인 상황의 직관으로부터 점차 보다 일반적인, 그리고 마침내는 가장 일반적인 관념으로까지 높아지게 하는 것인지를 보여 주고 있다.

(3) 언어와 예술

① 언어

프뢰벨은 언어를 "자기의 내적인 것을 자발적으로 표시 내지 표현하여 외적으로 나타내는 것이다"(Ibid., p.131)라고 정의하였다. 인간의 완전한 언어는 인간의 내면의 본질과 결부하면서 부단히 인간을 표현하는 것으로 가장 활발하게 움직이면서 자기의 구석구석까지도 표현하도록 해야 하며 또 반드시 들을 수 있는 것이어야 한다. 언어 속에는 인간의 본질과 마찬가지로 자연의 본질도 나타나 있다. 그러므로 언어는 인간의 내적인 세계와 외적인 세계 전체의 묘사이다.

인간의 발달단계에 있어서 외계의 대상은 지극히 긴밀하게 말과 결부되어 왔다. 따라서 유아기는 주로 인간의 언어 능력이 발달하는 단계라 할 수 있다.

프뢰벨은 유아에게 말을 가르칠 경우 우리들이 유아들을 위하여 하나하나의 낱말을 상황과 사물 자체의 현실적인 직관으로 좀 더 굳게 결부시켜 준다면 유아들이 언어에 대하여 훨씬 근본적인 통찰을 얻게 될 것이며, 이는 다시 생명의 참된 언어가 된다고 보았다. 유아의 행동과 행위를 언제나 언어에 결부시켜 준다면 유아의 힘과 능력을 발달시키고 강화하는 데 있어서 유익한 것이다.

"언어가 사상으로부터 또 사상이 언어로부터 분리하게 되고, 언어가 말하는 사람으로부터 분리하게 되면, 또한 이후에 기호나 문자에 의한 언어의 외면화에 이르기 시작하면 인간은 비로소 유아기의 단계에서 소년기의 단계로 나아가게 된다"(Ibid., p.58)고 프뢰벨은 말했다.

"글은 인간에게 가능성을 현실적으로 최고의 완전무결한 완성에 도달하게 한다. 쓰기는 인간에게 있어서 자발적 행동과 자유행동을 의식화하는 최초의 주요 행동이다. 글과 쓰기와 읽기는 인간에게 가장 중요한 것이며, 이 세 가지는 반드시 인간에게 있어서 자기 의식성의 가능성을 일깨운다. 그리고 읽기와 쓰기는 인간의 충동에서 나오는 것이다"(Ibid., p.143)라고 프뢰벨은 보았으며 이 세 가지를 완성시켜야 할 필요성은 분명하고 결정적인 것이라고 하였다.

② 예술

프뢰벨은 "예술이 인간 그 본질 전체를 완전히 표현하기 위한 생명의 표현이고 내면적인 생명 그 자체이며 직접적으로 감수된 것이다. 즉, 정서의 표현인 인간 내면 자체의 표현인 것이다"(Ibid., p.144)라고 보았다. 그러나 프뢰벨은 예술이 내적인 생명 자체를 본래적으로 형성하고 예술이 외적인 표현으로 나타날 때 반드시 재료나 소재 등 여러 가지 다른 표현방법을 통해서 나타나게 된다고 하였다. 이러한 표현방법이 곧 신체적 움직임인 운동 그리고 노래, 색채의 표현에 의한 그림, 형태화에 의한 공간적 표현으로서의 조형, 운문에 의한 표현 등이다. 이와 같은 예술적 표현의 욕구는 유아기에 이미 나타난다고 프뢰벨은 지적하고 있다. 노래, 데생, 그리고 그림과 조형은 모든 면을 포함하고 또 모든 면에 영향을 미치는 보편적인 교육 내지 인간 형성이라는 면에서 일찍부터 반드시 고려되지 않으면 안 되는 것이다. 프뢰벨은 이처럼 예술적인 소질을 조기에 교육적으로 시작하도록 강조했으나 그 방법에 있어서는 어떤 특정한 부분의 예술가를 만들고자 하는 의도로서 교육이 이루어지는 것을 주장한 것이 아니라 각각의 인간을 향상시키고 그 본질에 적응한 완전하고도 전체적인 발달을 수행시키고자 하는 명확한 의도가 있어야 하며 참된 예술의 본분을 직관하고 평가하는 것을 각각의 인간에게 이해시키려고 하는 명확한 의도를 갖고서 교육이 이루어져야 함을 강조하였다.

3) 교육방법

(1) 인간발달론

프뢰벨의 발달관은 신성을 중심으로 전개되어 있다. 교육은 이러한 인간 본래의 신성한 기질을 배양해야 하고 인간생활 속에서, 그리고 이를 통하여 제한적이며 영원한 것을 묘사해야 한다는 것이다. 인간의 삶의 형태는 변경될 수 없는 사실로 간주되어져서는 안 된다. 인간의 본질에 입각한 인격 형성의 첫걸음으로서 신체와 감각기관을 발달시키고 강화하는 것이 중요하다고 한 것은 잘 발달한 신체와 감각생활이 다음 단계의 발달을 보다 풍부한 것으로 하는 요인이 된다고 보았기 때문이다.

프뢰벨은 유아가 내면에서 자기의 반응을 외부로 표현하고 있는 것을 진정한 발달의 기본으로 생각하고 교육이 자발적이고 자기활동적으로 이루어져야 한다고 피력하고 있다. 이 자기활동이 자신감과 독립성의 근본이라는 것이다. 또한 이 자기활동은 외부의 명령에 의한 것이 아니라 유아 자신으로부터 나오는 것이므로 유아가 독립적으로 행동하도록 가르쳐야 하며 뭔가 하려는 경향, 무엇을 할지 결정하는 지혜, 하려는 의지 등을 키워야 하며 따라서 교육활동은 아동의 자연적 발달속도에 맞추어져야 하고 교육은 단순히 아동을 위한 것만이 아니라 아동에 의하고 아동을 통해서 수행된다(Hughes, 1899, p.7)고 보았다.

프뢰벨은 유아가 전혀 아무것도 모른다는 사고를 부정하였으며 유아의 신성함을 개성이라 생각하고 이를 존중할 것과 이에 대한 자유를 요구하였다. 모든 유아는 특별한 능력이 있고 이 특별한 능력이 아동의 생애에 지배적 요소가 되어야 최대의 성장이 가능하다고 하였다. 또한 그는 유아에게 새로운 지식의 어떤 씨앗 같은 요소(germ element)가 있을 때만 그 지식을 받아들일 수 있다고 보았다. 특히 사고에 의한 감각보다 느낌에 의한 감각을 더 중요하게 여기는 직관을 중심으로 하는 교육을 주장하였다. 실제 물체를 다루는 것을 통해 얻을 수 있는 가장 가치 있는 것은 아동의 정신(마음)의 확장과 독창성의 개발이라는 것이다. 창조적 '자기활동'은 프뢰벨의 이상이었다. 그는 '자기활동'이 자발성과 규제 사이의 조화를 일으키고, '흥미'가 자발적 행동을 일으키는 동기라는 것을 알아냈다. 그리고 그의 내재적 통일의 보편적 법칙은 각 개인을 전 인류와의 관계에서 보았으며, 각 개인의 완성으로서 사회적 의무를 완수하는 것을 목표로 하였다(Ibid., p.16).

(2) 부모교육

프뢰벨은 '가정'을 단순한 가족의 집합체로 본 것이 아니라 낭만주의에 기초를 둔 해석에 따라 '신의 동산'으로 받아들였다.

① 가정

프뢰벨에 의하면 가정은 권위, 사랑, 생명을 내포하고 있다. 권위는 아버지의 정신으로서 사랑은 어머니의 마음으로서 생명은 어린이로서, 이 세 가지는 어느 가정에 있어서도 신과의 합일의 방법으로서 존재하고 있다(Lange, 1966, p.506).

이와 같은 의미로 그는 "가족의 일원으로서만 인간이 전적으로 완전한 인간으로 될 수 있을 것이다"(Fröbel, 1826, p.152)라고 진술하고 있다. 따라서 충실한 가정은 프뢰벨의 인간교육을 뿌리부터 지탱하는 기반이라고 이해할 수 있다.

프뢰벨은 결혼을 "인류의 증대에 수반되는 인간성을 다스리기 위한, 인간성의 내부인 신성을 실현시키기 위한 기본적 조건이고 최초이자 최상의 법칙"(Ibid., p.153)이라고 해석하였다. 결혼 이전, 남과 여는 각각의 가정에 속해 있다(분리). 곧 결혼을 해서 두 사람은 하나의 가정을 만들어 간다(통일). 이와 같이 가정은 결혼이라는 작용에 의해 분리로부터 통일로 발전해 가는 유기적 통일체이다. 그런데 부부는 통일을 더욱 다양하고 풍부하게 해 간다. 그들은 가정 속에서 그들의 내면에 잠재하는 신적인 것을 계시하고 외부로 향하여 창조하는 결과로서 어린이를 생산해 간다는 것이다. 즉, 어린이의 탄생은 남녀 간에 발생하는 분리라든가 이중성을 해소하고, 진실의 의미로 합일을 실현하는 것을 의미하고 있다. 이것은 인류의 존속을 가능하게 하는 것이다.

프뢰벨에 의하면 생명의 혁신과 생명의 되찾음은 밀접한 관계를 가진다. 따라서 내면에 존재하는 남녀의 성질이 어린이를 매개로 해서 점점 나타나고 가정으로서 보다 완전한 유기적 통일체로 발전해 간다. 따라서 그는 생명합일을 기본원리로 하는 그의 교육사상을 실천하는 최초의 장으로 가정을 보았으며, 인간교육의 출발점은 어머니이고, 어머니의 사랑이며, 어머니와 자식의 내적 일치라고 생각하였다.

프뢰벨은 가정의 개념을 두 가지로 보고 있는데, 첫째는 부분으로서의 가정이고, 둘째는 전체로서의 가정이다. 프뢰벨은 부분을 바람직하게 함으로써 전체를 이상에 가깝게 만들 수 있다고 생각하였다. 그는 가정이 국가의 부분이라는 것에 주목하여 국가의 개혁을 가정에 의해 추진했다. 프뢰벨은 이와 같은 지향성을 지닌 교육을 우선적으로 독일 민족을 대상으로 하여 실천했다(Baronness, 1877, p.2).

인간은 그가 속한 가정을 매개로 하여 사회나 국가, 나아가서는 우주의 향상과 발전에 기여할 수 있다고 생각했다. 그것은 사회적 공헌이라는 현실적인 노동을 수반하는 작용으로서가 아니라, 프뢰벨이 인간의 이상적인 생활방법이라고 한 생의 합일에 따라 우주의 조화에 기여한 것이라 할 수 있다.

삼위일체적으로 사는 것은 신과 합일하고, 자연과 합일하고, 인류와 합일한다는 그의 교육목표인 생의 합일을 상기시킨다. 생의 합일의 의미는 시기에 따라 변경되어 정의가 곤란하지만 인간의 내부에 있어서, 인간과 인류에 있어서, 인간과 자연에 있어서, 인간과 신에 있어서 분리를 극복하고 합일을 통해, 위대한 전체성을 획득하는 과정을 의미하고 있는 것으로 시종일관 변함이 없다. 따라서 삼위일체적으로 사는 것은 생의 합일과 같은 의미라고 할 수 있다(Fröbel, 1826, p.86).

가정은 부분으로서 국가의 재건에 참여할 수 있는 성격을 가지고 있고 국민교육의 역할을 조용히 완수하는 존재라는 것을 엿볼 수 있다. 따라서 프뢰벨에 있어서 가정 내부의 충실은 신의 동산을 건설하기 위한 제 1 단계라고 말할 수 있다.

② 부모의 태도

사회교육의 가장 최소의 단위인 가정에서 유아는 모든 발달의 기초를 형성한다. 가정은 신, 자연, 인간의 작품이라고 프뢰벨은 보았다. "인간의 영혼과 제도는 가정과 가족 내에서 방해받지 않고 자유로우며 이 같은 분위기가 작용하여 의식화되고 통찰될 수 있기 때문에 가정이 일차적으로 고고하고 순수하며 또한 밝은 삶을 자체에서 느끼고 받아들인다. 이러한 느낌과 지각이 지식과 이성으로 승화되어 그 자체가 표현될 수 있어야 한다. 프뢰벨은 이미 유아기에 가정생활을 통해 대부분의 인간발달과 형성이 완성된다고 보았다. 인간은 누구나 이미 어릴 때부터 인류의 본질적인 일원으로서 인식되고 승인되고 또 보육되어야 한다. 부모는 보육자로서 신과 더불어 아이와 인류에게 책임을 느껴야 하고 그 책임을 인식해야 한다"(Ibid., p.16). 이는 유아가 태어나자마자 사회의 한 구성원으로서 인정되어야 하며 부모의 책임은 신의 뜻에 순종하는 것이라고 본 것이다.

프뢰벨은 부모들에게 자녀들이 조화로운 발달을 이룰 수 있도록 하라고 하였다. 즉, "자연의 조화를 보라! 부모들아, 자식을 부조화스럽게 만들지 말라! 모든 면에서 조화가 되도록 하라!"(Hughes, 1899, p.94)는 것을 통해 그가 부모들에게 자녀들의 조화로운 발달을 이룰 수 있도록 강조하였음을 알 수 있다. 또한 강요하는 것은 바람직한 자녀의 성장을 도모할 수 없음을 밝히고 있다.

프뢰벨은 유아는 가정에서 부모나 가족들이 접하는 일상생활 또는 상황 속에서 무엇인가에 종사하고, 무엇인가를 행하고, 노작을 하고 있는 것을 보고 있다. 그러므로 이 단계의 유아들도 자기가 보고 있는 사항을 표현하고 싶어 한 것이다. 이때 부모들은 자녀들의 활동 충동에 있어 내적인 요구를 억제하지 말고 외부로 표출할 수 있도록 도와주어야 한다고 강조하고 있다. 또한 부모는 유아가 하는 여러 가지 질문에 언제나 성의 있게 대답해 주어야 하며 매섭게 질책하여서는 안 된다. 이는 유아들의 생명의 싹을 꺾어 버리는 것이 되기 때문이다. 직접적인 대답보다는 유아들이 힘과 경험을 갖도록 하고 그들 자신의 이해의 범위에서 자기 힘으로 발견할 수 있는 상황을 그들에게 주는 것이 바람직하다(Fröbel, 1826, pp.50~60). 이는 어떠한 측면에서도 프뢰벨이 인간의 정신적인 발달을 중요하게 여겼음을 알 수 있으며 특히 중요한 것은 부모의 태도가 사물을 잘 생각하도록 유아를 격려하고 활동하도록 고무하는 것이다. 사물을 잘 생각하도록 하는 것은 가정적이고 시민적인 미덕을 몸에 익히도록 하는 것이며 이러한 부모의 태도는 유아의 발달적 요구에 순응하고, 유아를 인격체로서 존중하고 유아들에게 부정적인 반응보다 긍정적으로 고무하고 격려해 주어 내면에 잠재해 있는 소질과 능력을 펼칠 수 있도록 행동을 취해야 한다고 강조하였다.

4. 유아교육의 실제

1) 프뢰벨의 유치원

프뢰벨은 유치원을 자신의 교육학에서 자신의 용어만으로 설명하고 있기 때문에 이 용어에 대한 정확한 이해 없이는 그의 유치원을 이해할 수가 없다. 프뢰벨의 유치원 교육과정은 대단히 인상적인 기본원리로 구성되어 있다. 프뢰벨은 이 기본원리에 따라 어린이에게 교육적인 경험을 할 수 있도록 그 활동을 개발하였다. 프뢰벨의 교육과정 구성은 교육적인 놀잇감 「은물(Gabe)과 노작(Beschäftigungsmaterial)」을 통한 활동, 노래와 게임, 그리고 정원활동으로 되어 있다.

프뢰벨은 1840년 6월 28일 유치원을 설립한 후 어린이의 자발학습을 가능케 하고 창의력을 기르게 하기 위하여 고안한 것이 은물과 노작이다. 이러한 은물과 노작의 기본원리는 어린이의 자발활동을 근거로 한 직관교육의 방법이었다. 프뢰벨이 은물과 노작을 유치원에 사용한 의도는 우주만물 속에는 신의 힘에 의하여 은물과 노작이 합리적인 기본적 형태로 형성되어 있으므로 신 안에서 생활하는 인간은 이러한 모든 대상의 영향을 받으면서 살고 있기 때문에 어린이는 인간의 본질뿐만 아니라 사물의 본질까지도 체험하고 파악하여 신의 모든 기본적 형태를 알아야 한다는 것이라고 했다.

프뢰벨은 또한 자연과학적인 사고, 즉 '공의 법칙'과 '결정체이론'을 바탕으로 교육이론을 전개하였고 은물 외에 11종의 노작을 고안해 냈다.

2) 노작교육론

프뢰벨은 신성한 내적 발로의 중요한 과제로서 행위의 교육을 추진하고 있으며, 내면에서 세차게 내뿜는 창조적 충동과 형성 충동을 위축시킨다든지 손실시키는 일이 없도록 연령에 따라 행위하는 것(Fröbel, 1826, p.28)을 요청했다. 유희와 노작은 그것을 위한 교육수단이다. 프뢰벨은 그의 "통일관에서 무력함과 자조능력(자기 의지)과 몰두하는 행위의 삼위일체관"(Ibid., p.31)을 주장하고 있다. 그래서 어린이가 참된 인간으로 발달하게 하기 위해서는 몰두하는 것이 노작에 대한 동기유발이 되도록 기르는 길밖에 없다고 하였다. 프뢰벨의 노작관은 신성에 기초를 둔 세계관과 인간에 의한 종교적 노작관을 함께 전개하고 있다고 말할 수 있다. 프뢰벨에게 있어서 노작(일, 행위, 창조)이라는 것은 인간 본성을 외계에 발현시키는 것이고, 신의 본질을 연구하는 것으로 보았다.

프뢰벨에 의하면 행위는 인식에 앞서 행해지는 것이기 때문에 신의 본질을 유희, 노작 등과 같이 신체적 행위를 동반하는 것을 단서로 해서 통찰하려고 시도했다. 이 점은 프뢰벨이 유희와 노작을 동계열의 교육방법으로 취했음을 알 수 있다. 양자는 모두 자기의 내면을 표현하고, 자기의 내면적 본질을 외계에 나타낸 것이기 때문이다. 유아가 감각기관을 사용한다든지, 팔다리를 움직인다든지 하는 것은 그 최초의 신체적 활동이고, 그 창조적 충동의 시발점이다. 유희를 하고, 물건을 쌓고, 형태를 만들고, 꽃을 재배하는 등 인간 장래의 노동, 근면 또는 생산활동에 대해서 준비시켜 주는 것이다. 유아기(乳兒期)의 유희와 유아기(幼兒期), 소년기, 청년기의 노작은 내적 동기의 창조적 표현을 외계에 표현한다는 것에서 동일한 의미다(Ibid., p.27).

이와 같이 노작의 가치를 높이 인정한 결과 프뢰벨은 카일하우에서 "유아는 더욱더 성장해서, 청소년기와 장년기를 거쳐 어떠한 연령과 지위에 있더라도 적어도 하루에 한두 시간은 진정한 창작활동에 종사해야만 하는 것이다"(Ibid., p.26)라고 주장하고 수업과목과 병행해서 노작활동(순수노작)을 여러 시간 도입할 것을 요청하고 실천에 옮겼다.

프뢰벨은 노작을 다음과 같이 분류하고 있다.

- 입체에서 평면으로 널빤지를 놓는다.
- 평면에서 직선으로 가느다란 막대기를 나란히 놓는다.
- 직선에서 점으로 완두콩 혹은 구슬을 나란히 놓는다.
- 점에서 선으로 두꺼운 종이에 구멍을 뚫어 꿰매어 맞춘다.
- 선상에 있는 것으로부터 평면으로 짜서 만든다.
- 평면에서 입체로 (예) 종이접기를 한다.

3) 은물(恩物)

(1) 유아의 놀이와 유구

유아의 활동 충동과 노작 충동은 놀이와 노작으로 나타나고 있다.

특히 프뢰벨은 놀이와 노작이 갖고 있는 내면적인 의지에 중점을 두고 있다. 프뢰벨은 "만약 우리들이 유아를 정신적 · 신체적으로 정상적인 발달을 하도록 하고, 또한 현재의 어린이 생활, 다음 세대의 청년 생활, 미래의 시민적 생활, 그리고 장래의 가정 생활이 왜곡되지 않도록 하기 위해서는 우리들은 유아들의 요구 및 본질적 요구에 충실히 따라서 유아를 교육시키지 않으면 안 된다. 또한 우주의 발전 및 우주 생명에 의해 제약되고 거기에서 나타나는 인류 발전의 현 단계의 조화와 관련시켜 유아교육을 하지 않으면 안 된다"(Lange, 1966, p.14)라고 진술하고 있다. 프뢰벨은 놀이에서만 합자연적인 발달을 할 수 있다고 확신하였다. 그래서 그는 사려 깊은 놀이 대상을 통해서 어린이의 활동 충동이 성장의 초기부터 올바로 형성되고 도야될 필요성을 느꼈다. 그리고 이 목표에 도달하기 위해서 부모와 교사는 무엇보다도 먼저 유아의 활동과 행동 또는 유아의 내면에 이미 작용하고 있는 구성 충동과 자기활동 충동을 이해하는 것이 중요하다고 보았다.

프뢰벨은 창조 충동을 건전하게 육성시키기 위해서는 우선 유아에게 이상적인 유구(遊具)를 주고 그 유구에 의해서 자기 스스로의 창조력을 자각시키려는 훈련이 필요하며 이는 유아가 창조활동을 충분히 만족하도록 하기 위한 것이라고 했으며 또한 이미 창조 충동을 내면에 간직한 인간의 자녀들은, 그 후 무엇인가를 만들어 내는 창조적 요소를 많이 가지고 있는 유구가 없이는 만족할 수 없다고 했다. 그러므로 이러한 유구는 결코 복잡한 것과 완성된 기성품이 아닌 단순한 기본적인 형이어야 하고 또한 이 단순한 내면에도 다양한 것을 함축하고 있어야 하며, 기본적인 것 속에서 창조해 나가는 데 없어서는 안 될 요소로서 논리적·수리적인 계기를 함축하고 있는 형태가 아니면 안 된다(Fröbel, 1826, p.64)고 하였다.

(2) 은물의 기초적 원리

은물이란 신에게서 하사받은 것을 의미하며, 자연 즉 우주를 단순화시킨 것이다. 프뢰벨은 신을 쉽게 이해하기 위해서 복잡하고 다양한 자연계를 단순화하고 은물 속에 응축시켰다(Lange, 1966, p.53). 프뢰벨의 교육사상의 핵심은 무엇보다도 자연을 통해서 인간에게 신을 알리고 신을 알리는 일에 의해서 인간이 신처럼 살아가는 일, 즉 신처럼 끊임없이 창조하고 생산하도록 하는 것이다. 그리고 신처럼 살고 신처럼 창조하는 능력의 싹은 이미 태어날 때부터 유아에게 주어지고 있다고 프뢰벨은 보고 있다. 교육의 목적은 단지 이 싹을 어떻게 발전시키면 좋을 것인가에 있다. 그러기 위해서는 이상적인 유구를 주지 않으면 안 된다. 그 유구를 통해서 유아는 자연과 자연의 법칙을 알고 자연의 창조주를 예감하고 신의 역할을 알고 마침내 자기 스스로를 안다. 그러므로 그 유구는 신의 역할을 알게 하고 우주의 법칙을 알게 하기 위해 신이 선사한 선물이라는 의미에서 프뢰벨은 자기 스스로 고안한 유구를 은물(Gabe)이라고 부른 것이다. 유아를 올바르게 발달시키기 위해서는 적당한 자료를 제공해야 할 필요성을 느끼게 되었고 프뢰벨은 은물과 노작을 통하여 유아 스스로 집중적인 감각경험을 할 수 있도록 하였다. 프뢰벨은 은물의 제작 동기를 다음과 같이 밝히고 있다. "은물의 가장 중요한 목적은 단지 외적 신체활동을 위한 것이 아니라 오히려 정신활동과 같은 내적인 활동의 양성과 발달을 위한 것이다"(Blochmann, 1931, p.3).

프뢰벨의 은물이 목적하는 첫 번째 기본적인 원리는 우선 어린이에게 신의 역할을 알게 하는 것, 어린이의 창조력을 불러일으키는 것이다. 그것은 유아가 자기의 본성에 따라 자유롭게 자기활동적으로 다룰 수 있는 것이어야 한다. 프뢰벨은 특히 어린이의 자발적 활동에 신성이 발로하고 있다고 지적했다. 따라서 자발적 활동을 중시하고 자발적 활동을 촉진하는 교재의 개발에 힘쓴 결과로 이루어진 것이 은물이었다. 또한 자발적 활동을 행하는 주체로서 신성을 크게 발로시켜 '자기와의 합일'을 실현한다. 두 번째의 기본적인 원리는 다음에 오는 놀이의 시작이 이미 앞의 놀이 속에 포함되어 있지 않으면 안 된다는 것이다. 그렇게 하면 유아의 활동은 비약하는 것이 아니고 연속적으로 발전할 수 있다. 세 번째의 기본적 원리는 유아의 여러 가지 능력이 그때마다 단련되는 것이다. 인식능력은 물론 정서적 능력도 동시에 훈련된다. 프뢰벨의 은물 속에는 적고 많음, 부분과 전체, 복잡과 통일 등의 깊은 원리가 함축되어 있고 동시에 통일되어 있다. 은물을 실제로 다루는 것은 물론 기본적 원리에 더하여 붙여진 인식의 형식, 미의 형식, 생활의 형식을 표현할 수 있다(Heiland, 1957, p.38).

프뢰벨의 은물은 제 1 (구체), 제 2 (원주체), 제 3 (입방체), 제 4 (직방체), 제 5 (반 입방체), 제 6 (반 직방체)의 입체와 제 7 (평면체), 제 8 (직선), 제 9 (곡선), 제 10 (점)으로 구성되고, 구체에서부터 점에 이르는 체계적인 모양의 제시를 통해서 은물 속에 흐르는 생명합일의 법칙, 대립 조화의 법칙, 부분적 전체의 법칙을 직관하도록 의도된 놀이도구이다 (Jäger, 1978, p.15).

(3) 어머니의 노래와 사랑의 노래

프뢰벨의 『인간교육』에서는 어머니로 하여금 참다운 어머니가 되도록 교육하는 것이 급선무라고 생각하여 1840년에 '일반독일 유치원'을 창설하였다. 그의 유치원은 세계 여성에게 참다운 유아교육에 대해 생각하게 하는 소위 모성교육의 목적을 가지고 세워졌고, 거기에서 그의 유아교육 이념이 실천되었다.

프뢰벨은 1838년경부터 유아교육에 힘을 기울이고 유치원의 목적을 추구하고 그곳에서 보다 좋은 교육방법을 탐구하면서 저작활동을 하였다. 특히 1844년에 출판된 『어머니의 노래와 사랑의 노래(*Mutter und Koselieder*)』는 유치원의 교육적 의도를 충분히 달성시키기 위해서 어머니와 어린이를 위해 쓰여진 의미 깊은 책이었다.

『어머니의 노래와 사랑의 노래』의 철학적 배경과 특징을 고찰해 보면 다음과 같다.

Bollnow는 프뢰벨을 낭만주의의 흐름 속에서 받아들이고 그의 저작을 일관하는 정신은 철저한 낭만주의라고 하였다(Bollnow, 1972, p.110). 낭만주의가 인간 내면에 존재하고 있는 불합리한 측면을 철저하게 평가하고, 감각기관의 여러 가지 힘, 예를 들면 유아의 예감과 직관에 대한 고유의 가치를 재평가함에 따라, 그와 같이 많은 힘을 소유하고 있는 유아의 가치가 평가될 수 있음에 이르렀던 것이다. 그리고 이러한 유아의 가치를 교육학적으로 철저하게 고찰한 사람이 프뢰벨이라고 말해도 좋을 것이다.

『어머니의 노래와 사랑의 노래』에서 프뢰벨이 계획했던 것은 감각기를 작용하게 하고 신체를 움직이게 하는 유희에 의해서 바람직한 모자(母子) 관계를 형성하고, 생명합일을 체험시키는 것이라 할 수 있다. 또한 어머니가 유아와 일치가 되어서 신을 지향하는 것은 신과의 합일, 그리고 유아와의 합일, 즉 인류와의 합일에의 노력이고, 잠재된 자신의 신성과 자기와의 합일의 실현이기도 하다. 프뢰벨은 어머니들에게 이와 같은 것을 받아들이도록 기대하였다.

내용은 프뢰벨 자신이 만들었으나, 어머니와 유아의 신체운동에 의한 생명의 합일을 생각할 때, 서로의 존재를 연결시키는 귀여운 그림이 있는 것이 좋다고 생각되어 Friedrich Unger에 의한 그림을 덧붙였고 유아의 감각운동을 확실한 것으로 하기 위해 어머니와 자녀, 양자를 위한 노래가 필요했으므로 Robert Kohl이 작곡한 노래를 붙여 「사랑의 노래」라고 하였다(Ibid., p.187).

프뢰벨은 개체발생학적으로 인간의 초기를 고찰하고, 인간발달의 시초로서 유아기의 중요성을 인식하고, 그 인간의 뜻깊은 시기를 어머니의 노래와 사랑의 노래, 유희의 노래로써 육성하려고 하였다. 즉, 이 시기의 교육방법의 중요성을 철학적으로 심오하게 전개하고, 인간이 건강하게 발달하기 위하여 인간 소질을 보호하고 육성하는 방법을 이 책에서 자연스럽게 제시하였다고 볼 수 있다.

4) 유희론

프뢰벨은 Yverdun의 페스탈로찌 밑에서 교수법을 배우던 당시를 다음과 같이 회고하였다. "…… 당시 아직 나는 유희의 높은 차원의 상징적인 의미는 몰랐지만 순진하게 놀고 있는 모든 유아들에게서 내가 가장 중요하게 생각하고 있던 도덕적인 정신력과 신체력을 목격하였다. 이 유희가 유아들에게 도덕적인 정신력을 형성케 하는 중요한 역할을 완수한다는 생각은 카일하우 학원에서 더욱 강하게 형성되었다"(Lange, 1966, p.100).

운동유희에서 상징적인 것은 모든 유희가 집단으로 이루어지는 것이다. 그리고 그 집단은 대개의 경우 원의 형태를 취하고 있다. 프뢰벨은 이 원을 통해서 유희집단이 유아들에게 질서와 법칙을 따르는 공동유희를 요구하는 것으로부터 질서 있는 전체의 일원으로서의 자신을 인식시켜 통일감과 공동감정을 기르게 하고 질서와 규칙감각을 자각시키려고 하였다(Ibid., p.209). 그렇게 하면 유아들은 유희를 더 재미있게 하기 위해 자율적 집단의 질서와 규칙에 따르게 되는 것이다. 그러므로 프뢰벨은 운동유희에 관해서 "유아의 마음에 도덕적인 감정이 자각되고, 정화되며, 강하게 되고, 실천에 도달된다는 확신"(Ibid., p.201)을 가지고 있었다. 결국 프뢰벨은 운동유희를 통해서 유아들에게 집단에 대한 덕을 몸에 지니게 하고, 그 덕을 유아의 발달과 함께 사회와 국가 그리고 인류 전체로 넓혀 가려고 했던 것이다.

프뢰벨은 자기활동의 완전한 매체로서 유희를 보았으며, 그는 많은 유희와 노작은 힘의 순수한 표현이라는 목적을 훨씬 많이 가지고 있다고 보았다. 어린이의 내적인 힘을 풀어 주기 때문에, 유희의 즐거움이 풍부한 데 만족하는 것이 아니라 유아 내적인 본성의 자각을 상징화하는 증거로 보았다.

유아기는 모방시기를 탈피하고 자주적으로 의도하고 행동하고 창조성을 발휘하는 시기에 들어간다. 프뢰벨은 이 시기의 교육 본연의 자세, 즉 창조성을 계발하는 교육 본연의 자세로서 유희의 중요성을 강조하고, 『인간교육』에서 "유희는 유아의 발달, 즉 이 단계의 인간발달의 최고의 단계이다. 왜냐하면 그것은 내부의 자기활동의 표현이기 때문이다. 또한 유희는 이 단계에 있어서 인간의 가장 순수한 정신적 소산(product)임과 동시에 전 인간 생명의 인간과 사물 속의 내면적으로 감추어져 있는 자연생명의 원형이며 형태이다. 유희는 기쁨과 자유와 만족과 세계와의 화합을 만들어 내며, 모든 선의 원천은 유희 속에 있고 유희로부터 나온다. 확고하게, 자발적으로, 그리고 묵묵히 참을성 있게, 몸이 지칠 때까지 끈기 있게 노는 어린이는 또한 반드시 힘차고 과묵한, 인내심 있는, 타인의 행복과 자신의 행복을 위하여 헌신적으로 노력하는 인간이 될 것이다. 이 연령대의 다양한 유희는 미래 생활의 자엽(子葉)이다. 유희 그 안에서 바로 인간 전체의 가장 미세한 소질과 내적인 성향이 그대로 전개되고 나타난다"(Fröbel, 1826, p.36)라고 진술하고 있다.

프뢰벨은 유아의 유희는 손발의 감각을 키우고 강하게 하는 것만이 아니라, 정서의 발달이나 정신도야 및 내적 감각의 각성을 촉진시키는 것이라고 했으며, 특히 유희가 갖고 있는 내면적이고 정신적인 의의에 중점을 두고 있다(Ibid., p.33). 유희야말로 직접적으로 생명에 작용하고 생명을 형성함과 동시에 도덕적으로 여러 가지의 덕을 깨닫게 하며 발달시켜 나간다고 하였다. 프뢰벨이 주장한 목표에 도달하려면 유아의 활동이나 내부에 일찍부터 움직이고 있는 자기활동의 충동을 이해하는 일이 중요하다. 유희를 통해서 유아의 여러 가지 자연적 충동 및 본능을 지각과 판단력의 높은 단계로 끌어올리도록 하고 한층 효과적인 여러 가지 습관을 형성하도록 하는 것이 중요하다. 유희는 유아의 의식을 확대하고 심화시키며, 행동에 대한 통제력을 증대시키는 가장 중요한 기회이다.

프뢰벨은 유희 그 자체가 교육적임을 인식했다. 그는 유희를 교사가 교과를 가르치거나 훈련시키기 위한 수단으로 사용하지 않게 하였으며 또한 오락의 목적으로 삼지도 않았다. 그는 유희를 교사가 유아 내면의 힘을 풀어 놓게 할 수 있는 가장 좋은 방법이라는 견해를 가지고 있다(Brubacher, 1966, p.215). 즉 유희는 유아 스스로에 의해서 이루어지는 것이기 때문에 성장의 근본 요소이며 유아의 자연적 발달의 가장 중요한 일면이다. 그것은 유희를 할 때에 유아의 신체적·감정적·지적인 성질이 모두 조화적으로 작용하기 때문이다.

5) 교사교육

프뢰벨은 유아를 그 발달의 주체로 보았다. 교육에 있어 교사는 매우 중요하지만, 지나친 통제나 기회를 제공하는 것을 무시하는 것은 아동 개인에게 악영향을 줄 수 있다고 하였으며, 아동은 자기교육의 자연적 발달속도에 맞추어 교육이 이루어져야 한다고 하였다.

프뢰벨은 교사의 역할을 아동에게 적절한 방법을 제시하는 안내자로서 보고 "의식하고 사고하고 인식하는 존재로서의 인간을 자극하고 지도하여 그 내적인 법칙인 신적인 것을 의식적으로 또 자신의 결정으로서 순수하고 완전하게 하는 것, 그리고 그를 위한 방법과 수단을 제시하는 것, 이것이 인간교육이다"(Fröbel, 1826, p.77)라고 서술하고 있다. 이것은 교사의 역할을 축소시키고자 한 것이 아니라 그 특성을 다른 각도에서 보려 한 것이다. 또한 바람직한 교사의 태도는 양면성을 가져야 한다. 진정한 모든 교육, 교훈, 그리고 교수, 또는 올바른 교육자와 교사는 어떠한 순간에도 어떠한 것을 요구하고 규정하는 경우에도 동시에 어느 한쪽으로만 치우쳐서는 안 된다. 그리고 배움을 받는 아동들과 교사를 친구처럼 인식시키고 흥미를 느끼는 자발적 행동을 교사의 철학적 중심사상으로 이끌어 줌으로써 자연히 훈련이 이루어진다고 보았다. 그는 교사와 아동의 신뢰를 바탕으로 하여 교육이 이루어져야 한다고 보고 "엄격한 교육으로 인해 가혹과 반항과 불신이 생기는 곳에서는 모든 교육, 즉 교육, 교훈, 그리고 교수의 작용은 모두 파괴당하고 만다"(Ibid., p.51)고 주장하였다.

5. 유아교육의 발전과정과 현대적 의의

프뢰벨의 교육이론은 시대적·사회적 상황에서 그의 교육사상을 이해하는 측면의 학파와 그를 비판하는 진보주의 학파의 경우로 크게 대별할 수 있다.

그러나 좀 더 폭넓게 관찰하면 그를 비판했던 학자들도 의외로 프뢰벨의 교육이론을 깊게 이해하고 있는 점을 발견할 수 있다. 즉, 킬패트릭(Kilpatrick)은 『프뢰벨의 유치원 원리의 비판적 고찰』을 써서 프뢰벨을 혹평하고 있으나, 실상 킬패트릭은 집필 목적은 프뢰벨의 유치원 원리나 실천을 개혁하여 보급하는 데 있음을 분명히 밝히고 있다(Kilpatrick, 1916, pp.202~205).

한편 프뢰벨주의의 종말을 1916년으로 보는 관점이 있다. 그 이유는 이 시기의 교육은 일반적으로 공리주의(Utilltalismus)와 군국주의(Militalizmus)적인 입장에서 보려 하였기 때문이다. 콩트(Comte), 스펜서(Spencer), 벤담(Bentham), 밀(Mill) 등이 주장한 공리주의는 교육의 실용화를 부추겼다. 또한 산업혁명으로 말미암아 급격한 사회의 변혁을 가져오게 되었고, 이러한 산업사회에서의 교육은 필연적으로 경제생활을 위한 실용성을 강조하게 되었으며, 이는 군국주의 교육과 결합되어 세계의 교육을 지배하였다.

그러나 예나대학에서 출발한 이상주의 교육학과 Spranger와 Litt에 의하여 강조된 문화교육학 등에서 암시를 받아 점차로 인문이념의 깊은 의미에서 인간교육의 과제를 발견해야 한다는 점에 눈을 돌리게 됨으로써 프뢰벨 교육학에 관심을 가지려는 움직임이 Spranger나 듀이 등을 중심으로 고조되었는데, 독일의 교육자뿐만 아니라 프뢰벨의 유치원이 가장 현저하게 발전한 미국에서도 각 방면에서 프뢰벨 교육학의 현대적 의의에 대하여 논하고 있다. Eby(1952, p.528)는 프뢰벨의 교육사상에 대해 다음과 같이 공적을 분석하고 있다. "프뢰벨주의 사상은 모든 교육의 시초가 되어 있다. 그리고 유아교육에서 학교교육에 이르기까지 기초원리가 된 것이다. 프뢰벨의 사상은 현대의 발생학적 심리학, 사회학, 산업의 진보와 그리고 민주주의에 아주 적합하다"고 하면서 다음 9개 항목으로 더욱 구체화시켜 프뢰벨 이론의 가치를 높이 평가한다. ① 교육은 아동 활동의 자연적인 진보에서 출발되어야 한다. ② 모든 실제적 발달은 내적 자기활동에서부터 시작한다. ③ 건설적인 활동은 모든 능력, 즉 구체적・정신적・도덕적인 성장을 동합하는 주요 수단이다. ④ 유희는 초기 교육의 필수적인 과정이다. ⑤ 자발성과 사회적인 통제는 조화될 수 있다. ⑥ 학교의 커리큘럼은 아동 생활 각각의 단계에서 활동과 흥미에 기초해야 한다. ⑦ 인류는 발달의 과정 중에 있고 교육은 미래의 진보를 위한 필수적 수단이다. ⑧ 종족의 더 나은 발달은 필수적으로 여자의 교육에 달려 있다. ⑨ 지식은 그 자체가 목적이 아니고 유기체 활동과의 기계적 기능이다.

또한 몬테소리(Montessori)는 프뢰벨에게 영향을 받아 평생을 유아 및 아동교육 발전을 위해 헌신하게 되었고, 그녀의 교육사상은 프뢰벨의 사상적 영향을 크게 받은 것을 알 수 있다. 특히 아동관과 수학적 관점은 많은 부분에서 일치한다. 몬테소리 교구에서 프뢰벨의 은물과 작업에서의 주요 아이디어가 이용되어 제작되었음을 보아도 많은 공통점을 찾을 수 있으며, 1960년대부터 활발하게 연구되기 시작한 피아제의 연구는 많은 부분에서 프뢰벨의 내용과 일치하고 있다.

이처럼 프뢰벨의 유아 및 아동교육 사상이 현대 교육에 크게 영향을 미치고 있는 점으로는 아동중심의 교육과 아동의 자기표현 및 창조적 자기활동의 원리를 들 수 있다. 또한 유희의 교육적 가치에 대한 인식과 은물, 즉 장난감의 교육적 의의, 노작교육의 정신을 말할 수 있으며, 교육에서의 개성과 사회성의 존중, 생활중심의 교육과 창의성, 통일성, 협동교육 원리의 강조 등은 종교의 교육적 기능과 교육의 종교적 측면을 새롭게 인식시켜 주었다. 그리고 신, 자연, 인간의 합일적인 인간교육 원리를 제시한 것, 생명의 교육, 힘의 교육, 발전과 성장, 진보중심의 교육원리는 교육의 이론과 실천적인 면 교육학의 분야에 새로운 시각으로 교육을 조명하는 교육적 영향을 주었다.

프뢰벨에 의해 제창되고 발전된 「자기활동을 위한 자극(Anregung zur Selbsttaetigkeit)」이라고 특징짓는 교육방법은 후세대에 의미 있는 작용을 했다. 1900년대의 「어린이 교육학(Paedagogikvom Kinde aus)」으로 불리는 「개혁 교육학(Reformpaedagogik)」의 기초가 되는 어린이들의 독자적인 권리에 대한 안목이 그의 이론에서 확인되었기 때문이며, 자기활동의 원리가 인정되었기 때문이다. 프뢰벨의 이 원리들은 미국의 교육, 예술교육운동(Kunter-ziechungsbewegung), 노작교육운동(Arbeitsschulbewegung), 몬테소리-교육학(Montessori-paedagogik), 예나-계획(Jena-plan) 등에 영향을 주었고, 따라서 이 모든 것이 프뢰벨의 사상을 바탕으로 한 교육이론들의 실천사례(박덕규, 1991, p.27)가 된다. 그러므로 프뢰벨의 이론은 모든 학교에서 그 가치를 발하여 프뢰벨을 현대 교육에 커다란 공을 세운 역사적 교육자로서의 한 위치를 만들었다.

참고문헌

고후순, 'Fröbel의 유아교육사상', 박사학위논문, 효성여자대학교 대학원, 1992.

_____, Fröbel 유아교육사상, 경성교육이론지맥 KEMI, 부산: 경성대학교 출판부, 1995.

박덕규, 『프뢰벨의 교육사상과 킨더가르텐』, 서울: 민성사, 1991.

Baronness, V., *Von Marenholz-Bulow, Reminiscence of Friedrich Fröbel*, Tr. Mrs H. Mann, Boston: Lee and Shepard, Publisheres, 1877.

Blättner, F., *Geschichte der pädagogik*, Heidelberg, 1973.

Blow, S. E., *Educational issues in the Kindergarten*, New York: D. Appleton, 1908.

__________, *Mottoes and commentaries of Friedrich Froebel's mother Play*, New York: D. Appleton, 1902.

Bollnow, O. F., *Die Padagogik der deutschen Romantik*, Von Arndt bis Fröbel, Stuttgart, Verlag W. Kohlhamner, 1952, Aufl, 1972.

Bott, R., "Preface to the Froebel bicentenary lectures", *Eary Chlld Development and Care*, Gordon and Breach Science Publishers, Inc., 1983.

Braun, S. J., *History and theory of early childhood education*, Belmont: Wadsworth Publishing Company, 1972.

Brubacher, T. S., *A history of the problems of education*, New York: McGraw-Hill, 1966.

Cleverley, J. F. & Phillips, D. C., *Visions of childhood*, Teachers College, Columbia University, New York and London, 1986.

Comenius, J. A., *The school of infancy*, New York, 1956.

Diesterweg, A., *Friedrich Froebel*, Paedagogisches Jahbuch, 1851.

Eby, F., *The development of modern education*, New York: Prentice-Hall, 1952.

Elisabeth, B. (Hrsg). *Fröbels theorie des Spiels Ⅰ*, Langensalza, 1931.

Fröbel, F., *Autobiography*, Tr. E. Michaelis & H. K. Moore, London, George Allen & Un Win Ltd., 1915.

________(1826), *Deie Menschenenerzichung*, Bd Ⅱ, M. Hrsg, V. Erika Hoffmann, Dũsseel dorf Helmut kupper Verlag, 1968.

_________, "Die Bildung Von Kinderpfegerinnen …… (1981)" in Friedrich Fröbel, Ausgewahlte Schriften, Vol.4, Die Spielgaben, edited By Erika Hoffmann, Stuttgart, Klett-Cotta, 1982.

_________, Düsseldorf und Mũnchen, Verlag Helmut Kupper Vormals, Georg Bondi, 1968.

_________, Ersta Gabe, Der Ball als erstes Spieveug des kindes, Bd Ⅲ, hrsg. v. Heiland, Stuttgart, Klett-Catta, 1982.

________, Friedrich Fröbel's Gesammelte Pädagogische Schrif ten, Hrsg, Lange, V. W., Apt. 1 Bd. 2. Neudruck der Augaben, 1982.

________, Friedrich Froebel an Grafin Therese Brunszvick, Hrsg. V. E. Hoffmann, Verlag Helmut Kupper vormals Georg Bondi-Godesberg, 1944.

________, "Kommt, lasst uns unsern Kindern leben!" Ent wurf eines Planes zur Begrundung und Ausfuhrung eines kinder-Cartons(1840). "In Friedrich Fröbel, Ausgewahlte Schriften, Zd ed., Vol. 1, Kleine Schriftenund Briefe, edited by Erika Hoffmann, Dusseldorf/Munich, 1964.

________, Letters on the kindergarten, Translated and annotated by Michaelis, E., and Keatley Moore, H., London, Swann, Sonnenschein, 1891.

________, The Education of Man trans. & annotated by W. N. Hailmann, New York D. Appleton & Co., 1892.

Gumlich, B.(ed.), *Friedrich Fröbel.* Brief an die Franen in Keilhau, Weimar, 1935.

Hailmann, W. N., *Education of man, an abridged translation*, New York, 1887, New York and London, 1912.

Hartmann, N., *Die philosophie des deutschen Idealimus*, Berlin, Wal te de Gruyter & Co., 1974.

Heliand, H., Die Symcolwelt Fröbel, Heidelberg, Quelle & Meyer, 1957.

________, Friedrich Fröbel Ausgewählte Schriften, Bd, Ⅰ, Stuttgart, Klett-Cotta, 1982.

________, Friedrich Fröbel, Die Spielgaben, Stuttgart, Ernst Klett, 1982.

________, Friedrich Fröbel in Selbstzeugnissen und Bilddokumenten. J., Reinbek B. Hamburg, Rowohlt Tashenbuch Verlag, 1982.

________, Fröbels ausgewählte Schriften, Dusseldorf and Muuchen, Helmut Kupper Vormals Georg Bond, Band Ⅰ,Ⅱ,Ⅲ, 1968.

Hoof, D., *Handbuch der Spieltheorie Fröbel's Braunschweig*, Westermann, 1977.

Hughes, J. L., *Froebel's educational laws for all teacher,* New York, D. Appleton and Company, 1899.

Jäger, W. K., Fröbel-Material zur Förderung des entwicklungsgestörten und des behinderten Kinds, Raversbug, Otto aier Verlag, 1978.

Kilpatrick, W. H., *Froebel's Kindergarten principles*, New York: Macmillan, 1916.

Lange, W., *Autobiographie und Kleine Schriften*, Berlin, 1962.

________(ed.), Friedrich Fröbels Gesammette Pädagogische Schriften Berlin, Verlag Von Th. Chr. Fr. Enslin, 1862.

________, *F. Fröbel's gesammelte Pädagogische Schriften*, Berlin, Faksimiliedruck

Osnabruck, 1966.

Lawrence, E. M.(ed.), *Friedrich Fröbel and english education*, London, 1952.

Lilley, I. M., *Friedrich Froebel, a selection from his writings,* London Cambridge UP., 1967.

Locke, J., *Some thoughts on education*, Boston, 1830.

Monroe, P., *A Text-Book in the history of education*, New York, The Mac-Millan Co., 1905.

Morrison, G. S., *Early childhood education today,* Columbus, Ohio Charles E. Merrill Publishing Co., 1976.

Murry, E. R., *Froebel as a poneer in modem psychology*, London, 1914.

Neumann, F., Friedrich Fröbel, sein Leben und work, Braunschweig, 1952.

Patrick, G. D., *Some American uses of Froebel*, New Bruns wick, New Jersey, The State University of New Jersey Press, 1969.

Prüfer, J., *Fröbel, Sein Leben und Schaffen*, 3. A. Leiizig, 1927.

Shapiro, M. S., *Child's garden, The Kindergarten movement from Froebel to Dewey,* The Pennsylvania State University Press, 1983.

Snyder, A., *Dauntless women in childhood education 1856~1931*, Association for Childhood Education International, N. W., Washington, D.C., 1972.

Ulich, R., *Thousand years of educational wisdom,* Cambridge, Harvard University Press, 1976.

Weber, E., The Kindergarten, It's Encounter with Education thought in America, New York, Teachers College Columbia University, Teachers College Press, 1936.

5 듀이

Dewey

(1859~1952)

1. 생애

듀이(John Dewey)는 1859년 10월 20일 미국의 버몬트 주 벌링턴(Burlington)에서 태어났다. 듀이가 태어난 곳은 청교도의 전통이 강한 곳으로 그 지방 사람들은 신과 가까워지는 길을 각자가 성서를 익히는 일이라 생각하고 초등교육을 중시하였다. 듀이의 선조는 1630년경에 이민해 온 청교도이고 양친은 청교도적 전통을 이어 온 평범한 시민으로, 듀이는 셋째 아들로 태어났다.

듀이는 15세 때에 고등학교를 졸업하고 버몬트대학에서 희랍어, 라틴어, 수학, 자연과학을 배웠다. 생리학은 영국의 다윈주의자 헉슬리의 교과서를 가지고 배웠는데 이것은 후일 듀이 사상에 커다란 영향을 주었다.

졸업 후 펜실베이니아 주 오일 시의 고등학교에서 2년간 교직생활을 하였고 초등학교 교사로도 재임하다가 1882년 존스홉킨스대학에 진학하였다. 거기서 그의 철학 및 교육이론에 깊은 영향을 준 저명한 교수들의 지도를 받게 되었는데 스텐리 홀(G. S. Hall)의 심리학, 아담스(H. B. Adams)의 역사, 모리스(G. S. Morris)의 철학은 그중 두드러진 것이었다. 2년 후인 1884년 그가 25세의 나이로 존스홉킨스대학에서 철학박사 학위를 받고 미시간대학의 철학 강사를 했으며 1888년부터 1889년까지 1년간 미네소타 대학의 철학 교수로 재직되었다. 그 후 다시 미시간 대학의 철학 교수로 돌아왔다. 1894년 30대의 청년으로 시카고 대학의 철학 주임교수로 초빙되어 철학, 심리학, 교육학부의 부장이 되었다. 여기서 행한 대학원 강좌 및 세미나와 저술 등을 통해 듀이는 제자와 동료들과 더불어 실용주의를 내세운 '시카고 학파'를 발전시키는 데 주역이 되었다 (Good, 1956, pp.337~355).

1896년 듀이는 'Dewey school'이라고 불리는 유명한 실험학교를 설립했는데, 이 학교는 실험초등학교로서 화학자가 실험실에서 화학이론을 검증해 내는 것과 마찬가지로 교육심리학 이론들을 검증하는 데 활용되었다. 궁핍한 재정에도 불구하고 수년간 운영했지만 학교와 대학 행정기와의 마찰로 결국 1904년에 듀이는 그 대학을 사임하고 말았다. 따라서 1904년 컬럼비아대학으로 옮기기까지 시카고대학에서의 10년간은 미시간대학 시절의 사상상의 '준비기'에 해당하는 '형성기'라 할 수 있다(김병길, 1990, p.8).

듀이는 1930년 71세의 노령으로 정년퇴직하여 명예교수가 될 때까지 26년간 교단에서 혹은 저서를 통하여 그의 철학인 프래그머티즘(Pragmatism)을 논하고 이에 근거한 신교육이론을 폈다. 특히 1916년에 출간한『민주주의와 교육(*Democracy and Education*)』은 듀이의 교육철학을 체계화하고 집대성한 대저로서 신교육운동의 방향잡이가 됨과 아울러 신교육의 바이블(Bible)적 존재가 되었다. 따라서 컬럼비아대학 시절은 그의 학문상의 그리고 사상의 '발전시대'였다.

이렇듯 사상의 발전시대에 접어들면서부터 듀이의 명성은 세계적인 학자로서 각국을 순방하게 되었다. 1920년에 출간된『철학의 개조(*Reconstruction in Philosophy*)』는 중국과 일본에서 행한 강연을 수록한 것이다. 또 터키 정부로부터의 학교제도 개혁에 대한 의뢰를 받아 1924년에는 터키를 방문하고 1926년에는 멕시코를, 그리고 1928년에는 당시 그의 교육이론을 받아들이고 있던 러시아도 방문한 바 있다. 뿐만 아니라 독일에도 그의 사상이 파급되었다.

듀이는 1938년에『경험과 교육(*Experience and Education*)』이라는 저서에서 본질론자에 대한 자기를 포함한 진보주의(progressive)의 입장을 분명히 한 것으로 널리 읽혀졌으며 그의 나이 90세 때 벤트리(Arthur T. Bantley)와의 공저『안 것과 알아지는 것(*Knowing and Known*)』을 1949년에 출간한 것은 그가 말년까지 얼마만큼 활동이 왕성했는지를 보여 준다. 듀이는 1952년 6월 2일 92세를 일기로 뉴욕 시 5번가 1158번지 저택에서 생을 마칠 때까지 50권의 저서와 750편이 넘는 논문을 발표하였다(임한영, 1982, p.17).

2. 교육사상

1) 듀이와 프래그머티즘

듀이는 미국 철학자 중에서 가장 큰 영향력을 끼친 학자이다. 이러한 철학적 영향력은 그의 정신의 창조성에서 시작된 것이며, 그의 학문에 대한 폭넓은 관심과 노력, 특히 다양하고 이질적인 학술적 소재를 연구·검토·비판하고 종합하려는 끈질긴 성실성과 능력이 구현된 것이다(Ibid., p.17).

듀이 철학을 알아보기 위해서는 우선 두 가지 작업을 수행해야 한다. 하나는 그의 철학의 기본이 되는 프래그머티즘을 이해하는 일이요, 다른 하나는 그의 철학에 입각하는 교육사상의 음미이다.

듀이의 사상은 두말할 나위도 없이 프래그머티즘의 철학이 기저를 이루고 있다. 프래그머티즘은 미국 고유의 철학으로서 찰스 퍼스(Charles S. Peirce)에 의하여 창설되었고 윌리암 제임스(William James)에 의하여 구체적으로 탐구되어 드디어 듀이에 의하여 체계적으로 발전되었다(임한영, 1978, p.33).

진리를 탐구하는 방법론의 철학으로 발전된 프래그머티즘은 퍼스에 의하여 지성적 개념을 명료화함으로써 구체적 효과를 가져다주는 실험적·논리적 방법론으로 전개되었다. 그렇기 때문에 하나의 관념이란 추상적인 것이 아니라 어떤 행위를 위한 계획(An idea is a plan for action)이라고 듀이는 정의하고 있다.

프래그머티즘은 권위주의도 배격하며 전통적 방법도 부정하고 종교를 전제로 하거나, 이성을 중심으로 하는 선험적(先驗的) 방법도 부정한다. 이 방법은 오로지 인간과 자연과 과학에 의하여 확실성을 찾아내고자 하는 과학적 방법론의 하나라고 볼 수 있다. 다시 말해 하나의 이론을 명확하고 주체적으로 실용성 있는 실제에로 일치시키는 탐구라고 볼 수 있다.

2) 도구주의

듀이의 철학은 보통 프래그머티즘이라 하지 않고 도구주의(instrumentalism)라고도 한다. 왜냐하면 그가 프래그머티즘의 철학을 인생의 일상생활에 있어서 하나의 문제를 해결하는 도구로서 쓸모 있는 용역의 역할을 할 수 있는 것이라고 주장했기 때문이다.

예를 든다면 진리라는 것은 인간이 추구하는 목적이라기보다는 수단으로서, 인간생활에 관계되는 사정에 순응하면서 인간에게 군림하는 왕자로서가 아니라 인간에게 봉사하는 심복으로서 도구의 역할을 한다는 것이다. 이러한 점으로 볼 때 도구주의는 교육에 있어서 가장 중요한 역할을 할 수 있을 것이다.

도구주의는 하나의 생각하는 정신 혹은 사유와 밀접한 관계를 가지고 있다. 듀이에 의하면 도구로서의 지식이란 항상 현실성과 가능성을 대동하는 것으로 언제나 현실성이라는 넓은 창문을 통해서 무한하고도 풍요한 가능성의 옥토를 개척한다는 것이다. 따라서 교육이란 항상 부단하게 자아를 환경과 더불어 상호작용함으로써 끊임없이 경험을 개조시키는 과정에 불과하다.

듀이의 도구주의 사상에 있어서 가장 중요한 핵심이 되고 있는 것은 첫째, 변화(change)의 사상이다. 듀이는 절제성과 불변성과 고정의 부동성을 믿지 않았다. 둘째, 상호작용(interaction)의 원리이다. 변화란 상호작용의 원리 없이는 이루어지지 않는 것이다. 유기체로서의 인간은 항상 태어날 때부터 주위 환경과 더불어 서로 대립되는 것이 아니라, 상호작용에 의하여 성장·발달하고 자연을 정복하고 이용하여 자기가 사는 사회를 발전시켜 가면서 생을 존속해 나가는 것이다. 셋째로, 계속성의 원리를 들 수 있다. 모든 인류의 역사는 과거와 현재와 미래라는 과정에서 발전을 규정짓고 있다(Ibid., p.46).

한편 듀이의 프래그머티즘이 교육학에서는 도구적·실험적이란 표현으로부터 도구주의 또는 실험주의로 불리게 되었다.

3) 성장이론

(1) 성장의 일원론적 특성

철학적으로 듀이가 칸트, 헤겔에게서 큰 영향을 입고 있는 것은 틀림없는 사실이다. 그의 박사논문이 「칸트 심리학의 연구」이니 그가 초기에 몰두한 것은 말할 것도 없고 철학 교수로서 듀이는 칸트철학 또는 순수이성비판의 강의를 담당하였는가 하면 한편에서는 대학 시절 헤겔의 후계자인 모리스 교수로부터 그의 철학적 연구를 심화했다. 따라서 칸트와 헤겔은 듀이 철학의 기초에 상당히 큰 부분을 차지하고 있다. 또 그의 성장의 개념을 깊이 관찰해 보면 그것은 헤겔의 소위 변증법에서 도출되는 지양(aufheben) 개념에 입각하고 있음을 알 수 있다. 그 헤겔적 지양의 전제로서 정(正)과 반(反)의 작용을 상호작용이란 합(合)의 개념으로 파악하고 있는 것도 주목해야 한다. 교육에 있어서의 그 명제는 바로 소질이거나 가능성이다. 그래서 소질과 가능성에 어떤 환경이 부가 되어 상호작용을 일으킴으로써 지양이 발생되는데 그것이 성장이라는 것이다.

영국의 전통적 경험(empiricism)과 다른 점으로 듀이는 그 원리를 사고와 행동, 개인과 사회, 경험과 지성, 주관과 객관, 교재와 아동 등의 계속적 일원론으로 지양·발전시키고 있다. 따라서 듀이의 성장 개념은 다음과 같다(Winn, 1959, pp.50~51).

① 모든 인간 존재의 지배적 사명은 항상 생활하고 있음(living), 즉 지적, 도덕적 성장이란 사실이다.

② 성장이 생활의 특징이므로 교육은 성장함과 함께 존재하는 것이다. 즉, 교육에는 성장 이외의 다른 목적이 있을 수 없다. 그래서 학교교육의 가치는 이 계속적 성장을 위한 욕구를 만들어 실제 효과적으로 그 욕구를 충족하는 수단을 어떻게 강구하느냐 하는 정도에 따라 가치가 평가된다.

③ 만약 교육이 성장이라면 그것이 점진적으로 현재의 제 가능성을 실현시켜서 개인의 장래의 요구에 더욱 잘 대처하도록 하지 않으면 안 된다. 성장함이란 그때 그때에 완성되는 것이 아니라 계속적으로 지향하고 있는 것이다.

④ 성장은 능동분사형인 성장하고 있음과 동의어로서 교육적이며 그래서 발달하고 있음이란 의미에서 볼 때 '성장' 및 '성장하고 있음'은 지적-도덕적인 의미의 경험의 계속성의 원리에 입각하고 있는 것이다.

(2) 경험과 성장의 논리

듀이의 교육사상을 경험주의 교육사상이라고 흔히 부르는데, 이때 경험이라고 하는 것은 종래의 로크(Locke)를 중심으로 하는 영국 경험론자들이 말하는 경험주의와 듀이의 그것과는 현격한 차이가 있음을 인정하지 않을 수 없다. 듀이 자신은 경험주의라는 말 대신에 실험주의 혹은 도구주의란 말을 자주 쓰고 있다.

로크는 우선 감각적인 경험은 개별적으로 우리의 인식 자본이 된다고 하여 양적으로 경험을 증대하는 것만 주장하여 질적인 관계나 또는 그들 상호의 작용 등에 대해서는 별 언급이 없었다. 가령 장미를 보면 장미의 인상이 생기고 국화를 보면 국화의 인상이 생기며 무궁화를 보면 무궁화의 인상이 생기게 된다고 하였으나 그 인상들이 새로운 다른 인상, 즉 꽃 일반에 대한 개념이라든가 또는 그들 인상으로부터 열매라든가 잎이라든가의 개념적 지식의 형성에 있어 그 꽃의 처음 인상이 도움이 된다는 사실에 대해서는 간과하고 있었던 것이다. 그러나 듀이는 로크의 이러한 단순한 경험은 교육적으로 아무런 가치도 없다고 하여 경험이론을 보다 구체화하였다. 그래서 듀이는 '경험의 본질을 이해하자면 먼저 경험 속에 능동적 요소와 피동적 요소가 특이하게 결합되어 있다고 하는 사실을 알아야 한다'고 주장하고 능동적 방면에 있어서의 경험은 무엇을 받는 일, 즉 당하는 일로서 이 두 요소가 특이하게 결합해 있다고 한다(Dewey, 1916, p.163). 그래서 예를 들면 "어린아이가 손가락으로 불을 건드리는 것만으로는 경험이 되지 못한다. 그 아이의 행동의 결과로써 받게 되는 고통과 연결될 때 비로소 경험이 성립하게 되는 것이다"라고 보는 것이다.

하나하나의 감각적 인상이 개개 고립적으로 존재해서는 경험이 성립하지 아니한다는 뜻이다. 만약 어린아이가 손가락으로 불을 건드린다고 해도 그 손가락에 감각이 없는 것이라면 불의 경험을 완전하게 할 수 없을 것이다. 불은 열기를 의미하지만 다른 물건을 태워 보지 아니한 상태에서는 불은 단순히 '붉은 빛'과 '밝음'과 같은 인식만 제공하고 불의 열기인 '뜨거움'은 감지할 수 없다. 결국 그 행동과 행동의 결과가 연결되지 않으면 경험이 성립되지 아니한다.

듀이의 경험은 종래의 전통적인 경험주의와 크게 그 질을 달리하고 있는 것으로서 다음과 같은 독자적인 특성을 나타내고 있다. 첫째, 경험은 수동과 능동의 과정이라는 점, 즉 경험이란 생물과 환경과의 사이에서 일어나는 상호 활동인 것이다. 그러므로 경험은 인간적이고 교육적이다. 둘째, 실험으로서의 경험, 즉 능동・수동의 이중 활동인 경험은 그 성질상 실험적인데 여기서 우리는 인간 행동의 유연성과 아울러 성장 지향성을 볼 수 있게 된다. 셋째, 경험 안에는 계속이 들어 있다. 경험은 그 자체 안에 결합이나 조직의 원리를 가지고 있다. 이 계속성의 힘은 거의 자연적이라고 할 만한 것이니 의식의 여부와 관계없이 결합이나 조직화가 일어나게 되는 것이다. 넷째, 경험은 선견적・창조적이다. 즉, 돌출적이다. 현재의 경험 가운데는 미래를 포함하고 있지 않으면 안 된다. 이 계속성은 곧 전진적, 발전적 성장에 연결된다.

그러면 성장을 촉진하며 연속적으로 연결되는 경험이란 어떤 것인가? 듀이는 성장의 의미를 다음과 같이 진술하고 있다.

"오늘의 아동은 내일의 사회를 만드는 분자가 되는 까닭에 장래 사회의 성장은 주로 아동의 행동이 오늘날 어떻게 지도되는가 하는 데 달려 있다. 내일의 결과를 따라 지향되는 많은 행동이 새겨져 가는 동력을 성장이라고 한다"(Dewey, 1916, p.49).

듀이의 경험에서 중요한 개념은 상호작용하는 것이다. 어떤 행동이 성장을 위한 교육적 경험이 되기 위해서는 상호작용을 일으키는 경험행동이지 않으면 안 된다. 동전이 주머니 '안'에 있는 것이나 페인트가 깡통 '안'에 있는 것과는 달리 어떤 사람이 어떤 환경 또는 장면 '안'에서 경험한다 함은 그 장면의 사태(事態)에서 인간이 의식적인 행동으로 그 장면 사태와 관계를 맺는 것을 말하는 것이며 이 관계가 상호작용행동(inter + action)으로 나타나게 되는 것이다. 그러므로 일방적으로 상호 관계없이 일어나는 경험은 교육적 경험도 아니고 듀이가 주장하는 성장에도 연결되지 못한다. 교육활동이 곧 상호작용 활동이라 가정하고 보면 상호작용을 일으키는 일이야말로 교육활동의 긴요한 문제가 아닐 수 없다. 이 상호작용 활동으로서 교육적 경험활동을 규정하여 흥미중심이란 것이 대두된다. 듀이는 흥미의 본래 어원부터가 상호작용의 산물임을 고찰하여 inter + est라고 풀이하였다. 이 inter + est라 함은 양자가 관계를 가짐인 것이다. 그러므로 이 말은 상호작용의 의미와 연속성이 있다.

이미 앞에서도 언급했지만 경험의 본질을 논하는 가운데서 경험의 능동 · 수동의 상호작용이란 첫째, 주체와 환경 간의 상호작용과 둘째, 앞선 경험과 뒤에 오는 경험과의 상호작용을 포함하고 있다. 이 상호작용으로부터 지양적(止揚的) 성장이 귀결되는 것이다. "사람이 홀로 고독하게 이 세상에서 살아가거나 죽는 것이 아닌 것과 꼭 마찬가지로 어떤 경험이라도 홀로 고독하게 생기거나 없어지는 것은 아니다"(Dewey, 1938, p.16).

3. 교육의 원리

1) 아동교육관

듀이는 『학교와 사회』에서 "구 교육은 중력의 중심이 아동 이외에 있었으며, 또는 중력의 중심이 교사, 교과서 기타 어떠한 곳에 있었던 간에 아동 자신의 직접적인 본능과 활동 이외의 장소에 있었다. 그러나 이러한 곳에 기초를 두면 아동의 생활에 관하여 거론할 여지가 멀다. 이제 현대 교육에 도래하고 있는 변혁은 중력의 중심 이동인 것이다. 그것은 코페르니쿠스가 천체의 중심을 지구로부터 태양에 이동시킨 데 비할 만한 변혁이요 혁명이다. 이제 와서는 아동이 태양이 되고 그 주위에 교육상의 모든 문제가 회전하는 것이다"라고 갈파하였다. 듀이를 중심으로 하여 교육상의 모든 문제에 관하여 철저히 아동에 중심을 둔 아동중심관, 즉 아동중심 교육(child centered education)을 강조하였다.

듀이에 의하면 지금까지의 학교는 아동 자신의 직접적인 본능이라든지 활동을 중심으로 하지 않고 교사 및 교과서를 중심으로 하고 있었기 때문에 교사가 외부로부터 정립한 교육목적이라든지 교육과정에 의하여 아동이 속박되었다는 것이다. 따라서 오늘의 학교의 임무는 아동중심으로 전환 또는 개조되어야 할 변화에 직면하고 이 변화는 위에서 인용한 대로 코페르니쿠스적인 변혁이요 혁명이라고 하였다. 또한 듀이는 이와 같은 혁명 또는 개조된 새로운 학교는 아동의 생활이 모든 것을 지배하는 최고의 것이어야 한다고 주장하였다.

"교육은 아동의 능력, 흥미 및 습관의 심리학적 통찰부터 시작해야 하며, 교육은 모든 점에서 이러한 고찰을 함으로써 통제되어야 하고 이러한 능력, 흥미, 습관은 부단히 분석되어야 하며 우리는 그것들이 무엇을 의미하는가를 알아야 한다"(Dewey, Article Ⅱ, 末尾)라고 말한 데서 그의 아동중심적 사상이 잘 드러나고 있다. 그리하여 듀이는 교육의 기초로서 다음의 네 가지를 들고 있다(대한교육교재편찬회, 1982, p.193).

① 회화와 교류(interest in conversation, or communication)의 흥미
② 사물을 탐구하고, 발견하는(in inquiry or finding out) 흥미
③ 물건의 제작 또는 구성(in making things or construction)의 흥미
④ 예술적 표현(in artistic expression)의 흥미

여기에서 우리는 듀이 교육학을 아동중심의 교육, 활동중심의 교육, 흥미중심의 교육, 생활중심의 교육이라고 하는 이유를 알 수 있다.

2) 교육목적

(1) 교육목적관

듀이는 "교육은 경험의 계속적인 개조로서 생각되어야 하며 교육의 과정과 목표는 별개의 것이 아니고 동일한 것이어야 한다(Dewey, 1916, p.62). 교육의 목적은 교육의 과정 그것 자체 내에서 찾아야 하지 그 외의 또는 그 이상의 것에서 찾아서는 안 된다"고 하였다. 이것은 교육은 생활의 과정이지 성장생활을 위한 준비 또는 장래를 위한 준비가 아니며 생활 그 자체, 곧 '교육은 생활이다'인 것이다.

그러므로 '성장(growth)'이라는 개념은 듀이 교육학에 있어서 중요한 개념일뿐더러 다른 무엇보다도 가장 강조함으로써 그의 대표적인 교육목적으로 삼았다. 듀이는 성장 외에 따로 교육목적이 있을 수 없다고 단정하고 있는 것이다. 듀이는 목적이란 계통 있고 질서정연한 활동을 의미하며, 하나의 활동과정을 발전적으로 완성할 수 있는 질서정연한 활동이라고 목적의 개념을 설명하고 있다(Ibid., p.119).

(2) 목적의 기준

목적의 의미가 분명히 파악되었다면 이에 따른 훌륭한 목적은 무엇인가, 어떤 조건과 요소들이 포함되어야만 훌륭한 목적이 되는가를 규명하기 위해서 듀이는 세 가지 기준을 제시하고 있다. 첫째, 설정된 목적은 현재 있는 그대로의 여러 가지 조건으로부터 발생되어야 한다(Ibid., p.121).

훌륭한 목적의 첫째 기준은 각 개인이 지니고 있는 모든 상황이 전부 상이하므로 그 상이한 상태, 예컨대 그의 환경, 타고난 소질에서부터 현재 당면하고 있는 여러 가지 문제들에 이르기까지 면밀하고 철저하게 검토하여 이를 기본 토대로 목적을 설정해야 한다는 것이다.

둘째, 목적은 신축성이 있어야 한다. 즉, 목적은 상황에 대처하기 위하여 변경될 수 있어야 한다(Ibid., p.122). 즉, 훌륭한 목적의 둘째 기준은 개인이 현재 있는 그대로의 여러 가지 조건을 철저하게 고려하여 목적을 설정한다 하더라도 그 상황에 들어맞는 하나의 고정된 목적으로 만들지 말아야 한다는 의미이다. 다시 말하면, 목적 설정에 있어서 융통성을 두어야 한다. 목적 설정 당시의 상황이 실천에 옮겨질 때, 달라질 수도 있는 것이다. 그러므로 목적은 이러한 점이 고려될 수 있도록 설정해야 한다.

셋째, 목적은 항상 여러 가지 활동을 해방하는 것이어야 한다(Ibid., p.123). 우리의 목적이 고정되고 경직되어 있다면, 우리가 달성하려는 방법도 계획적으로 굳어져 버리게 된다. 그러므로 훌륭한 목적의 셋째 기준은 활동하는 수단이 다각적으로 검토될 수 있도록 목적이 설정되어야 함을 시사하는 뜻이다. 지성이 포함된 행위는 굳어진 활동을 해방시켜 주는 촉매작용을 한다. 이러한 기준은 목적이 행위를 구속하지 않고 자유롭게 하도록 해야 한다는 의미로서 인간 행위의 목적과 수단의 관계를 고찰하면 그 의미가 더욱 분명해진다. 목적은 대상물을 상대로 해서 무엇인가 하려는 것이기 때문에 수단과 불가분의 관계에 놓인다.

듀이는 목적과 수단의 관계에 대해서 "모든 수단은 우리가 이것을 획득하기까지는 일시적 목적이다. 그리고 목적은 이를 성취하는 즉시 활동을 전개시키는 수단이 된다. 목적은 우리가 참여하고 있는 활동의 미래 방향이며 수단은 현재 방향인 것이다"(Ibid., p.124)라고 주장한다.

예를 든다면, 어부가 고래를 잡으려 할 때 그 순간은 고래가 목적이 되지만 다음에 그 고래는 다음의 목적, 즉 고기로 이용한다든가 돈을 마련하는 수단으로 전환되므로 수단과 목적은 동일선상에 놓인다. 목적과 수단은 상호 불가분의 관계에 있다. 이러한 관계를 파악해야만 목적이 활동을 해방시켜야 한다는 기준을 올바르게 이해할 수 있게 된다.

3) 교육내용

(1) 지식이론의 연속성

듀이는 지식이론에 대한 연속성을 강조한다. 지식의 기능이란 하나의 경험이 다른 경험에 자유롭게 활용될 수 있도록 하는 데 있으며 지식이란 어떤 주어진 상황에 적용될 수 있는가 하는 관점에서 그 대상이 지니고 있는 여러 가지 관련성을 파악하는 것이라고 지적한다. 예를 들면, 지성이 발달되지 못한 야만인들은 적이나 동물을 위협하여 쫓아버릴 때 고함을 지르거나 북을 치거나 무기를 휘두른다. 이와 마찬가지로 그들은 어느 날 혜성이 불꽃을 가로지르며 나타났을 때에도 똑같은 방법으로 혜성을 쫓아 버리려고 하게 된다. 지성이 계발된 문명인은 이와 같은 행동을 바보 같은 짓으로 바라보겠지만 그들로서는 심각한 문제이다. 그렇다면 지성인은 왜 그러한 행동을 하지 않는가? 지성인은 혜성을 천문학의 체계 속에서 파악하려고 하기 때문이다.

따라서 듀이는 지식의 연속성에 따른 개념으로 이상적으로 완벽한 지식은 새로운 경험이 제시하는 문제점을 해결하는 데에 과거의 경험이 유리한 방향으로 활용될 수 있는 망조직을 나타낸다(Ibid., p.396)고 제시하였다.

이제까지의 철학 학과에서 제시한 지식이론들은 대체로 지식을 장차 해야 할 일에 소용되는 것과는 관계없이 그 자체로서 완벽한 것임을 강조해 왔다. 그러나 듀이는 이러한 인식론의 단점을 비판하고 자신의 지식에 대한 연속성을 주장하고 있다. 지식의 연속성이란 지식이 인간과 그의 환경과의 상호작용에서 이루어진다는 것에 바탕을 두고 있다. 따라서 그에 의하면 지성적 방법은 이러한 지식을 획득하는 이상적 방법이라고 설명한다(Kneller, 1972, p.25).

실제 학교 수업에서도 학습자들이 배우는 지식이 그것을 처음 알아낸 사람에게는 진리였고, 그 사람에게는 지식으로서 기능이 수행되었다 하더라도 이 사실이 곧 다른 학습자들에게도 올바른 의미의 지식이 된다는 것을 보장해 주지는 않는다. 그러한 지식이 학습자 개개인의 삶에 좋은 결과를 가져오지 않는 한 그 지식은 쓸모없는 지식인 것이다.

(2) 교육내용의 본질

듀이는 지식이론의 연속성 안에서 학습자의 지성을 개발시킬 수 있다고 주장한다.

교육내용은 지성적 성장이라는 교육목적을 달성하기 위한 여러 가지 사실들과 관념들로 이루어지기 때문에 개인의 경험의 중요한 요소가 된다. 그러나 사회가 발전함에 따라 사회조직은 복잡해져서 있는 그대로의 사회적 경험을 교육내용에 수용할 수 없게 되었다. 그리고 문자와 인쇄술의 발명으로 인해 교육내용은 사회적인 실제 경험의 현상과는 유리된 상태로 흘러가 결국 학교학습의 내용과 사회집단의 습관과 이상을 연결시키는 연쇄점이 변장되고 은폐되었다(Dewey, 1916, p.213). 교육내용과 사회적 실제 현상과의 분리 현상은 결국 교과중심 교육내용으로 형성되고, 교육내용 그 자체를 위한 학습이 고조되어 학습자의 지성은 개발되지 못할 뿐만 아니라 지식 위주의 교육으로 흘러버렸다. 이와 같은 교과중심 교육내용으로부터 원래 교육내용의 정의에 합당한 경험중심 교육내용으로 돌아가자는 것이 듀이의 주장이다.

학습자의 사회적 활동이나 사회적 삶을 중요시하는 교육내용이 곧 경험중심의 교육과정이다. 경험중심 교육내용은 교과중심의 교육내용과는 달리 학습자를 중심으로 교육내용이 조직되지만, 교사나 학부모 그리고 교육전문가의 의견을 무시하거나 배제해야 한다는 뜻이 아니라 교과중심 교육내용에서 무시되었던 학습자의 발달과 흥미를 포함시켜 받아들이고자 하는 것이다.

듀이는 교육내용의 본질로서 학습내용에 대한 각각의 가치에서 "학습내용들 중 가장 가치가 작은 것에서 시작하여 가장 최고의 가치를 지니는 것으로 차례대로 배열하는 것은 쓸모없는 일이다. 어떤 학습내용이든지 경험 안에서 독특하고 대체 불가능한 기능을 지니고 있고 어떤 학습내용이든지 삶을 풍부하게 하는 한, 학습내용의 가치는 내재적(intrinsic)이며, 또는 서로 비교할 수 없는 것이다(Ibid., p.281)"라고 하였다.

교육은 내재적 가치로 의의 있는 삶과 동일한 것이다. 우리가 설정할 수 있는 궁극적 가치는 오직 삶의 과정 그 자체뿐이므로 교육내용에 대한 각각의 가치도 서열화할 수 없으며 궁극적 가치를 지니는 것이다. 교육내용의 가치는 장차 학습내용이 사용될 구체적 장면에서 판단되어야 하는 것이다.

(3) 교육내용의 단계

① 제 1 단계

제 1 단계의 교육내용은 '행동하는 방법에 대한 지식'(Ibid., p.217)으로 예를 들면, 걷기, 말하기, 읽기, 쓰기, 계산하기, 자전거 타기, 상품 팔기, 기계 조작 등의 행동하는 방법에 관한 지식을 말한다.

제 1 단계의 교육내용이 행동에 의해서 학습할 수 있도록 조직되어야 하는 것은 구체적으로 교육과정 속에 놀이와 일의 결정적인 지위를 부여하여 구성하는 것으로서 듀이는 놀이와 일의 중요성을 다음과 같이 정당화한다.

"보다 구체적으로 말하자면, 놀이와 일은 인식의 제 1 단계가 지니고 있는 특성 하나 하나에 상응한다. 인식의 제 1 단계는 무엇인가를 할 줄 알게 되는 것, 그리고 그 일을 하는 동안에 대상에 익숙하게 되고 일하는 과정을 터득하게 되는 그러한 단계이다" (Ibid., p.229).

또한 듀이는 학습자들이 놀이와 일의 활동을 통해서 손재주나 기술적 효율성을 습득하고 만족을 얻어 나중에 쓰이게 될 때를 위하여 준비할 수 있도록 해야 하며, 궁극적으로는 지성적 결과가 사회화된 성향의 형성이라는 교육목적에 종속되도록 해야 한다(Ibid., p.231)고 주장한다.

놀이와 일의 구성원리에 주의해야 할 것은 첫째, 놀이와 일에 대한 명확한 규정이나 명령을 따르는 활동으로 구성하지 말아야 한다(Ibid., p.231). 또한 이미 만들어진 모델을 수정 없이 그대로 재생하는 활동도 하지 말아야 한다. 만약 놀이와 일의 구성원리에 너무 학습자의 행동을 미세하고 면밀하게 통제하게 되면, 학습자의 창의적이고 건설적인 지성을 기르지 못하게 된다. 학습자는 원래의 자료에서 시작하여 직접적으로 그것을 목적 있는 활동으로 조작해 볼 때, 비로소 자신의 완성품 속에 나타난 지성을 터득할 수 있게 되는 것이다. 둘째, 구성원리는 능동적인 작업활동이 일차적으로 전체에 관한 것이어야 한다(Ibid., p.232).

교육내용에서 놀이와 일은 항상 학습자의 지성적 성장인 교육목적을 분명히 의식할 수 있도록 조직되어야 한다. 너무 효율적인 기술의 형성에 집착하다 보면, 교육목적과 유리된 활동을 전개시키기 쉽기 때문이다. 학습자가 목적을 지니고 사물을 다루는 것은 지성을 지니고 사물을 다루는 것과 동일한 것이다. 학습자의 지성 계발은 놀이와 일의 전체 장면에서 터득되는 것이지 신체의 일부분을 유능하게 훈련하는 데서 형성되는 것은 아니기 때문이다.

② 제 2 단계

제 2 단계의 교육내용은 행동할 수 있는 힘으로 존재하는 교육내용이 더욱 심화되는 단계이다. 이것은 학습자의 지성적 능력이 더욱 체계화되어 학습자가 실제 삶을 살아가는 데에 유용성을 가져올 수 있도록 하는 데 있다. 듀이는 학습자와 제 2 단계의 교육내용과의 관련성을 다음과 같이 질문한다.

첫째, 교육내용이 학생들이 관심을 지닌 어떤 문제에서 자연적으로 발생된 것인가?

둘째, 교육내용이 학생과 직접 친숙될 수 있어서 그 효율을 증대하고 그 의미를 심화하는 데 적합한 것인가?(Ibid., p.219)

제 2 단계의 교육내용은 제 1 단계의 교육내용에서 제시되었던 놀이와 일을 공간적 차원과 시간적 차원으로 그 의미를 확대·심화시키는 것이다. 공간적 차원과 시간적 차원에서 고려되어야 할 대상은 자연과 인간이며 자연과 인간에 대한 구체적 교육내용은 지리와 역사의 예를 통해서 살펴볼 수 있다.

지리와 역사가 학습자의 지성을 개발하고 심화시키는 것이라는 점을 교육에 적용해 볼 때, 지리와 역사는 좁은 개인적 행위나 단순한 기계적 숙련에 그치지 않고 활동에 배경과 전망, 지성적 안목을 부여해 주는 교육내용이 된다. 우리 자신의 활동을 공간적·시간적 관련 속에서 파악하는 능력이 증가하면 할수록, 우리의 활동은 그만큼 중요한 내용을 얻게 된다(Ibid., p.244)는 것이다.

그렇다면 지리와 역사를 배운다는 것은 학습자의 어떤 능력을 길러 주는 것이며, 어떤 의미를 지니는 것인가? 이러한 맥락에서 지리와 역사에 대한 자연과 인간과의 관련성 및 공간적 차원과 시간적 차원의 관련성에 대하여 듀이는 '지리를 배운다'는 것은 일상적 행위와 공간적 관련, 즉 자연적 관련을 파악하는 힘을 얻게 되는 것이고, '역사를 배운다'는 것은 본질적으로 일상적 행위에 대한 인간적인 관련을 파악하는 힘을 얻게 되는 것이다(Ibid., p.246)라고 하였다. 여기서 지적하는 지리와 역사의 개념은 넓은 의미로서 받아들여져야 한다. 이른바 체계화된 학문으로서 지리학은 우리가 살고 있는 자연환경, 그리고 우리의 삶에서 특정한 행동을 설명 가능하게 해 주는 자연환경에 대하여 다른 사람들의 경험에서 발견된 사실과 원리의 집합체이다. 이와 마찬가지로 체계화된 학문으로서 역사학은 우리의 삶을 지속시켜 주는 사회집단 그리고 우리 자신의 관습과 제도의 의미를 나타내는 사회집단의 활동과 고난에 관하여 이때까지 알려진 사실들의 집합체에 지나지 않는다(Ibid., p.246).

듀이는 지리와 역사를 동떨어진 교과목(자연과목, 사회과목)으로 생각하는 것이 아니라

서로 상보성(complementary nature)의 측면이 있음을 강조하고 있다. 즉, 지리는 물리적 측면을 강조하고 역사는 사회적 측면을 강조하지만, 이 둘은 하나의 공동 토픽, 즉 인간 공동의 삶을 강조하는 것이다. 이러한 점은 자연에 강조를 두는 지리와 인간에 강조를 두는 역사 사이의 상호 의존의 중요성을 강조한다. 이렇듯 지리와 역사의 상호 의존성 가운데서 학습자는 자신의 지성을 확대 · 발전시켜 나가게 되는 것이다.

③ 제 3 단계

제 3 단계의 교육내용은 제 2 단계의 자료가 합리적으로 또는 논리적으로 조직된 상태를 의미한다. 이때의 교육내용은 학습자의 지성이 질적으로 어느 정도 성장한 상태에서 수용될 수 있는 단계가 된다. 즉, 제 3 단계의 교육내용을 통해서 학습자는 과학적 사고방법으로서의 지성과 사회적 지성을 체계적으로 성장시켜 나갈 수 있는 것이다.

듀이는 제 3 단계의 교육내용으로서 과학(science)을 제시하고 있다. 과학은 가장 특징적인 형식의 지식에 대한 이름이며, 그 정도에 따라서 학습의 완벽한 결과를 나타내 주기 때문이다(Ibid., p.221).

듀이는 인간이 천성적으로 성급하게 지식을 결정해 버린다고 지적하고, 과학은 인간의 이러한 본성적 경향과 거기서 생기는 폐단에 대한 보호장치라고 말하고 있다. 과학은 반성(reflection)의 절차와 결과를 검증하는 조건 아래서 반성적 행동을 하기 위하여 인류가 오랫동안 수행해 온 독특한 방법과 장치로 이루어져 있다. 과학은 자생적인 것이 아니라 인위적인 것(획득된 기술)이며, 생득적인 것이 아니라 학습되는 것이다(Ibid., p.223). 이와 같은 과학은 탐구와 검증의 방법을 중요시하는 반성적 사고의 과정을 거쳐서 형성된 지식이다. 과학은 인간의 지성을 통해서 논리적으로 체계화된 완성된 지식이다.

과학은 합리적인 확실성, 즉 논리적 정당성을 지니는 확실성을 지닌다. 그러므로 과학적 조직의 이상은 모든 개념과 진술이 앞의 것에서 논리적으로 따라 나오고 또 그 다음 것으로 연결되는 그러한 종류의 조직이다. 개념과 명제는 서로서로 의미를 지니고 서로서로 지지한다. 이와 같이 다음으로 연결되고 앞의 것을 확인해 주는 이중의 관계가 바로 논리적이라든가 합리적이라는 말의 의미이다(Ibid., p.224).

· 이것은 제 2 단계의 여러 가지 자료들이 위와 같은 과정을 거쳐서 제 3 단계의 교육내용으로 형성된다는 뜻이다.

과학은 새로운 경험을 고안하고 통제하는 지성의 임무를 체계적으로, 의도적으로 그리고 습관의 한계에서 벗어나 방대한 규모로 추구하는 일을 가리킨다. 과학은 우연적인 것이 아니라 의식적인 진보를 이룩하는 유일한 수단이다(Ibid., p.266).

특히 듀이는 과학이 기술적 진보에 대해서는 발전을 이룩했지만 인간의 문제에 대해서는 아직 정확하게 적용되지 못하고 있다고 지적하고, 사회 진보와 인간의 지성적 성장은 바로 인간의 문제에 과학의 적용을 강조하는 데 있다고 주장한다. 이러한 적용을 통해서 인간은 지성적인 성장적 삶을 영위할 수 있으며 나아가 풍요로운 생활을 건설할 수 있다.

4) 교육방법

(1) 교육방법의 본질

교육목적으로서 지성적 성장을 도모하기 위하여, 학습자 개개인의 지성을 계발하려면 어떠한 교육방법을 고려해야 할 것인가?

듀이는 교사중심의 교육내용보다 학습자중심의 교육내용이 학습자의 지성 계발에 더욱 효과적임을 주장하였으며 이러한 교육내용이 교육방법과도 서로 관련되어야 함을 주장한다. 따라서 교육방법의 본질도 교사중심의 교육방법보다 학습자중심의 교육방법이 되어야 함을 다음과 같이 제시하고 있다.

첫째, 학습자는 진정한 경험의 장면을 가져야 한다.

둘째, 학습자의 진정한 문제가 이러한 경험의 장면 속에서 사고를 자극하는 요인으로 발전되어야 한다.

셋째, 학습자는 정보를 소유하여 그것을 다루는 데 필요한 관찰을 해야 한다.

넷째, 학습자는 문제해결의 암시를 순서 있게 발전시킬 수 있는 책임을 지녀야 한다.

다섯째, 학습자는 자신의 관념을 적용하여 검증할 수 있는 기회를 지녀야 하며 스스로 의미를 분명히 하고 타당성을 찾도록 해야 한다(Ibid., p.192).

이와 같은 교육방법이 학습자의 지성을 효과적으로 계발시킬 수 있는 방안인 동시에 지성적 교육방법인 것이다. 이러한 지성적 교육방법의 본질은 학습자로 하여금 사고를 발달시켜 주는 것으로 파악된다. 듀이도 학습과 수업의 방법을 지속적으로 개선하는 유일한 직접적 방안은 사고를 시험하고 증진하는 일에 여러 가지 조건을 조성하도록 역점을 두는 것이라고 주장한다(Ibid., pp.179~189). 따라서 학습자의 사고가 계발될 수 있는 구체적인 방법으로서 다음과 같은 단계를 고려해야 한다.

첫째, 사고라고 불리는 발전적 경험에 대한 최초의 단계는 경험이다.

둘째, 사고의 자료는 사상(thought)이 아니라 여러 가지 행위, 사실, 사건, 사물의 관계이다.

셋째, 사고와 상호 관련된 사실, 자료, 이미 습득한 지식 등은 관념이 된다.

넷째, 사고를 통한 관념은 실제로 행동해 봄으로써 검증된다.

따라서 우리는 사고가 개발되어질 수 있는 구체적 단계를 세부적으로 고찰함으로써, 학습자의 지성이 교육방법을 통해서 어떻게 개발될 수 있는지 파악하도록 한다.

(2) 교육방법의 단계

① 사고의 경험 단계

사고는 학습자의 경험으로부터 출발될 수 있도록 해야 한다. 그럼에도 불구하고 흔히 사고는 경험과 단절된 것으로 생각하기 쉽다. 그렇게 되면 사고는 철학이론이나 교육실제에서 경험과 고립된 상태 속에서 도야될 수 있는 것으로 생각된다. 그러한 상황에서는 실제적인 능력으로 파악된 지성은 개발될 수 없는 것이다. 듀이는 학습자의 경험이 개발될 수 없는 사고와 경험의 분리현상에 대하여 다음과 같이 비판한다.

> 경험은 감각과 욕망, 즉 단순한 물질적 세계에 한정된 것으로 생각하는 반면에 사고는 고등능력(이성)으로부터 진행되며, 정신적인 일이나 적어도 학문에 관계되는 일만을 다루는 것이라고 생각되었다(Ibid., p.180).

그러나 우리는 사고가 경험과의 밀접한 관련 속에서 나타날 수 있도록 그 조건을 만들어 주어야 하며 사고가 경험의 세계와 서로 통합적인 관계를 지닐 수 있도록 해야 한다. 학습자의 지성 계발은 사고와 경험을 분리시키지 않고 서로 연결시켜 줄 때, 그 실제적인 효과를 거둘 수 있는 것이다.

이와 같은 사고와 경험의 관계 속에서 학습자의 지성을 개발하려면 학습자가 이미 경험을 지니고 있는 것처럼 가정하지 말아야 한다. 오히려 학습자는 사고의 출발 단계에서 실제적인 경험의 장면이 필요한 것이다. 학습자와 과학자를 대비시켜 볼 때 학습자가 처음 나무토막으로 이것저것을 만들기 시작할 때 일어나는 현상은 과학자가 미지의 물체를 가지고 실험실에서 실험을 시작할 때 일어나는 현상과 똑같은 것이다(Ibid., p.181). 그러므로 교육자는 학습자에게 무엇인가 배울 것을 부여해 주지 말고 무엇인가 행할 것을 부여해 주어 사고를 자극시킬 수 있도록 함으로써 지성이 계발될 수 있도록 해야 한다. 이것이 바로 행함으로써 배운다(learning by doing)는 듀이의 교육방법적 원리인 것이다.

실제 교육현장에서 교육자가 학습자를 학습으로 유도하기 위해서 제공되는 장면이나 경험에 대한 가장 중요한 문제는 바로 어떤 성질의 문제가 그 장면이나 경험 속에 포함되어 있는가에 달려 있다. 그러므로 듀이는 학교 안의 수업과 학교 밖의 일상생활과의 간격을 메우는 것이 필요하며, 이러한 필요를 충족시키기 위해 좀 더 많은 실제적인 교재와 자료(stuff), 그리고 좀 더 많은 기구(appliances)와 활동할 수 있는 더욱 많은 기회가 주어짐으로써 학습자들이 무엇인가를 하는 데 몰두하거나 그렇게 하는 과정에서 일어나는 사항을 토의하는 동안, 비록 교수법이 평범한 것이라 하더라도 학습자들의 질문은 자발적으로 빈번하게 많아지고 문제해결안은 진보되고 다양해지며 창의적인 것이 되는(Ibid., p.183) 교육방법의 효과를 거둘 수 있다.

이와 같은 교육방법을 통해서 학습자는 교육자가 기대하는 바가 무엇인지 눈치를 살피지 않게 되며, 교육자는 단순히 만족시키는 것을 찾아내는 데 급급하지 않게 될 것이다. 따라서 학습자의 사고가 경험으로부터 출발하게 되면, 교육자중심의 교육방법은 학습자중심의 교육방법으로 개선될 것으로 보며, 그 가운데서 학습자의 지성은 개발될 수 있는 것이다.

② 자료의 사고 단계

흔히 자료의 사고는 사상에서 나온다고 생각하기 쉽다. 그러나 곤란한 문제를 해결하는 데 있어서 자료의 사고 단계는 구체적인 행동, 사실, 사건, 사물의 관계에서부터 비롯된다. 듀이는 학습자가 사고의 자료를 활용할 줄 알도록 교육방법의 기술을 전개해야 한다고 하였다. 즉, 수업기술의 대부분은 새로운 문제의 어려운 점을 확대하여 사고가 충분히 도전할 수 있도록 해야 하며 동시에 그 문제를 적당히 축소하여 새로운 요소에 자연히 따르는 혼란을 해결하는 데 시사점을 얻을 수 있는 명쾌한 관점을 가지도록 하는 데 있다(Ibid., p.184)는 것이다.

교육자는 모든 어려운 문제들이 학습자의 사고를 자극시켜 주는 것이 아니라는 사실을 염두에 두어야 한다. 그러므로 교육자는 어려운 문제가 학습자의 사고를 좌절시키지 않도록 세심한 주의를 기울여야 한다. 그렇게 될 때 학습자의 지성적 능력은 길러질 수 있는 것이다.

사고의 자료란 수업활동에서 나타나는 기억, 관찰, 독서, 의사소통 등이다. 이러한 자료들 중에서 학습자는 당면한 어려운 문제의 형태에 따라서 전부를 동원할 수도 있으며, 때로는 그 일부를 사용할 수도 있고, 각 자료들을 많이 혹은 적게 배분하여 사용할 수도 있다. 따라서 학습자가 자신의 문제를 훌륭하게 해결할 수 있도록 하기 위해서는 잘 훈련된 정신이 있어야 하며 그 정신의 뒤안길에 최대한도의 자원을 가지고 있어, 과거의 경험을 회상하고 거기서 무엇을 얻을 수 있는가를 항상 살펴보는 데 익숙해져야 한다(Ibid., p.185).

학습자는 개인의 좁은 경험도 중요하지만 다른 사람들의 경험도 활용하여 이를 보충하는 능력을 기르도록 해야 한다. 그리고 학습자는 당면한 자신의 어려운 문제를 해결하는 데 이미 내려진 해답을 그대로 적용할 것이 아니라 이를 활용하여 새로운 해결방안을 모색하도록 해야 한다. 이렇게 새로운 해결방안을 모색하는 훈련된 정신이 바로 지성의 능력이다

③ 관념의 형성 단계

자료에 대한 사고를 통해서 얻어진 관념이란 암시, 추리, 가정, 추측된 의미, 시험적

설명들을 의미한다. 단순한 관찰이나 회상은 문제를 명료화시켜 주고 위치지어 규명할 수는 있지만 어려운 문제를 직접적으로 해결할 수는 없다. 그러므로 학습자에게는 관념의 형성이 필요하게 된다.

학습자가 자료만 가지고 새로운 문제를 해결할 수 없기 때문에 자료에 대한 창조적인 사고가 요구된다. 또한 자료에 대한 창조적 사고를 통해서 학습자는 진정한 하나의 관념을 형성할 수 있게 된다.

예를 들어 뉴턴이 중력이론을 생각해 낼 때, 그는 자료 자체에서 찾은 것이 아니라 창조적 사고를 통해서 생각해 낸 것이다. 뉴턴의 모든 자료들은 이미 익히 알려진 것들로서 해, 달, 유성, 거리, 부피, 수의 제곱 등과 같은 평범한 것이었다. 이러한 평범한 자료에 대한 창조적 사고를 통해서 중력이론이라는 관념을 만들어 낸 것이다. 그의 창조적 사고는 이미 있는 사실들을 미지의 관계에 도입시켜 새롭게 사용하는 데 있다. 이렇게 새로운 관념을 만들어 내는 능력이 바로 지성이다.

듀이는 평범한 사실들을 다른 사람들이 미처 깨닫지 못한 곳에서 사용하는 가운데 창조적인 사고가 생겨난다고 다음과 같이 주장한다.

> "새로운 것은 그 운용에 사용된 자료에 있는 것이 아니고 바로 운용 그 자체에 있는 것이다"(Ibid., p.187).

④ 관념의 검증 단계

관념은 문제해결을 위한 하나의 예상에 불과하므로 학습자는 실제로 실천적 행동을 통하여 관념을 검증해 보아야 한다. 듀이는 관념이란 학습의 매개적 존재이지 최종적인 것은 아니라고 주장한다(Ibid., p.189). 그러므로 관념은 실제로 적용해 보아 효과적인 결과를 가져올 수 있을 때 진리로서 인정받을 수 있다. 지성은 실제적인 상황 속에서 문제를 올바르게 해결할 수 있는 능력인 것이다. 따라서 듀이는 관념으로 정립된 사상에 대해서도 그 검증의 중요성에 대하여 "사상은 한낱 시험적인 것일 뿐이다. 사상은 암시나 시사에 지나지 않는다. 사상은 경험의 장면들을 다루기 위한 관점이며 방법이다. 사상은 실제 경험의 장면에 적용될 때까지는 충분한 의의와 현실성을 지니지 못한다. 오직 적용만이 사상을 검증하고 검증만이 의의와 현실성을 부여해 준다"(Ibid., p.189)라고 지적하고 있다.

하나의 사상으로서 검증을 거치지 않는다면, 관념은 그 자체의 세계를 형성하게 되어 현실세계와 유리된 채 쓸모없게 되어 버린다. 현실세계에서 소용될 수 없는 관념을 소유한 사람은 지성적이라고 할 수 없는 것이다.

이와 같은 관념의 검증에 대한 교육방법의 과정을 현장교육에 적용시키려면 학습자로 하여금 관념을 직접 검증해 볼 수 있는 교육적 환경을 조성해 주어야 한다. 그렇게 하려면 학교에서 배우는 교육내용이 현실성을 지닐 수 있도록 되어야 할 것이다. 그렇게 될 때 지성은 올바르게 개발될 수 있을 것이다.

5) 교사론

듀이의 사상에 있어서 항상 첫째 크게 인식되는 것은 교사와 학생, 아동과 환경, 주체와 객체와의 대립을 좁혀 통합된 상호작용의 차원이다.

넓은 의미의 상황에서 볼 때, 아동의 입장에서 학교 환경이나 교과서 내용이 중요한 것과 같이 교사도 환경 전체에 있어서 배우는 아동에게 중요한 환경적 요인의 하나가 된다는 것을 듀이는 『민주주의와 교육』에서 여러 번 지적하고 있다.

(1) 교사와 자기의 세계

듀이가 1940년에 출판한 『오늘의 교육(*Education Today*)』이라는 저서 속에 교사에 관한 짤막한 두 개의 논문이 실려 있다. 그 논문은 「교사의 세계」와 「교사와 사회」라는 논문이다. 그 논문은 비교적 현대적인 사회의 여러 문제에 관련된 교사론이라고 볼 수 있다. 그 논문에서 두 가지 문제를 제시하고 있는데 하나는 교사는 과연 변천하는 사회의 첨단에 서서 나가야 할 것인가, 그렇지 않으면 뒤에 서서 따라가야 할 것인가 하는 문제이며 또 하나는 교사란 사회인인가 그렇지 않으면 노동자인가 혹은 성직자인가에 관한 문제이다. 이러한 문제들과 질문들에 대하여 응당 교사는 자문자답해야 할 것이다. 물론 교사란 시대에 앞장을 설 필요도 없고 그렇다고 뒤떨어져서 이럭저럭 따라가도 안 될 것이며 적당히 꾀 있게 시대와 더불어 중용의 길을 걷는 것이 현명하다고 생각해서도 안 될 것이다.

듀이는 구체적으로 말하기를 교사들은 맹목적인 방향으로 물결치는 대로 바람 부는 대로 시대에 휩쓸려 갈 것이 아니라 용기를 가지고 모든 것을 앞장서서 지적으로 해결하려고 노력하며 오늘의 시대와 사회를 정확하게 탐구하고 이해하려고 노력해야 한다는 것이다.

오늘의 시대에 있어서 사회적인 세력과 그 변천하는 동향의 지적인 이해와 판단력 없이는 교육기관에 종사하고 있는 교사란 자기의 교육자로서의 긍지를 가질 수 없을 것이다. 그렇기 때문에 교사는 교육의 사회적 목표가 무엇인가 하는 것을 분명히 이해하고 교사는 사회복지를 위하여 민주주의적 역할을 다해야 한다는 것이다.

듀이에 의하면 교육자가 첫째 먼저 확실히 알아야 할 것은 우리가 살고 있는 세계가 과연 어떠한 유형의 것인가의 문제이다. 즉, 그 세계를 지배하는 세력을 알고 사람들을 지배하기 위하여 경쟁하고 있는 세력과의 대립을 이해해야 된다는 것이다.

역사적으로 볼 때 어떠한 세대에 있어서나 대립과 투쟁은 계속되는 것이지만 그 잠재력은 미래의 행복을 위하여 용솟음치고 있다는 사실을 교사는 이해해야 된다. 다시 말하면 교사는 '비전'을 가지고 오늘의 세계 속에서 교육자의 위치를 발견하고 미래 사회를 새롭게 건설하는 기수의 역할을 해야 한다는 것이다(임한영, 1978, pp.189~194).

(2) 교육의 자유

듀이는 교사의 사회적 공복으로서의 중요성을 강조한 나머지 아동에 대하여 가르쳐야 할 자유를 중요시하고 있다. 듀이는 학문이나 철학, 교육에 있어서 어느 학자에 못지않을 정도로 사랑했고 중요시했다. 듀이의 교육론 전체를 일관해 볼 때 대학사회와 다른 차원에 있어서의 초등학교와 중·고등학교에 있어서 학문의 자유와 교육의 자유를 주장했다.

그 대표적인 것이 1935년에 발표된 논문 「교사와 그의 세계」이다. 이 논문은 1946년의 논문집 『인간의 제 문제』에 수록되어 있으며 또한 1940년의 논문집인 『오늘의 교육』에는 「교사와 그의 세계」 그리고 「학문의 자유와 사회적 의의」가 실려 있다.

듀이가 말하는 학문의 자유에 있어서 학문이라는 말은 전문적인 무거운 뜻을 풍기고 있다. 그러나 그 말이 뜻하는 현실이란 그 중요성에 있어서 여러 가지 포괄적인 뜻이 스며들어 있다. 즉, 교육의 자유라는 것은 구체적으로 학생과 교사와의 자유, 그리고 교육기관으로서의 학교의 자유를 뜻한다. 교육의 자유라는 관념 속에 학생을 포함시킨다는 것은 교사를 포함시킨다는 것보다도 훨씬 더 중요하다. 그렇기 때문에 듀이에 의하면 교사의 자유란 학생이 학습할 수 있는 자유를 위한 필요조건이 되어야 한다는 것이다.

학교제도 자체 속에는 교육의 도덕적·지적 자유라는 입장에서 많은 제한이 있을 수 있다. 현재의 경제, 정치 그리고 문화를 대표하고 있는 특권계급의 정책이나 신념에 대하여 우리들의 생각과 일치하지 않을 경우에, 학교의 제도가 교사나 학생의 마음과 귀와 눈을 막아 버려야 할 제한성을 가질 수 있을 것인가 하는 점을 듀이는 문제시하고 있다.

교사는 헌법에 대하여 충성을 서약할 필요는 없지만 서약을 해야만 할 선발된 사람들이 모인 집단으로서 교사들을 엄선하는 일은 사회적으로 중대하다. 왜냐하면 그러한 선택이란 경제적으로, 정치적으로 복잡한 상황 속에서 여러 가지 정책에 관계된 중요한 국가적인 차원에 있어서 교사의 자유를 보증하고 있기 때문이다(Ibid., p.191).

(3) 탐구자로서의 교사

듀이에 의하면 교사에게 있는 학문의 자유와 교육의 자유란 교사가 공부하는 데 있어 불가결의 요인이 된다. 그렇기 때문에 교사는 그러한 자유를 위하여, 올바르게 교육에 대한 사명을 다하기 위하여 꾸준히 공부하는 사람이 되어야 한다는 것이다. 탐구자로서의 교사는 자기가 가르쳐야 할 교과에 대한 충분한 실력을 갖추고 이에 꾸준한 공부가 필요하다. 「이론과 실제와의 관련성」이라는 논문에서 듀이는 이렇게 말하고 있다. "교사는 아동으로 하여금 지적·도덕적·정서적·심미적으로 그리고 정신적으로 발달할 수 있도록 도와주어야 한다. 이러한 과업을 수행하기 위하여 교사는 아동에 관한 심리학을 탐구해야 한다"고 하였다. 또한 1920년대에 「아동과 커리큘럼」이라는 논문에서는 심리학의 중요성을 강조하는 한편 일반심리학과 교육심리학을 구별하고 있다.

일반심리학이란 교육심리학과는 달리 인간의 지능생활(mental life)에 관한 모든 면을 이해하고 탐구하는 것이다. 그러나 교육심리학은 아동의 성장목표에 대한 관심을 갖고 연구하는 심리학의 분야이다. 이는 아동의 심리와 사회적인 상호작용의 과정에서 아동의 마음씨가 어떻게 발달되는 것인가를 탐구 대상으로 삼고 있다. 그렇기 때문에 교사의 관심은 아동의 흥미를 어떻게 북돋아 주어야 할 것인가에 관하여 깊은 연구가 필요하다.

듀이는 1913년에 발표한 「교육에 있어서 흥미와 노력」이라는 논문에서 학습에 있어서의 흥미의 중요성을 강조하고 있는데 교사는 아동 학습의 원천이 흥미에서 이루어진다는 것을 알아야 한다는 것이다. 그러한 관점에서 듀이는 흥미를 가지는 것은 실제적으로 교사가 아동의 학습을 성취시키는 데 다섯 가지 성과를 거둘 수 있다고 한다.

첫째, 교사는 아동이 가지고 있는 비뚤어진 성격을 고쳐 주려고 노력해야 한다.

둘째, 교사는 학습의 내용이 되고 있는 교재가 성인의 이론으로서가 아니라 아동의 흥미중심으로서 그 내용이 이루어지고 있는가를 탐구해야 한다.

셋째, 교사가 아동의 흥미에 관하여 관심을 가져야 하는 초점은 학습의 동기에 있다. 아동은 여러 가지 자기의 욕구를 만족시키고자 애쓴다. 이러한 욕구를 만족시키는 동기로서 교사는 아동의 흥미를 북돋아 주어야 한다.

넷째, 이 흥미의 중요성을 생각하는 것은 학습에 있어서 최대한의 효과를 거둘 수 있다는 방법론에 불과하다. 다시 말하면 아동의 자연적 흥미에 대한 정력을 발전시키는 최대한의 방법으로서 학습을 생각해야 할 것이다. 그렇기 때문에 교사는 아동들의 마음속에서 어떻게 하면 자연스럽게 흥미가 쏟아져 나올 것인가 하는 것을 항상 연구해야 하며 아동의 자연적 흥미를 어떠한 방법으로 활용해야 할 것인가를 생각해야 한다. 따라서 교사는 아동의 흥미의 대상이 되는 것이 무엇이며 또한 아동의 흥미를 가로막는 장애물이 무엇이며, 그 장애를 개조하는 방법이 무엇인지를 발견해야 한다.

다섯째, 생각하는 흥미의 중요성이란 아동의 성장에 대한 교사의 책임감이 좌우된다는 것이다. 교사는 교육의 목적인 아동의 성장발달에 관한 교육심리학적 탐구를 게을리해서는 안 될 것이다. 동시에 교사로 하여금 교수법에 있어서의 자기반성과 자기평가를 더욱 탐구하게 해야 한다. 만일 교실에서 아동의 성격이 비뚤어져 있고 학습의 태도가 태만하여 주의력이 산만하다는 사실을 교사가 인식하지 못한다면 확실히 교사에 대한 아동의 흥미가 전적으로 결여되었다는 책임을 교사가 져야 한다는 것이다. 학생이 흥미를 가질 때 그 흥미는 학습의 동기를 북돋워 주는 데 작용되며, 그러한 작용을 활용하는 교사는 가르치는 실력과 기술과 능력을 가지고 교사와 학생은 학습에 공통된 성취가 될 수 있을 것이다. 따라서 교사와 커리큘럼은 아동의 흥미를 활용하는 데 책임을 져야 할 것이다.

교사교육에 있어서 중요한 것은 전문과목에 대한 실력과 아동 성장발달에 관한 교육심리학적 탐구와 교육 전반에 관한 교직적인 훈련이라고 듀이는 말하고 있다. 그러나 교사로서 가장 중요한 것은 장차 이 시대를 민주사회로 발전시키며 민주국가를 위하여 최대한의 봉사를 해야 할 제 2 의 국민을 양성한다는 중대한 사명감을 가져야 할 것이다(Ibid., p.194).

4. 듀이의 교육사상과 현대적 의의

교육과 사회 변화의 관계는 상호작용하는 관계에 있다. 그 관계는 순환적인 것으로서 종결될 수 없는 성질의 것이다.

사회 변화의 과정과 교육의 과정은 서로 반대되는 것으로 생각하고, 교육에 의해서 바람직한 사회가 이루어지느냐 혹은 급진적인 사회 변화가 교육의 변화에 선행해서 있어야 하느냐의 문제를 두고 논의를 해 볼 수가 있다. 이것은 서로 관련되어 작용한다고 생각된다. 어떤 사회적인 변화도 그것이 사소한 것이든 혁명적인 것이든 간에, 사람들의 원망과 목적의 대상이 되어 그들의 행위에 침투하지 않고는 정착되지 않는다. 이러한 변화의 도입과 정착은 교육의 힘에 의한다. 그러나 사회구조와 기능에 있어서의 모든 개선의 결과는 인간에게 교육적인 자원을 제공해 주고 정상적인 사회적 과정에 진입하기 위한 보다 나은 기회를 준다. 그리하여 그 사회적 과정은 다시 보다 나은 교육적 조건을 제공한다(Dewey, 1938, p.318).

어떤 형태의 사회이건 간에 그 사회의 유지와 존속을 위하여 교육은 반드시 따라야 하는 것이지만, 민주주의의 사회는 교육에 의하지 않고는 그 존속이 불가능할 뿐 아니라 교육과 무관하게 존속해야 할 정당한 근거도 없다. 왜냐하면, 민주주의란 인간 지력의 최대한 활용을 요구하는 원리이며 개체들의 최대한의 성장을 가능하게 하는 제도이기 때문이다. 이는 곧 교육의 의미이다.

교육적 원리는 때때로 그 원리가 기초하고 있는 기본적인 이론과 운명을 반드시 같이하지 않는다. 예컨대, 소크라테스의 '산파술'이 그가 믿었던 '이데아 세계의 회상'의 신념과 더불어 개발된 것이지만, 그것은 플라톤적인 '이데아의 세계', '영혼의 불멸', '진리의 회상'에 관한 믿음이 참이냐에 관계없이 탁월한 철학의 방법이며 또한 교육의 원리로서 의미를 지닌다. 그리고 아우구스티누스(Aurelius Augustinus)의 '내심(內心)의 교사(the inner teacher)'라든가, 프뢰벨의 '창조적 표현의 원리' 등도 이 원리들을 생산케 한 세계관적 신념의 진위(眞僞)와는 상관없이 그 자체가 유익한 교육원리로서 널리 받아들여지고 있다. 그러므로 같은 교육원리가 서로 상충되는 세계관을 가진 사람들에게 아무런 저항 없이 받아들여지기도 한다. 교육에 있어서의 가치관적 대립은 오히려 선택된 교육의 내용에 관한 것일 때가 많다. 그것은 진리에 대한 의견의 대립은 어떤 원리에 의해서 교육하느냐에 관해서 발생하는 경우보다 무엇을 가르쳐야 하느냐에 관해서 나타나게 되기 때문이다.

듀이에 있어서의 교육관과 교육원리는 그의 자연관과 지식관과 윤리관, 그리고 논리학과 연속성을 가진 것이기는 하지만, 이들 교육 외적 신념이나 이론이 정당화되지 못하거나 오류를 내포하고 있다고 해서 그의 교육관과 교육원리가 결정적인 침해를 받아야 할 이유는 없을 것이다. 교육의 원리에 관한 한 그것이 근거하고 있는 기초적 신념이나 이론에 관계없이 그 원리에 의해서 교육받은 인간과 사회의 모습, 그 원리가 동원하는 수단의 도덕적 본질, 그리고 그 원리의 방법적 특징에 대한 판단이 탁월한 가치기준을 만족시킨다면 우리는 그 기초이론의 검토에 집착해 있을 필요가 없다. 그것은 적어도 교육관과 교육원리의 경우에 그러하다.

그러므로 우리가 여기서 자연론, 인식론, 가치론, 논리학 등의 이론적 문제와 쟁점을 제외하고 그의 교육론만을 그 자체로서 논한다면, 그것은 플라톤 이후에 가장 포괄적이고 체계적인 이론이며, 현대 교육, 특히 민주적 교육원리를 놀라울 정도로 설득력 있게 전개한 교본격(敎本格)의 고전이다.

듀이의 교육이론은 교육 현실의 서술이나 설명이 아니라, 이상적 교육, 그리고 이와 관련하여 생각할 수 있는 인간과 사회의 '공학(engineering)'이다.

듀이의 교육이론이 특히 미국 사회의 교육실제에서 실로 어느 정도의 영향력을 미쳤는가에 관해서는 정확히 말하기 어려운 일이지만, 미국 사회의 민주주의와 교육의 원리에 대한 기본적인 이해는 상당히 듀이적인 특징을 지녔다고 평가할 수도 있을 것이다. 그러나 우리는 그러한 듀이적인 사고의 특징이 점차로 고조되고 있다고 말하기는 어려운, 즉 듀이의 이론과 생각이 성장하고 있다고 말하기는 어려운 상태에 있는 것 같다. 그것은 예컨대, 듀이가 민주주의의 실현을 위하여 강조한 공교육 제도는 사실상 현대의 어느 사회에서나 대단한 문제에 봉착해 있기 때문이다. 듀이는 호레이스 만(Horace Mann)과 더불어 미국의 공교육제도의 발달에 있어서 기여한 챔피언이었다.

불행히도 듀이의 교육이론은 그가 원하는 만큼의 역할을 하지는 못한 것 같다. 즉, 교육실천을 인도할 만큼 적용되지는 못하였다는 것이다. 그러나 듀이의 교육이론은 적어도 이론적 수준에서는 현대 사회의 교육을 위한 지도적 역할을 하였다고 해도 결코 과언이 아니다. 그런 의미에서는 현대의 교육계는 특히 이론적 관심의 수준에서 그의 영향하에 있다고 할 수 있나. 그러면, 듀이의 교육이론은 왜 이론 그 자체 이상의 영향력을 가지지 못하고 있는가? 그것은 그의 이론이 실천적 조건과의 통합을 이루기가 어려울 만큼 급진적이거나 고답적이었던 탓도 있다. 말하자면, 그의 교육이론은 제대로 시험되지 못한 상태에 있었다(이돈회, 1982, p.122).

듀이의 철학은 이때까지 언급해 온 것과 같이 자연과 인간, 이론과 실천, 이성과 현실, 전통과 진보, 주관과 객관의 대립과 갈등을 인간성의 존엄과 성장이라는 가치의 최고 척도로 삼아 문제를 해결하려는 과학적, 민주적, 인간학적인 방법론의 철학이다(임한영, 1982, p.30). 이러한 방법에 의하여 듀이는 근대 유럽 철학의 재개조, 재구성을 시도하면서 건설과 통합을 모색하려고 일생 동안 탐구해 왔다.

참고문헌

김재만, 『교육철학 · 사』, 서울: 형설출판사, 1995.

대학교육교재편찬회, 『최신교육사』, 서울: 재동문화사, 1982.

박준영, 『John Dewey 교육사상』, 부산: 경성대학교 출판부, 1995.

안인희, 『교육원리』, 서울: 이화여자대학교 출판부, 1983.

이돈회, 『John Dewey의 교육사상』, 『존 듀이와 프래그머티즘』, 서울: 삼일당, 1982.

임한영, 『존 듀이의 생애와 사상』, 서울: 배영사, 1978.

_____, Pragmatism과 Dewey, 한국철학회, 한국교육학회, 한국 존 듀이연구회편, 존 듀이와 프래그머티즘, 서울: 삼일당, 1982.

Curtis, S. J. & Boultwood, M. E. A., *A short history of educational ideas*, London, Univ. Tutorial Press, 1975.

Dewey, J, *Democracy and education*, N.Y. Macmillan, 1916.

_______, *Experience & education*, London, Collier-Macmillan, 1938.

_______, Interest and Effort in Education, With a New Preface by James E. Wheler, Carbondale, Illinois, Southern University Press, 1975.

_______, "My Pedagory Creed", J. Ann Boydston, general editor, The Early Works of John Dewey 1882~1898, 5Vols, Carbondale, Ⅲ., Southern Ⅲ. Press, 1972.

_______, *School and society*, The University of Chicago Press, 1953.

_______, *The child and the curriculum and the school and society*. Chicago & London, The University of Chicago Press, 1943.

_______, The Middle Works, 1899~1924, Vol.1, 1889~1901, Carbondale and Edwardsville, Southern ⅠⅡ. Univ. Press, 1976.

_______, "The School and Society", J. Ann Boyston(ed.). 1976.

Dewey, R. E., *The philosophy of John Dewey*, The Hague, Holand, Preface, 1977.

Good, H. G., A History of American Education, 1956.

Guy, W. S., American Philosophy from Edwards to Dewey, D. Van Hostrand Co., 1968.

Kneller, G. F., *Introduction to the philosophy of education*(2ed), John Wiley & Sons, Inc., 1972.

Martin, S. D., Dewey on Education, New York, Teachers college, Columbia University, 1959.

Moore, T. W., Philosophy of Education, An Introduction, London, Routeldag & Kegan Paul, 1982.

Peters, R. S., *Ethics & education*, London, George Allen & Unwin, 1966.

Smith, P. G., *Philosophy of education, introductory studies*, N.Y., Harper & Row, 1964.

__________, *John Dewey reconsidered,* London, R.K.P., 1977.

Smith, S., *Ideas of the great education*, N.Y., Harper & Row, 1979.

Ulich, R., *The history of educational thought*, N.Y., American Book Co., 1945.

White, M., *Science & sentiment in America*, Oxford University Press, 1972.

Willian J., Pragmatism edited by R. B. Perry, N,Y., 1942.

Winn, R. B.(ed.), *John Dewey, dictionary of education*, New York, Philosophical Library, 1959.

Worton, S. H., *Review notes and study guide to the major works of John Dewey*, Monarch Press(김병길 역), 존 듀이의 철학과 그의 주저, 경기: 양서원(1990).

6 브루너

Bruner

(1915~)

1. 생애

브루너(Jerome S. Bruner)는 1915년 미국에서 태어났다. 1937년 듀크대학을 졸업했으며 심리학에 흥미를 가지고 듀크대학 대학원에서 1년간 공부한 후 하버드대학으로 전학하여 동물의 지각, 사회심리학 등을 공부했으며 나치스의 선전기술에 관한 논문으로 1941년 박사학위를 받았다. 그리고 1952년 하버드대학 교수가 되었다. 그는 인지과정을 연구하기 위하여 학습장애 아동에 관한 연구를 했다. 그로부터 그는 아동의 발달에 흥미를 가지고 교육문제에 관심을 가지게 되었다. 1960년에는 하버드대학에 인지문제 연구소를 설립했으며 1965~1966년 미국 심리학회(APA)의 회장이 되었다. 1959년 매사추세츠 주 우즈홀에서 35인의 학자들이 모여서 초·중등학교에 있어서의 과학교육의 개선에 관한 회의가 열렸을 때 브루너는 그 의장으로서 시도적 역할을 했다. 그때의 성과를 정리한 것이 유명한 『교육의 과정(*The Process of Education*)』이다(김재만, 1984, p.314).

『교육의 과정』을 쓰기 전 브루너의 연구는 주로 심리학에 관한 것이었다. 브루너의 저서로는 『*A Study of Thinking*』(1956), 『*Opinions and Personality*』(1956), 『*After John Dewey · What?*』(1961), 『*Toward a Theory of Instruction*』(1966), 『*The Relevance of Education*』(1971), 『*The Logic of Education*』(1970) 등이 있다.

브루너의 시대적 배경을 보면 1950년에는 미국에 있어서 학문, 특히 자연과학의 발달과 학교교육의 보조가 맞지 않아서 심한 지적 비판을 받던 시기이며 그것을 극복하려는 노력이 도처에서 나타났다.

2. 교육사상

20세기 미국에 있어서 교육의 이론 면이나 실제 면 양면에 걸쳐 가장 대표적인 교육사조를 두 가지 든다면 틀림없이 듀이를 중심으로 하는 20세기 전반의 생활적응 교육과 브루너를 중심으로 하는 20세기 후반의 학문중심 교육사조를 들 수 있을 것이다.

브루너는 「존 듀이가 가고 그 뒤에 오는 것은 무엇인가」라는 글에서 '생활사태'를 교육내용으로 삼아 거기에 잘 적응하는 사람을 길러 내는 데에 교육의 목적이 있다고 하는 교육관(듀이)과 브루너 자신의 주장대로 학문을 내용으로 삼아 그 학문의 밑바닥에 깔려 있는 사고방식, 즉 '지식의 구조'를 가르치는 데 교육의 목적이 있다고 하는 교육관을 대비시키고 있다(이홍우, 1980, p.159).

브루너의 교육사상은 이 「존 듀이가 가고…」를 기점으로 삼고 있다.

듀이는 교육의 생활화, 사회화를 강조한다. 어린이의 의식, 습관, 사고, 감정은 어린이 자신이 생활현실에 들어가서 생활사회의 활동에 참여함으로써 형성할 것을 중시한다. 그러나 브루너에 의하면 그것만이 아니라 지성화, 개성화에까지 나아가는 것이 교육의 보다 나은 본질적 과제이다. 그리고 어린이에게 지성적 능력 형성과 지성적 과정을 중시하게 함으로써 현실사회의 생활양식을 초월하여 전진할 길이 열리게 되는 것이다. 생활화는 잘못하면 현실생활만의 적응이 되기 쉽다. 이리하여 어린이의 지성적 능력을 높이려고 한다면 어린이의 내면적 세계를 중시하지 않으면 안 된다. 사고란 대화를 독백화한 것이며 외인의 마음 가운데로 먹혀들어 어린이의 독자적인 내면세계를 형성할 때 비로소 진정한 지성화가 되는 것이다. 그러므로 교육의 업무는 어린이 의식의 얇은 거죽을 확장시킨 것과 같은 평평한 사회화의 영역으로 머물게 할 것이 아니라, 내면화·개성화를 향하여 보다 큰 노력을 하지 않으면 안 된다고 브루너는 주장한다(김재만, 1984, p.316).

학교는 특수한 생활사회이며 인간으로 하여금 인간(Homo sapiens)으로 되게 하는 기관이다. 새로운 미지의 세계를 탐구하고 생활경험을 초월한 경험을 하고 지성을 활동하여 진실을 발견하는 것이 학교의 역할인 것이다. 그러므로 학교의 역할은 어린이로 하여금 비일상적인 위대성에 접하여 사물의 탁월성에 대한 인지를 갖게 함에 있다.

브루너에 의하면 듀이가 말한 현실사회의 문제해결에 있어서 생활경험이야말로 진정한 교재요, 지식은 경험의 파생물에 불과하다고 한다. 이러한 생각은 지식의 본성과 지식의 습득법에 대한 그릇된 견해로 보았다. 이러한 사실은 수학의 교환법칙(2×14=14×2)을 보아도 알 수 있다. 즉, 두 집에 14명씩 살고 있다는 경험사실과 14집에 2명씩 살고 있다는 경험사실은 전혀 다른 사실이다. 이는 곧 경험을 모델로 해서 지식(개념)

이 생기는 것이 아니고 역으로 지식을 모델로 해서 올바른 경험이 형성되는 것이라고 보았다.

그래서 진정한 교재는 경험이 아니고 지식이며, 그것도 잡다한 지식이나 평평한 망라적인 지식이 아니라 지식의 구조(the structure of knowledge)이지 않으면 안 된다. 지식의 구조는 경험이 성립할 때의 모델적 역할을 하고 또 다양한 사실적 지식을 파생시키는 생산적인 근원인 것이다.

구조 일반개념의 교수방법은 가능한 한 어린이 자신에 의한 발견학습을 목표로 해야 한다. 발견학습의 훌륭한 점은, 첫째 학습자가 학습내용을 자기 자신의 것으로 하여 대체로 이것을 창조적인 힘으로 전환할 수 있다는 점, 둘째는 발견학습에 성공함으로써 학습자는 학습에의 내적 동기를 가지게 된다는 점이다.

교육은 틀림없이 사회진보를 위한 근본 방침이다. 그러나 유례없이 급속한 변화를 계속하고 있는 현대 사회에서는 사회진보에 대한 교육의 역할이 정말 중요하다. 교육의 조직적 기관으로서 학교는 급속히 변화하는 현대 사회의 변화를 학교교육에 반영시키는 데 게을리해서는 안 된다. 이를 위하여 최전선의 지식을 학교교육 안으로 도입할 필요가 있다. 최전선의 지식을 학교교육 안으로 부단히 도입하기 위해서는 교수, 과학자, 실업가, 예술가, 교사 등을 구성원으로 하는 "커리큘럼 연구기관"을 곳곳에 설치할 필요가 있다(Bruner, 1961, 요약).

이리하여 브루너에 의하면 학교는 학문을 가르치는 장소이며 사회생활을 하는 장소가 아니라는 기본적 생각에 의해 학문을 하자면 "구조(structure)를 배움이 무엇보다 중요하며 그 구조는 능력에 따라 제공되어야 한다"는 견지에서 그러한 구조와 능력의 탐구에서 교육과정은 나선형적으로 구성해야 된다고 생각했다(김재만, 1984, p.319). 브루너 교육사상의 여러 가지 특징들 가운데 가장 현저한 것은 학문의 구조화와 인식능력의 단계설과 교육과정의 나선형 체제라고 할 수 있다. 그 가운데서도 가장 으뜸가는 특색은 교재로서 학문의 구조를 강조하고 있는 점이다.

브루너의 교육관을 대별할 수 있는 교육목표를 두 가지로 들어 보면 첫째는 문화를 형성하는 지식, 형식, 가치의 축적을 개인에게 전달하는 것이다. 본래 인간은 유전을 통해 성장하는 것이 아니라 문화 전달을 통해 성장한다. 따라서 문화는 인간의 생존을 보증하는 가장 중요한 도구이며, 문화 전달은 가장 중요한 목표인 것이다(안인희, 1983, p.165). 둘째는 지적 능력의 계발을 통해 인간이 그 문화양식을 넘어서 전진하는 데 있다. 학교는 인간의 가소적인 시기를 가장 유효하게 활용하기 위하여 용의주도하게 계획된 특수한 곳이라고 하겠다. 따라서 학교는 단지 외부의 넓은 사회와의 연속성 혹은 일상경험과의 연결성을 준비하는 곳으로서 지성을 통해 새로운 경험의 세계로 비약하기 위한 특수한 사회이다.

브루너는 진보주의 교육을 비판하였다. 교육내용을 아동의 사회적 활동과의 관련이라는 입장에서 검토하려는 것은 지식의 본질이나 지식의 습득방법을 잘못 이해하고 있기 때문이라는 것이다. 즉, 학교는 어린이에게 지식 속에 있는 통일성이나 규칙성을 발견하게 하고 그렇게 함으로써 기억을 분명히 하게 하고 문제를 발견하고 탐구하는 방법을 배우는 곳이다.

따라서 구조론에서는 아무리 어려운 문제라 해도 그 기본구조만 정확히 파악하면 어떤 연령의 아이에게도 이를 가르칠 수 있다고 주장하고 있다.

3. 교육의 원리

1) 브루너의 심리학 이론

심리학자로서의 브루너와 동료들의 연구 테마는 인간이 자기가 사는 세계를 표상(表象)하는(인식하는) 방법에 대해 어떻게 학습해 가는가를 그것에 영향을 주는 유전적·문화적 요인과의 관계에서 밝혀내는 일이다.

브루너의 연구 결과에 의하면 표상작용의 발달에는 세 가지 명료한 변화가 있다(Bruner, 1965, pp.1~14).

그 발달의 제 1 단계는 동작적 표상의 단계이다. 이 단계에서는 지각과 반응 사이에 명확한 분화가 없고 대상의 식별은 그 대상의 성질 자체에 의존하기보다도 그로부터 야기되는 동작에 의존한다. 그러나 학습을 해 감에 따라서 선행의 반응의 흔적이 새로운 반응을 유도하게 되어 어떤 종류의 예기(豫期)를 가능하게 해 준다. 그래서 행동은 직접적으로 자극의 통제로부터 해방되어 자유롭게 되고 비시간적 성격(非時間的 性格)을 띠게 되어, 그것을 일반적 모형으로 만들 수가 있다. 또한 이것을 공간적 구조 안에 위치지음으로써 어린이는 자기가 습득하고 있는 동작으로부터 성립하는 몇 가지의 선택 가능한 방도를 동시에 생각할 수 있게 되어 탄력성 있는 행동이 가능하게 된다.

이와 병행하여 어린이가 외계를 표상하는 방법도 동작의 속박과 떨어진 이미지에 의할 수 있게 된다. 이때부터 제 2 단계, 즉 영상적 표상의 단계가 시작된다. 이미 동작과는 직접 연결되지 아니하는 지각의 세계를 드러내게만 되면 어린이는 이제 자기의 주의가 향하는 사물의 표면적 특징에 반응하는 경향을 갖게 된다. 이 사실은 어린이의 지각에 나타나는 비융통성, 미소 부분에의 의존성, 자기 중심성, 주의 산만성, 요구나 감정적 왜곡에 의해서 영향받기 쉬운 것 등으로 유추할 수 있다.

그리고 표상방법의 제 3 의 발달단계는 상징적 표상의 단계이다. 인간은 어떤 한 가지 사상을 규칙에 의해서 통제된 상징적 시스템으로 번역하거나 기호화함에 의하여 하나의 표상을 다시 다른 표상으로 변화시켜 설명할 수 있게 되는 것이다. 이와 같이 문법이 가지는 효과적 생산성 덕분에 인간은 하나하나 시행착오를 통해 해보지 않고도 또 이미지화의 작용에 의해서 마음으로 구체상을 그려 보지 아니하고도 환경을 실험적으로 재빨리 조작할 수가 있다. 이 상징적 활동은 먼저 언어에서 나타나고 다음에는 도구의 사용에서, 그리고 마지막으로 경험의 체제화 과정에서 나타나게 된다고 한다. 그리고 어린이가 언어를 사고(思考)의 도구로서 쓰기 위해서 먼저 경험의 세계를 구문(構文)이라 하는 구조원리와 어느 정도 동일한 형태를 가진 체제화 원리의 통제하에 두지 않으면 안 된다. 경험을 상징적으로 표상하기 위한 특별한 훈련을 받지 못했다면 설령 어떤 언어를 말한다고 하더라도 어린이는 세계를 표상하고 체제화할 때는 주로 동작적 · 영상적인 표현양식에 의존하게 되며 그대로 성인으로 자라게 되는 것이다.

이 세 가지 표상의 방식은 인간의 정신생활의 각각의 다른 시기에 그 특징을 발휘하지만 성인에게 있어서는 그들 세 가지가 서로 상호작용하면서 존속한다. 이때 이들 세 가지 표상방법을 가능케 하는 힘은 천부적으로 가지고 있는 것이라고 생각되는 것이다. 우리는 이들 세 가지 방법을 구사하여 세계에 관한 모델을 만들고 그것을 기초로

해서 세계를 인식하게 된다.

본래 이 모델은 개인이 그 안에 살고 있는 문화로부터 채택되고 다음으로 개인이 그들을 자기가 사용하기에 알맞도록 각색하게 되는 것이다. 이와 같은 원리는 브루너의 학문구조이론을 뒷받침하는 심리학이론이라고 할 수 있다(김재만, 1984, pp.321~323).

2) 구조의 이해

'지식의 구조'라는 말을 들을 때, 누구든지 '구조'라는 말에 특별한 의미가 있는가를 궁금하게 생각할 것이다. 왜 그냥 '지식'이라고 하지 않고 '지식의 구조'라고 하는가? '지식의 구조'라고 할 때에는 그냥 '지식'이라고 하는 경우에 비하여 어떤 의미가 추가되는가? '구조'라는 말이 아무런 특별한 의미가 없이 그냥 덧붙여졌다고 생각하면 몰라도, 그렇게 생각할 수 없는 이상 '지식의 구조'라는 말에서 '구조'라는 말은 의미상 중요한 역할을 하고 있다고 일단 생각할 수 있다. 그렇다면 그 의미상의 역할은 무엇인가?

'구조'에 대한 이해를 우산을 예로 들어 설명해 보기로 한다(이홍우, 1990, pp.11~22). 즉, '우산은 비를 막는 것이다'라는 말은 그 자체로는 완전한 의미를 나타내지만 그렇다고 해서 '우산의 구조는 비를 막는 것이다'라는 표현은, 적어도 정상적인 어법으로서는 용납될 수 없다. 이것은 곧 '비를 막는 것'이 우산의 '구조'가 될 수 없다는 것을 말해 준다. '우산의 구조는…'이라는 말 다음에 우리가 자연스럽게 기대하는 것은 '가운데에 대가 있고 팔방으로 살이 나 있으며, 그 위에 천이 덮여 있고, 대 끝에는 손잡이가 달려 있다…'는 식의 말이다.

물론 '가운데에 대가 있고…' 하는 말은 '우산은 가운데에 대가 있고…'라는 식으로 '우산의 "구조"는 이런이런 것이다'라는 표현에만 아니라, '우산은 이런이런 것이다'라는 표현에도 쓰일 수 있다. 이것으로 미루어 보면, '우산은 무엇인가?'라는 질문은 적어도 두 가지 다른 방식으로 대답될 수 있음을 알 수 있다. 하나는 '우산은 비를 막는 것'이라는 대답이요, 또 하나는 '우산은 가운데에 대가 있고…'라는 대답이다. 그러나 여기에 비하여 우산의 '구조'를 묻는 질문에 대해서는 그중의 한 가지 대답, 즉 후자의 대답만 가능하다. 다시 말하면 우산의 구조를 묻는 질문에서 '우산은 무엇인가'라는 질문에

'비를 막는 것'이라는 대답은 우산의 '용도', 또는 우산의 '기능'을 말하는 것이며, '가운데 대가 있고…'라는 대답은 우산의 '구조'를 말하는 것이다. 이와 같이 '구조'와 '기능'의 차이는 '안'과 '밖'의 차이로 표현될 수 있다. 구조는 사물의 '안'을 말하는 것임에 비하며 기능은 사물의 '바깥'을 말하는 것이다. 여기서 '바깥'이라는 것은 예컨대, 우산의 '바깥쪽' 또는 '거죽'을 말하는 것이 아니라, 우산 그 자체와 우산이 아닌 다른 것과의 관계, 보다 구체적으로 말하면 우산이 '비를 막는 수단'이 된다는 점을 가리킨다. 여기에 비하여 구조가 우산의 '안'을 말한다는 것은 우산 이외의 다른 것과의 관련을 개입시키지 않고 우산 그 자체의 생김새, 얼개 등을 말한다는 뜻이다.

구조가 사물의 '안'을 말해 준다는 것은 어디까지나 비유적인 설명이다. 그러므로 이제 이 '안'이라는 비유에 들어 있는 의미를 보다 명백히 드러내어 말할 필요가 있다. 구조가 사물의 '안'을 기술한다고 할 때, 그 말에 들어 있는 가장 중요한 의미는 그 사물을 하나의 온전한 전체, 외부와 관련 없이 독립적으로 존재하는 하나의 완결된 실체로 파악한다는 뜻이다. 이것을 흔히 구조의 '전체성(wholeness)'이라고 말한다. 다시, 우산의 경우에 비추어서 말하면 우산의 구조를 파악한다는 것은 우산을 그 자체로서 완결된 물건으로 보고 그것의 생김새를 파악한다는 뜻이다. 우산을 하나의 독립된 실체로 보지 않고는 그 구조를 파악하는 것이 하등 의미가 없다.

물론 이 전체로서의 구조에는 그것을 구성하는 요소들이 있다. 그러나 이 요소들이 전체적인 구조를 구성하는 한, 그 요소에 대해서는 두 가지 점을 유의할 필요가 있다. 첫째로, 요소들은 그냥 아무렇게나 존재하는 것이 아니라, 반드시 그 요소들 상호 간에 일정한 '관계'를 맺고 있다. 이 때문에 때로 구조는 '요소와 요소와의 관계'로 정의된다. 그러나 이 정의는 그 자체로서는 충분하지 않으며, 앞에서 말한 전체성이나 그 밖의 다른 특징에 의하여 보충되어야 한다. 그러나 구조가 요소들 상호 간의 '관계'로 성립된다는 점으로 보아, 구조가 '조직'의 의미를 나타낸다는 것은 쉽게 짐작할 수 있다. 둘째로, 하나의 요소가 가지고 있는 의미는 전체적인 구조와의 관련 밖에서 그 관련 이전에 주어질 수 있는 것이 아니라, 그 구조와의 관련 속에서 그 구조에 의하여 비로소 주어진다. 이것을 다른 말로 표현하면, 요소가 먼저 있고 그 요소들이 모여서 구조를 이루는 것이 아니라, 구조가 먼저 있고 그 구조에 의하여 요소들의 의미가 규정된다고 말할 수 있을 것이다. 다시 우산의 경우, 우산의 살은 분명히 우산의 구조에 들어 있는 요소이지만, 그것이 '우산의 살'이 되는 것은 오직 그것이 우산이라는 전체의 한 부분을 이루고 있을 때이며, 우산과의 관련을 떠날 때 그것은 하나의 철사 토막에 불과하다.

이때까지 말한 것은 다분히 일상용어로서의 '구조'의 의미를 분석한 결과이지만, '구조'라는 말은 또한 고도의 전문적인 용어로 사용되기도 한다. 소위 '구조주의자(structuralists)'라고 불리는 일군의 학자들은 문화 현상, 언어 현상, 아동의 지적 발달 등 여러 현상의 '구조'를 파악하고자 한다. 그들이 각각 관련된 현상에서 파악하고자 하는 '구조'라는 것도 일상용어로서의 '구조'라는 말을 빌려 쓴 것인 만큼, 그 의미도 위에서 분석한 일상용어의 의미와 중요한 점에서 일치한다고 볼 수 있을 것이다.

이때까지 '지식의 구조'라는 말에 들어 있는 구조의 의미를 다소 장황하게 고찰하였다. 이상에서 고찰된 내용을 요약해서 되풀이하면 다음과 같다. 즉, '구조'라는 것은 사물(또는 현상)의 '안'을 가리키는 것이며 '구조'를 파악한다는 것은 사물의 '안'을 또는 사물 그 자체를 파악한다는 뜻이다. 그리고 사물의 '안'을 파악한다는 것은 다시 그 사물을 하나의 온전한 전체로 보고 그 전체를 이루고 있는 요소들 사이의 법칙적인 '변형'으로 파악한다는 뜻이다(우산을 편 상태와 접은 상태를 변형에 비유하여 설명할 수도 있을 것이다).

'지식의 구조'에서 '구조'라는 말이 아무런 특별한 의미가 없이 그냥 붙여진 것이 아니라면 거기에도 위에서 말한 것과 같은 구조의 의미가 그대로 적용된다고 보아야 할 것이다.

3) 지식의 구조

'지식의 구조(structure of knowledge)'라는 말이 교육학의 용어로 널리 쓰인 것은 1960년 브루너의 『교육의 과정』이 출판되면서부터이다. 이 책은 그 전 해에 미국의 각 분야의 학자들과 교육전문가들이 모여서, 특히 교육과정의 계획과 운영에 있어서 미국 교육의 문제점과 그 개선방안을 논의한 회의(이 회의는 그것이 개최된 지명을 따서 '우즈홀 회의'라고 불린다)의 종합 보고서로 집필된 것이다.

『교육의 과정』의 서문에서 알 수 있듯이 1957년경부터 미국 각 지역에서는 물리학, 수학, 생물학, 화학 등의 여러 교과에서 새로운 교육과정을 마련하려는 움직임이 있었다. 이들 '새 교육과정'은 그 당시 미국 학교에서 시행되던 교육과정의 결함에 대한 인식을 토대로 하여 그 결함을 시정하려는 노력을 나타내고 있었다고 볼 수 있다. 우즈홀 회의는 그러한 교육과정의 방향을 확인 또는 재천명하는 기회였으며, 따라서 '지식의 구조'라는 말은 그 속에 그 당시 미국 교육의 문제점과 그 개선의 방향을 집약해서 간직하고 있다고 보아야 한다(Ibid., pp.7~11).

『교육의 과정』이 나온 이후 브루너 이외에도 '지식의 구조'를 언급한 사람들이 여럿 있다. 그들은 다소간 각각 자기 자신의 견해에 따라 일반적인 의미에 있어서 또는 각 교과에 있어서 '지식의 구조'를 해석하였고, 그들의 해석은 반드시 모든 점에서 브루너의 해석과 일치한다고는 볼 수 없다. 용어에 있어서도 '지식의 구조'라는 말 이외에, '교과의 구조(structure of subject matter)' 또는 '학문의 구조(structure of discipline)' 등이 대체로 '지식의 구조'와 동의어로 사용된다. '지식의 구조'를 언급하는 사람들이 세부 사항에 있어서는 서로 견해의 차이가 있다고 하더라도 한 가지 근본적인 점에 있어서는 공통된 견해를 나타내고 있다고 볼 수 있다. 즉, 그들은 한결같이 교육내용으로서의 학문의 성격이 무엇이며 그 성격에 충실하게 교육을 하려면 교육이 어떤 양상을 띠어야 하는가에 관심을 가지고 있다. 이런 점에서 그들의 주장을 '학문중심 교육과정(discipline-centered curriculum)'이라는 말로 표현하는 것은 충분히 납득할 만하다.

브루너는 계속하여 '지식의 구조'의 의미와 그것을 교육현장에서 실현하는 방안 및 그것에 관련된 문제점에 관한 글을 썼다(Bruner, 1960, 1966, 1971).

'지식의 구조'라는 말을 올바른 의미로 사용할 수 있으려면, '지식'에도 예컨대 문화인류학자들이 파악하는 문화 현상의 구조, 언어학자들이 파악하는 언어 현상의 구조, 그리고 심리학자들이 파악하는 아동심리의 구조에 비유될 만한 것이 있다고 보아야 한다. 만약 이 가정이 타당하다면, 브루너의 『교육의 과정』은 그러한 의미에서의 지식의 구조가 교과의 내용이 되어야 한다는 것을 주장한 책이라고 볼 수 있다. 그러한 의미에서의 지식의 구조란 어떤 것인가, '지식의 구조'라는 개념이 어떤 교육내용관을 나타내는가 하는 문제를 생각해 보아야 한다.

'구조'는 사물의 '안'을 가리키며 '구조적으로' 이해한다는 것은 사물을 '안'에서 파악하는 것이다. 또한 사물을 '안'에서 파악한다는 것은 그 사물이 아닌 다른 것과의 관련을 개입시키지 않고, 그것을 하나의 온전한 실체를 가진 것으로 그 자체로서 파악하는 것이다. '지식의 구조'라는 말은 지식에 그러한 의미에서의 구조가 있다는 뜻을 나타내며 그것이 곧 각 교과의 내용이라는 것을 뜻한다. '지식의 구조'라는 것은 모든 지식을 총체적으로 보았을 때 그것이 가지고 있는 구조를 가리킨다는 해석이 있을 수도 있으나, 그것은 브루너가 말하는 지식의 구조와는 다르다. 브루너에 있어서 지식의 구조는 각 교과의 구조들－물리학의 구조, 수학의 구조, 언어의 구조 등－을 일반적으로 지칭한다. 예컨대 물리학에서의 '지식의 구조'는 하나의 전체적인 학문으로서의 물리학을 가리킨다. 물리학이라는 학문도 여러 개의 요소들로 구성되어 있겠지만, 그러한 요소들은 물리학이라는 학문 속에서 조직되어 있으며, 전체적인 물리학과의 관련에 비추어서만 의미를 가진다. 물리학의 '지식의 구조'가 물리 교과의 내용이라는 것은 곧 물리 교과에서는 그러한 의미에서의 물리학 그 자체, 즉 물리학의 여러 요소들이 서로 관련을 맺어서 이루고 있는 전체적인 구조를 가르쳐야 한다는 뜻이다.

그러므로 '지식의 구조'라는 말은 교육내용으로서의 지식을 종래와는 근본적으로 다른 눈으로 보도록 요구한다고 말할 수 있다. 종래 교과에서도 지식을 가르친 것은 사실이지만, 종래에는 지식을 '안'에서 또는 그 자체로서 보았다기보다는 '밖'에서 또는 개인적 및 사회적 문제해결의 수단으로서 보았다. 다시 말하면, '지식의 구조'가 강조되기 이전에는 각각의 지식이 하나의 '구조'를 가진 것으로 보고 그 구조 자체에 관심을 기울였던 것이 아니라, 그 '기능(지식이 어디에 쓰이는가)'에 비추어 지식을 파악했던 것이다. '교육내용이 생활의 문제를 해결하는 데 도움이 되어야 한다'는 주장은 바로 지식의 기능을 강조하는 것이다.

'지식의 구조'라는 말은 지식의 기능을 보는 관점에서부터 지식의 구조를 보는 관점으로의 전환을 나타낸다.

'지식의 구조'라는 말은 지식의 성격(또는 본질)을 그 외적 기능에 의해서가 아니라 내적 구조에 의하여 파악하도록, 바깥에서 안으로 지식을 보는 우리의 눈을 바꾸도록 요구하고 있다. 예를 들어 우산을 '비를 막는 것'으로 파악하는 관점에서 우산의 생김새

('가운데에 대가 있고 사방에 살이 나 있고…')를 파악하는 관점으로의 전환에 해당한다.

내적 구조에 의하여 지식을 파악한다는 것은 지식을 '그 자체로서' 파악한다는 말로 표현될 수 있고, 그것은 또한 지식을 '쓸모'에 의해서 파악하는 것과는 대조되기 때문에, 지식의 구조는 '쓸모'와는 하등 상관이 없는 것처럼 생각될지 모르나 이것은 잘못된 생각이다. 『교육의 과정』 2장의 첫 문단에서 '구조'의 중요성을 설명하는 첫머리에 "어떤 종류의 학습이든지 학습의 첫째 목적은 그것을 통하여 지적인 희열을 느낀다는 점도 있겠지만, 그보다 더 중요한 것으로서 그 학습이 장차 우리에게 쓸모가 있어야 한다는 것이다. 학습은 우리를 어디인가로 인도해야 할뿐더러, 우리로 하여금 그 이상 더 먼 곳까지 더 쉽게 갈 수 있도록 해 주어야 한다"(Bruner, 1961, p.74)고 적혀 있다. 여기서 '학습이 쓸모가 있어야 한다'는 것은, 얼핏 생각하면 '학습이 생활의 문제를 해결하는 데에' 쓸모가 있어야 한다는 뜻으로 해석될지 모르나 그 이하의 부분을 읽어 보면 학습이 쓸모 있게 되는 방식에는 두 가지가 있다고 말하고 있다. 하나는 '특수적 전이'라고 하는 것으로서, 이것은 주로 기술에 국한되는 것이다. 생활의 문제를 해결하는 데에 쓸모가 있다는 것은 이 경우를 가리킨다고 볼 수 있다. 학교에서 가르치는 내용 중에 여기서 해당하는 것이 전혀 없는 것은 아니지만, 지식의 보다 중요한 '쓸모'는 '일반적 전이, 일원리와 태도의 전이' 다시 말하면 "기본적이고 일반적인 아이디어로서 부단히 지식의 폭을 확장하고 깊이를 심화하는 것"을 말한다. 지식의 구조의 중요성은 이런 뜻에서의 일반적 전이를 보장한다는 데에 있다(이홍우, 1990, p.21).

브루너의 말에 나타나 있듯이, '지식의 구조'는 교과의 성격을 새롭게 규정해야 한다는 제안이다. 지식을 안에서 파악하는가, 밖에서 파악하는가 하는 것은 지식을 가르치는 방식과 무관한 것이 아니라, 교과로서의 지식의 내용이 어떤 것이며 또 그것을 어떤 방식으로 가르쳐야 하는가에 근본적으로 중요한 영향을 미친다.

4) 탐구와 발견

브루너의 이론에서 제시한 "어떤 교과든지 지적으로 올바른 형식으로 표현하면 어떤 발달단계에 있는 어떤 아동도 효과적으로 가르칠 수 있다"(이홍우, 1976, p.102)라는 가설에서 볼 때 세 가지 일반적인 문제를 고찰할 수 있다. 첫째는 아동의 지적 발달과정에 관한 문제이고, 둘째는 학습하는 행위에 관한 문제이며, 셋째는 나선형 교육과정에 관한 문제이다. 예로서 아동의 지적 발달에 관한 연구 결과는 대체로 다음과 같은 사실을 밝혀 주고 있다. 즉, 발달과정을 통하여 아동은 각각의 단계에 독특한 방식으로 세계를 지각하고 설명한다는 것이다. 따라서 어떤 특정한 연령층의 아동에게 교과를 가르치는 문제는 곧 아동의 지각방식에 맞게 교과의 구조를 표현하는 문제이다. 다시 말해 교과의 구조를 아동의 지각방식에 맞도록 번역하는 문제라고 할 수 있다. 이는 곧 어떤 아이디어든지 어린이들의 사고방식에 맞도록 충실하고 유용하게 표현될 수 있다는 것이요, 또한 어린이는 차차 학습해 나감에 따라 자기가 최초에 학습해서 익힌 표현방식을 점점 강력하고 정확하게 만들어 갈 수 있다는 것이다.

『교육의 과정』이 나온 지 10년 뒤에 브루너는 1960년대의 교육과정 개혁운동이 이룩하고자 한 이상을 다음과 같이 요약하고 있다(Bruner, 1961, p.109). 즉, 지식의 구조를 가르쳐야 한다는 주장은, 예컨대 물리학을 '토픽(topic)'으로 보는 것이 아니라 하나의 '사고방식'으로 본다. 물리학이라는 것은 '책에서 베껴 낼 수 있는 사실의 더미'가 아니라 '지식을 처리할 수 있는 장치'이다. 물리학이라는 것은 우리가 그것에 '관하여 알아야 할(know about)' 그 무엇이 아니라 '할 줄 알아야 할(know how to)' 그 무엇이다. 물리학을 배우는 학생은 물리학의 '관람자'가 아니라 물리학의 '참여자'이어야 한다. 우리는 물리학에 '관하여 가르칠(teach about physics)' 것이 아니라, 물리학을 가르쳐야(teach physics) 하며, 물리학을 '하도록' 가르쳐야 한다. 이 모든 것은 지식의 구조를 가르치는 방법상의 원리로서 '탐구'의 중요성을 강조한다고 볼 수 있다. 그러므로 지식의 구조와 함께, 그것을 가르치는 수업방법으로서 '탐구학습' 또는 '발견학습'이 강조된 것이다(이홍우, 1990, pp.37~38).

'스스로 탐구하고 발견한다'는 표현에서도 알 수 있는 바와 마찬가지로 탐구와 발견은 그 결과로서 가지게 될 안목과 마찬가지로 '개인'의 것이다. 다시 말하면 탐구(그리고 어떤 의미에서는 발견)는 개인이 자기 자신의 안목을 가지기 위하여 하는 자발적인 노력이다. 탐구학습이나 발견학습에 있어서 기본적인 고려 사항은 어떻게 하면 학생들로 하여금 과학의 안목으로 볼 수 없는 상태에서 볼 수 있는 상태로 나아가게 할 수 있는가 하는 것이다. 심각한 자세로 교육에 종사해 본 사람은 누구나 알듯이 이 일은 결코 쉬운 일이 아니다. 그 일을 위해서는 흔히 '문제를 내주고 스스로 탐구하도록 한다'는 말로 표현되는 것보다는 훨씬 복잡한 일을 해야 할 것이다. 때로 교사는 교과의 내용을 요약해서 제시할 필요도 있을 것이고 때로는 학생들이 그 내용을 이해했는가를 확인하기 위한 질문도 해야 할 것이다. 그리고 때로 교사는 학생들에게 낯선 문제를 내주고 그 문제에 대해서 생각해 보도록 할 수도 있을 것이다. 그러나 그와 동시에 교사는 설명과 질문으로써 학생들의 생각하는 과정을 이끌어 주어야 할 것이다(Ibid., p.45). 지식의 구조 일반개념의 교수방법은 가능한 한 어린이 자신에 의한 발견학습을 목표로 해야 한다. 발견학습의 훌륭한 점은 첫째, 학습자가 학습내용을 자기 자신의 것으로 하여 대체로 이것을 창조적인 힘으로 전환할 수 있다는 점이다(Ibid., p.45). 둘째는 발견학습에 성공함으로써 학습자는 학습에의 내적 동기를 가지게 된다는 점이다.

5) 나선형 교육과정

'지식의 구조'에 관한 핵심적인 주장은 학자와 학생의 하는 일의 연계성과 또 한편으로 학자의 내용을 학생의 내용으로 번역하는 일은 동전의 양면과 같다는 것이다. 『교육의 과정』에서는 흔히 한쪽이 강조됨과 동시에 다른 쪽이 따라서 강조되고 있음을 볼 수 있다(Ibid., pp.46~47).

사실상, 과학이건 문학이건 간에 나중의 학습과 중요한 관련을 맺고 있는 어떤 일반적인 태도나 접근방법을 저학년 학생들에게 가르쳐 줄 필요가 확실히 있을 것이다. 세상 만물이 따로따로 떨어져 있는 것이 아니라 서로 관련되어 있다고 보는 태도가 그 좋은 보기이다. 실제로 유치원 어린이들로 하여금 사물이 서로 관련되어 서로 영향을 주고 있다는 점을 깨닫게 하는 놀이를 만들어 낼 수 있을 것이다. 이것을 물리 현상이나 사회 현상에서 흔히 볼 수 있는바, 사건 사이의 복합적인 인과관계를 알게 되는 첫걸음이다. 진정한 과학자라면 누구나 보통 자기의 연구방법의 한 부분으로서 과학적인 사고방법이나 태도에 관하여 무엇인가 말할 거리가 있을 것이다. 역사가들은 역사학에 관하여 이 문제를 많이 취급해 왔다. 문학인들은 문학적인 멋과 생동감을 자아내는 올바른 형식에 관하여 문학평론이라는 하나의 독자적인 영역을 개척해 놓았다. 수학에서는 수학 문제를 해결하는 접근방법을 나타내는 말로서 '발견법'이라는 공식적인 이름이 생겼다. 이러한 태도나 사고방법 중에서 가장 널리 퍼져 있고 가장 유용한 것이 어떤 것인가를 알 필요가 있을 것이며, 또한 저학년의 어린이들에게 이런 태도나 사고방법의 초보를 가르치려면 어떻게 해야 할 것인가를 연구할 필요가 있을 것이다. 이 초보적인 태도나 사고방법은 학년이 올라감에 따라 점점 세련된 형태를 갖출 것이다. 다시 이러한 주장의 밑바닥에는 학자가 자기 학문의 최전선에서 하는 일과 어린이가 그 학문을 처음으로 공부할 때 하는 일 사이에는 연계적인 관계가 있다는 기본가정이 깔려 있다(Bruner, 1960, pp.91~92).

한 학문의 개념이나 원리, 또는 태도, 사고방법 등이 학생의 발달단계가 높아짐에 따라 그 지적 성격의 동일성을 유지하면서 점점 세련된 형태로 가르쳐지도록 계획된 교육과정을 『교육의 과정』에서는 '나선형 교육과정'이라고 이름 붙이고 있다.

나선형 교육과정의 아이디어가 나타내는 한 가지 명백한 시사점은 학교 또는 학년 수준별 교육과정계획(즉, 교육내용의 "종적 조직")에서 찾아볼 수 있다. 그 아이디어에 비추어 보면 교육과정을 계획하는 일은 크게 보아 모든 학교수준을 통틀어 가르쳐야 할 동일한 개념 또는 원리들을 확인하고 그것들을 각각의 학교 또는 학년수준에서 어느 정도로 정확하고 치밀하게 가르칠 것인가를 결정하는 일이다. 한 교과의 핵심적인 아이디어를 학교 또는 학년수준에 맞게 표현하는 일은 '번역'이라고 표현할 수 있을 것이다. 실제적인 편의로 보면, 핵심적인 아이디어의 번역은 고등학교 수준에서 먼저 시작하여 차차 하위 단계로 번역되어 내려오는 편이 더 용이할 것이다. 하위 단계로 번역되어 내려오는 동안에 교과목의 조직이 달라지는 경우가 있겠지만(예컨대 고등학교의 물리, 화학, 생물, 지구과학이 중학교의 과학으로 되는 경우), 이 경우에도 핵심적인 아이디어는 아무리 단순하게 취급된다 하더라도 거기에 있어야 한다(이홍우, 1990, pp.50~51).

브루너가 핵심적 아이디어를 발달단계에 맞게 번역하는 원리라고 할 만한 것으로서, '지식의 구조의 세 가지 표현방식(modes of representation)'이라는 것을 제안하였다. 즉, 동일한 아이디어가 ① 어떤 결과에 도달하는 데에 거쳐야 할 일련의 동작 '작동적 표현(作動的 表現, enactive representation)'으로, ② 개념을 완벽하게 정의하는 것이 아니라 대체로 전달하는 영상이나 도해 '영상적 표현(映像的 表現, iconic representation)'으로 그리고 ③ 명제를 형성·변형하는 이론적 법칙에 지배되는 상징체계로서의 상징적 또는 논리적 명제 '상징적 표현(象徵的 表現, symbolic representation)'으로 표현될 수 있고, 이 표현방식은 발달단계를 따른다는 것이다(Bruner, 1966, pp.44~45). 이 세 가지 표현방식은 천칭의 원리로서 예시되어 있고 또한 초등학교 3학년 아이들에게 이차 방정식을 가르치는 데에 활용되었다고 보고되어 있다. 천칭의 원리를 가르칠 때, 아주 어린아이들에게는 시소를 태우면서 상대방의 위치와 무게를 고려하여 자리를 잡도록 한다(作動的 表現). 그보다 나이 든 아이들은 천칭의 모형을 다루거나 그림을 통하여 그 원리를 이해한다(映像的 表現). 그리고 가장 나이 든 아이들은 언어나 공식을 사용하여 천칭의 원리를 이해한다(象徵的 表現)는 것이다.

그러나 이 세 가지 표현방식은 나선형 교육과정을 실현 불가능한 것으로 만들었다는 지적을 받고 있다. 위의 브루너의 세 가지 표현방식은 특정한 단계에는 특정한 이해방식(理解方式) 또는 지각방식(知覺方式)이 있다는 식으로 파악될 것이 아니라, 예를 들어 '핵심적 아이디어를 아동이 알아들을 수 있도록 제시하려면 어떻게 해야 하는가?'는 나선형 교육과정에서 근본적인 질문이지만 여기에 대해서는 '공식과 같은' 방침은 없다. 아이들에게도 말을 해야 하고 말로써 전달하기가 어려울 때에는 그 말의 내용을 '동작'이나 '영상'으로 표현해 볼 수도 있는 것이다. 따라서 브루너의 '세 가지 표현방식'이 이런 정도의 아이디어라면 그것을 충분히 받아들일 수 있는 것이다. 그러나 브루너는 그 이상으로 발달단계와 표현방식을 긴밀하게 관련짓고 있다.

4. 브루너의 교육과정의 현대적 의의

브루너의 시대적 배경으로 1950년대는 학문, 특히 자연과학의 발달과 학교교육의 보조가 맞지 않아서 심한 지적 비판을 받던 시대이며, 그것을 극복하려는 노력이 도처에서 일어났던 때다. 따라서 고등학교의 물리 커리큘럼을 개정하려고 했던 PSSC의 업적은 그 가운데서도 대표적이라 하겠다. 또한 이 움직임을 결정적으로 한 것은 1957년

인공위성 경쟁에 있어서 미국이 구소련에 뒤떨어졌다고 하는 소위 스푸트니크 쇼크였다. 다음해 미국은 교육시찰단을 소련에 파견하여 소련에서는 교육에 절대적인 기대를 걸고 있다는 사실을 알고, 그 다음해는 곧 '국방교육법'을 통과시키기에 이르렀다. 따라서 과학자, 기술자를 양성하기 위하여 거액의 연방정부조성금을 각 방면에 조달하였던 것이다. 미국의 이러한 충격이 우즈홀과 같은 회의를 재촉하게 된 것이며 듀이 이후의 미국 교육의 방향을 논의하는 계기가 되었던 것이다.

따라서 '우즈홀 회의'가 개최되었고 이곳에서 '물리교육연구회(PSSC)' 구성의 계기를 만든 MIT공과대학 제롤드 자카리아스의 제안이 수락되어 1957년에 일류급 과학자, 기술자, 교육전문가들로 PSSC가 구성되었고, 다음과 같은 원칙에 따라 물리과정의 제작에 착수하였다. 즉, ① 과정은 지적 도전감이 있을 것, ② 과정은 현대 물리학의 '구조'를 반영할 것, ③ 과정은 학습자의 능동적인 탐구와 발견을 강조할 것, ④ 과정에는 학습자료, 특히 일류의 교과서가 부수될 것 등이다.

PSSC의 뒤를 이어 수학과 생물·화학 등 다른 과학분야에도 같은 종류의 교육과정 개발사업이 벌어졌다. 1958년의 학교수학연구단(SMSG), 1959년의 생물교육과정연구회(BSCS), 그리고 다소 늦게 1960~1963년 화학의 CHEM Study와 CBA 등이 그것이다(이홍우, 1976, pp.16~17).

브루너의 『교육의 과정』에서 지식의 구조에 관한 제 이론을 요약하면 다음과 같다.

① 학문은 기본개념과 원리의 내적 체계로 이루어져 있고 이런 의미에서의 학문이 각각 해당하는 교과의 교육내용이다.

② 교과를 배우는 학생과 학문을 연구하는 학자 사이에는 그 내용과 방법에 있어서 연계성이 있다.

③ 한 특정한 단계에서 학생이 배우는 내용은 학문의 단계에 있어서의 번역판이다.

위의 세 가지 포인트는 곧 '지식의 구조'라는 개념과 관련된 교육원리를 나타낸다고 보아도 좋을 것이다. 이렇게 표현해 놓고 보면 과연 그것이 교육의 원리로서 그토록 새로운 원리인가 하는 의심이 들 것이다. 결국, 그것은 우리가 교육에서 늘 하고자 했고, 또 해오던 것을 문장으로 표현한 것에 불과한 것이 아닌가? 그러나 위의 말들은 지식의 구조가 강조되기 이전에 사람들이 교육에 대하여 했을 법한 말과 비교해 보면, 아마 '혁명적'이라고 할 만큼 새로운 말일지 모른다. 그 전에 사람들은 학문이나 교과의 '바깥쪽'을 보고, 교과가 생활의 문제를 해결하는 수단이라든지 생활의 문제와 관련을 맺도록 교과를 가르쳐야 한다는 식으로 말했다. 여기에 비하여 '지식의 구조'는 학문이나 교과를 '안'에서 보아야 한다는 주장을 제기하고 사람들의 눈을 밖에서 안으로 이끌려고 했다. '안'과' 밖'은 그것이 가리키는 물체가 동일하다는 점에서 보면 동일하다고 볼 수 있지만, 그 시각은 안팎이 서로 반대일 수도 있다.

우리나라에서는 1970년대에 '지식의 구조', '학문중심 교육과정', '탐구학습' 등이 논의되고 더러는 실제에 적용되기도 하였다. 특히 두드러진 것은 초등학교 과학과 수학과의 교과서가 현저하게 '기본원리'와 '탐구'를 강조하는 방향으로 달라졌다는 것이다. 최근에 와서는 그 초등학교 교과서의 문제점이 상당히 강력하게 대두되고 있다. 또 더러는 '지식의 구조'의 본고장인 미국에서도 그 원리를 따른 고등학교 PSSC물리, SMSG 수학 등이 도전을 받고 있다고 한다(이홍우, 1990, pp.56~57). 그러나 구조론에서는 아무리 어려운 문제라 해도 그 기본구조만 정확히 파악하면 어떤 연령의 아이에게도 이를 가르칠 수 있다는 주장을 한다. 어린이는 때로는 복잡한 것을 알게 된 기쁨을 얻게 되고 스스로 비약할 수 있는 능력이 있다는 것에 대해 만족한다. 이는 그 자체로 충분한 보상이 되므로 외적인 상이나 벌은 불필요한 것이다.

브루너의 이 같은 구조론은 지식산업시대라고 불리는 현대 사회에 적응하는 효과적인 학습 형태로 새롭게 각광을 받고 있다. 또한 현대 학교교육의 질적 저하를 초래한 여러 가지 요인에 대한 대응책으로도 교육계의 주목을 받아 왔다. 그러나 지식의 구조에는 아직 이론적 탐구의 여지가 많다고 보겠다.

참고문헌

김재만, 『교육철학 · 사』, 서울: 형설출판사, 1984.

안인희, 『교육원리』, 서울: 이화여자대학교 출판사, 1983.

이홍우, 『지식의 구조와 교과』, 경기: 교육과학사, 1980.

_____, 『Bruner 지식의 구조』, 경기: 교육과학사, 1990.

Bruner, J. S., "After John Dewey. What?" *On knowing*, Harvard University Press, 1961.

__________, *Studies in cognitive theory*, Cambridge: Harvard University Press, 1965.

__________, *The process of education*, Harvard University Press, 1961. (이홍우 역), 『브루너 교육의 과정』, 서울: 배영사, 1976.

__________, *The relevance of education*, London, George Allen and Unwin, 1971.

__________, *Toward a theory of instruction*, Harvard University Press, 1966.

Hirst, P. H., "Liberal Education and the Nature of Knowledge," R. D. Archambault(ed.), *Philosophical analysis and education*, London, RKP, 1965.

Hirst, P. H., & Peters, R. S., *The logic of education*, London, RKP, 1970.

Schwab, J. J., "Problem, Topics and Issues", Stanley Elam(ed.), *Education and the structure of knowledge*, Chicago, Rand McNally, 1964.

7 몬테소리

Montessori
(1870~1952)

1. 생애와 활동

몬테소리(Maria Montessori)는 1870년 8월 31일 이탈리아 안꼬나(Ancona)에 있는 끼아라 발레(Chiaravalle)에서 태어났다. 그녀의 아버지 알렉산드로 몬테소리(Alexandro Montessori)는 귀족의 혈통을 이어받은 군인으로, 보수적이고 근엄하고 예의가 바른 사람이었다. 어머니 레날데 스토파니(Renilde Stoppani)도 명문 출신으로 신앙심이 깊고 상냥하고 매력적인 여성이었다. 몬테소리는 이런 혜택받은 가정의 외동딸로 태어나 부모의 사랑을 한몸에 받으며 자라났다. 그러나 그녀의 부모는 몬테소리를 귀엽게만 키우지 않고 가정에서 교육을 매우 엄격하게 하였다.

학교교육은 안꼬나의 보통공립학교에서 받았다. 그 후 12세 때 그녀의 부모는 교육을 위해 로마로 이사를 했다. 14세 때부터 수학과 생물학에 깊은 흥미를 나타내었고 드디어는 의학을 공부하기로 마음을 굳혔다. 그러나 당시만 해도 여자가 의학을 공부한다는 것은 세상의 관습에 도전하는 일이었기 때문에 입학을 거절당했다. 그러나 몬테소리는 끝까지 뜻을 굽히지 않았고 이탈리아 국왕과 교황을 만나는 등의 여러 노력 끝에 마침내 로마대학 의학부에 입학하였다. 입학허가를 받은 이후에도 그녀의 부모는 의학공부를 반대하여 집에서의 경제적인 도움을 전혀 받지 못했고 가정교사 생활의 수입과 장학금으로 학비와 생활비를 충당하였다. 게다가 학교에서는 학과공부 어려움 외에 남학생들로부터의 놀림이 적지 않았다. 그러나 야무진 성격의 그녀는 여러 어려움들을 극복하고 1896년 우수한 성적으로 로마대학 의학부를 졸업하고 여의사 생활을 시작하였다.

졸업 후 몬테소리는 로마대학 부속 정신병원의 조수에 임명되었는데, 그녀의 업무 중에는 로마의 여러 정신병원을 순회하는 일이 있었다. 당시 지적장애아는 미치광이로 취급되어 정신병원에 수용되었다. 틀에 박힌 생활로 텅 빈 방에 수용되어 있는 유아들은 식사가 끝나면 빵부스러기를 찾아 마루를 기어 돌아다녔다. 이것을 본 그녀는 유아들은 먹을 것 이상으로 자신의 손을 움직이는 것을 갈망하고 있다는 것을 알았다. 그것은 유아가 자신의 지성을 발달시키기 위한 무의식적인 욕망을 나타내는 것임에 틀림

없다고 생각했다. 몬테소리는 지적장애아의 문제는 의학적인 문제라기보다는 교육적인 문제라는 결론을 내리고 지적장애아 교육시설의 필요성을 호소하였다.

1899년 몬테소리의 주장은 열매를 맺어 공립 지적장애아 학교가 설립되었다. 그 후 그녀는 1901년까지 2년간을 지적장애아 교육을 위하여 심혈을 기울였다. 아침 8시부터 저녁 7시까지 스스로 유아를 가르치는 일에 전념하고 밤늦게까지 연구를 계속하여 드디어 새로운 교재를 준비하기에 이르렀다. 그녀는 '그 2년간의 실천은 문자 그대로 최초의, 그리고 진실한 교육학의 학위였다'고 회고하였다. 몬테소리의 뛰어난 지도에 의해서 지적장애아들은 전혀 상상도 할 수 없을 정도의 훌륭한 발전을 보였다.

그러나 그 후 그녀의 관심은 점차 정상아에게로 옮겨져서 1901년 지적장애아 학교를 사임하고 로마대학에 재입학하였다. 몬테소리는 지적장애아 문제를 취급하면서 얻은 이론과 방법이 정상아에게도 적용될 수 있다는 확신을 갖게 되었다. 이때 그녀는 로마대학의 강사 자격을 가지고 있었지만 교육학 연구에 뜻을 두고 다시 로마대학 철학과에 입학하였다. 철학, 실험심리학 등과 더불어 이타드(Itard), 세강(Séguin)의 교육과 그 업적을 철저하게 연구하였다. 이제까지 교육학의 주류였던 루소, 페스탈로찌, 프뢰벨의 흐름과는 달리 이타드-세강 등의 업적과 사상을 깊게 연구하여 실증주의적 관점에서 교육문제를 다루었다. 학습자인 유아에 대한 연구에 기초를 두고 생리학적·심리학적 제 현상의 분석과 철학적 사색 위에 새로운 교육방법의 발견에 노력하였다.

1907년 1월 6일부터는 슬럼가의 3세부터 7세까지의 유아들을 대상으로 교육실천을 시도하였는데 이들을 위한 교육시설의 이름을 '어린이집(Casa dei Bambini, Children's House)'이라고 명명하였다. 그 후 중류와 상류가정의 유아를 대상으로 한 어린이집도 설립되었다. 그와 같은 교육실천을 토대로 그녀의 독특한 교육법(Montessori method)이 발표되었고 그녀의 교육법에 대한 저서는 수십 개 언어로 번역되어 전 세계로 퍼져 나갔다.

이후 몬테소리 교육은 급속도로 퍼져 나갔고 세상의 많은 주목을 받으며 몬테소리 협회의 지부와 학교가 이탈리아뿐만 아니라 세계 각지에 설립·보급되었다.

1922년 몬테소리는 이탈리아 정부의 학교 감독관에 임명되었으나 그녀가 파시스트 독재를 반대한 이유로 1934년에 몬테소리 학교들은 폐쇄 명령을 받았고 그녀의 저서와 논문은 불타 버렸다. 그러나 이러한 와중에서도 세계 각국의 여러 사람들의 지지로 교육과 연구는 계속되었다. 1939년 영국과 인도에서 교원양성을 시행하고 있었지만 이때 제 2 차 세계대전이 시작되었다. 그리하여 전쟁이 끝날 때까지 인도에서 활동을 계속하게 되었다. 이때 인도에서는 간디(Gandhi), 네루(Nehru), 타골(Tagore) 등으로부터 지원을 받아 인도 각지에서 교원양성코스를 개설하였다. 이윽고 제 2 차 세계대전이 끝난 후 1947년 이탈리아 정부의 초청으로 귀국하였고 1949년에는 네덜란드로 건너갔다. 여기서 몬테소리는 몬테소리협회 본부를 설치하였고 그곳을 근거로 해서 영국, 이탈리아, 프랑스, 인도, 스리랑카, 파키스탄, 노르웨이, 스웨덴 등 세계 각지에 다니며 몬테소리 교육의 보급과 진흥을 위하여 노력하였다. 80세 이후에는 특히 강연과 저작에 힘썼다. 그녀는 1952년 5월 6일 네덜란드의 노르드벡 안 제이(Nordwijk aan Zee)에서 82년간의 유아에 대한 사랑과 교육을 위한 위대한 생애를 마감하였다.

몬테소리의 주요 저서로는 『어린이집에 적용된 과학적 교육법(*Il Metodo della pedagogia scientifica applicata all'educazione infantile nelle Case dei Bambini*)』, 『어린이의 비밀(*Il segreto dell'infanzia*)』, 『초등학교에 있어서의 자동교육(*L'autoeducazione-nelle scuole elementari*)』, 『어린이의 정신-흡수정신(*La mente del bambino-mente assorbente*)』, 『어린이의 발견(*La scoperta del bambino*)』, 『교육과 평화(*Educazione e pace*)』, 『인간의 형성(*Formazione dell'uomo*)』, 『새로운 세계를 위한 교육(*Educazione per un mondo nuovo*)』, 『유년기부터 사춘기까지(*Dall'infanzia all'adolescenza*)』 등이 있다.

2. 사상적 배경

1) 교육사상적 배경

몬테소리는 인간의 생명을 보다 깊이 이해하기 위해 여러 학문 영역에서 제 학자들의 사상을 받아들이면서 자신의 독자적인 교육사상을 형성·체계화시켰다. 그녀는 특히 교육학의 발전을 위해서는 형태학적 인류학의 여러 가지를 적용하는 것이 유효하다는 것을 강조하였다.

> 최근 10년 동안 교육학의 경향에 대한 많은 논의가 이루어져 왔다. 교육학은 의학의 선례를 따라 순수히 사변적인 단계를 넘어 그 결과, 근거를 실험의 실증적 제 결과에 두게 되었다. 웨버(Weber)에서 분트(Wundt)에 이르기까지 새로운 과학에 조직된 생리학적 심리학 또는 실험심리학은 종래의 형이상학적 심리학이 철학적 교육학에 영향을 준 것과 같은 기초를 새로운 교육학이 갖추도록 하고 있다. 유아의 신체적 연구에 적용되고 있는 형태학적 인류학도 또한 새로운 교육학의 성장을 위한 강력한 요소이다 (Montessori, 1964, p.1).

몬테소리 당대에 이탈리아에서 가장 영향력이 있었던 인류학자는 체사레 롬브로조(Cesare Lombroso)였다. 몬테소리는 롬브로조부터 인간 이해의 기초로서 생물학적 근거에 대한 신뢰를 받아들였고 주세뻬 쎄르지(Giuseppe Sergi) 교수로부터는 교육학에 인류학적 방법을 적용하는 면에 있어서 많은 영향을 받았다(Kramer, p.71). 몬테소리 교육에 있어서 과학적 관찰과 측정이 특히 강조되고 있는 것은 그의 영향으로, 이것은 몬테소리의 과학적 교육학 수립의 기반이 되었다. 의과대학 졸업 후 로마대학 정신병동에 근무할 당시 일반정신병 환자와 지적장애아를 함께 수용하고 있는 상황을 보고 그녀는 지적장애아에게 많은 관심을 가졌고 치료과정에서 이것이 단순히 의학적 치료만으로 가능한 것이 아니라 교육적 접근에서 그 해결점을 찾을 수 있다는 확신을 갖게 되었다 (Montessori, 1964, p.31).

그리고 의학적 교육적 방법(medico-pedagogic method)의 연구에 관심을 쏟으면서 세강의 지적장애아 교육의 성과를 공부하기 시작했고 그의 저서들을 이탈리아어로 번역하였다. 몬테소리는 "생리학적 방법은 완전한 인간 재생의 길로 이끌어 간다"고 하는 세강의 신념에 동의했고 유아 연구의 기초로서 이러한 생리학적 방법을 사용했다 (Standing, 1984, p.33). 그 후 그녀는 연구를 계속하여 생리적 · 심리적 현상의 분석에 기반을 둔 교육법을 개발하였고 이를 정상아에게도 적용할 수 있다고 주장하였다.

이와 같이 몬테소리는 특히 세강의 영향을 많이 받았다. 그러나 그녀는 세강의 연구 결과에서 한 걸음 더 나아가 좀 더 발전된 논리를 펼쳐 나갔다. 교구와 3단계 과업, 감각의 분리 등에 있어서는 세강의 영향이 크지만 몬테소리는 교구를 보다 손쉽게 사용하여 '자기교육'을 할 수 있도록 개조하였고 '3단계 제시법'도 세강의 것보다 더 단순화시켰다. 그러나 몬테소리와 세강의 근본적 차이는 세강이 지적장애아에게 생활 속에서 비교적 직접적으로 도움이 될 만한 지식과 기술을 얻게 하는 데 관심이 있었던 것에 비해 몬테소리는 연습이 가지는 훈련적 측면에 보다 더 큰 관심을 두었다.

몬테소리의 사상 중 가장 특징적인 것은 인간 생명의 진화와 창조에 대한 깊은 관심을 들 수 있다.

> 인간의 위대한 능력은 모든 환경에 적응한다는 것, 그리고 그것을 수정한다는 것이다. 이런 이유 때문에 세상에 태어난 모든 인간은 자신의 인격을 한 번 더 만들어야 한다. 개개인에게는 유전적인 적응이 없다. 개인은 그것에 부합되는 무엇을 발전시켜야 한다. 출생 시 신생아는 그가 태어난 집단의 행동 특성들을 가지지 않는다. 그러므로 그것을 창조해 내고 만들어 내야 한다(Montessori, 1961, p.12).

몬테소리의 진화에 대한 생각은 다윈(Darwin)과 헉슬리(Huxley)의 진화론을 바탕으로 하고 있다. 그러나 몬테소리는 그들의 진화론에서 더 나아가 인간은 우주 전체의 보편적 목적을 위하여 창조를 대행한다고 하는 사상을 포함하는 진화론적 생명관으로 발전시켰다. 인간 생명의 진화와 창조에 대한 그녀의 이러한 사상은 자신의 교육사상 형성의 중요 부분을 차지하고 있는데, 이것은 특히 그녀의 환경론의 기본 토대를 이루고 있다.

그리고 몬테소리 교육사상에는 프로이드(Freud)의 정신분석학적 입장이 나타나 있다. 프로이드는 몬테소리와 같이 임상의로서 병리학적인 연구로 시작하여 이를 정상아 발달을 이해하는 기초로 사용했다는 공통점을 갖고 있다. "모든 행동은 생리학적 자극이나 항상성을 유지하려는 욕구 또는 고통에 있어서 방향지어진 욕망에 의해서 동기지어진다"(Freud, 1950, p.21)고 하는 프로이드의 견해와 몬테소리 교육에 있어서 기본개념이 되는 '학습에 있어서 유아의 자발적인 흥미'는 관련성을 갖는다. 몬테소리의 자발적 동기에 기초한 교육사상은 좀 더 원류를 찾아 올라가면 왓슨(Watson)으로 이어진다. 긴터 슐츠 베네쉬(Günter Schulz-Benesch)에 의하면 몬테소리 교육사상에는 프로이드의 정신분석학적 입장과 왓슨의 행동주의적 입장이 동시에 존재한다(Schulz-Benesch, 1970, p.94).

이와 같이 몬테소리가 정신분석학을 이용했음이 명백하지만 그녀의 견해에는 행동과학이나 정신분석학과는 상당히 다른 면이 있었다. 차이점 중 가장 두드러진 것은 종(species)으로서 인간의 특성에 대한 견해이다.

> 종들 간의 구분을 우리가 할 수 있는 이유는 그들의 다른 점 때문이지 결코 유사함 때문이 아니다. 또, 다른 종을 구성하는 것에는 항상 뭔가 새로운 것이 있다. 인간은 이중의 태아기를 가진다. 그것은 새로운 설계를 하고 다른 창조물과 관련해서 새로운 운명을 지닌다. 이것이 우리가 계속 연구해서 아동발달과 인간의 심리학적인 면에 대해서 새로운 출발을 해야 하는 이유이다(Montessori, 1984, pp.60~61).

몬테소리의 교육사상의 배경에는 프로이드를 비롯한 정신분석적 입장과 행동주의 심리학이 복합적으로 관련지어져 있다. 그러나 그녀는 인간이 다른 생물체와는 다른 하나의 종으로서의 인간에 대한 연구의 필요성과 당위성을 역설하였다.

몬테소리의 교육사상은 유아의 내적 잠재력과 능력이 적절한 안내와 방향 제시를 받게 될 때 유아가 자연의 법칙에 따라 발달된다고 하는 자연주의의 영향을 받았다(Schulz-Benesch, 1970, p.11). 유아의 성장발달을 '내부로부터의 발달'로 보는 점은 확실히 루소, 페스탈로찌, 프뢰벨 등의 영향이 크다. 출생의 순간부터 유아가 소유한 천부적인 잠재력의 전개를 교육과정으로 한 점, 그리고 감각훈련과 정신발달의 전개와 신장을 위한 필수조건으로서 자유를 강조한 점 등은 확실히 루소-페스탈로찌-프뢰벨로 이어지는 사상적 계보를 따르고 있다.

그리고 그녀의 교육사상적 배경에는 신교육이라고 일컬어지는 새로운 교육의 동향을 찾아볼 수 있다. 신교육운동은 유아를 중심으로 학교나 교육활동을 생각하려는 운동으로, 여기에서는 지식 전달의 장으로서의 전통적인 교실의 분위기는 폐지되고 실험과 탐구정신이 고양되며 지역사회와 학교와의 거리를 좁히는 데 관심이 모아졌다. 이러한 신교육운동의 경향은 몬테소리의 '어린이의 집'에서의 교육과정과 학급 편성에 영향을 주어 '어린이의 집'에서의 교육은 획일적 집단교수가 아니라 개별 유아의 활동이 중심이 되어 시간 배당 없이 유아가 흥미를 갖고 스스로 선택한 작업에 집중하여 그 활동을 완전히 끝마칠 수 있도록 되어 있다. 또 '어린이의 집'에 자녀를 보낸 학부모의 임무를 명시한 조항들은 학교와 지역사회 간의 협력을 통하여 교육의 목적을 달성할 수 있다고 하는 신교육운동의 경향을 그대로 받아들인 것으로 보인다.

이와 같이 몬테소리는 의학과 형태학적 인류학의 실험적·과학적인 아동연구법, 이타드와 세강의 생리학적 접근법, 진화론에 기초한 환경의 중요성 강조, 프로이드의 정신분석학 입장과 왓슨의 행동주의적 입장, 루소-페스탈로찌-프뢰벨로 이어지는 자연주의 교육사상과 신교육운동의 경향 등의 실로 다양한 여러 사상들을 통합하여 자신의 독특한 교육사상을 형성·체계화하였다.

2) 교육철학적 배경

몬테소리 교육사상의 근간을 이루고 있는 인간 존재에 대한 견해와 모든 생명의 성장과 발전의 근원으로서의 자연, 그리고 그의 사상 전반을 통하여 일관되게 나타나고 있는 신에 대한 견해를 살펴보면 다음과 같다.

(1) 신

몬테소리는 종교심은 태어날 때부터 각 개인에게 깊숙이 존재하고 있다고 보았다. 신앙심의 결핍은 바로 인간 성장요소의 결핍의 증거로서 인간은 도덕성만으로 충분치 않다고 역설하였다. 또 종교가 없는 사람은 상상력이 없는 사람일 뿐만 아니라 내적 평정이 결핍된 사람(Montessori, 1965, p.268)이라고 하였다.

몬테소리 사상에 있어서 신에 대한 이미지는 유아의 인격 형성과 더불어 인간 속에 깊숙이 내재하는 창조적 발전의 질서와 관련되어 있는 것으로서, 인간과 세계 속에 깃들어 있는 생명 그 자체로 해석된다.

몬테소리는 신의 의지라고 불리고 신이 창조하는 전체 속에서 활발히 나타나 있는 '우주의 계획'이라는 존재를 언제나 상정하고 있다. 지상의 모든 존재는 운명지어진 창조의 대행자로서 우주의 조화에 도움이 되게끔 노력해야 하는 '우주적 사명'을 지니고 있다고 본다. 그리하여 몬테소리는 교육의 본질을 인간의 마음에 새겨진 우주의 법칙을 자각하는 것에 두었다(Montessori, 1984, p.63). 인간의 의지는 하나의 위대한 우주적인 힘에서 유래한 것으로 이 우주적 힘은 물질적인 것이 아니라 진화과정에 있어서 생명 그 자체의 힘이다. 에너지 자체는 창조와 보호와 구제, 그리고 그 자체의 목적을 전개해 나가는데 인간 역시 이 법칙으로부터 벗어나지 않고 '우주적 사명'을 다한다(Montessori, 1988, p.188)고 하였다. 자신을 창조하고 완전하게 하려는 생의 본능 외에 또 다른 하나의 목적이 있는데 그것은 통일된 전체를 위한 봉사와 조화 속에서 자신을 완성하려는 우주적 임무의 실현(Montessori, 1984, p.64)이라고 하였다. 이와 같이 몬테소리는 생물체의 존재 목적은 단순히 살아남기 위한 데 있는 것이 아니라 우주적 질서 속에서의 자기 창조에 있다고 보았다. 이러한 몬테소리의 신관은 그의 사상 전체를 통하여 일관되게 나타나고 있고 이는 그녀의 교육사상에 있어서 중요한 핵심을 이루고 있다.

(2) 인간

몬테소리는 교육과 사회의 개혁은 알려지지 않은 인간에 대한 사회적인 연구의 바탕 위에 이루어져야 한다(Montessori, 1985, p.8)고 하면서 인간 존재에 대한 연구의 필요성을 주장하였다.

몬테소리는 인간발달을 하나의 생물학적 성장으로 보고 모든 유기체는 동일한 원리와 법칙에 의해 지배된다고 생각하였다. 따라서 몬테소리에게 있어서 인간은 우선 생물학적인 존재이다. 왕성한 생명력을 가진 육체의 지주로서의 인간 존재를 그녀의 인간 이해의 바탕으로 삼고 있다. 그는 "우리가 알고 있는 유아는 최고의 잠재성을 소유하고 있다"(Montessori, 1988, p.32)고 하면서 인간과 다른 동물과의 차이점은 지성을 소유한 창조적 활동을 추구하는 능동성에서 찾아볼 수 있다(Montessori, 1973, p.31, 41)고 하였다. 몬테소리가 '어린이의 집'에서의 관찰과 연구를 통해 도출해 낸 것은 바로 인간은 무한한 가능성의 존재라는 사실의 발견이었다.

> 유아는 자기 자신 속에 은밀히 혹은 강력하게 작용하는 생명의 충동에 의해 스스로 선택하고 스스로 행동하고, 스스로 창조해 가도록 촉구되고 권장되고 격려된다. 모방을 허용치 않고 또 제어하기 어려운 생명의 충동을 가진 존재로서 끊임없이 자기 창조에로 독촉되어지는 존재다(Montessori, 1984, p.249).

몬테소리에게 있어서 인간은 '완전한 정상화의 모형'을 소유하고 있는 존재로서 끊임없이 성장할 수 있는 에너지를 지닌 무한한 가능성의 존재며 동시에 내적 능동성을 가진 창조적 존재다.

몬테소리는 인간을 육체와 정신으로 이루어진 살아 있는 통일체로 본다(Oswald, 1958, pp.83~84). 몬테소리는 "유아는 자라나는 육체와 발달하는 정신이다. 이 두 가지 생리적이고 심리적인 면은 영원한 것으로서 생명 그 자체이다"(Montessori, 1964, p.104)라고 하였다. 몬테소리는 육체와 정신의 상호작용을 통한 통일체로서의 인간의 존재를 규정하고 육체와 정신이 일체적인 조화와 통일을 유지하는 가운데 완전한 인간의 모습이 있다고 보았다.

따라서 몬테소리에게 있어서 인간 형성은 정신과 육체의 공동작업에 의한다. 이 육체적·정신적 존재로서의 인간 파악으로 인하여 몬테소리 교육에 있어서는 정신화와 육체화가 동시에 중요시된다(Oswald, 1963, p.3). 정신과 육체, 정신과 외적 환경이 통합하면서 창조적이고 독립적인 주체로 성장·발달해 가는 존재로서의 인간에 대한 그의 견해는 교육목표를 전인교육으로 향하게 하는 기초가 되었다.

> 인류의 부는 …… 인격을 조화시키고 통일시키는 데 있다. 우리들은 인간의 인격을 인간이라는 통합된 유기체로 이행시키는 교육을 필요로 한다(Ibid., pp.49~50).

그리고 몬테소리는 유아의 지적인 본성은 출생의 순간부터 이미 그 가능성을 갖고 있다고 보았다. 그는 "만약 갓 태어난 신생아에게 정신적 생활이 존재한다면… 태아기의 생활에 있어서 정신적 생활은 이미 시작되었다고 말할 수 있다"(Ibid., p.74)고 하면서 태아는 세포 분열을 거듭하는 육체적 태아일 뿐만 아니라 지적 정신을 소유하고 있는 존재라는 것을 강조하여 태아를 '정신적 태아(l'embrione spirituale, spiritual embryo)'라고 하였다(Montessori, 1984, p.68).

이와 같이 몬테소리는 인간을 출생의 순간부터 지적인 존재로 보았다.

그런데 몬테소리에게 있어서 인간은 육체적·정신적인 존재이지만 동시에 지적인 존재로서의 인간적인 측면을 가지고 있다. 인간의 지적인 창조자로서의 정신적 갈증은 거의 육체적 갈증 이상이라고 하면서 지적 창조를 강조하였다(Montessori, 1984, p.199).

그리하여 몬테소리의 교육은 인간의 지적인 존재로서의 가능성 개발에 보다 더 큰 역점을 두는 경향을 띠게 된다.

또한 몬테소리는 인간은 출생의 순간부터 사회적 존재이지 결코 비사회적 존재가 아니라고 하였다. "인간들은 세상에 발을 들여놓음으로써 무엇보다도 신의 사회적 책임을 느끼게 된다. 그 때문에 책임을 다하는 인간을 길러내는 일은 필수적"(Oswald & Schulz-Benesch, 1973, p.64)이라고 하였다. 이와 같이 몬테소리는 사회적 존재로서의 인간의 관점을 분명히 하고 있을 뿐만 아니라 더 나아가 보다 나은 문명화된 사회의 건립을 위한 그녀의 생각을 제안하면서 문명사회 건설에 한몫을 담당하는 사회적 존재로서의 인간의 임무를 다음과 같이 역설하고 있다.

> 인간은 차츰 이러한 초자연을 구성했고, 인간 스스로 지향되었으며 그래서 자연에 대한 인간으로부터 초자연의 인간이 되었다. 자연은 영원한 시대로부터 존재하는 영역이며 초자연은 인간이 바야흐로 건립하려고 하는 또 다른 영역이다(Ibid., p.109).

이상에서 볼 때 몬테소리의 인간관은 기본적으로 왕성한 생명력을 가진 육체의 지주로서의 생물학적인 인간관이고 무한한 잠재적 에너지를 소유한 내적 능동성을 가진 지적·창조적 인간관이다. 또한 육체와 정신의 상호작용을 통한 조화와 통일을 유지하는 조화적·통합적 인간관이며 전쟁 없는 평화로 조화를 이룬 사회의 건설을 위한 가능성을 소유한 사회적 인간관이다.

(3) 자연

몬테소리의 교육사상 전반을 이해하는 기초로서 그녀의 자연관을 살펴보면 자연철학적인 우주론과 실증주의적 과학의 조화를 엿볼 수 있다. 몬테소리는 유아 속에 자연의 위대함이 반영되어 있는 것을 본다고 하면서 자연은 자유와 독립을 주는 것으로서 인간에게 생명 그 자체를 부여하는 것으로 "유아에게 성장의 기회를 주는 것은 자연"(Montessori, 1984, p.93)이라고 하였다. 또, 유아는 외계에 목적을 갖고 있지 않기 때문에 분명히 내부에 목적을 갖고 있어야 한다고 하고 여기에 작용하는 의지는 유아의 의지가 아니라 자연의 의지라고 하였다.

『*Spontaneous Activity in Education*』에서도 "우리들은 육체적인 형태의 창조가 아닌 것처럼 정신적인 형태의 창조자도 아니다. 이 모든 것을 준 것은 창조, 즉 자연이다"(Montessori, 1965, p.4)고 하였다. 슐츠 베네쉬도 "몬테소리 교육학의 근본은 자연주의에 있다"(Schulz-Benesch, 1970, p.11)고 하였다.

이와 같이 몬테소리 교육사상에 있어서 핵심적인 위치를 차지하고 있는 자연은 우선 유아가 독립과 자유를 획득하도록 하는 자연이요, 생명 자체를 가능하게 하는 자연으로, 모든 인간의 성장과 발달의 근거로서의 자연이다. 이러한 의미에서의 몬테소리의 자연은 창조, 즉 자연 혹은 '창조적 자연'이다. 생물체의 성장과 발전의 근원으로서의 자연이고 우주만물의 성장과 발달의 추진력을 부여하는 것으로서의 자연이다. 즉, '창조'의 주체로서의 '자연'인 것이다. 이와 같은 주관적 자연주의 사상과 더불어 몬테소리에게 있어서 자연에는 객관적 실증성을 갖는 자연과학의 연구대상으로서의 객관적 자연주의 사상이 동시에 나타나고 있다. 그는 자연을 과학적으로 관찰하고 경험을 통하여 자연의 본질을 탐구하고자 노력하였다. 자연과학을 공부한 의사로서 몬테소리는 항상 선입관이나 편견에 사로잡히지 않고 인간에 대한 연구를 통하여 자연의 비밀을 벗겨 내려고 끊임없이 노력을 했고 이것은 '새로운 유아' 발견의 중요한 계기가 되었다

몬테소리는 "유아가 시도하는 맨 처음의 노력은 모방을 목표로 하지 않고 자기 자신 속에서 모방하는 능력을 형성하는 것을 목표로 한다. 자연은 우리에게 단지 모방하는 힘을 주는 것이 아니라 본보기가 갖추어지도록 자신을 바꾸는 힘을 준다"(Montessori, 1984, p.161)고 하였다.

> 원숭이 새끼는 탄생 다음날에는 서서 스스로 있는 힘을 다해 어미의 몸에 매달려서 고유의 괴성을 지르기도 하고 어미의 울음을 알아들을 수도 있다. 그러나 원시인의 아이는 1년 가까이 되기까지 말을 하는 것도, 듣는 것도, 엄마의 몸에 매달리는 것도, 직립해서 걷는 것도 할 수 없다(Montessori, 1985, pp.80~82).

이처럼 인간에게는 태어나면서부터 갖추고 있는 능력은 아무것도 없고 모든 것을 생후에 습득하지 않으면 안 된다. 그러나 이것이야말로 다른 동물은 몇 만 년이 지나도 처음 그대로인 데 비해 인간만은 이런 현저한 진보를 이룰 수 있는 근본 원인

일 것이라고 하면서 인간은 모든 것을 스스로 쌓아 올리지 않으면 안 된다고 역설하였다.

여기서의 자연은 직접적으로 자신이 창조하는 것이 아니라 직접적으로 뭔가를 이용하여 창조하는 것이다. 이와 같은 의미에 있어서 몬테소리의 자연은 인간이 인식하고 이용하고 지배하는 객체로서의 자연이다. 몬테소리의 이러한 객관적 관찰의 대상으로서의 자연에 대하여 슐츠 베네쉬는 "몬테소리에게 있어서 '인간 자연'은 믿음성을 갖는 조망이 아니고 선입관에 사로잡히지 않는 현상의 관찰로 인식된다"(Schulz-Benesh, 1970, p.328)고 하였다.

이와 같이 몬테소리의 자연은 인간 생명 현상에 대한 관찰과 연구의 대상으로서의 객관적 자연과 모든 인간 성장의 내면적 자발성의 근거로서의 주관적 자연의 의미를 포함하고 있는 자연이다. 이러한 의미를 포괄하고 있는 몬테소리의 자연은 인간발달의 근거로서 작용하는 본질적 핵심으로서, 그녀의 교육사상의 출발점이며 동시에 교육사상 전반을 지탱하는 기반이 되고 있다.

3. 교육의 원리

1) 유아관

몬테소리 교육사상의 교육적 기여는 과학적 교육학의 지향과 새로운 유아의 발견을 들 수 있다. 몬테소리는 관념적 사색과 전통적 권위주의의 시각에서가 아니라 세밀한 과학적 관찰을 통하여 지금까지 알려지지 않은 '새로운 유아'를 발견하였다. 당시의 일반적인 유아관은 유아는 텅 빈 그릇과 같은 존재로서 게으르고 무능하기 때문에 언제나 성인을 본보기로 해야 한다는 것이었다. 그러나 그녀는 "인간성의 위대함은 출생의 순간에 시작된다"(Montessori, 1984, p.16)고 하여 유아의 존엄성을 인정하였다.

또 몬테소리는 다른 종을 성립시키는 데는 뭔가 새로운 것, 신기한 것을 갖고 있다고 하면서 마찬가지로 인간도 정해진 행동의 형태는 유아 속에 미리 만들어져 있지는 않지만 그 형태를 창조하는 힘은 가지고 있다고 하였다. 다시 말해서 유아는 행동의 유전적 모형은 가지고 있지는 않지만 그의 발달을 수행시키는 어떤 잠재능력을 갖고 있고 이 잠재력이 외계를 이용함으로써 발달을 이루어 간다고 하였다. 이와 같이 몬테소리는 유아를 무한한 가능성의 존재로 보았다. 그리하여 그녀는 유아의 성장을 그가 소유한 잠재능력의 신비스런 전개 과정(Montessori, 1970, p.30)으로 보았다.

요컨대 몬테소리는 유아를 단순히 수동적이고 수용적인 존재가 아니라 자기 스스로 성장을 이루어 낼 수 있는 내적 생명력을 가진 무한한 가능성의 존재이며 능동적인 존재로 보았다. 그리하여 유아의 이러한 잠재된 내적 생명력을 존중하지 않으면 참다운 교육은 이루어질 수 없다고 주장하였는데, 이러한 유아관이 몬테소리 교육사상의 근간을 이루고 있다.

그런데 몬테소리는 이러한 잠재된 가능성은 민감기(periodo sensitivo, sensitive period) 동안에 더욱 강하게 나타난다고 하였다. 민감기란 원래 생물학에 사용되어 왔던 용어인데 몬테소리는 이 생물학의 용어를 인간의 교육에 받아들여 자신의 독특한 교육용어로 사용하였다. 즉, 민감기란 아직 진화과정에 있지만 특수한 감각에 관계되어 과도기적 성격과 특정한 성격을 획득하는 시기로, 자신을 적응시키는 것을 학습하는 시기로 정의하였다(Montessori, 1988, p.46). 몬테소리는 민감성은 강력한 활동력이 있는 것으로, 이 타오르는 불꽃은 어떤 때에는 강하고 또 어떤 때에는 약해지는 듯이 보이나 이들은 새로운 흥미에로 향해진다고 하였다(Montessori, 1984, p.59). 만약 유아가 그 주변에 적응하는 것이 바로 이 창조적 민감성 때문이라고 하면, 개인의 정신생활 전체가 어린 시절에 그 민감성으로 마련된 기반 위에 있다는 것은 명백하다(Montessori, 1984, p.88)고 하였다.

이와 같이 몬테소리에게 있어서 유아는 민감기 동안에 특정한 대상에 대하여 특별한 민감성을 나타내는 존재다. 그러므로 몬테소리 교육에 있어서는 이 민감기의 특정한 것에 대한 유아의 에너지의 흐름이 유아를 움직이게 한다고 보고 이 흐름의 전개에 따른 교육이 되어야 함을 강조하였다.

또 몬테소리는 마치 최초의 발아세포 속에 이미 형성된 완전한 인간이 포함되어 있지 않는 것과 마찬가지로 신생아 속에도 정신적 인격이라는 것은 아무것도 미리 형성되어 있지 않지만 이 불분명한 가운데서도 유아는 자신이 소유한 흡수정신(monte assorbente, absorbent mind)으로 전 인류가 따르는 보편적인 성장의 법칙을 따라 성장을 계속한다고 하였다.

> ……흡수정신은 어떠한 것이든 환영하고 어떠한 것이든 희망을 가지고, 부나 가난을 동시에 받아들이고 각자 국민의 어떤 종교도 선입관도 습관도 자신의 속으로 육체화(incarnazione, incarnation)한다. 모두를 받아들이는 흡수정신은 판단하지 않고, 거부하지 않으며, 반응하지도 않는다. 그것은 무엇이든 흡수하고 인간 내면으로 육체화한다(Montessori, 1984, p.284).

몬테소리는 인간은 세계 정복의 심리를 가지고 태어났다고 말할 수 있으며 주변의 것을 흡수해서 자신의 인격을 만들어 간다(Ibid., p.91)고 하였다. 성인의 경우는 지능을 이용해서 지식을 획득하지만 유아는 모든 것을 직접 정신적 생활 속으로 흡수하여 그의 생활 최초의 부분을 형성해 나간다고 하였다. 그리고 유아는 그의 전 에너지를 이용하는 활동을 본능적으로 실행하는데 그 이유는 그렇게 해서 자신의 지능을 실현할 수 있기 때문(Montessori, 1970, p.65)이라고 하였다.

이와 같이 몬테소리는 유아를 '흡수하는 지적 정신'을 소유한 지적인 존재로 또한 적극적이고 활동적인 탐구자로 보았다. 유아의 성장발달을 돕는 정신적인 힘인 이 '흡수하는 지적 정신'이야말로 유아의 참된 생리학적 기능으로서 이것은 사회의 진보를 가능케 하는 원동력(Montessori, 1984, pp.190~191)이라고 하였다.

이와 같이 몬테소리는 유아를 지적·창조적 존재로서 스스로 자신의 성장발달을 이루어 나가는 능동적·자발적·적극적 주체로 보기 때문에 몬테소리 교육에서는 이러한 유아 본래의 지적·창조적·활동적 에너지의 전개와 신장을 위하여 노력하는 데 역점을 둔다. 따라서 몬테소리 교육에서는 유아의 개성이 존중되고 유아가 교육의 중심을 차지하게 되며, 교육의 본질은 유아의 잠재된 천부적 가능성이 왜곡됨 없이 충분히 발휘될 수 있도록 돕는 것이 된다.

2) 교육이념으로서의 정상화

몬테소리에 의하면 유아는 성장을 위한 적극적인 욕망과 능력을 가지고 있으며 그 내적인 생명력에 의해서 자기 발전을 스스로 이루어 나가는 존재다. 그러므로 몬테소리 교육에서는 유아 자신의 내적인 힘을 활용하여 스스로 성장을 계속하게끔 도와주는 데 역점을 둔다.

그리하여 몬테소리는 지적이며 창조적이고 활동적인 유아 본래의 천성이 일탈되지 않고 그대로 신장될 수 있도록 돕는 데 교육의 일차적 목표를 두었다. 그녀는 유아의 천성이 진실하게 왜곡됨이 없이 발달된 유아를 '정상화된 유아(bambino normalizzato, normalized child)'라 하고 천부적 본성에 일탈하여 성장되어 온 유아를 '일탈된 유아'라고 하였다. 몬테소리는 유아를 ① 교정을 요하는 유아로서 결함을 가진 유아들 ② 얌전해서(소극적) 본보기로 보여지는 유아들 ③ 우수하다고 생각되는 유아들의 세 그룹으로 나누고(Montessori, 1984, p.201) 일탈과 정상화를 [그림 7-1]로 설명하고 있다.

특정의 사물에 집중하고 있는 상태

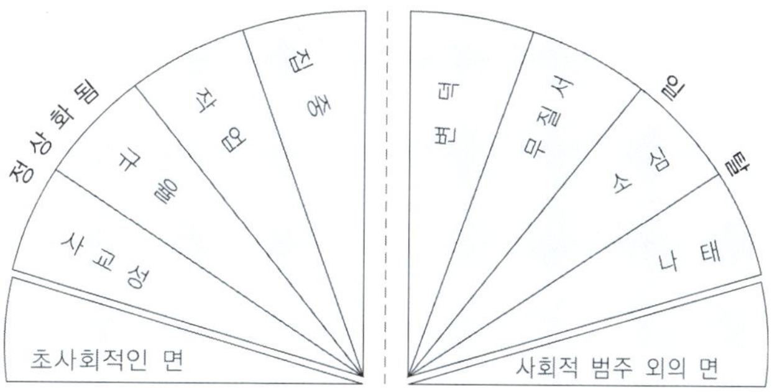

[그림 7-1] 유아의 정상 및 일탈성격 특성

[그림 7-1] 중앙의 왼쪽은 완전성에 상당히 가까운 사람들로서 보다 많은 생활에너지를 가진 사람들이고 오른쪽은 적은 에너지를 가지고 있거나 한층 큰 장애를 가진 사람들이다. 왼쪽의 사람들은 완전성을 향해 자연스럽게 이끌리는데 완전성이 그들을 이끄는 것은 그것이 그들의 천성에 있기 때문이라고 하였다.

일탈은 성장에너지가 정상적인 법칙으로부터 이탈되어 종의 패턴(pattern of the species)을 향한 내적 지도력이 바르게 발휘될 수 없는 상태이다. 이러한 정신적 퇴화 경향인 일탈은 유아를 사회에 적응하도록 인도하는 생명감이 결핍되었기 때문에 일어난다고 하였다. 이러한 경우 유아는 고유한 민감성의 결여 때문에 환경에서 아무것도 흡수하지 못하거나 불완전한 흡수를 한다고 하였다. 따라서 일탈된 유아는 창조적 기능으로서의 자신의 잠재된 가능성을 충분히 발달시키지 못하는 유아들이다. 정상으로부터 유아가 일탈되는 원인은 두 가지인데, 첫 번째는 창조적 충동으로 지배되는 자발적 활동이 결여되어 있기 때문이고, 두 번째는 주의를 사물에 집중하는 일을 못하거나 혹은 곤란이 있기 때문이다(Montessori, 1984, p.198, p.260).

따라서 일탈 상태로부터 정상 상태로의 환원을 위해서는 유아에게 집중할 수 있는 자발적 활동을 부여해야 한다. 몬테소리가 교구를 제작하여 유아들이 자발적으로 작업 활동을 하게 한 것은 바로 이 때문이다. 몬테소리의 교구를 통한 자기활동은 유아에게 자발적 활동의 동기를 부여하여 유아가 본래 소유하고 있던 성장에너지를 정상적 성장 법칙에로 향하도록 하기 위해서였다.

몬테소리에게 있어서 '정상화된 유아'는 그의 천성이 왜곡됨 없이 발달된 유아로서 자립하여 다른 사람의 도움 없이 스스로 활동할 수 있는 아동이다. 몬테소리는 새로운 환경의 풍부한 인력이 구성적 활동을 위한 동기를 제공하면서 그 매력을 발휘할 때 그들의 에너지는 모두 통합되어 일탈은 사라진다고 하고, 이때 유아의 특유한 타입인 '새로운 유아'가 나타난다고 하였다.

따라서 '정상화된 유아'란 유아가 소유한 본래의 천부적 가능성을 정상적으로 있는 그대로 실현시키는 것이 허락된 유아다. 즉, 창조적 기능으로서의 자신의 잠재된 가능성을 충분히 발달시키는 것이 허락된 유아인 것이다. 이러한 정상화된 유아의 모습을 몬테소리는 다음과 같이 기술하고 있다.

> 정상화된 유아만이 그 기적적인 능력을 보여 준다. 그것은 자발적 규율과 오래 지속하는 행복한 일과 타인을 위한 협조 및 동정이라는 사회적 감정, 그리고 자유로운 선택에 의한 활동이 그들의 규칙적 생활방식이 된다(Ibid., p.206).

몬테소리는 특히 사회적 감각의 각성을 강조하고 교사는 여기에 따른 준비를 해야 한다고 하였다. 정상화의 과정은 강요된 복종이 아닌 내적인 훈련이며 의지로 가득 찬 활동적인 훈련의 과정으로 '정상화된 유아'는 조용하고 심오한 은둔의 태도를 취하며 그 속에서 강하고 조용한 성격이 형성되어 그를 둘러싸고 있는 것에 애정을 나타낸다. 이 태도에서 자기희생과 규칙적인 일과 순종이 생겨나고 그것과 함께 바위에서 용출하는 분수와 같이 생활의 기쁨이 용출한다. 그러나 '정상화된 유아'에게 있어서 무엇보다 큰 변화는 유아의 전인격이 바뀌는 것이며 가장 눈에 띄는 표시는 독립적인 행동에 있다(Ibid., p.170)고 하였다. 또한 '정상화된 유아'는 침묵을 사랑하는 유아이고 단순한 호기심에서가 아닌 진실한 선택으로 활동하는 힘을 가진 유아로 확신과 안정감을 가진 유아다. 즉, 순종적이지만 독립심이 풍부하고 자발적으로 자기규제를 할 수 있고 마음으로부터 기쁨을 나타낼 수 있는 사회적이고 독립적인 유아다.

몬테소리는 유아를 무기력과 둔함에서 작업에로 향하게 하는 것은 교육의 길이고 또한 하나의 치료의 길이라고 하면서 새로운 교육은 이것을 기초로 해야 한다고 하였다. 이와 같이 몬테소리 교육에서는 유아 본래의 정신인 정상성(normalità, normal)을 찾고 보존하는 것을 목표로 한다. 그러나 그는 '정상화된 유아'만이 그 후의 발달에 있어서 멋진 힘을 발휘한다고 하여 '정상화'라고 하는 것이 단순한 교육목적이나 목표, 즉 이상적인 인간상이라는 고정된 기준이 아님을 시사하였다. 유아가 정상화되면 모든 교육은 질서를 갖고 실행되고 먼저 정상화됨으로써 다음 단계의 교육효과가 기대되는 것이다. 그러므로 정상화는 현재의 어떤 한 유아의 교육목표이지만 그것은 동시에 다음 단계의 교육을 위한 기초 또는 전제인 것이다. 따라서 몬테소리 교육에 있어서 유아의 정상화를 돕는 것은 교육의 구체적 목표이며 동시에 인격의 완성을 위한 출발점이다.

3) 교육내용

에번스(Evans)는 몬테소리 교육내용을 크게 준비된 환경과 학문적 기술 습득의 두 단계로 나누었다. '준비된 환경'의 교육내용으로는 일상생활훈련 · 근육운동훈련 · 감각교육・언어교육(듣기, 말하기)을, '학문적 기술 습득'으로는 쓰기・읽기・산수를 포함시켰다(Evans, 1975, pp.257~264). 한편, 스포덱(Spodek)은 일상생활훈련・근육운동훈련・감각교육・언어교육(듣기, 말하기)・쓰기・읽기・산수・자연교육・만들기(손운동)로 분류하였다(Spodek, 1973, pp.50~52).

저자는 몬테소리 교육내용을 일상생활교육, 감각교육, 수교육, 언어교육으로 나누어 간략히 살펴보고자 한다.

첫째, 일상생활교육의 목적과 교육내용은 다음과 같다.

• 일상생활교육의 의의 및 목적

일상생활교육은 그 나라의 지리적 환경조건 및 문화적 환경조건 밑에서 여러 가지의 생활방식을 인격 형성에 필요한 작업으로써 받아들여 연습하는 것으로 그 목적은 문화인류학적인 입장과 생물학적인 입장으로 나누어 설명할 수 있다.

문화인류학적인 입장에서의 일상생활교육은 문화유산에 개인을 동화시키면서 자기 자신을 조정시키고, 창조라는 높은 차원의 문화와 퍼스낼리티를 관련시켜 전진형의 인격 형성에 목적을 둔다. 생물학적인 입장에서의 일상생활교육은 운동을 통한 뇌의 감각과 근육의 미묘한 메커니즘의 발달에 그 목적이 있다. 요컨대 일상생활교육의 목적은 이러한 문화인류학적 입장과 생물학적인 입장에서의 목적이 서로 균형을 이루는 것, 즉 운동을 조정하면서 전진형의 인격 형성을 육성하는 데 있다. 그것을 위한 직접적 목적은 구체적 작업의 습득과 운동의 조정을 통한 독립심과 자립심의 육성에 있고 간접적 목적은 운동을 조정하기 위해서 필요한 의지력과 이해력, 집중력과 질서감의 발달에 있다.

기본적 운동	사회의 적응	환경에의 배려	자기 자신을 위한 배려
• 걷기 • 앉기 • 일어서기 • 쥐기 • 운반하기 • 놓기	• 문의 개폐 • 인사 • 대답하는 방식 • 사람에게 접하는 방법 • 감사와 사과	• 작업을 위한 준비 융단을 운반하기 융단을 말고 펴기 융단을 솔질하기 • 청소 실내를 쓸기	• 소지품 정리 • 엎지르고, 떨어뜨리고 했을 때의 정리 • 거울을 보기 • 머리를 빗기

기본적 운동	사회의 적응	환경에의 배려	자기 자신을 위한 배려
• 쥐어짜기 • 쏟기(옮기기, 따르기) • 접기 • 베기 • 붙이기 • 꿰매기 • 뜨기 • 손가락으로 접기 • 끼우기 • 돌리기(비틀기) • 잘라 떼기 • 문지르기 • 때리기 두드리기 • 떨치기 • 감기, 말기 • 깎기 • 잡아당기기 • 둥글게 뭉치기 • 기타	• 사람에게 물건을 주고받는 법 • 기침, 재채기, 하품하는 방법 • 바깥놀이 기구를 사용하는 법, 순번을 기다림 • 집단놀이의 규칙 • 차를 권하는 법 • 작업을 관찰하는 방법 • 전화를 거는 법 • 길을 묻는 법 • 화장실을 사용하는 법 • 병자를 위문하는 법 • 소개하는 방법 • 차 속에서의 에티켓 • 교통법규 • 노크하는 방법 • 지리를 권하는 법 • 슬리퍼를 권하는 법 • 기타	브러시로 닦기 책상을 씻고 닦기 창문을 씻고 닦기 • 금속 문질러 닦기 • 세탁 • 다림질하는 법 • 꽃의 물속 자르기 • 점멸(点滅) • 식탁의 준비 • 정원의 일 • 식물재배 • 작은 동물 돌보기 • 설거지(식기 씻기) • 야채의 껍질 벗기기 • 찬장의 정리 • 기타	• 코를 풀기 • 의복을 입고 벗기 • 구두를 신기, 벗기 • 구두의 손질 • 손을 씻기 • 옷걸이 • 옷을 개는 법, 펴는 법 • 옷의 솔질 • 양치질하는 방법 • 건포마찰의 방법 • 손톱 자르는 법 • 땀을 닦는 법 • 발 씻는 법 • 목욕하는 법 • 기타

둘째, 감각교육의 목적과 교육내용은 다음과 같다.

• 감각교육의 의의 및 목적

몬테소리는 감각교육은 생물학적인 관점과 사회학적인 관점에서 매우 중요하다고 하였다. 생물학적인 관점에서의 감각교육은 유아의 제 감각의 발달·형성을 도와, 명확하고 강한 지성의 기초를 확립하는 데 목적이 있다. 사회학적인 관점에서의 감각교육의 목표는 유아가 현재와 미래 사회에서 잘 적응하도록 하기 위하여 이에 필요한 탁월한 관찰자가 되도록 하는 데 있다고 하고, 생물학적 측면과 사회학적 측면은 상호 역동적으로 작용한다고 하였다.

• 교육내용

감각의 종류	교 구	교육내용
시각교육		물건의 크기(사이즈)나 색, 형을 식별하는 시각을 교육한다.
(시각교구) 크기	• 원주꽂이	높다-낮다, 굵다-가늘다, 크다-작다 그리고 고저와 굵고 가는 조립
	• 핑크타워	크다-작다
	• 갈색의 계단	굵다-가늘다
	• 길이의 막대기	길다-짧다
	• 착색원주	원주꽂이와 같다
색	• 색판	색의 종류, 색의 명암(명도차)
형	• 장롱	여러 가지 평면기하도형(원, 삼각형, 사각형, 다각형 외
	• 기하학 입체	기본적인 기하학 입체(구, 입방체, 직방체, 삼각주, 원추, 사각추 외)
	• 구성삼각형	삼각형의 종류와 삼각형의 짜맞춤으로 구성되는 것(식별과 등가)
기타	• 2항식	색과 치수의 요소의 응용
	• 3항식	색과 치수의 요소의 응용
촉각교육		물체를 손으로 만지는 것에 지각할 수 있는 피부각(촉각), 온도감각, 실체인식각이나 손으로 떠받치거나 들어올리는 것에 의해서 지각할 수 있는 압각(무게의 감각)을 교육한다.
(촉각교구) 피부각(촉각)	• 촉각판	물체의 표면 거칠음-부드러움
	• (천맞춤)	천의 종류와 감촉(손으로 만지는 감촉)
온도감각	• 온각통	뜨겁다-따뜻하다-미지근하다-차다 (탕과 물로 조절한다)
	• (온각판)	(물체 자체가 가지고 있는 온도)
압각(무게의 감각)	• 중량판	무겁다-가볍다
실체인식감각	• 실체인식대	촉각과 근육감각의 동시적인 도움에 의해서 실체의 물체에 손으로 만져서 물체를 지각한다. (손으로 만지는 지각의 총합적인 응용 ... 표면의 , 형, 온도, 중량감에서 판단한다)
	• 기하학적 입체	기본적인 기하학 입체(구, 입방체, 직방체, 삼각주, 원추, 사각추, 기타)
청각교육		음의 강약, 고저, 종류를 식별하는 청각을 교육한다. 음의 종류에 대해서는 무수하게 있으므로 특별한 교구는 만들어져 있지 않다. 실생활 안에서 여러 가지 음이나 악기음을 들어서 구별하는 연습을 한다.
(청각교구)	• 잡음통	잡음(소음)의 강약
	• (음감벨)	악음의 고저

감각의 종류	교 구	교육내용
미각교육 (미각교구)		혀로 느끼는 미각을 교육한다. • 미각병 ……… 기본적인 맛의 종류(달다-맵다-시다-쓰다)
후각교육 (후각교구)		코로 느끼는 후각을 교육한다. • 후각통 ……… 여러 가지 구체물의 냄사

※ 기하학 입체는 촉각교구와 시각교구의 양쪽에 포함한다.

셋째, 수교육의 목적과 교육내용은 다음과 같다.

• 수교육의 의의 및 목적

수교육은 유아들의 지적 발달 자극을 위해 논리적으로 사물을 생각하는 힘을 확고하게 몸에 익히게 하는 데 의의가 있다. 수교육의 직접적 목적은 유아기의 생활경험을 통하여 수와 양을 논리적으로 배울 수 있도록 하는 데 있고 간접 목적은 인격 형성을 위해 필요한 추상력, 상상력, 이해력, 판단력 등을 기르는 데 있다.

• 교육내용

내용구분	교구명	교육내용
수량개념의 기본연습 (10까지의 양과 수의 이해·수량과 숫자의 인식)	**계산봉**	1~10까지의 양을 길이(연속량)를 가지고 가르진다. 각 양늘 표시하는 10개의 막대에는 1의 양을 기준으로 한 구분이 있으므로 시각을 통해서 양을 파악할 수 있다(양에 대한 호칭).
	모래숫자판	1~10의 숫자(추상적 기호)의 파악(모래숫자를 손가락으로 덧그려서. 촉·시각을 통해서 숫자의 호칭과 필순을 포함한 쓰는 법의 습득), 계산봉에 의한 양에 대한 호칭과 추상적인 기호로서의 숫자가 여기에서 연결된다.
	계산봉과 숫자판	상기의 계산봉(구체적인 양)과 숫자(추상적인 기호)를 연결시킨다. 결국, 오른쪽의 세 가지의 관계를 파악시킨다. 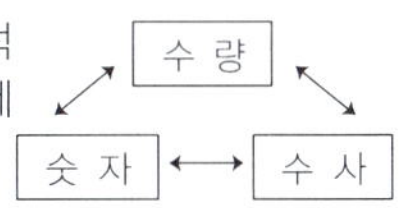
	추형봉과 추형봉상자	계산봉에서의 연속량에 대해서는 하나씩 흩어진 양을 묶는 것으로 수량을 이해시킨다. 또한 아무것도 없는 경우를 0이라고 하는 것을 인식시킨다.
	"0"놀이용 교재	구체물(나무열매 등)과 0~9까지의 숫자(카드)를 연결시키는 강화연습을 한다. (수따기 게임을 해서 0의 경우는 구체물을 딸 수 없다는 것을 인식시킨다.)
	숫자카드와 구슬(홀수와 짝수)	숫자에 맞는 구슬(구체량)을 늘어놓는 것에 의해서 수에 홀수와 짝수가 있는 것을 깨닫게 한다.
	(계산봉에 의한 기본적인 계산연습)	1~10까지의 수의 구성과 분해를 이해시킨다. (초보의 덧셈, 뺄셈이 도입된다)

내용구분	교구명	교육내용
십진법 I (십진법의 기본적 구성의 인식)	**계산봉(십진법 I 용)**	1, 10, 100, 1,000의 이른바 십진법의 구성을 인식시킨다. 1이 10개 모여서 10이 되고 10이 10개 모여서 100이 되고, 100이 10개로 1,000이 되는 것을 구체물의 양(비즈)을 통해서 이해시킨다.
	숫자카드	상기의 비즈(양)에 대응하는 숫자의 추상성을 이해시킨다.
	양(비즈)과 숫자카드	상기의 비즈(양)와 숫자카드를 일치시킨다.
십진법 II (십진법에 의한 가감승제의 개념)	**비즈(교환게임용) 숫자카드**	십진법 이해의 강화연습
	덧셈 **뺄셈** **곱셈** **나눗셈**	비즈를 사용한다…십진법 이해의 강화연습과 함께 가감승제의 개념의 도입과 이해
십진법 III과 병행연습 (가감승제의 강화연습)	**"점놀이" 용지**	숫자의 자릿수 정하기의 강화연습과 덧셈의 연산연습
	점수놀이(덧셈, 곱셈, 뺄셈, 나눗셈)	수의 자릿수 정하기의 강화연습과 가감승제의 연산연습
	색봉비즈(+흑백 비즈)-뱀놀이	수량과 수사를 정확하게 대응시키는 연습, 합하여 연결시키는 조작을 구체물을 사용해서 행하는 연습
	(금봉비즈) 덧셈	덧셈의 강화연습+(심볼마크)를 사용한 수식(數式)으로 이끈다. 10의 구성과 분해의 강화연습
	곱셈	곱셈 강화연습×(심볼마크)를 사용한 수식(數式)으로 이끈다. 10의 구성과 분해의 강화연습
연속수의 전통적 호칭과 배열 (연속수로서의 수의 인식)	**세강판(Ⅰ)**	11~19까지의 수를 가르친다(10과 1위의 수의 배열)
	세강판(Ⅱ)	11~99까지의 수를 가르친다(11 · 12 · 13…19 → 20 · 21 · 22…29 → 30~과 같이 10단위가 다음 자리에 올라가는 것을 강조해서 가르친다).
	숫자의 소각(용지)	
	100의 숫자 늘어놓기판	0~100까지의 숫자의 배열을 기억한다.
	숫자의 메워넣기(용지)	
	100의 사슬(짧은 사슬)	10의 막대 비즈가 10개 연속한 사슬을 1~100까지 호칭하면서 세는 연습을 하고, 동시에 수표시 테이블을 놓고 위치를 시각적으로 받아들이게 한다. 또한 10씩 접어 구부려서 정방형을 만들고, 그것도 100이라는 것을 시각적으로 파악시킨다.
	1,000의 사슬(긴 사슬)	100의 사슬과 같은 작업을 한다. 상기의 100의 정방형이 10개 되는 것, 또한 그것을 겹치면 입방체로 되는 것도 시각을 통해서 인식시킨다. 100의 사슬과의 비교를 하게 한다.

내용구분	교구명	교육내용
초보의 평방 · 입방에의 의도입		**정방형 색비즈**: 1~9의 각 색막대 비즈가 제곱의 비즈 수로 되도록 연결되어 있고, 비즈를 세어 수표시를 놓아 가는 조작, 배수의 자리에서 접어 구부려 가는 조작을 통해서 수의 배수, 평방을 알게 한다(수의 배수 · 평방으로 이끈다). **입체 색비즈**: 정방형 색비즈와 같은 작업을 한다. 단지 1~1,000까지, 또한 각 수의 3승의 비즈 구슬이므로 접어 구부리면 입방체가 된다(수의 입방으로 이끈다).
기억에 의한 가감승제 (기본적인 사칙계산의 강화연습)		**덧셈판**: 1단위+1단위의 덧셈의 연습, 덧셈판, 계산문제집, 암산판, 메워넣기 암산판, 문제카드 등을 사용하는 것에 따라서 1단위+1단위의 덧셈의 답을 자연히 기억하게 한다. **곱셈판**: 기초적인 곱셈을 상기와 같은 교구를 사용해서 연습하는 것에 의하여 구구의 기억으로 발전시키는 것 **뺄셈판**: 1단위의 최대수(9)를 뺀 답이 9(요컨대 18-9) 이하로 되는 뺄셈의 문제를 덧셈과 같은 교구를 사용해서 연습하고, 기초적인 뺄셈의 답을 자연히 기억하게 한다. **나눗셈판**: 기초적인 나눗셈(구구의 범위 내)을 연습하고 기억으로 이끈다.
기하		**기하카드**: 기본적인 도형 · 선 · 각도의 인식과 그것들의 명칭을 알게 한다. **기하카드 정오표**: 기본적인 도형 · 선 · 각도의 인식과 그것들의 명칭을 알게 한다.

넷째, 언어교육의 목적과 내용은 다음과 같다.

- 언어교육의 의의 및 목적

몬테소리는 언어교육은 학교에서 배우는 읽기 · 쓰기 등의 좁은 범위의 교육이 아니라고 하면서 언어는 출생과 동시에 그리고 전 생애를 걸쳐서 큰 영향을 주는 창조적 활동이라고 하였다. 언어교육의 직접 목적은 모국어를 정확하게 이해하고 표현하는 기초능력을 기르는 데 있고 간접 목적은 모국어를 존중하는 태도를 기르고 문화의 전승과 창조의 힘을 발달시키며 사고력과 이해력의 증진을 통한 논리적 · 과학적인 사고의 확립에 있다.

② 교육내용

구분		2.5	3.0	3.5	4.0	4.5	5.0	5.5	6.0
상용어	(듣기·이야기하기)	그림을 본다. 읽어서 들려주기 그림카드 맞추기 (도입) 회화 →	사물의 그림책 → 그림카드 맞추기(Ⅰ) 실물로 명칭을 기억한다 → 감각 교구의 3단계에 의한 명칭연습법	생활그림책 → 이야기(스토링 텔링) → 환경에 있는 사물의 명칭 및 사용법에 대해서 말놀이 의논 →	그림카드 맞추기(Ⅱ) 발표 →	이야기그림책 → 문학작품의 소개 → (읽어서 들려주기) 사진 홀더 말 모으기	생활 이야기 (이야기하는 법의 연습)	과학그림책 → 극놀이	
문자어	쓰기	-쓰는 법에의 간접준비- 일상생활에의 연습 감각교구	음놀이 → (청각의 훈련) 말놀이 (음의 분해· 추출) 문자(도형)의 식별놀이	-쓰는 법에의 직접준비- 올바른 연필잡는 법 메달인세트 모래문자판 글자 늘어 놓기(24음의 상자) 24음의 배열인식 문자 맞추기	운필연습 → 단어늘어놓기 (24음 카드의 24음 그림카드 (명칭카드)	-실제로 글을 씀- 작은 흑판 덧그린 글자카드 (올바른 필순의 연습) 단문을 늘어놓는다. 상자(대·소 늘어놓기	-쓰는 법의 완성- 바둑무늬의 용지 (칸에 글자를 씀)	우편놀이 (문자를 씀)	
	읽기						-단어를 읽음- 물건과 이름카드 Ⅰ 작은 바구니 Ⅱ 가져 나를 수 있는 것 Ⅲ 가져 나를 수 없는 것 작은 책 Ⅰ·Ⅱ 그룹 모으기	-단문을 읽음- 작은 책 빨간 카드놀이 봉투 퍼즐	-문장을 읽음- 그림책을 읽음 그림카드와 설명문의 카드
문법						-품사의 기능- 명사의 역할 관형사의 역할 형용사의 역할 반대말 놀이 동사의 역할 자동사와 타동사 반대말 놀이 현재·과거·미래	조사의 역할 문법의 상자(Ⅰ) 관형상의 상자 형용사의 상자 동사의 상자 부사의 역할 부사의 게임 조동사의 역할 감탄사의 역할	대명사의 역할 접속사의 역할 문법의 상자(Ⅱ)	-문장의 분석과 구성에의 도입- 기본문형 ① 무엇이 어찌한다. ② 무엇이 어떻다. ③ 무엇이 무엇이다. 주어·술어 찾기 목적어 찾기

4) 자동교육적 방법

몬테소리는 과학적인 관찰을 통하여 유아는 스스로 활동적이며 적극적이고 창조적인 무한한 가능성을 지닌 존재임을 발견하였다. 그리하여 유아의 잠재된 가능성과 능동성 그리고 천부적 경향성을 존중하여 유아 본래의 성장에너지가 신장·발달될 수 있는 교육적 환경과 자기교육적 방법을 제시하였다.

유아는 본래 창조적이고 능동적인 존재이므로 그의 본성이 왜곡됨 없이 발로될 수 있는 도구 또는 환경을 마련해 주게 되면 스스로 자신의 신비롭고 창조적 모습을 나타내게 된다고 보았다. 그리하여 몬테소리는 유아가 스스로 몰두하여 자신의 성장에너지를 집중시킬 수 있는 교구를 제작 사용하였다. 교구를 사용하여 스스로 선택한 작업을 해 나가는 과정을 통하여 자연스럽게 유아의 잠재된 무한한 가능성이 신장·발전되어 스스로의 인격을 형성해 나가는 것이 가능한 자동교육적 방법을 주장하였다.

(1) 유아의 자기활동을 통한 자기교육

① 교구

몬테소리 교육의 장점은 그녀의 독특한 교육이론과 더불어 이론에 이르는 구체적 교육방법이 있고 다수의 교구가 개발되어 있다는 점을 들 수 있다.

그는 "내가 이용한 방법은 교구를 사용한 교육학적 실험을 통하여 유아의 자발적 반응을 기다리는 방법"(Montessori, 1964, p.133)이라고 하였다. 또 오늘날 학교에 있어서 자유에 대해 말하는 사람은 자유를 가능케 하는 과학적 교구를 갖는다고 하면서 교구의 필요성을 다음과 같이 강조하였다.

> …… 유아의 정신을 발달시키기 위해서는 유아가 처한 환경 속에서 보고 들을 수 있는 대상물이 있어야 한다. …… 유아는 운동, 즉 자신의 손을 사용하는 활동을 통해서 성장발달해 나간다. 그러므로 유아는 손을 이용하여 작업을 할 수 있으며 스스로를 활동으로 채찍질하는 대상물을 필요로 한다(Montessori, 1988, pp.99~100).

몬테소리 교구는 유아의 발달 가능성을 끌어내기 위한 하나의 단서 혹은 자극으로서의 기능을 한다. 몬테소리는 "교구는 자석처럼 유아에게 다양한 활동을 끌어낸다"(Ibid., p.131)고 표현하였다.

몬테소리는 "나의 교구는 임의로 만들어진 것이 아니라 유아의 자연스러운 반응에 따라서 만들어진 것으로서 유아의 심리 상태가 나에게 가르쳐 주었다"(Montessori, 1974, pp.4~5)고 하였다. 즉, 몬테소리 교구는 유아의 성장과 발달에 근거하여 만들어진 반응적인 교구다.

이와 같이 몬테소리 교구는 정신적 발달을 가능케 하는 도구 또는 보조수단이다. 몬테소리 교구는 그것 없이는 정신이 활발하게 되지 않기도 하고 쇠잔하게 되기도 하는 것으로서, 창조적 활동을 향한 하나의 자극이다. 몬테소리 교육에 있어서 새로운 교구나 보다 난이도가 높은 것은 앞 단계가 숙달되었을 때에만 새로운 단계로 도입을 시도하도록 한다. 이렇게 함으로써 유아는 자신감 이외에 성취감을 획득할 수가 있다. 콜바벡(Kolbâbek)은 "몬테소리 교구는 단지 출발점으로서 필요하다. 그것은 가장 기초적인 의미의 연습으로서 간주되고 처음부터 자립화를 목표로 하고 있다"(Kolbàvek, 1930, p.508)고 하였다. 그리고 릴라드(Lillard)는 몬테소리 교구의 교육적 의의는 그것이 전통적 교구와는 달리 유아에게 어떤 기술이나 지식을 가르치기 위한 외적 목적이 아니고 유아의 자기 형성과 정신적 발달을 도와주기 위한 내적 목적을 갖고 있다는 점을 지적하고 있다(Lillard, 1972, p.32).

몬테소리 교구는 지식 전달의 수단이 아니라 교구를 매체로 한 작업을 통하여 손재주를 늘리고 자신의 집중시간을 넓혀 동일성을 인식하는 능력과 사물의 계열 속에서 대조성을 인식하는 능력 등을 발달시키고, 더 나아가 분류와 변별력 등을 기름과 동시에 궁극적으로는 아동의 창조적 사고력의 발달을 촉진시키는 데 그 목적을 두고 있다. 몬테소리 교구는 어디까지나 정신적 발달과 자아형성이라고 하는 내적 목적을 이끌어내기 위한 하나의 촉진적 역할을 하는 보조수단이다. 그럼에도 불구하고 몬테소리 교구 성질에 따르는 형식과 관련하여 그것이 너무 경직되어 있는 점을 자주 비판받고 있다. 물론 교구를 장난감처럼 사용한다면 교구의 원래 목적을 달성할 수 없기 때문에 그 사용법에 있어서 어느 정도의 제한과 형식이 필요하게 된다. 그러나 동시에 교구는 그 자체에 목적이 있는 것이 아니고 그것을 통하여 달성하고자 하는 형성적 목표를 지니고 있기 때문에 그 자체의 형식에 너무 얽매여서도 안 된다.

그러므로 몬테소리 교구는 몬테소리 교구의 성질에 따르는 '형식'과 그 형식을 일관하여 안에서 약동하는 '생명'의 그 어느 쪽에도 치우치지 않고 이 양자에 참된 자유를 얻을 수 있는 방향으로 사용되어야 한다.

다음으로는 몬테소리 교구의 몇 가지 특성을 살펴보면 다음과 같다. 몬테소리 교구의 가장 중요한 특성은 유아가 스스로 그 잘못을 알고 정정할 수 있도록 되어 있다는 점이다. 이것은 프레시(Pressey)와 스키너(Skinner)의 자기강화, 자기교수의 여러 가지와 일치한다(Oren, 1966, p.40).

몬테소리는 교구의 기능을 다음과 같이 말하고 있다.

> 잘못을 정정하는 기능은 교구 그 자체 속에 있다. 그리고 유아가 그 구체적인 증거를 가지고 있다. 자신이 의도하는 목적을 달성하려는 유아의 희망이 자기 성정으로 이끄는 것이다. 유아에게 잘못을 깨닫게 하거나 정정의 방법을 가르치는 것은 교사가 아니다. 유아 자신의 복잡한 정신작용이 이와 같은 성과를 초래하는 것이다. 그 목표는 내적인 것을 향해 있다. 즉, 유아는 스스로 관찰력을 기르고 교구, 즉 대상물을 비교하고 판단하고 결론을 이끌어 내며 그리고 완성하는 데까지 도달하는 것이다(Montessori, 1965, p.34).

이와 같이 몬테소리 교구는 유아가 개인적으로 열중하기도 하고 틀리기도 하면서 스스로 그 잘못을 발견하게끔 되어 있다. 즉, 스스로 수정할 수 있도록 되어 있는 것이 가장 두드러진 특징이다.

몬테소리 교구의 특성을 릴라드의 견해를 빌려 살펴보면 첫째, 몬테소리 교구는 한 가지 학습에 대한 집중적 학습활동을 하도록 고안되어 있고(문제의 고립화) 둘째, 단순한 것부터 보다 복잡한 단계까지 조작할 수 있도록 제작되어 있으며 셋째, 장래의 학습준비를 위하여 간접적으로 제작되어 있고 넷째, 구체적인 것부터 점차 추상적 개념을 형성할 수 있도록 제작되어 있다.

이러한 원리하에 만들어진 몬테소리 교구에 대하여 몬테소리 자신이 말하는 좋은 교구의 조건은 첫째, 아름답고 매력이 있는 것 둘째, 크기나 무게 등이 유아의 체격에 맞는 것 셋째, 유아에게 주어진 과제를 하나만 가지고 있는 것 넷째, 틀렸음을 유아 자신이 알아차려서 스스로 정정 가능한 것 다섯째, 깨어지기 쉬운 물건도 섞여 있을 것 여섯째, 더러움이 쉽게 눈에 띄고 쉽게 제거할 수 있는 것 일곱째, 수학적으로 단계적인 차이가 있는 것 등이다(Montessori, 1983, pp.1~126).

② 작업

몬테소리는 유아의 심신의 발달과 관련하여 작업의 필요성에 대하여 다음과 같이 설명하고 있다. 인간은 다른 동물과는 달리 이미 조절된 운동을 갖고 태어나지 않기 때문에 자기 자신의 운동을 결정하거나 조절하거나 하지 않으면 안 된다고 하고 그것은 '작업' 내지 '운동'을 통해서 되는 것이라고 하였다(Montessori, 1988, pp.96~97).

몬테소리는 인간을 육체와 정신과의 양면에서 이루어진 복합체이며 동일체로 보았다. 그러나 육체와 정신, 이 둘은 결코 동일 차원이 아니라고 보았다. 정신은 육체에 의존하는 것으로 육체를 정신보다는 기본적인 것으로 본다. 정신적인 것의 요구에 따라서 육체적 형태가 만들어진다고 보았다. 인간의 경우 발달하는 최초의 것은 정신이고 모든 기관은 정신에 취해진 준비를 하는 데 필요한 기간 동안 계속 기다리고 있다고 하였다. 말하자면 육체는 정신의 '충실한 심복'인 셈이다. 몬테소리는 이것을 육체화(incarnazione, incarnation)라고 하였는데 육체화를 다음과 같이 설명하고 있다.

> 육체화란 신생아의 움직이지 않는 육체에 활력을 부여해 주고 그 수족을 사용케 하며 또 말을 하게도 하고 자신의 의지대로 행동하고 스스로를 표현하게끔 하는 어떤 신비적인 힘의 작용과정을 의미한다. 이렇게 해서 인간으로 되어 가는 것이다(Montessori, 1988, p.30).

즉, 육체화란 신생아의 육체가 자신의 의지대로 활동하게 되는 과정을 뜻한다. 육체가 의지대로 움직일 수 있도록 되는 것은 육체가 발달하는 것이지만 보다 기본적으로는 정신의 발달, 즉 뇌신경계가 발달하는 것으로 본다. 이것은 한 걸음 더 나아가서 인격이 형성되어 가는 것을 포함하는 의미를 지닌다. 따라서 몬테소리에게 있어서 인간발달의 전 과정과 인격 형성의 전 과정은 바로 끊임없는 육체화의 과정인 것이다.

그런데 몬테소리는 지능발달과 정신발달은 운동에 의해서 조장될 수 있고 또 그렇게 되지 않으면 안 된다고 하였다. 운동이 없이는 정신의 진보도 건강도 없다(Montessori, 1984, p.146)고 하면서 "정신발달에 있어서 육체적 활동 내지 운동의 중요성은 크게 강조되어야 한다"(Montessori, 1988, p.113, 117)고 하였다. 그러므로 몬테소리에게 있어서 운동이란 육체를 움직이는 일이라기보다는 자신이 의식적으로 근육의 운동을 조절하는 일이다. 운동에는 반드시 의식, 즉 정신의 활동이 동반된다고 보아 육체의 활동과 정신의 활동은 동시에 상호 역동적으로 작용하는 것으로 보았다.

몬테소리는 발의 운동이 발달하고 보행이 완성되면 경험의 범위가 급속하게 확대되어 지성이 발달하게 되는데, 이때 지적 발달에 보다 더 관계가 깊은 것은 손의 운동이라고 하였다. 유아의 지능은 손을 사용하지 않고서도 어느 수준까지는 도달하지만 손을 사용하는 활동으로 더욱더 높은 수준에 도달할 수 있다고 하면서 "손은 인간의 지성의 도구"(Montessori, 1988, p.37)라고 하였다. 이와 같은 그녀의 생각에 근거하여 몬테소리는 손의 움직임을 통한 작업을 교육에 있어서 매우 중요시한다. 몬테소리는 작업을 환경에서의 경험(Montessori, 1988, p.95)이라고 하고 유아는 손을 움직이는 작업에 의해서 자신을 형성해 가기 때문에 교육에 있어서 가장 중요한 것은 말할 것도 없이 '작업을 하도록 자극하는 것'이라고 하였다.

유아가 활동을 결정하는 것은 외적인 목적이 아니고 내적인 필요성에 의한 것으로서 작업에 대한 유아의 욕구는 유아의 본능에서 생기는 것이라고 하였다.

작업이 유아의 발달단계 또는 내적 욕구에 적합한 것이라면 외적으로는 작업의 반복을 볼 수 있고 내적으로는 주의력의 집중이 생겨나게 된다고 하였다. 전자는 '운동의 조정'을, 후자는 '의지의 발달'을 가져온다. 그것들은 서로 밀접한 관계 아래서 발달해 간다. 즉, 운동을 함으로써 의지가 발달하며 또 의지가 발달함으로써 운동의 조정이 이루어진다고 보는 것이다. 환언하면 감각기관과 근육을 움직임으로써(특히 손을 움직임으로써) 신경중핵도 발달하고 의지에 의해 자신의 신체를 구석구석까지 지배하여 생각하는 대로 자신의 운동을 통제할 수 있다는 것이다. 몬테소리 교육에 있어서 이와 같은 의미를 가지는 작업, 그리고 작업을 통한 주의력의 집중과 의지력의 발달은 정상화를 가져오기 위한 열쇠로서 몬테소리 교육에 있어서 핵심적인 위치를 차지하는 교육방법이다.

③ 자기활동을 통한 자기교육

몬테소리 교육을 '자기교육의 확립을 목표로 한 교육'이라고 정의해도 좋을 것이다. 유아의 자발성에 대한 신뢰로 가득 찼던 몬테소리는 개인에게 가치가 있는 오직 유일한 교육방법은 자기 스스로 활동하면서 깨우쳐 가는 교육이라고 확신하였다.

그녀는 "유아들이 좋아하는 것은 시시한 게임이 아니라 지식이었다. 그 발견 때문에 나는 감격으로 가득 찼고 인간 정신의 위대함을 생각하게 되었다"(Kramer, 1983, pp.131~132)고 하였다. 유아들은 장난감보다는 자기수정 교구를, 그리고 그들에게 주어지는 도전을 더 좋아하고 주어지는 보상에 대해서보다는 활동 자체에 더 관심이 있다는 것을 알았다(Ibid., pp.116~117). 그리하여 몬테소리는 유아의 흥미를 자극시켜 자신의 에너지를 투자하게 하고 자신의 성장을 조장하도록 이끄는 행동을 표출하게 하는 교육을 고안하였는데 이른바 '자동교육(auto-educazione, auto-education)'이 그것이다.

몬테소리의 자동교육은 자기발전의 원리와 병행하여 유아가 독립을 성취하기 위한 제반 활동을 포함하는 교육이다. 자동교육적 방법은 누구도 대신할 수 없는 자신의 형성, 즉 자기활동을 통한 자기계발, 더 나아가 자기창조를 그 핵심으로 하는 교육이다. 따라서 자동교육의 과정에는 경쟁이라는 것이 없다. 자동교육은 자신의 독립과 자기실현을 향하여 자신이 선택하고 잘못을 수정하면서 자신의 보조로 나아가며 새로운 것을 이해하는 교육이다.

몬테소리에게 있어서 유아는 무한한 잠재능력을 가진 존재이고 스스로 선택·결정·책임질 수 있는 자아 지시적 존재다. 또한 자신만의 독특한 잠재 가능성의 발달을 보이면서 자신을 창조해 가는 창조적 존재다. 그러므로 유아는 자기 형성 과정에 있어서 어떤 강제나 간섭을 받지 않는 한 그 능력의 전개가 유아 스스로의 힘으로 가능하다. 그리하여 몬테소리는 유아의 자연스러운 학습욕구를·해방시키고 유아에게 '준비된 환경'을 제공해 주어 자발적 자기활동을 통한 자기 형성이 가능하도록 한 자동교육을 주장하게 되었다.

그런데 몬테소리의 자동교육은 킬패트릭(Kilpatrick)과 같은 당시에 대단한 영향력이 있었던 교육사상가에 의한 비판의 영향인지는 모르지만 일반적으로 교구의 조작에 너무 얽매여 있는 한정적 개념으로 생각되어 왔다(Kilpatrick, 1914, p.12). 그러나 몬테소리 교육법에서의 자동교육은 소위 몬테소리 교육방법의 한 부분이 아니라 그것의 전체로 보아야 할 것이다. 물론 몬테소리 자신의 노력은 그의 생각과 사고에 근거한 자동교육의 과정에 중심이 모아지지만 킬패트릭이 말한 것처럼 몬테소리 교구의 장점에 의해서만 그것을 이룰 수 있는 것은 결코 아니다. 몬테소리의 자동교육은 단순한 훈련이 아니다. 결국 아동의 독립성을 의미하는 것으로 자기 행동을 목표로 하는 가운데 자신을 목표로 하는 교육인 것이다. 다시 말해서 자기활동을 통한 자기실현의 형식으로서의 자동교육의 개념은 단순한 교구조작을 통한 지식의 축적만의 의미보다는 훨씬 폭넓은 몬테소리 교육사상 자체를 의미하는 것이다.

(2) 몬테소리 교사의 교수법과 교구 제시

① 이상적 교수법의 원칙

몬테소리는 교사에 의한 레슨에 있어서 다음의 몇 가지를 교수법의 원칙으로 삼을 것을 제시하고 있다(Montessori, 1964, p.108).

첫째는 준비(preparedness)다. 준비란 미리 계획을 세우고 구상을 하는 것을 말하는 것으로 유아가 마음을 열도록 하는 것을 의미한다. 유아들의 확신과 존경을 얻기 위해서는 외모가 중요하다고 하면서 교사는 자기의 몸동작들이 우아하고 품위 있게 나타나도록 연구해야만 한다고 하였다. 그리고 환경도 철저히 준비하여 정리해 두어야 한다고 하였다.

둘째는 간결(brevity)이다. 간결함이란 짧고, 핵심을 잘 지적하고 교수가 명확해야 함을 의미한다. 교사는 쓸데없는 단어는 사용하지 말아야 하고 교수하기 전에 말을 조금만 사용하도록 미리 조정하여야 한다.

셋째는 단순(simplicity)이다. 단순이란 사려 깊게 선택된 단어들이 단순해야 하며 절대적인 진리를 전하는 것이어야 함을 의미한다.

넷째는 목적(objectivity)이다. 유아들을 가르침에 있어서 교사의 퍼스낼리티는 사라지게 하고 교사가 제시하려고 하는 목적만을 오로지 교수의 핵심으로 삼아야 함을 뜻한다. 유아들의 마음에서 그가 전달하는 목적을 빼앗을 만한 환경은 심지어 교사까지라도 제거되어야 한다는 것이다.

이상의 교수법의 원칙과 더불어 몬테소리는 교수에 있어서 관찰의 법칙(the method of observation)을 사용할 것을 주장하면서 이때 교사는 유아의 자유에 대한 근본적인 이해가 바탕이 되어야 한다고 하였다(Ibid., pp.108~109).

② 교구 제시방법과 순서

몬테소리 교육의 교육과정 및 내용이 교구의 커리큘럼화에 있기 때문에 교육실천의 지침은 '교구의 사용법'에 집약될 수 있다. 따라서 교육방법도 교구의 취급에 따르는 기술과 깊이 관계되고, 특히 교사에 의한 교구의 제시방법과 그것을 받은 유아의 활동 형태와의 관계에 특색이 있다. 그것을 구체적으로 설명하면 아래와 같다.

1 교사에 의한 제시

유아에게 교구를 제시하는 방법에는 세 가지가 있다.

- 집단제시(학급 전원에 제시함)
- 그룹제시(2인 이상으로 제시함)
- 개인제시(한 사람의 유아에게 제시함)

2 유아의 활동 형태

교사로부터 제시를 받은 유아의 활동에는 세 가지의 활동 형태가 있다.

- 집단활동(학급 전원이 활동함)
- 그룹활동(2인 이상이 활동함)
- 개인활동(한 사람의 유아가 활동함)

위의 1과 2의 관계를 그림으로 나타내면 [그림 7-2]와 같다.

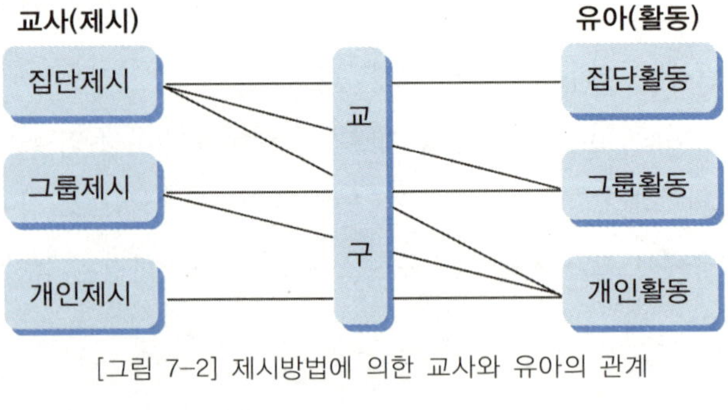

[그림 7-2] 제시방법에 의한 교사와 유아의 관계

[그림 7-2]를 보면 교구를 매개로 해서 우선 교사가 학급 전원에게 집단제시를 할 경우, 그 제시 후의 유아의 활동은 학급 전원의 집단으로 활동할 때도 있으며, 그중에 흥미를 표시한 유아들이 그룹으로 활동할 때도 있고, 그 외에 언제든지 좋아하는 시간에 개인으로 활동할 때도 있다. 또한 교사가 같은 정도의 두 사람 이상의 유아에게 그룹제시를 한 경우, 그 제시 후의 유아의 활동은 그 그룹 혹은 그중의 몇 유아가 하는 그룹 활동, 그리고 언제든지 다시 좋아하는 시간에 개인으로 활동할 때도 있으나 학급 전원이 집단으로 활동하는 일은 있을 수 없다. 그리고 교사가 개인제시를 한 경우에는 유아의 활동은 개인활동만으로 끝난다. 그룹, 집단활동은 있을 수 없다.

그런데 이 세 종류의 제시방법은 교육과정의 내용에 의해서 상당히 달라진다. 예를 들면, 입원 당초는 교사와 유아가 그리 친밀하지 않고 신뢰관계가 쌓여 있지 않기 때문에 개인제시는 피하고, 집단제시와 그룹제시에 중점이 놓여진다. 다만 교사의 제시를 필요로 하지 않는 개인활동은 이루어진다. 다음으로, 일상생활교육에서는 집단제시, 그룹제시, 그리고 약간의 개인제시로 교육이 이루어진다. 그리고 감각교육의 단계에서는 개인제시에 가장 많은 비중이 주어지고 그룹제시나 집단제시는 조금 이루어진다. 그 후에 산수, 국어, 문화, 기타의 교육도 개인제시가 중심이지만 그룹제시나 집단제시로 교육의 효과를 높이는 일도 있다. 따라서 몬테소리 교육에서 제시방법은 적시적소에서 각기 다르고, 모두 개별제시로 이루어지는 것이 아니고 그룹제시나 집단제시도 활용해서 교육효과를 올리도록 고려되어 있다. 동시에 결코, 모두가 집단제시로 치우치는 일도 없다.

다음으로 교구의 제시순서는 다음과 같다. 어떠한 교구든 준비, 모범제시, 정돈의 3요소로 교구의 제시가 이루어지는데 유아의 활동의욕에 따라 다음의 두 가지 유형으로 교구가 제시된다.

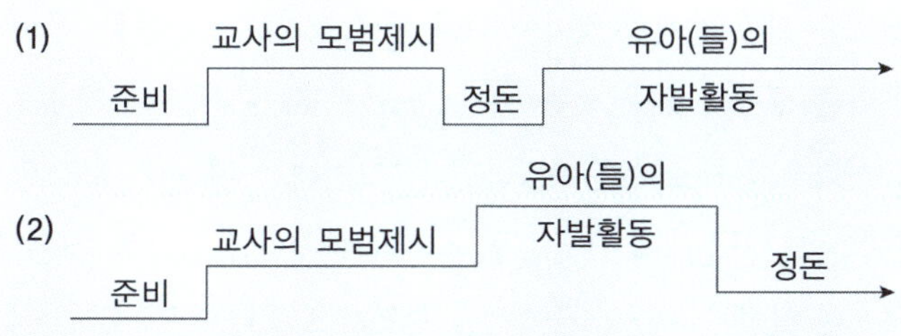

③ 3단계 연습법(Three Period Presentation Lesson)

몬테소리는 세갱의 3단계 연습법을 교수법으로 사용하였다(Ibid., pp.177~178, Standing, 1984, p.307).

- 제 1 단계는 이름 붙이기(naming) 단계이다. 이 단계에서는 교사가 명칭과 대상물을 일치시키는 교육을 실시한다.
- 제 2 단계는 대상물을 인식시켜 유아가 그 대상물을 지적하거나 찾아내게 하는 단계이다.
- 제 3 단계는 교사의 질문에 기억하고 있는 것을 말하게 하는(pronunciation of the word) 단계이다.

5) 준비된 환경

(1) 몬테소리 교육과 환경

환경에 대한 몬테소리의 생각은 '어린이의 집'의 설치보다는 훨씬 광범위한 인간 생명 연구에 바탕을 두고 있다. 몬테소리는 환경과 생명의 근본적인 관계에서 환경을 설명한다. 그녀에게 있어서 인간은 생물학적인 인간이요, 지적 생활을 영위하는 인간이요, 우주적 질서와 조화하는 인간이다.

따라서 인간의 생명이 어떻게 나타나느냐에 따라 그에게 필요한 환경은 필연적으로 달라지게 된다. 생물학적인 존재로서의 인간에게는 자연과학적인 생물에너지와 생명유지를 위한 최저 필요조건인 자연환경이 필요하고(Montessori, 1988, p.187), 지적 생활을 영위하는 존재로서의 인간에게는 인간만의 고유한 환경이 필요하며, 우주적 힘을 소유한 존재로서의 인간에게는 우주라는 환경이 필요하다고 보았다.

이와 같이 생명은 결코 정체된 것이 아니라 항상 성장하고 유동한다. 따라서 환경은 유아의 성장에 따른 생명의 요구를 충족할 수 있는 것으로서, 유동적으로 재조정·발전되어 나가야 한다고 몬테소리는 주장하였다. 그런데 어떤 시기에도 환경은 중요한 역할을 담당하지만 그 가운데에서도 출생 직후의 환경만큼 중요한 것은 없다고 하여 특히 유아기 교육에 있어서 환경의 중요성을 강조하고 있다. 몬테소리가 본 유아는 무의식중에 정신을 형성하는 내적 생명을 소유한 존재로 스스로를 형성해 나갈 수 있는 존재이다. 그러나 이와 같은 기본적인 성질을 가지고 있다 하더라도 거기에 대응하는 적절한 자극이 없으면 무의미해지는 것이다.

유아가 선천적으로 갖추고 있는 내적 생명력은 단지 발달의 가능성이고 지향성으로 그 발달의 구체적 내용은 결정되어 있지 않다. 즉 민감성이 내면에서 나오는 것이고 그것이 정신적 집중을 일으키는 원동력이 되는 것이라 해도 그것은 어디까지나 가능성이고 준비성에 지나지 않는다. 더욱이 유아는 자신의 성장에 적당한 환경을 자신이 구성하는 힘을 갖고 있지 않다. 따라서 이러한 가능성 · 지향성 · 준비성이 구체적 모습으로 실현되기 위해서는 교육적 환경이 필요하다.

여기에 대해 몬테소리는 "육체적 태아에게 어머니의 자궁이 필요하듯이 정신적 태아도 애정이 있고 정신적 자양분이 풍부한 외적 환경에 의해서 보호를 받아야 한다. 개체아가 형성되고 완전하게 되는 것은 환경을 통해서이다"(Montessori, 1988, pp.34~35)라고 하여 유아의 내적 생명의 가능성이 환경에 의해서 비로소 그 내용이 결정됨을 강조하고 있다.

요컨대 몬테소리에게 있어서 개인은 환경의 흡수를 통하여 한 사람 몫의 인간으로 되는 것으로, 발달은 자신만으로 해서 일어나는 것이 아니고 그가 처한 환경에서의 경험의 산물이다.

그러나 여기서 기억해야 할 것은 몬테소리의 환경이 일방적으로 개인의 발달에 영향을 미치는 것이 아니라 상호적이라는 점이다. 몬테소리는 환경과 생물 간의 상호 의존적인 관계와 상호 한정적인 성질에 대해 주의 깊게 관찰했다. 그 결과, 종래의 환경이 먼저 있고 생물이 적응해야 한다는 사고방식을 버리고, 환경과 생물과의 상관적 · 역동적 관계를 주장하였다. 즉, 생명체는 환경으로부터 영향을 받는 동시에 환경을 자신에게 적합하게 재구성해 나가면서 성장을 계속한다는 것이다. 이와 같이 몬테소리 교육은 환경과의 상호작용을 통한 교육이므로 유아에게 주어진 천부적 힘을 발달시킬 수 있도록 적합한 환경을 제공해 주는 것이 무엇보다 중요하다.

(2) 준비된 환경

몬테소리는 교육이란 교사가 하는 것이 아니라 개개 인간이 혼자서 전개하는 자연의 과정으로, 유아가 환경을 향해 행동하는 경험에 의해 얻어진 덕(Montessori, 1984, p.6)이라고 하였다. 이와 같이 몬테소리 교육에서는 환경 자체가 유아를 교육한다. 그러면 몬테소리 교육에서 이와 같이 중요한 비중을 차지하고 있는 '준비된 환경'이란 어떤 환경인가를 알아보는 것은 바로 몬테소리 교육의 본질을 이해하는 지름길이 된다.

몬테소리의 '준비된 환경'은 단순히 몬테소리 교구를 비롯한 기타의 교육적 자료를 비치하고 있는 물리적 환경만을 의미하는 것이 아니라 문화 전체의 기본요소가 학습될 수 있도록 배려된 환경이다. 인간은 그들만의 문화를 수용하고 나아가 새로운 문화를 창조하는 능력을 갖고 있다. 이와 같은 능력을 발달시키기 위해서는 자연적 환경과 동시에 문화적 환경이 필요하다. 몬테소리는 "모태로부터 떨어져 나온 아기는 단순히 자연적 환경 속에 들어가는 것이 아니라 동시에 인간의 생활이 영위되고 있는 문화적 환경 속에 들어가게 된다. 그것은 자연을 넘어선 환경이다"(Montessori, 1988, p.35)라고 하면서 인간에게는 자연적 환경과 동시에 문화적 환경이 필요함을 역설하였다. 또 몬테소리의 '준비된 환경'은 유아가 자유로운 인격체로 발달하도록 돕기 위하여 자유가 부여된 환경이다. '준비된 환경'은 유아가 자유로이 교구를 선택할 수 있도록 다양한 교구가 마련된 환경이며 시간의 제약을 받지 않고 작업을 계속하고 또한 몇 번이고 반복할 수 있는 자유가 주어진 환경이다.

동시에 몬테소리의 '준비된 환경'은 질서가 있는 환경이다. '준비된 환경'은 유아의 정신세계를 형성하고 질서를 내면화하는 데 도움을 줄 수 있는 환경이다. 몬테소리 교구들은 난이도와 복잡성의 정도에 따라 계열성이 있고 질서 있게 고안되어 있고, 유아가 사용한 교구를 스스로 정돈하여 제자리에 갖다 놓는 활동들을 통하여 질서감을 형성할 수 있도록 되어 있다.

몬테소리는 나무 위에 사는 습성이 있는 새를 한 그루의 나무도 없는 광막한 들판에 날려 보내는 것은 참된 의미에 있어서 자유롭게 해 준 것이 아니라고 하였다. 그 이유는 그 새에게는 자기에게 적당한 환경이 없기 때문이다. 즉, 자유로운 환경이란 그 생명체의 내면적 욕구에 부응하는 환경을 의미하는 것이기 때문이다. 따라서 '준비된 환경'이란 자유가 부여된 환경인 동시에 유아의 성장단계에 알맞은 환경이다. 다시 말해서 유아 개개인의 요구에 적합한 환경(Orem, 1969, p.157)으로 유아의 민감성에 반응하는 반응적 환경이다.

몬테소리는 "나는 곤충이 자기에게 적절한 꽃에만 오는 것을 자주 연상했다"(Montessori, 1984, p.221)고 하였다. '준비된 환경'은 곤충이 각기 자신이 원하는 꽃을 찾듯이 유아 각자의 내적 요구와 흥미를 충족시켜 줄 수 있는 환경으로 유아의 개별성이 특히 존중되는 환경을 뜻한다.

그리고 '준비된 환경'은 유아의 자연적 성장이 가능하도록 장애가 제거된 환경이다. 몬테소리는 어른들이 조성한 문명의 세계 속에서 유아가 자연이 명하는 속도와 리듬으로 살아가기란 얼마나 어려운가를 강조하면서 유아들이 그들의 천성을 나타낼 수 있도록 이 장애들을 제거해 주어야 한다고 역설하였다. 이와 같이 '준비된 환경'은 유아의 발달을 저해하는 장애들이 제거된 환경이고 유아 스스로 이들 장애를 극복하는 데 도움을 줄 수 있는 환경이다.

몬테소리 교실은 유아들에게 적합한 규격으로 된 과학적이고 아름다운 교구를 가지고 작업하는 가운데 창조적 자기 형성력이 신장될 수 있도록 배려된다. '준비된 환경'은 유아의 흥미와 지적 호기심을 자극할 수 있는 환경으로서 유아가 교구를 통한 작업활동을 통하여 마침내 정상화에로 이르는 일련의 과정을 통하여 자발적인 자기완성에로 나아가도록 배려된 환경이다.

또 몬테소리의 '준비된 환경'은 유아들에게 사회에서의 공동생활을 위해 집단의 일원으로서의 자각을 일깨우도록 배려된 환경이다. 몬테소리는 '준비된 환경'은 개체의 자연적인 발달을 돕는 생물학적 목표와 동시에 공동생활을 위한 사회적 목표를 지향하는 이중의 교육목표를 갖는다고 하였다. 몬테소리의 '준비된 환경'은 유아들에게 다른 연령의 혹은 또래 유아의 행동을 관찰하고 능동적으로 상호 교섭함으로써 연대의식에 의한 사회감, 자유와 규율의 융합, 집단 속에서의 자기확립, 순종과 사랑의 봉사정신 등이 육성될 수 있도록 배려되어 있다.

요컨대, 몬테소리의 '준비된 환경'은 인간의 문화 전체의 기본요소가 학습될 수 있는 환경이며, 유아에게 자유가 부여된 환경인 동시에 질서와 규율이 있는 환경이다. 그리고 유아의 개별적 요구에 반응하는 반응적 환경으로 유아의 개별성이 특히 존중되는 환경이다. 또한 유아의 지적 호기심을 자극하는 교육적 환경으로서 유아가 자발적이므로 자기완성에로 나아갈 수 있도록 배려된 환경이며 동시에 유아의 사회성 발달에 도움을 줄 수 있도록 배려된 환경이다.

그러므로 몬테소리 교육에 있어서 '준비된 환경'의 계획과 구성은 필수적인 것으로 그 자체가 하나의 교육과정으로 볼 수 있을 만큼 유아의 자기완성을 위하여 절대적 비중을 차지한다.

(3) 환경의 구성과 운영

몬테소리 교육에 있어서는 환경은 유아가 그들 자신의 세계를 탐구할 수 있도록 배려된 살아 있는 학습의 장이다. 따라서 몬테소리 교육에 있어서 환경의 구성은 유아의 성장에 장애가 되는 요소가 제거되지 않으면 안 될 뿐만 아니라 더 나아가 성장하는 유아의 계속적인 변화하는 욕구에 능동적으로 대처할 수 있도록 준비하고 구성되어야 한다.

몬테소리 환경의 구성요소로 릴라드는 자유, 구조와 질서, 실재와 자연, 미적 분위기, 교구, 사회성의 발달 등을 들고 있다. 몬테소리 교육의 환경구성에 있어서는 유아들이 독립적인 활동을 할 수 있는 자유(freedom)가 주어져야 한다. 자유롭게 선택한 자료를 탐구하고 자신의 작업에 몰두할 수 있도록 환경을 구성해 주어야 한다.

그리고 몬테소리 교육환경은 자유로우면서 구조적이고 미적이며, 온화한 환경이 되도록 해야 한다. 교실은 밝고, 책상과 안락한 의자·소파 등 다양한 아름다운 가구들을 갖추고, 예술적인 그림이나 사진, 아름다운 꽃병으로 꾸며 주어야 한다.

또 몬테소리 교육환경은 계열성이 있고 질서 있게 고안되어서 스스로 질서감을 형성할 수 있도록 구성해야 하고, 동시에 현실성에 기초를 두고 구성되어야 한다. 뿐만 아니라 유아의 공동체 사회의식을 자발적으로 이끌어 갈 수 있도록 구성해야 한다. 이를 위하여 몬테소리는 '어린이의 집'의 학급편성에 혼합연령 집단구성을 채택하였다.

몬테소리 교육에 있어서 '준비된 환경(prepared environment)'은 시설, 설비, 교재·교구 등의 교육적 자료의 총체로서의 물리적 환경과 부모·교사 등의 인적 환경으로 대별할 수 있다. 몬테소리 학급의 교육자료는 크게 일상생활교재(daily living materials), 감각교재(sensorial materials), 지적 교육을 위한 교재(cultural and artistic materials)로 나눌 수 있고 교육내용 또한 위의 4~5개 영역으로 나눌 수 있다(Lillard, 1972, pp.70~73). 그러나 몬테소리 교육은 우주적 질서에 순응하는 우주적 교육(cosmic education)이 되어야 한다고 하면서 교육내용들은 우주학 내지 생태학적 관념 아래 통합된 우주적 커리큘럼으로 편성·운영되어야 함을 강조하였다. 즉, 몬테소리 교육에 있어서 교육과정 운영은 교과의 틀에 얽매이지 않고 교육내용이 유기적·통합적으로 운영되어야 한다는 것이다. 실제로 몬테소리 교육과정에 있어서 각 영역은 서로 연결되어 있고 동시에 통합되어 있다. 예를 들면 일상생활교육의 '콩 고르기' 작업에서 비슷한 것과 다른 것 고르기 훈련은 '콩 고르기'가 단순히 유아의 손끝의 훈련만이 아니라 그 훈련을 통하여 논리적·수학적 사고의 내면화에 동시에 도움이 되도록 배려되어 있다. 뿐만 아니라 감각교구의 구조와 조작방법에도 수학적 구조가 들어 있고 언어나 문화영역의 교재·교구에도 연관되어 있다.

그리하여 유아들은 일상생활훈련에 있어서 기본적인 움직임을 완전히 습득하게 되면 같은 방법으로 다른 영역으로 스스로 나아가도록 되어 있다. '준비된 환경'으로서의 교실에는 교사용 책상은 없으며 유아들 스스로가 내면적인 규율을 자신의 것으로 만들고 교구를 자유선택하여 자신의 템포와 생명리듬에 맞추어 활발히 작업하는 가운데 탐구하고 발견하면서 스스로를 교육해 나간다. 자신의 성장에 필요한 자유를 획득한 유아들이 자발적으로 작업하면서 스스로 학습해 나가는 가운데 자기교육력을 키워 나가, 스스로 학습의 가치와 방법을 터득하게끔 교육과정을 운영한다. 요컨대, 몬테소리 교육에서 환경은 유아들이 독립적으로 활동하면서 자유롭게 자신의 작업에 몰두할 수 있도록 구성되어야 하고 교육과정 운영은 각 영역별 교육내용이 통합적으로 이루어질 수 있도록 하여야 한다.

4. 교사

1) 몬테소리 교사의 의의 및 역할

(1) 교사의 의의

몬테소리 교육의 특징 중 하나는 몬테소리 교사가 갖는 독특한 성격에 있다. 흔히 몬테소리 교육에 있어서는 교사의 지도가 필요하지 않다는 오해를 불러일으키곤 한다. 그러나 그것은 몬테소리 교육이 교구 자체의 이용에 너무 많은 강조가 주어졌고, 성인과 아동의 관계에 있어서 성인을 비난했던 것 등이 몬테소리 교육에 있어서 교사의 위치를 잘못 생각하게 하는 요인이 된 것 같다. 그러나 몬테소리는 교사를 제거하지도 아동을 아무런 도움도 없는 상태에서 자아지시적으로 방치하지도 않았다(Kanzi, p.22). 개인의 정신은 개인의 정신에 접해야만 한다고 하면서 몬테소리 교육에 있어서 인적 요소의 중요성과 필요성을 강조하였다.

몬테소리는 '어린이의 집'에서의 관찰을 통하여 지금까지 오랜 세월 동안 유아의 속성으로 생각해 왔던 것과는 전혀 다른 속성을 지닌 유아를 발견하였다. 전통적으로 생각해 왔던 유아와는 다른 성질을 갖는 유아가 발견됨에 따라, 이러한 성질을 갖는 학습자를 지도하기에 적합한 '새로운 교사'가 자연히 요청된 것이다. 몬테소리는 이 새로운 아동의 지도에 적합한 새로운 교사를 '지도자(direttrice, directress)'라고 하였다(Standing, 1984, p.297). 그것은 교사의 일이 '가르치는 것'보다는 유아가 본래 가지고 있는 자연적 에너지를 '이끌어 내는 것'을 본 임무로 하는 교사를 지칭하기 위함이다. 또한 지도자라고 한 것은 '간접적'이라는 뜻을 나타내기 위해서이다. 이는 직접적 지시로 교육이나 지도를 하는 것이 아니라, 자발적 활동을 지원함으로써 간접적으로 유아의 성장발달을 돕는 자라는 것을 의미하기 위함이다. 몬테소리는 유아에 대한 내적 생명의 자극을 통하여 학습에로 방향을 제시한다는 뜻에서 교사를 지도자라고 불렀던 것이다. 이러한 의미에서 몬테소리 교사는 지도자요 안내자다.

몬테소리는 다음과 같이 유아를 여행자에, 교사를 안내자에 비유하고 있다.

> 우리들은 사고가 있는 인간생활 속으로 들어간다. 진정한 안내인은 명확함을 빠뜨리는 공허한 표현으로 헤매지 않는다. 여행자가 흥미를 품고 마음껏 관찰했다고 정중히 인정하는 예술작품을 간명히 해설하고 무익한 것에 기력과 시간을 잃지 않도록 그를 인도한다. 더욱더 중요하고 우수한 것을 관찰하게 하여 그의 전체 여행과정 내내 즐거움과 만족을 찾을 수 있도록 하는 지성 있고 풍부한 안내인이다(Montessori, 1964, p.187).

이런 의미에서 몬테소리 교사는 문화에로 학습자를 안내하는 안내자이며 동시에 문화의 통역사로서의 위치에 있다. 몬테소리 교사는 인간의 정신에 봉사하는 봉사자다. 그러나 유아를 대신해서 무엇을 해 주는 봉사자가 아니라 유아 스스로 할 수 있도록 돕는 봉사자다.

몬테소리는 유아와 '새로운 교사(nuova insegnante, new teacher)'는 단일한 교육환경의 전체를 구성하고 있고, 이러한 환경 자체가 양자에게 있어서 역동적으로 멈추지 않는 발전의 과정으로 되어 있기 때문에 이 둘의 관계는 서로 불가분의 관계로 상호 역동적인 관계에 있다고 하였다. 요컨대, 몬테소리 교사는 성인과는 다른 독자적인 존재로서의 유아를 인정하는 사람으로 인간 생명에 대한 자극자이며 안내자요, 통역자이며 봉사자로서 '스스로 할 수 있도록 돕자'라고 하는 모순된 지향의 위치에 서서 교사가 있거나 없거나 유아가 독립적으로 성장발달하도록 돕는 것을 목표로 하는 교사다.

(2) 교사의 자질

몬테소리가 특히 강조하고 있는 교사의 자질로서는 순수한 마음과 겸손, 애정, 인내와 노력, 통찰력과 감수성 등을 들 수 있다.

첫째, 몬테소리 교사는 정신적 겸허함이 그 자질로 요구된다.

몬테소리는 정신적 겸허가 유아를 이해하는 준비가 되고 교사의 본질적 준비가 된다고 하였다(Montessori, 1988, p.137). 또 교사는 실수가 없다고 생각하는 거만함 대신 겸손이라는 옷을 입어야 한다고 하였다.

몬테소리 사상에서는 모든 창조되어진 것은 신성한 의지에 따라 우주적 조화 속에서 자기의 역할을 다함에 의해 전체에 봉사한다는 사고방식이 근간을 이루고 있다. 그러므로 몬테소리 교사는 우선 유아는 우주적 조화에서 발전될 수 있는 무한한 가능성을 가진 창조적 우주적 존재라는 사실을 이해해야 한다. 그리고 교사로서 인간이 담당해야 할 우주적 사명을 유아에게 자각시키는 과업의 착수에 앞서 먼저 교사 자신이 이 거대한 우주질서 속에 이끌려지고 있다는 것을 자각해야 한다고 하면서 이 점을 교사의 자질 중에서 가장 중요시하였다.

몬테소리 교사에게 요구되는 자질로서의 겸손은 교사가 모범을 보이지 않으면 안 된다고 하는 생각을 버리고 유아가 스스로 한몫의 인간을 형성하고 있다는 것을 현실적으로 한 사람 한 사람의 유아에게 인정하는 것을 말한다. 또한 그것은 있는 그대로의 유아를 받아들이고 유아에게서 배우려고 하는 마음으로 유아와 함께 자신도 성장해 간다고 하는 자세를 의미하고 동시에 진리에 따르려고 노력하는 마음을 뜻한다.

둘째, 몬테소리 교사는 애정과 봉사의 자질이 요구된다.

몬테소리 교사는 유아를 이해하고 보완하는 것이 어머니와 교사의 목적이 되어야 한다고 하였다(Montessori, 1988, p.12). 몬테소리가 말하는 애정은 유아의 정신에 대한 사랑이며 인간에 대한 사랑이다. 몬테소리는 유아와 교사의 관계를 주인과 하인의 관계에 비유하면서 유아의 정신에 봉사하는 자로서의 교사의 자세를 강조하였다.

셋째, 몬테소리 교사는 자기 자신에 대한 결점 제거를 위한 끈질긴 노력의 자세(Montessori, 1966, pp.149~153)를 가져야 하고 참다운 자기 모습의 정립을 위하여 자기 자신에 대한 지식을 쌓아야 한다고 하였다.

넷째, 몬테소리 교사에게는 유아 존재에 대한 올바른 이해를 바탕으로 생명의 공감에 의하여 재빨리 적절하게 움직일 수 있는 통찰력과 감수성이 요구된다.

몬테소리 교육활동은 고정된 시간표에 의해서 이루어지는 것이 아니라, 유동하고 변화하는 유아의 마음의 움직임과 보조를 맞추어 이루어진다. 다시 말해서 몬테소리 교육에 있어서 유아의 이해와 지도는 그들의 살아 움직이는 그 순간순간에 이루어지는 것이다. 따라서 몬테소리 교육을 실시하는 교사에게 있어서는 예민한 관찰의 정신과 감수성의 자질이 특히 요구된다.

(3) 교사의 임무와 역할

몬테소리 교육사상에 있어서 교사의 역할에 관한 것만큼 많은 혼돈과 오해가 있는 것도 없다. 그것은 교사가 소극적이 되면 유아는 적극적으로 된다고 하는 몬테소리의 사고에 기초를 두고 있는 것 같다. 또 몬테소리 교구가 자기교육이 가능하도록 고안·제작되어 있기 때문에 교사의 지도를 필요로 하지 않는다고 생각되는 측면도 교사의 역할을 과소평가하게 하는 원인 중의 하나라고 생각된다. 그러나 그녀의 저서를 자세히 검토해 보면 이러한 생각은 잘못된 것으로 교사의 역할을 적극적으로 높게 평가하고 있음을 알 수 있다.

첫째, 몬테소리 교사의 가장 중요한 역할과 임무는 관찰이다.

몬테소리는 "몬테소리 교사는 교사라기보다는 심리학자이어야 한다. 그것은 교사가 가지는 역할이며 과학적인 준비의 중요성을 제시한다"(Montessori, 1964, p.173)고 하였다. 또한 유아를 교육함에 있어서는 엄밀히 검사하는 이상으로 잘 관찰할 필요가 있다고 하면서 이때 생명 자체에 대한 존중심을 갖고 그의 내적 발달을 관찰하는 것이 교사에게 맡겨진 사명이라고 하였다(Montessori, 1965, p.133).

유아를 관찰한다는 것은 단순히 유아의 모습을 보는 것만의 소극적인 행위를 의미하는 것이 아니라, 관찰을 통하여 유아를 충분히 이해하고 유아의 바람에 적절히 대처한다는 매우 중요한 의미를 가진다. 즉, 관찰은 유아의 본성과 민감기와 같은 특정 시기의 정신적인 움직임을 파악하는 것인 동시에 각각의 유아를 어떻게 돕고 또 어떻게 개입해야 하는지 등을 식별하는 것을 말한다. 요컨대, 유아의 천부적 에너지의 발로를 철저히 관찰하여 그것의 유동과 변화를 창조적인 통로로 인도하는 것이 몬테소리 교사의 중요한 역할이고 책임이다.

둘째, '준비된 환경'의 제공자로서의 역할이다.

몬테소리 교육에 있어서 준비된 환경의 제공은 중요한 교육의 원리이며 방법이다. 따라서 '준비된 환경'의 제공은 몬테소리 교사의 중요한 과업이 된다. 몬테소리 교사에게 있어서 '준비된 환경'의 제공은 필수적인 임무가 되고, 교사가 어떻게 '준비된 환경'을 제공하였는가의 여부는 유아발달의 구체적 내용과 정도를 결정짓게 된다. 그러므로 몬테소리 교사는 환경을 조성하는 데 가장 많은 시간과 노력을 투입해야 한다.

셋째, 유아와 환경을 연결하는 해설자, 촉진자로서의 역할이다.

유아는 일반적으로 환경으로부터 직접적으로 문화를 배울 수는 없다. 자연이나 문화재의 가치 혹은 교실에 있는 몬테소리 교구 속에 숨은 가치에 대해서도 유아는 사람과의 만남이나 사람으로부터의 자극에 의해서 비로소 그 가치에 눈뜨게 되는 것이다.

몬테소리는 유아가 교구와의 상호작용을 통하여 집중에로 나아가도록 하기 위한 교사의 지도방법을 단계별로 제시하고 있다(Montessori, 1984, p.265).

몬테소리 교사는 먼저, 작업에 집중하는 힘을 얻은 유아와 아직 얻지 못한 유아를 구별해야 한다. 그렇게 한 다음, 자신의 정신을 집중하여 내적인 힘을 키우지 못하고 있는 유아들에게는 자기활동을 시작하도록 여러 가지 장애를 제거해 주면서 유효한 개입으로 교수를 면밀히 해 나간다. 그러나 집중하는 힘을 얻은 유아에게는 그의 정신이 열려지는 정도에 따라서 교사의 적극성을 줄이고 유아의 적극성이 커지도록 해야 한다. 아직 작업에 익숙하지 않은 유아에게는 직접적인 지도가 필요하다. 질서를 혼란하게 하는 행위는 중단시켜야 한다.

이 단계에서 교사는 유아를 감독하고 교구의 정확한 사용법을 제시하여야 한다. 그러나 유아가 작업에 열중하고 있을 때는 작업의 순서나 그 자유로운 발전을 방해하지 않도록 신경을 써야 한다.

유아가 스스로 작업을 선택해서 어느 정도 자신에게 중요한 것을 이루게 되면 그것으로 완전히 된 것인지 아닌지를 확인하기 위해서 본능적으로 외부의 권위에 판단을 의뢰한다. 이때 몬테소리 교사는 판단자, 승인자로서의 역할을 수행해야 한다. 그러나 유아가 자신의 일을 마친 단계에서 교사의 승인을 받으려 하지 않았을 때 비로소 그 유아는 성장의 최종단계를 마쳤다고 말할 수 있다. 여기에 와서 비로소 내면적인 규율이 유아 내부에 단단히 뿌리를 내리게 된다. 이때 교사는 어떠한 일이 있어도 유아를 방해하지 않도록 해야 하므로 이때 교사는 분명한 불개입의 태도를 가져야 한다.

요컨대 몬테소리 교사는 유아가 작업에 집중하기 전 단계에서 교사는 적극적인 촉진자, 협력자의 역할을 해 주면서 그들을 집중작업에로 유도해 나가지만, 일단 유아가 집중작업에 몰입하게 되면 결코 방해가 되지 않도록 해야 한다.

넷째, 자유의 보장을 위한 학습권 옹호자로서의 역할이다.

몬테소리는 유아의 내적 생명의 발전과 자신의 인격 창조를 돕기 위해 유아의 '자유 보장'을 주장하였다. 몬테소리 교육에서의 자유는 제한된 자유이며 규칙 속에서의 자유다. '집단 선의 우선'의 대원칙이 적용되며 학급 전원에게 공통된 선에 반대 행위를 하는 자에게는 자유를 제한한다.

그러므로 몬테소리 교사는 다른 유아에게 방해가 되는 행위를 하는 유아에게는 주의를 주어 그만하게 해야 한다. 그리하여 집중작업을 통한 정상화에로의 과정에 몰입하고 있는 유아들이 방해받지 않고 작업을 계속할 수 있도록 학습권의 옹호자로서의 역할을 수행해야 한다.

다섯째, 몬테소리 교사는 부모와 지역사회에 대하여 조력자로서의 역할을 다해야 한다.

몬테소리 교사는 유아를 고립된 개인으로서가 아닌 가정의 한 구성원으로 본다. 그러므로 몬테소리 교사는 자기의 활동시간을 할애하여 가정과 긴밀한 관계를 유지해야 하고 부모의 교사에 대한 강의나 방문의 요구가 있을 때는 언제든지 이에 쾌히 응할 수 있는 용의가 있어야 한다.

또한 몬테소리 교사는 양친 및 가정생활과의 밀접한 접촉을 유지해 나가는 일 외에 지역사회에 유아의 정신적인 잠재된 힘을 알려서 진정한 교육이 이루어지도록 헌신해야 할 의무가 있다(Lillard, 1972, p.86).

2) 교사교육

(1) 교사교육의 의의

몬테소리 교육이 가지는 강점의 하나는 그녀의 교육이론이 교육이념 또는 순수 이론만으로 이루어져 있는 것이 아니고 구체적 실천이론과 방법, 그리고 잘 '훈련된 교사'를 가지고 있다는 것을 들 수 있다. 몬테소리 교육에서 교사는 교육적 환경의 일부로서 특수하게 훈련된 교사다. 몬테소리 교육은 '훈련된 교사'와 그 실천체계로 받아들여지고 있고 이는 종합적 접근 속의 일차원을 차지한다고 볼 때 몬테소리 교육에서 교사교육은 대단히 중요한 위치를 차지한다.

몬테소리에 의하면 개별 아동의 성공적인 교육은 그 교사가 몬테소리 교육법에 따라 충분히 교육을 받았는지, 또는 충분한 교육경험이 있는지의 여부에 달려 있다. 그러므로 몬테소리 교사는 '준비된 환경'에서의 다양한 과정들을 받아들이고 이에 대응하는 자세를 갖추고 있어야 한다. 따라서 몬테소리 교사에게는 특별히 체계화된 교육이 요구된다.

그리하여 몬테소리는 그의 교육이론과 방법의 독자성에 기초를 두고 몬테소리 교육에 종사하는 사람에 대해 국제적으로 승인되는 교사자격증(diploma)을 요구하고 있다. 이것은 몬테소리 교사의 자격으로 전 세계적으로 공통의 보편적 · 일반적 · 단일의 필요조건을 요구하고 있는 것으로, 교육의 성과를 결정하는 것은 최종적으로는 몬테소리 교사의 질 여하에 달려 있다는 인식에 기초를 둔 것으로 파악된다.

몬테소리 교사를 양성하기 위한 교육은 몬테소리 교육을 실천하는 교원을 양성하는 것에 지나지 않는 것이 아니라, 그야말로 몬테소리 교육 그 자체를 구체화하기 위한 일련의 활동 전개로 보지 않으면 안 된다는 것을 의미한다.

즉, 몬테소리 교육에 있어서 교사교육은 몬테소리 교육의 전반적 활동에서 하나의 영역을 형성하고 있는 것에 지나지 않는 것이 아니라 몬테소리 교육에 있어서 중요한 기능을 맡은 기능 개념으로서의 중요한 위치를 차지하고 있다.

(2) 몬테소리 교사교육활동

몬테소리 교사양성을 위한 그녀 자신의 교사교육활동을 살펴보면 다음과 같다. 1909년 봄, 교사를 대상으로 한 훈련과정과 몬테소리 교육에 관심이 있는 학부모와 여타의 사람을 대상으로 한 교육을 실시하였고 1913년 1월 로마에서 최초의 국제훈련코스(International Training Course)를 조직・개강(Fisher, 1912, p.37)하였으며, 그 해 봄에 몬테소리교육협회(Montessori Educational Association)를 설립하였다. 같은 해 가을에는 워싱턴에 몬테소리협회(Washington Montessori Society)를 설립하였다.

1914년 2월에는 제 2 회 국제몬테소리코스를 개설하여 교육했는데 15개국에서 참가하였다. 1915년 8월에서 11월에는 샌프란시스코에서 주 4회의 제 3 회 교사양성코스를 개강하였고 바르셀로나에서의 첫 번째 강의를 행하였다.

1917년 네덜란드를 방문하였고 같은 해 네덜란드에 몬테소리협회(Netherlands Montessori Society)를 창립하였다.

1919년 9월부터 10월까지의 2개월간의 국제교사양성코스를 런던에서 개최하였는데 2,000명 이상의 지원자 중에서 250명의 학생을 뽑아 교육하였다(Kramer, 1983, p.312).

1912년에는 런던 국제교사양성코스를 4월에서 6월에 걸쳐 개강하였고, 10월에는 밀라노의 양성코스를 개강하였다. 1922년 이탈리아 나폴리에서 세 번씩 교육을 실시하였고, 1924년 무솔리니(Mussolini)가 몬테소리 교육법을 공식인정하여 그 보급을 공식적으로 발표함에 따라 국가의 재정적 지원을 받게 되었고, 이탈리아 국민들만을 위한 몬테소리 교사교육의 기회가 주어졌다. 그 해 암스테르담에서 4개월간의 국제교사양성코스를 개최하였고 8회의 강연을 실시하였다(Ibid., p.292).

1925년 핀란드의 헬싱키에서 제 1 회 몬테소리 국제대회(International Montessori Congress)를 개최하였고, 1926년 밀라노에서 6개월간의 교사양성코스를 개최하였다. 그 해 11월에는 국제연맹(League of Nations)의 의뢰에 의해 강연하였는데 연제는 '교육과 평화(Education and Peace)'였다. 그 해 말에는 독일 몬테소리협회(German Montessori Society)의 초청으로 베를린에서 교사를 위한 강의를 하였다.

1926년에는 인도 몬테소리협회(India Montessori Society)가 조직되었다. 다음해 1927년 무솔리니로부터 자신의 교육사업에 대한 지속적인 지원을 약속받았고 4월에는 런던 교사양성코스를 열었다.

1929년 8월 국제몬테소리협회(Association Montessori Internationale· AMI)를 창설하였다. 이 AMI는 1935년까지 베를린에 본부를 두었으나 그 후 암스테르담으로 옮겨 오늘에 이르고 있다.

1930년 1~6월까지 국제교사양성코스를 개강하였다. 이때 21개국으로부터 100여 명이 참가하였는데, 주 3회의 강의와 70회의 교구사용법의 시범을 행하였다. 1930년 1월에 AMI의 영국지부가 출발하였고 1930년대 중반경 네덜란드의 몬테소리협회 회원은 1,000명 가까운 인원으로 불어났으며, 28개 지역의 20개 이상의 몬테소리학교가 생겨났다(Ibid., pp.323~324).

1931년 1월부터 6월에 걸쳐 제 16 회 국제교사양성코스를 개강하였다. 1933년 여름, 독일 몬테소리협회의 주최로 열린 제 3 회 몬테소리 국제대회에서 '인간의 정신적 갱생(The Spiritual Regeneration of Man)'이라는 연제로 강연하였다. 그 해 가을 런던에서 제 19 회 국제교사양성코스를 개강하였고, 스페인에서는 바르셀로나 국제코스(Barcelona International Course)가 열려 17개국에서 200여 명이 참가하였다. 1934년 제 4 회 몬테소리 국제대회에서 연설하였고 1935년 런던의 수도원에서 '우주에 있어서 인간의 위치'라는 연제로 강연하였다(Ibid., p.317, 323, 337).

1937년 3월에는 제 22 회 런던코스를 열었다. 8월에는 코펜하겐에서 제 6 회 몬테소리 국제대회가 열렸는데 여기에서 '평화를 위한 교육(Education for Peace)'이라는 연제로 강연하였다.

1938년 여름, 제 7 회 몬테소리 국제대회가 영국의 에딘버러에서 개최되었고 1939년 10월 암스테르담에서 국제양성코스를 개최하였다. 또 인도의 신지학회(Theosophical Society)의 기획하에 교사양성코스를 개최하였다.

이때 제 2 차 세계대전이 시작되어 종전 때까지 인도에 머물면서 활동을 계속하였다. 인도에서는 간디, 타고르 등으로부터 지원을 받아 몬테소리 교사양성코스를 개설하였다. 인도 전역에서 온 300여 명의 학생 겸 교사가 그의 첫 번째 강의에 참석하였다. 몬테소리는 인도에서 보내는 기간 동안 1,000명 이상이 되는 인도 교사를 훈련시켰고 저서 『흡수정신(*La Mente del Banbino-Mente Assorbente*)』을 완성시켰다. 1944년부터 3년간 인도에서 30회의 강의를 실시하였고 또 실론(Ceylon)에서 공식적인 정부 승인하에 코스를 개최하였다. 1945년 최초의 전 인도 몬테소리대회(All India Montessori Conference)가 개최되었다.

1946년 세계대전 후의 첫 번째 대회를 열고 개회사에서 '우주교육(Cosmic Education)'에 대해 강연하였다.

1947년 8월 다시 인도에서 교사교육을 실시하였고 1949년 파키스탄을 방문하여 1개월간의 교사양성코스를 개강하였다. 이때 파키스탄 몬테소리협회(Pakistan Montessori Society)를 설립하였다. 이 해에 『흡수정신』이 발행되었는데 여기에는 몬테소리의 교사훈련과정이 요약되어 있다(Ibid., p.356). 같은 해 8월에는 이탈리아의 산 레모(San Remo)에서 개최된 제 8 회 몬테소리 국제대회에 참가하여 인류의 상호의존을 재인식시키는 강연을 하였다. 또 12월에는 파리에 초청되었고, 이때 소르본(Sorbonne)대학장의 몬테소리의 교육활동에 대한 상찬 연설이 있었고 몬테소리는 '교사와 민주적 이상의 관련(Teachers and the Relation of the Democratic Ideal)'이라는 연제로 강연하였다.

1950년 초에는 노르웨이와 스웨덴에서 강연하였고 여름에는 이탈리아로 돌아와서 교사양성에 힘썼다. 4월에는 암스테르담대회가 개최되었는데 이때 13개국에서 300여 명이 참가하였다.

1951년 런던에서 AMI에 의해 제 9 회 몬테소리 국제협회가 개최되었고, 17개국에서 150명이 참가하였다. 80세 고령의 나이에도 불구하고 몬테소리는 '출생부터 대학까지의 유아 정신의 자연적 발달을 돕기 위한 도움으로서의 교육(Education as an Aid to the Natural Development of the Psycho of the Child from Birth to University)'이라는 연제로 강연하였고, 7월에서 10월까지는 오스트리아의 인스브루크(Innsbruck)에서 교사훈련과정을 강의하였다(Ibid., p.367). 이듬해인 1952년 81세의 나이로 이 세상을 떠나기 직전까지 그녀는 쉬지 않고 자신의 교육사상을 알리고 그녀의 교육사상을 현장에 실현시킬 교사 양성을 위하여 헌신하였다.

(3) 국제적 교사교육의 실제

① 몬테소리 교사교육의 조직과 기관

대표적인 몬테소리 교사양성조직으로는 국제몬테소리협회(Association Montessori Internationale)와 미국 몬테소리협회(American Montessori Society: AMS)를 들 수 있다. 이 두 조직 외에 나름대로의 특성을 가지고 AMI와 AMS의 인정 없이 독자적으로 운영되고 있는 조직들이 있는데 이들 조직은 강사진이나 교육내용 면 등의 여러 측면에서 부족한 점이 많아 체계적인 교사교육이 이루어지지 않고 있는 실정이다.

AMI는 몬테소리 자신이 1929년 덴마크에 창설하여 운영하다가 1936년에 네덜란드 암스테르담으로 본부를 옮겨 오늘에 이르고 있다. 몬테소리가 사망한 후에는 그의 아들 마리오 몬테소리(Mario Montessori)에 의해 운영되어 왔다. AMI는 몬테소리 철학과 교육법을 본래의 가장 순수한 형태로 적용·실천·연구하는 국제적인 조직으로 AMI 산하의 교사양성기관의 학습사항에 대한 지도를 통하여 몬테소리 교육의 표준화를 통한 유아의 성장과 발달의 촉진에 기여하고 있다. 그리고 AMI와 더불어 국제적인 몬테소리 교사양성조직으로서 전 세계적인 영향력을 발휘하고 있는 조직은 미국 몬테소리 협회를 들 수 있다. AMS는 미국 교육계에 몬테소리 교육을 도입·발전시키는 데 크게 공헌한 조직으로서 1960년에 창설되었다. AMS는 Whitby School에 설립되어 몬테소리 철학과 교육을 보급하고 몬테소리 학교를 설립하였으며 창설 당시에는 AMI의 지도 아래 교사교육센터를 설치·운영하였다(Appelbaum, 1986, pp.137~138). AMS는 AMI와의 사이에 끊임없는 논란을 계속해 오다가 1962년 4월 '상호이해조항(Articles for Understanding)'에서 마침내 AMI로부터 교사교육 권한과 몬테소리 교구 제작권을 허락받았다.

AMS는 몬테소리 교육을 미국 사회의 문화와 실정, 그리고 최근의 아동발달에 대한 연구 결과 등에 맞게 재해석하려는 경향을 강하게 띠고 있다. 즉 몬테소리 교육의 현대적 적용에 힘쓰고 있는 조직이다.

AMS는 부모·교사·교육행정가·교육학자들로 구성된 회원제의 조직으로 비영리, 비과세의 독립 자영기관으로 운영되고 있다. AMS의 방침은 3년 임기의 12인의 이사로 구성된 이사회에서 결정되고 그 지역의 이사에 의해 운영된다.

AMS는 몬테소리 교육에 관한 정보와 자료의 교환, 교사양성코스의 개설과 강습회 개최, 회원에 대한 상담실무와 교재·교구의 제공 등에 주요 목적을 두고 있다. 그 외에 몬테소리 교육에 대한 여러 간행물과 교재·교구에 대한 정보를 제공하고 있고 몬테소리 교육이 미국 교육제도의 중심적 역할을 할 수 있도록 몬테소리 교육을 보급하고 정착시키는 데 커다란 활동을 하고 있다.

② 몬테소리 교사교육의 대상

AMI와 AMS의 몬테소리 교사양성코스의 대상은 학사학위 소지자를 원칙으로 한다. 대학수준의 일반교육이나 전문교육을 받은 자로서 교직과목을 이수하여 교사자격을 취득한 자가 수강 대상이 되고 있다(Montessori, 1991, p.9). 즉, 몬테소리 교사교육은 일반교사로서의 기초와 자격 위에 몬테소리 교육의 이념과 방법을 가르쳐 몬테소리 교사가 되고자 하는 사람에게 기회를 제공하는 것이다. 이와 같이 몬테소리 교사교육은 현직교육적 성격과 더불어 전문화된 교사가 되기 위한 고도의 수련적 성격을 동시에 가지고 있다.

③ 몬테소리 교사교육의 내용

몬테소리 교사교육의 내용은 크게 학문적 준비단계(academic preparation phase)와 교육실제의 단계(practicum phase)로 나누어진다. 유아교사(Montessori infant and toddler teacher) 양성과정의 경우 ACCESS(the accreditation council for childhood education specialist schools)가 제시한 몬테소리 교사교육 내용을 보면, 학문적 준비에서는 ⓐ 유아의 사회

적 · 정서적 · 인지적 · 생리적 발달에 관한 내용을 최소한 45시간 ⓑ 몬테소리의 교육원리와 교육이념에 대한 개관과 몬테소리의 0~3세까지의 유아에 대한 견해 등 몬테소리 철학에 관한 내용을 최소한 24시간 ⓒ 인간의 잠재력 신장을 조력하고 배양하기 위한 과학적 분석 및 심신의 요구에 대한 배려, 교육과정으로서의 일과, 유아와의 상호작용기법, 유아의 발달적 평가와 기록 등 몬테소리 교육학에 관한 내용을 최소한 15시간 ⓓ 민감기의 요구와 안전 등의 사항에 따른 환경구성에 관한 내용을 교육하는데 0~18개월까지의 유아를 대상으로 교육할 교사그룹과 18개월~3세까지의 유아를 대상으로 교육할 교사그룹으로 나누어 각각 10~16시간 교육 ⓔ 유아를 위한 스케줄과 교수진을 위한 스케줄을 짤 수 있는 능력배양을 위한 내용을 최소한 3시간 ⓕ 부모의 심리 이해, 가정에서의 유아양육 실제에 대한 해석, 주거 위치, 교사-부모 간의 대화기술, 부모참여, 부모교육, 건강과 영양섭취 등의 부모와의 상호작용에 관한 내용 최소 24시간 ⓖ 관찰에 관한 내용 최소 15시간 ⓗ 재정 · 예산수립 · 행정에 관한 내용 최소한 6시간 ⓘ 유아에 대한 배려에 관한 내용 최소 3시간 ⓙ 자기발전을 위한 내용을 최소한 3시간 교육하도록 되어 있다.

교육실제의 단계에서는 학습경험 · 관찰 · 내면화, 그리고 보다 심도 있는 연구 등을 체득할 수 있도록 하는 데 목적을 둔다. 몬테소리 교육의 이론과 실제를 함께 병행하기 위한 기회를 제공한다.

④ 몬테소리 교사교육의 방법

몬테소리 교사교육방법은 각 기관별 · 프로그램별로 다소 차이가 있다. 예를 들면 교수진을 양성하기 위한 것과 전문 교육자로 양성하기 위한 것은 그 내용이나 방법에 있어서도 서로 다르다. 또한 지원자의 교육경험에 따라서도 달라진다. 이와 같은 이유로 교육내용 또는 교육방법은 다소 차이가 있지만 몬테소리 교사교육의 방법은 대체로 이론강의 · 관찰 · 실습 · 토의 등의 과정을 통하여 교육의 이론과 실천의 격차를 줄여가는 방법을 적용하고 있다.

교수진에 의한 몬테소리 교육이론에 대한 강의와 조수에 의한 교구 상호 간의 관계 및 사용에 관한 실기지도의 방법을 채택하고 있다. 또 유아관찰과 실습, 그 후의 보고서 제출, 그리고 이들에 대한 평가의 방법을 수행하고 있다.

몬테소리 교사양성에 있어서는 인턴십의 단계(internship phase)를 두어 유치원 내에서 머물면서 수련하고 교사진과 연합하여 내적 훈련을 쌓아 가는 방법을 채택하고 있다. 이 단계에서 훈련을 받는 교사는 자격을 갖춘 몬테소리 장학사의 지도하에 몬테소리 교실에서 직접적인 경험을 통한 교육이 이루어진다. 교육을 받는 교사들에게는 일반적으로 대부분의 경우 1년간(특별한 경우는 2년 또는 반년이나 3개월 등의 경우도 있음)의 교육기간을 통하여 학문적·이론적 강의와 세미나, 주별 워크숍, 일지작성, 현장논문(in-depth essay), 교재교구, 앨범제작, 사례연구, 몬테소리 유치원 방문 견학 후의 보고서 제출, 훈련생과 프로그램에 대한 평가와 시험 등의 다양한 방법을 통하여 교육이 이루어진다.

5. 현대 교육에의 기여

이탈리아 최초의 여성 의사로서, 로마대학에서 인류학과 위생학을 강의한 교수로서, 또한 여성해방과 사회개혁을 위하여 노력한 사회개혁가로서 몬테소리는 처음부터 교육사상가는 아니었다. 그러나 '어린이의 집(Casc-dei Bambin)'에서의 교육적인 실험을 통하여 교육학자로서 세계적인 명성을 얻었다. 몬테소리 교육에 대한 반응은 그것을 수용한 나라의 문화적 풍토에 의해서 발전하기도 하고 쇠퇴하기도 하면서 또한 그의 업적에 대한 여러 학자들의 찬사에서 냉혹한 비판에 이르기까지 다양한 반응을 불러일으켰다.

1) 비판

비평가들은 몬테소리 교육체계를 활동의 편협한 범위를 가르치는 것으로 본다. 즉, 몬테소리 교육은 교구와 사고가 규정된 방식으로, 규정된 방법에 따라, 규정된 교구 세트의 사용으로 교수된다는 것이다. 이들 비평가들은 몬테소리 교육이 유아에게 보다 다양한 교재・교구를 활용하여 폭넓은 학습활동의 기회를 제공하지 못한다고 비판한다. 킬패트릭도 몬테소리의 이른바 자동교육(auto education)이 교구의 조작(manipulation)에 너무 얽매여 있음을 지적하면서 이를 비판하였다. 그는 교구에서 생활 그 자체의 여러 상황이 나올 수 있어야 보다 풍부한 교육이 이루어지는 것인데 몬테소리 교육은 그렇지 못하다고 주장하였다. 즉, 실제 사회생활과 결부된 문제들이 자연적으로 제기되고 그런 문제들을 제기하는 실제적 상황이 유아에게 자연적으로 이루어져서 이의 해결을 실험해 볼 수 있는 기회가 주어지는 것이 생활에 대한 스스로의 교육이 되는데 그렇지 못한 점이 몬테소리 자동교육의 결점이라고 하였다. 그리고 킬패트릭은 몬테소리의 감각교구(sensorial materials)를 특히 비판하였다. 가령 단단하다, 뜨겁다, 무겁다 등의 개념은 유아들의 일상생활에서 충분히 경험할 수 있는 것이기 때문에 몬테소리 교구에서 볼 수 있는 바와 같이 너무 평범하고 단조로운 교구들은 유아의 감각능력을 특히 잘 길러 줄 수 있는 것이라고는 볼 수 없다고 하였다(Kilpatrick, 1914, pp.34~45).

2) 현대적 의의 및 공헌

몬테소리의 가장 두드러진 공헌은 과학적 교육학의 수립과 유아에 대한 새로운 발견에 있다.

몬테소리는 교육학도 의학과 같이 순수히 사변적인 단계를 넘어 실증적 제 결과에 근거를 두어야 한다고 주장하면서 종래의 형이상학적 심리학이 철학적 교육학에 영향을 준 것과 같이 생리학적 심리학 또는 실험심리학이 새로운 교육학의 기초가 되도록 해야 한다고 주장하였다. 그녀는 과학자의 눈으로 '어린이의 집'의 유아들을 직접 관찰하고 실험하여 유아의 존재를 해명하였다. 그런데 현대의 과학적 심리학이나 교육학, 예컨대 행동주의의 학습이론에서는 인간이 갖고 있는 다양한 특질을 제거해 버리고 인간을 단지 '반사적 존재'로 이해하는 등 유아에 대한 과학적 연구가 유아의 참모습을 이해하지 못하고 있다. 그러나 몬테소리는 과학자로서의 면밀한 관찰력과 실험정신을 소유하고 있었을 뿐만 아니라 유아를 어떻게 한몫의 인격체로 성장시킬 것인가 하는 교육자로서의 철저한 통찰력을 겸비하였다. 이 점에 대하여 Paul Oswald는 몬테소리를 존재와 당위, 사실과 이념의 양극을 동시에 통찰하는 탁월한 통찰력을 가지고 존재과학으로서의 교육학과 타당과학으로서의 교육학을 완전히 통일한 교육학자라고 높이 평가하고 있다.

그녀는 '어린이의 집'에서의 유아관찰과 교육실천 결과를 토대로 집필한 『어린이의 집에서의 유아교육에 적용된 과학적 교육의 방법(*Il metodo della pedagogia scientifica applicato all' educazione infantile nelle casa dei bambini*)』에서 과학적 교육학의 수립을 특히 강조하였다. 그런데 이 저서가 영역되었을 때 서명이 『*The Montessori Method*』로 되었다. 『*The Montessori Method*』라는 서명이 그의 교육사상이나 발달관 등을 희박하게 하고 방법의 체계로서의 인상을 짙게 하여 몬테소리 교구가 마치 몬테소리 교육을 대표하는, 그야말로 방법이 중심이 되는 교육체계라는 인상을 강하게 하였다.

그러나 몬테소리의 인간이해에 대한 기여는 한층 폭넓은 것이었다. 그녀는 자신의 교육실천과 연구를 통하여 아동을 '발견'하였다고 주장하였는데 이것은 약 40년간의 그녀의 교육에 대한 공헌을 압축시킨 것이라고 생각된다. 몬테소리의 공헌은 세계 창조에 대한 끊임없는 인간의 잠재능력의 발견으로 요약할 수 있다(Montessori, 1977, p.4).

다시 말해서 그녀의 가장 큰 기여는 철학적·사변적 방법에 의해서가 아니라 유아의 요구를 기초로 한 '준비된 환경'에서의 유아의 활동을 체계적으로 관찰·연구하여 유아는 창조적 정신을 소유한 독립된 인격체라는 사실을 발견한 점, 그리고 이러한 유아에 대한 자율성과 주체성을 가지고 있는 존재로서의 유아의 정신에 대한 이해와 승인의 태도, 과학적 연구를 통한 교육학의 수립을 위한 노력 등을 들 수 있다.

다음으로, 몬테소리 교육의 공헌은 작업을 통한 활동중심의 교육을 들 수 있다. 몬테소리 교육에서 작업(work)이란 기계적인 것이 아니다. 그것은 개인이 자유롭게 선택한 육체적·정신적 활동으로서 주의력 집중을 통한 정상화에 목적을 둔 것이다. 몬테소리는 이러한 작업은 유아에게 자연스러운 것이며, 유아의 발달에 가장 중대한 영향을 주는 것이라고 하고, 이러한 활동을 못하게 하는 것이야말로 식물의 뿌리를 근절하거나 물고기를 물로부터 잡아내는 일과 같다고 하였다. 이와 같은 작업을 통한 '정상화'의 촉진 과정과 방법을 과학적으로 규명하고 그것을 교육실천으로 구체화한 그녀의 공헌은 오늘날 활동중심의 유아교육에 크게 기여하였다고 볼 수 있고 또한 교구를 통한 자기활동과 자기교육(self-education)은 유아중심의 자발적 교육에 크게 공헌하였다고 볼 수 있다.

다음으로 일상생활교육의 강조와 교사와 부모 또는 학교와 가정의 상호관계의 강조를 들 수 있다. 몬테소리 교육에 대하여 맹렬히 비판을 가한 킬패트릭도 일상생활교육에 대해서는 긍정적 평가를 내리고 있다. 그는 일상생활교육이야말로 유용한 것으로 그것은 식사를 위해 음식을 요리하며 학교환경을 보살피는 일과 같은 실제적이고 직접적인 사회적 요구를 충족시켜 주는 것이라고 하였다(Kilpatrick, p.40). 또 몬테소리는 '어린이의 집'에 자녀를 보낸 부모가 준수해야 할 사항을 제시하고 교육에 협조할 것을 요구하였다. 교육은 교육기관에서만 이루어지는 것이 아니고 가정과 학교, 교사와 부모가 상호 협조적으로 노력하여야 하며 교사는 유아에 대한 교육과 더불어 지역사회에 몬테소리 교육철학을 알리고 지역사회의 봉사자로서의 역할을 수행해야 한다고 주장하였다. 이것은 오늘날 학교가 지역사회의 센터로서의 사명을 다해야 한다고 하는 주장에 크게 영향을 주었고 유아교육이 부모와 연계하여 교육할 때 그 성과를 얻을 수 있다고 하는 오늘날의 여러 주장에 크게 기여하였다고 볼 수 있다.

마지막으로 교육에 있어서 자유의 강조를 들 수 있다. 대부분의 유치원의 경우 모든 유아들은 책상가에 앉아 교사의 지시를 받으며 함께 수업을 해 나간다. 그런데 몬테소리 교육에서의 유아들은 교사로부터 상대적으로 고립되어 자유로운 선택으로 자립(self-reliance)을 배운다. 몬테소리 유아는 개인주의적 형성으로 다른 사람의 권리를 존중하는 법을 배운다. 킬패트릭은 몬테소리 학교에서 유아 개인은 구속으로부터 거의 자유롭다는 것이 명백하다(Kilpatrick, pp.15~16)고 하면서 몬테소리 교육에 있어서의 실천적 자유의 보장을 높이 평가하였다.

참고문헌

신화식, 'Montessori 이론에 기초한 유아교육과정 모형의 개발 및 적용', 박사학위논문, 중앙대학교 대학원, 1989.

이상금, 'Montessori 프로그램과 Kamii 프로그램의 교사역할에 관한 일고찰', 『유아교육연구(제4권)』, 한국교육학회 아동교육연구회, 1983.

이현순, 'Montessori의 아동정신발달 이론과 교사 역할에 관한 일연구', 석사학위논문, 계명대학교 대학원, 1980.

조성자, 'M. Montessori의 종교교육이 청소년들의 인격형성에 미치는 영향', 『생활연구(제7권)』, 효성여자대학교 학생생활연구소, 1989.

조옥희, 'Montessori 교육현황에 대한 조사연구-대구시내 유치원을 중심으로', 『교육학논총(제7권)』, 대구경북교육학회, 1988.

_____, '한국의 Montessori 교사훈련에 관한 연구', 『교육학논총(제8권)』, 대구경북교육학회, 1989.

_____, 'Montessori 유아교육사상연구(I)', 『영진전문대학 논문집(제11권)』, 1989.

_____, 'Montessori 교육에 있어서 자유', 『영진전문대학 논문집(제13권)』, 1991.

_____, 'Montessori 유아교육사상에서의 교사론', 박사학위논문, 효성여자대학교 대학원, 1992.

조용태, 'Montessori 사상에서의 자유와 교육', 『여성문제연구(제12권)』, 효성여자대학교 한국여성문제연구소, 1983.

최정웅, 'M. Montessori의 유아교육사상에 관한 서설적 연구', 『효성여자대학교 논문집(제27권)』, 1983.

Applebaum, The Growth of the Montessori Movement in the United States, 1909~1970, Doctorial Dissertation Ph. D., Michigan University, 1986.

Evans E. D., *Contemporary influences in early childhood education*, N.Y.: Holt Rinehart and Winston, Inc., 1975.

Fisher, D. C., *A Montessori Mother*, New York: Henry Holt and Company, 1912.

___________, *The Montessori manual for teachers and parents*. Massachusetts: Robert Bentley, Inc., 1964.

Freud, S., Instincts and Their Vicissitudes Collected Papers, Paper No.4, Vol.4, London: Hogarth, 1950.

Gettman, D., *Basic Montessori learning activities for under-fives*, New York: St. Martin's Press, 1987.

Hainstock, E. G., *Teaching Montessori in the home-The pre-school years*, New York: A Plume Book, 1976.

______________, *The essential Montessori*, Ontario: The New American Library, 1978.

Harrison, E., The Montessori Method and the Kindergarten, U.S. Bureau of Education Bulletin, No. 28, 1914.

Kilpatrick, W, H., *The Montessori system examined*, New York: Houghton Mifflin Co., 1914.

Kramer, R., *Maria Montessori-A biography*, Chicago: University of Chicago Press, 1983.

Horii, K., An Egregious Oversight Kilpatrick Committed in His Criticisms on Montessori, 福井大學 教育學部' 紀要, 제26권, 1976.

Lillard, P. P., Children Learning: Montessori in Practice, The N.A.M.T.A. Quarterly, Vol. 11, No. 2, 1986.

____________, *Montessori anthropology*, N.Y.: Schocken Books Inc., 1972.

Montessori, M., *Childhood education*, New York: Meridian Book, 1975.

_____________, *Dr. Montessori's own handbook*, New York: Shocken Books, 1965.

_____________, *Education for a New World*, India: Kalakshctra Publications Press, 1974.

_____________, *Education for human development-Understanding Montessori*, New York: Schocken Book, 1977.

_____________, *From childhood to Adolescence*, New York: Schocken Books, 1976.

_____________, *Peace and education*, India: The Theosophical Publishing House, 1943.

_____________, *Pedagogical anthropology*, New York: Frederick A. Stokcs, Co., 1913.

_____________, *Reconstruction in education*, India: The Theosophical Publishing House, 1942.

_____________, *Montessori and the special child*, Toronto: Capricorn Books, 1970.

_____________, *Spontaneous activity in education*, New York: Schocken Books, 1965.

_____________, *The absorbent mind*, New York: Dell Publishing Co., 1984

_____________, *The advanced Montessori method*, India: Karakshetra Publications, 1918.

_____________, *The child*, India: The Theosophical Publishing House, 1948.

_____________, *The child in the family*, New York: Avon Books, 1970.

_____________, *The discovery of the child*, New York: Ballantin Books, 1983.

_____________, *The formation of man*, India: Kalakshetra Publishing Co., 1985.

_____________, *The Montessori elementary material*, New York: Schocken Books, 1973.

_____________, *The Montessori method*, New York: Schocken Books, 1964.

_____________, *The Montessori method-principles, results, practical requirements*, India: Kalakshetra Publications, 1986.

_____________, *The secret of childhood*, New York: Ballantine Books, 1988.

__________, *To educate the human potential*, India: Kalakshetra Publications Press, 1973.

__________, *What you should know about your child*, India: Kalakshetra Publications, 1976.

Orem, R. C., *A Montessori handbook*, New York: Putnam's Sons, 1966.

__________, Das Kind im Werke Maria Montessori, Muhlheim: Irene setzkorn-Scheifhacken Pad. Verlag, 1958.

__________, *Montessori and special child*, New York: Putnam's Sons, 1969.

__________, *Montessori today*, New York: Putnam's Sons, 1971.

Oswald, P., Die Polarisation der Aufmerksarnkeit, das Zentralphä Nomen der Montessori-Padagogikt, in Pädagoische Rundschau, 1963.

Rambusch, N. M., et. al., The Modern Montessori Approach, The American Montessori Society Bulletin, Vol, No. 1, 1970.

Standing, E. M., *The Maria Montessori her life and work*, Hew York: A Plume Book, 1984.

__________, *The Montessori revolution in education*, New York: Schocken Book, 1966.

Schulz-Benesch, Günter, Montessori, Darmstadt: Wissenschafliche Buchgesellschaft, 1970.

Spodek, B., *Early childhood education*, Englewood Cliffs, New Jersey: Prentice Hall, Ind., 1973.

Tozier, J., The Montessori Apparatus, *Mcclure's Magazine*, Vol. 38, No. 3, January 1912.

8 피아제

Piaget

(1896~1980)

1. 생애

발달심리학, 특히 인식론의 연구에 일생을 바쳐 지대한 기여를 한 피아제(Jean Piaget)는 1896년 8월 9일 스위스의 한 대학 도시인 뇌샤뗄(Neucêtel)에서 태어났다. 그의 부친은 중세문학을 전공하여 일상의 제 문제들을 비판적 정신을 가지고 체계적으로 탐구하여 진실을 밝히는 과학적 사고체계를 가졌던 반면, 그의 모친은 활동적이고 지적이며 종교적인 여성이었으나 정신질환을 가지고 있었다고 한다. 이러한 부모의 영향으로 피아제는 어린 시절부터 지적인 활동에 몰두하게 되었다.

> 나의 아버지는 …… 근면하고 비판적 정신을 가진 분으로 즉흥적으로 어떤 해답을 일반화하는 것을 싫어하였고, 기존의 틀에 얽매이기보다 새로운 진실을 밝히는 데 투쟁하는 것을 두려워하지 않았다. 아버지는 나에게 어떤 사소한 문제도 체계적으로 김도하는 것이 가치로움을 보여 주었다. 어머니는 아주 지적이고, 정열적이며, 친절한 분이었으나 어머니의 신경질적인 기질이 나에게 때로는 고통을 주곤 했다. 이러한 어머니의 가장 직접적인 영향의 하나는 어린 시절부터 내가 지적인 작업에 관심을 갖게 만들었다. 나는 분명히 나만의 개인적·현실적 세계에 은둔하기 위해 아버지의 과학적 탐구정신을 모방하려고 하였다. 이러한 나의 태도 형성에 아버지 이외에 큰 영향을 준 사람은 어머니이며, 특히 어머니의 불안정한 정신적 건강의 영향이라고 여겨진다(Piaget, 1952, pp.237~238).

그는 어릴 적부터 자연현상에 대해서 남다른 관심과 탐구의 재질을 보였다. 김나지움을 다닐 때 피아제는 그 지방의 박물관과 호수에서 연체동물의 생태를 관찰하고 그것을 생물학 전문지에 발표하여 그 분야에 국제적인 인정을 받았다. 뇌샤뗄대학에 다니면서 피아제는 생물학과 더불어 철학, 사회학, 심리학, 종교학, 논리학 등의 다양한 학문영역에 관심을 확대시켰다. 이 시기에 특히 피아제의 학문적인 흥미를 사로잡은 주제는 인식론(episternology)이었다. 그러나 그는 이 문제에 관한 철학적 접근이 지나치게 사변적인 점에 불만을 품고 당시의 인식론과 생물학 간의 간격을 메우는 과정에서 그것에 관한 더욱 확실한 해결에 도달할 수 있으리라는 생각을 갖게 되었다.

피아제는 1918년 뇌샤뗄대학에서 연체동물에 관한 논문으로 박사학위를 받았다. 그 후 그는 심리학을 공부하기로 결심하였고 취리히대학에 부설된 심리실험실에서 일하면서 임상심리학의 대가인 프로이드와 융 등의 이론을 접할 기회를 얻었다. 그러나 이 분야를 더 공부할 필요가 있다고 느끼고 파리의 소르본느대학에서 2년 동안 임상심리학, 논리학, 인식론, 과학철학 등을 공부하였다. 이때의 경험들은 그로 하여금 철학적 사변이 과학적 방법에 의해서 보충되어야 한다는 애초의 생각을 굳히게 하였다.

1920년에는 파리의 비네(Alfred Binet)연구소에서 연구원으로 일하게 되었다. 당시 그는 영국의 심리학자 버트(Cyril Burt)가 제작한 추리력 검사를 프랑스의 어린이들에게 맞도록 표준화시키는 작업을 맡게 되었다. 그의 관심은 동물로부터 어린이에게로 옮겨졌다. 그런데 그 일을 하면서 피아제의 호기심은 오히려 다른 곳에 있었다. 그는 정답보다는 엉뚱한 오답, 반응의 결과 자체보다는 그 반응에 이르는 어떤 체계적인 과정, 그리고 연령에 따른 사고 유형의 이질성 등에 더욱 많은 관심을 보였다. 이와 같은 그의 특이한 관점은 주로 지능의 탐구를 양적인 측면에서 다루는 이른바 측정심리학과는 방향을 달리하는 학문영역을 탄생시킨 계기가 되었다. 이때부터 피아제는 그 당시까지 철학적인 수준에서 궁금하게 생각했던 인식의 문제들을 과학적으로 구명하기 시작했다.

지능에 관한 피아제의 연구는 대체로 세 단계의 과정을 거쳐서 발전하였다. 그 첫 단계의 연구는 1921년에 그가 파리를 떠나 제네바의 루소연구소(Jean Jacques Rousseau Institute)로 자리를 옮겼을 때부터 시작된다. 이 연구소의 소장이었던 끌라빠레드(Edward Claparède)는 피아제가 발표한 아동에 관한 초기 논문에 큰 감명을 받고, 그에게 연구부장의 직책을 주어 유아연구와 교사훈련의 일을 맡겼다. 이 첫 단계의 연구에서 피아제는 아동들의 특이한 사고내용, 그 가운데 물리적 세계에 관한 아동들의 천진난만한 '철학적 견해'에 관심을 가졌다. 어린이들은 엉뚱한 내용의 말로 주변 현상을 설명하였으며, 피아제는 그것이 성인의 추리와는 전혀 다른 유아 나름의 물활론(animism)이나 자기중심성(ego-centrism) 등과 같은 인식방법에서 기인된다고 해석하였다. 이때의 연구 결과는 『유아의 언어와 사고(*The Language and Thought of the Child*)』, 『유아의 판단과 추리(*Judgement and Reasoning in the Child*)』, 『유아의 세계관(*The Child's Conception of the World*)』, 『유아의 물리적 인과관계(*The Child's Conception of Physical Causality*)』, 『유아의 도덕적 판단(*The Moral Judgement of the Child*)』 등의 저서와 수 편의 논문으로 발표되었다.

그 후 루소연구소의 소장 직책을 인계 받음으로써 제 2 단계 연구가 시작되었으며, 동시에 제네바대학의 교수로 임명됨으로써 학생들이 그의 연구에 점차 협조하였다. 그중의 하나가 피아제의 아내가 된 발렌틴느 쇼뜨네이(Valentine Chêtenay)다. 이들 부부 사이에 세 자녀[쟈끌린느(Jacqueline, 1925), 뤼시엔느(Lucienne, 1927), 로렝(Laurent, 1931)]가 탄생되었는데 피아제는 출생 직후부터 그들이 주위의 사물과 사태, 그리고 사람들에게 보이는 행동들을 자세하게 관찰하고 기록하면서 유아들의 지능이 어디에서 연유되는지에 관한 방대하고 체계적인 이론을 구성해 내었다. 피아제 이론의 중요한 개념, 이를테면 적응, 동화와 조절, 인지구조의 생성적 변화 등이 이 단계의 연구에서 거의 틀이 잡힌다. 이 시기의 관찰과 이론은 『유아의 지능의 근원(*The Origins of Intelligence in Children*)』, 『유아의 현실구성(*The Construction of Reality in the Child*)』, 『유아의 놀이, 꿈, 모방(*Play, Dreams and Imitation in Childhood*)』의 세 권의 책으로 발표되었다.

피아제의 제 3 단계 연구는 1940년대에서부터 사망에 이르는 기간에 이루어졌다. 이 단계에서 그는 제민스카(Alina Szeminska)나 인헬더(Bärbel Inhelder)와 같은 탁월한 동료 연구자들과 더불어 이제까지 그가 형성한 이론을 더욱 확대시키고 구체화시키는 작업을 하였다. 어린이와 청년들이 각종의 과학적인 개념들(예: 우연, 수와 양, 공간과 시간, 속도, 분류 등)을 어떻게 구성하게 되며, 그 과정이 어떤 논리적인 모형에 의해서 포착될 수 있는지를 구명하는 야심적인 시도를 성숙시키면서, 피아제는 드디어 '발생적 인식론(Genetic epistemology)'이라는 새로운 학문영역을 공식적으로 출범시켰다. 그는 일생 동안 생물학, 논리학, 심리학, 철학, 그리고 인식론에 이르는 광범위한 학문들을 넘나들면서 매우 독창적인 그 나름의 이론을 정립하였고 1956년에는 록펠러재단의 후원으로 발생적 인식론 연구소(The Centre International d'Epistémolgie Génétique)를 창설하였다.

피아제가 제 3 기에 해당하는 기간 동안에 출판한 저서 가운데에 대표적인 것으로는 『지능의 심리학(*The Psychology of Intelligence*)』, 『논리와 심리학(*Logic and Psychology*)』, 『지각의 기제(*The Mechanisms of Perception*)』, 『유아심리학(*The Psychology of the Child*)』, 『구조주의(*Structuralism*)』, 『기억과 지능(*Memory and Intelligence*)』, 『발생적 인식론(*Genetic Epistemology*)』, 『교육과학과 유아심리학(*Science of Education and the Psychology of the Child*)』, 『사고의 발달: 인지구조와 평형화(*The Development of Thought: Equilibration of*

Cognitive Structures)』 등이 있다. 피아제는 매일 일찍 일어나서(가끔은 4시 이전에) 4페이지 이상의 출판할 수 있는 글을 쓰고 하루 일과는 어김없이 강의, 산책, 사고, 독서 등으로 꽉 짜여졌다. 매년 여름이 되면 1년 동안 수집한 자료를 알프스 산 속의 은거지에서 정리하여 몇 권의 책과 논문으로 완성시켰다고 한다. 이런 엄격한 학문생활은 1980년 9월 16일 84세로 일생을 마칠 때까지 계속되었다. 그는 일생을 통하여 인간 인식의 법칙과 지성의 구조를 탐구하였고, 특히 어린이의 지각발달(theory of cognitive development)에 중점을 두고 사고활동과 논리체계와의 관계 및 개개인의 이론적 개념발달을 연구하는 데 헌신하였다.

이처럼 연구와 저술활동에 열중하면서도 피아제는 전문적인 봉사활동을 하였다. 1921년부터는 스위스 제네바대학과 프랑스 소르본느대학에서 교수 생활을 하였으며 세계적인 기구인 국제교육국(The International Bureau of Education)의 의장직을 지냈다. 루소연구소를 제네바대학에 편입시키고 발생적 인식론 연구소를 창설하는 데 앞장섰고 여러 전문지의 편집자 역할도 맡았다. 이러한 업적을 인정하여 미국의 하버드대학, 프랑스의 소르본느대학을 비롯한 세계 각국의 대학들이 그에게 수많은 명예학위를 수여하였다.

2. 피아제 이론의 성립과 발생적 인식론

일생에 걸친 피아제의 관심은 인식론적 문제를 과학적으로 해명하는 일이었다. 인식론이란 지식의 범위, 성질, 근원 등을 탐구하는 철학의 한 분야로 알려져 왔다. 철학자들은 그들의 내성(內省)과 사변(思辨)을 토대로 이 문제를 탐구하였다. 그러나 자연과학을 연구한 피아제는 객관적인 증명의 과정이 생략된 채 철학적 사유만으로 문제를 탐구하는 것은 타당하지 않다고 생각하였다(Piaget, 1971, pp.28~29). 인식의 문제는 객관적으로 규명할 수 없는 방식으로 제기하면 그것은 단지 사변적인 논쟁만을 일으킬 뿐이라고 하면서 만약 우리가 '지식은 어떻게 형성되는가?'라는 범위로 국한시킨다면 그것은 과학적으로 규명할 수 있다고 주장하였다. 그가 규정하는 발생적 인식론(genetic epistemology)은 지식의 형성과 의미를 다루는 분야로 발생적 인식론의 과제는 지식이 어떻게 성장하고 발달하는가의 기제와 낮은 수준의 지식이 높은 수준의 지식으로 나아가는 경로를 밝히는 것이다.

> …… 발생적 인식론은 지식의 형성과 의미를 다루는 분야이다. 우리는 다음과 같은 발생 인식론적 문제를 제기할 수 있다. 즉, 인간의 정신은 무엇에 의해 낮은 수준의 지식에서 높은 수준의 지식으로 진행하게 되는가? 물론 여기서 말하는 낮은 수준의 지식과 높은 수준의 지식의 결정은 형식적·규준적 의미를 지닌다. 그렇지만 어떤 지식이 낮은 것이고 높은 것인가는 심리학자들이 결정할 수 있는 것은 아니다. 이 결정은 해당되는 지식의 특정 학문 분야의 전문가 및 논리학자들이 결정할 일이다. …… 우리의 문제는, 심리학적 관점에서 또는 발생 인식론적 관점에서, 낮은 수준의 지식에서 높은 수준의 지식에로 어떻게 이행하는지를 설명하는 것이다. 이러한 이행의 문제가 나의 실제 관심사이다(Piaget, 1970, pp.12~13).

피아제는 발드윈(Baldwin)으로부터 영향을 받아 발생적 인식론이라는 용어를 사용하였는데 발생적 인식론은 다양한 학문과 관련지어 발전되었다. 발생적 인식론은 철학과 심리학 그리고 피아제의 경우는 생물학이 중요한 위치를 차지한다. 피아제는 여러 학문을 그 나름의 관점에 의해서 종합하여 자신의 독특한 이론을 성립시켰다. 그의 이론은 철학에서 합리론과 경험론, 생물학에서 다윈(Darwin)의 돌연변이설과 라마르크(Larmark)의 용불용설, 심리학에서 영미 계열의 연합주의와 유럽대륙 계열의 게슈탈트학파를 변증법적으로 종합한 것이다.

지식의 근원과 관련하여 철학 분야에서는 크게 두 가지 대립된 가설이 있어 왔다. 그 하나는 선천설(apriorism)이다. 데카르트는 수와 논리의 개념이 인간에게 선천적으로 주어진 것이라고 하였다. 한편 로크와 같은 경험론자들은 유아는 아무 관념도 없는 백지 상태(tabula rasa)로 태어나며, 그는 감각기관을 통해서 그곳에 현실을 복사함으로써 비로소 외계에 대한 지식을 누적시킬 수 있게 된다고 주장한다. 칸트는 이 양자의 입장을 종합하였다. 칸트는 외계의 감각적 자료가 지식의 형성에 필요한 요소이긴 하지만 경험론자의 주장처럼 있는 그대로 받아들여지는 것이 아니라고 하였다. 이 감각적 자료는 시간과 공간, 그리고 인과개념 등과 같은 어떤 선험적인 범주에 의해서 여과되고 재구성됨으로써 지식의 위치를 차지하게 된다고 주장하였다.

피아제는 지식이 개인에 의해서 적극적이며 능동적으로 구성되는 것이라는 칸트의 주장에 동의한다. 그러나 칸트와는 달리 시간과 공간 혹은 여타의 범주 개념들이 선천적으로 주어진 것이라고는 믿지 않았다. 피아제에 의하면 지능이나 지식은 개인과 환경과의 상호작용에 의해서 부단히 쇄신되고 재구성된다.

> 경험주의자의 관점에서 볼 때 하나의 발견은 그것을 성취한 사람에게는 새로운 것이지만 발견된 것은 이미 외부적 현실에 존재했었던 것이며, 따라서 새로운 현실의 구성이란 결코 있을 수 없다. 선천론자는 지식의 형식들이 인식주체의 내부에 이미 결성되어 있다고 믿으며, 따라서 엄밀하게 말하면 여기에도 역시 새로운 것이란 있을 수 없다. 이와는 대조적으로 발생적 인식론자에게는 지식이 계속적인 구성의 산물이다. 왜냐하면 이해라는 행위의 각각에는 어느 정도의 창조가 포함되기 때문이다. 발달에서 한 단계로부터 다른 단계에로의 통과는 이전에 외계나 인식주체의 마음속에 없었던 새로운 구조의 형성에 의해서 항상 특징지어진다. 발생적 인식론의 주된 문제는 새로운 것들이 어떻게 구성되어지는가의 기제를 밝히는 것이다(Piaget, 1970, pp.77~78).

또 피아제는 생물학적인 법칙이 지적 발달에 직접적으로 적용될 수 있다고 생각하였다. 그는 모든 유기체의 특성이 유전과 환경 간의 상호작용에 의해서 비롯된다고 본다. 이 상호작용에서 가장 중요한 역할을 하는 것은 유기체 자체의 적극적인 활동이라고 믿었다. 피아제는 생물학적인 적용기제가 인간의 지적인 적응행동을 설명해 줄 수 있으리라고 확신하였다. 피아제는 생물학적인 측면과 인지적인 측면 간에는 그 구조와 기능의 면에서 부분적인 동형성(partial isomorphisms)이 있다고 가정하고 생물학적인 개념을 빌려 지식과 지능의 발달을 설명하였다. 그러나 그는 발생적 인식론을 생물학으로 환원시킬 수는 없다고 생각한다. 왜냐하면 생물적인 적응과 인지적인 적응 간에는 분명히 질적인 차이가 있기 때문이다. 생물학은 유기체와 환경 간의 관계를 물질과 에너지의 생화학적 교환에 국한시켜 취급한다. 그러나 인식문제는 그와 같은 설명이 미치지 못하는 인식주체와 인식대상 간의 기능적 관계를 구명해야 한다. 피아제는 이것을 발생적 인식론의 과제로 삼았다. 그리하여 그는 어린이가 생후 환경과 어떻게 상호작용하면서 그의 인지적 도식이나 구조를 변형시키고 정교화시켜 나가는가를 설명하는 이론을 구성하였다.

피아제에 의하면 인간의 지식과 지능은 개인과 환경 간의 상호작용에 의해서 그 개인 내부에 점차적으로 구성된다. 그리하여 그의 주장은 발생적 인식론이라는 말과 더불어 상호작용주의(interactionism) 혹은 발달적 구성주의(developmental constructionism)라고 불린다. 그리고 피아제는 그의 이론 수립에 있어서 가설과 관련된 자료를 실제로 수집하고 그 자료에 의해서 가설의 객관성을 인정받는 이른바 '임상적 방법(clinical approach)' 혹은 '비판적 탐색의 방법(the method of critical exploration)'이라는 방법론을 채택하였다. 이와 같이 철학과 생물학의 교차점에서 구성된 피아제의 발생적 인식론은 심리학의 발전에 크게 공헌하였다. 그의 이론은 영미 계열의 연합주의와 유럽대륙 계열의 게슈탈트 심리학이 갖는 결함을 지양하고 이들 이론을 종합하여 보다 발전시키는 데 기여하였다.

지능과 관련하여 영미 계열의 심리학자들은 검사제작을 통한 개인차 연구에 중점을 두었다. 연합주의 심리학은 인간의 행동을 단지 자극과 반응 간의 기계적인 연결과 그 연결들의 집합으로 본다. 이 연합주의는 경험론의 배경을 가지고 있기 때문에 인간성이 환경에 의해서 자유자재로 변화될 수 있다는 입장을 취한다. 그러나 피아제는 지능은 자극과 반응의 누적이나 습관체제가 아니라 상호 간의 구조적인 관련을 갖는 내면화된 행위의 체제다. 그리고 그것은 단순히 외부적 환경의 복사가 아니라 개인 자신의 능동적인 활동의 산물이다. 즉 한 개인이 어떤 대상을 이해한다는 것은 그 현실을 자신이 창조한 구조로 수용한다는 것을 의미한다.

게슈탈트 심리학은 연합주의와는 달리 구조의 측면을 강조한다. 그리고 감각운동적이거나 지각적인 조건은 상호 간에 독립적으로 존재하고 요소들의 연합이 아니다. 그것은 애초부터 복잡한 구조로서 존재하며 유기체와 환경을 포괄하는 하나의 장을 지배하는 평형(equilibrium)의 법칙을 따른다. 그러나 피아제는 이 이론이 두 가지 측면에서 부적절하다고 보았다. 그 하나는 지각적 게슈탈트는 물리적인 의미의 평형화를 모델로 하고 있기 때문에 개인 자신의 자율조정(auto-regulation)에 의한 점진적인 평형화의 의지를 남기지 않았다는 점이다. 예컨대 지각적 게슈탈트는 비합산적(nonadditive)이고 비가역적(irreversible)임에 비해 지능의 구조는 합산적임과 동시에 가역적이라는 것이다.

게슈탈트 심리학이 지능을 다루는 데 부적절한 다른 한 이유는 그들이 다루는 구조가 선천적으로 주어지거나 고착된 것으로 취급된다는 점이다. 이 점은 피아제의 이론과는 전적으로 상치되는 것으로 피아제는 체제 안에서의 구조는 개인의 적응과정에서 부단히 생성되고 변형되고 재구성되며 몇 가지 특징적인 단계를 거쳐 발전된다고 하였다.

3. 피아제 이론

1) 지능의 본질

피아제 이론은 한 마디로 지능과 지능의 발달에 관한 것이라고 말할 수 있다. 피아제는 여러 가지 다양한 측면에서 지능에 관한 일반적인 언급을 하고 있다. 널리 인용되는 일반적인 정의의 하나로서 "지능은 생물적 적응의 한 가지 특수한 사례다"(Piaget, 1952, p.4)라는 것을 들 수 있다. 이 말은 지능이 인간으로 하여금 환경과 더욱 능률적으로 상호작용하게 하는 일종의 생물학적인 성취라는 것이다. 여기서 '특수한 사례'란 지적 적응이 단순히 물질적인 것을 뛰어넘는 좀 더 고차원적인 적응임을 뜻한다. 피아제는 지능을 다음과 같이 다른 측면에서 정의한다.

> 지능이란 인지적 구조의 조직화와 평형화의 우월한 형태를 나타내는 하나의 발생적 용어일 뿐이다. 그것은 가장 고도로 발달된 형태의 정신적인 적응(mental adaptation) ······· 그것의 근원은 일반적으로 감각운동적인 것 혹은 심지어 생물적 적응 자체의 것과도 구분될 수 없다(Piaget, 1972, p.7).

피아제의 지능의 개념에 대한 몇 가지 정의를 더 살펴보면 다음과 같다. "지능은 생물적 적응 가운데 한 가지 특정된 경우이다"라고 하고 지능을 주로 환경과의 상호작용으로 설명하고 있다. 또 "지능은 유기체와 환경 사이에 끊임없는 적응과 교류가 이루어지도록 하는 균형화의 형태이다"라고 하였다. 이는 인간의 인지구조와 환경 사이의 조화로운 적응(adjustment)을 지능의 중요한 특성으로 보는 것이다. 그리고 "지능은 살아서 활동하는 조작의 체계이다"라 하여 지식이란 수동적인 관찰자에게 주어지는 것이 아니고 발견되어야 하는 것으로 유아의 정신적 활동에 따라 조작되지 않으면 안 된다고 하였다. 그리고 또 지능은 "개인의 일상적 활동이 아니고 현재의 발달단계에서 최고의 기능을 발휘하는 최선의 활동을 의미한다"고 하였다. 이와 같은 정의를 놓고 볼 때 피아제의 지능에 대한 개념은 개인차를 중시하기보다는 각 개인이 나타내는 특이한 행위에서 일반적인 사고 형태를 설명하려는 것으로 이해된다. 즉 지적 차이를 설명하려는 것이 아니고 보편적인 정신과정을 구명하려고 한 것이다. 이상의 의미를 지니고 있는 피아제의 지능을 기능(function), 구조(structure), 내용(content)의 세 가지 구성요소로 나누어 생각할 수 있다(장상호, 1994, p.28).

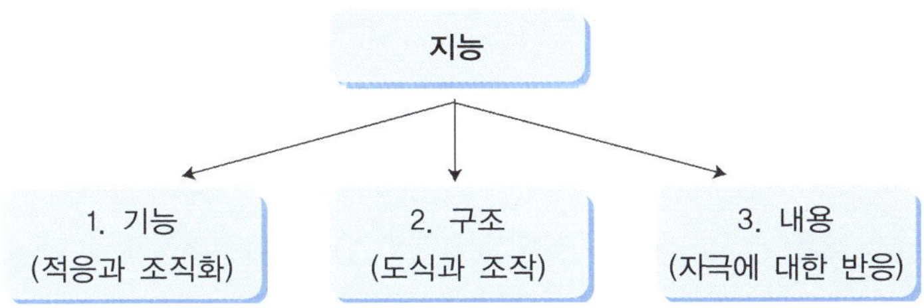

[그림 8-1] 피아제 이론에서의 지능의 구성요소

기능(function)이란 모든 유기체에게 불변으로 작용하는 기본적인 기제로서 지적 발달에서 계속성과 안정성을 갖게 하는 불변의 특성을 갖고 있다(Wadsworth, 1972, pp.1~28). 기능은 적응(adaptation)과 조직화(organization)라는 두 가지 측면을 갖는다. 여기서 적응이란 이른바 동화(assimilation)와 조절(accommodation) 사이의 평형(equilibrium)을 유지하려는 선천적인 경향성을 뜻한다. 유기체는 환경적인 요소들을 액면대로 수용하는 것이 아니라 그것들을 자신이 가지고 있는 기존의 구조에 부합시킨다. 이것이 곧 동화라는 것이다. 한편, 조절이란 이미 가지고 있는 유기체의 구조를 환경적인 상황이나 압력에 부합하도록 변형시키는 과정을 뜻한다. 이러한 상보적인 자율과정(self-regulating process)에서 평형을 취하는 적응의 기능과 더불어, 유기체는 다른 하나의 불변의 기능을 수행한다. 그것은 조직화라는 기능으로서 둘 이상의 여러 가지 분리된 체제나 구조를 좀 더 응결력 있는 고차원적인 체제나 구조로 통합시키려는 경향을 뜻한다. 이와 같은 적응과 조직화라는 기능의 결과로 유기체는 환경과의 상호작용에서 이전보다는 더욱 능률적이고 새로운 구조를 획득하게 된다.

다음으로, 피아제는 유기체가 가지고 있는 '이해의 틀'을 도식(schema) 또는 구조라고 하는데, 이것은 유기체가 생리적으로 가지고 태어나는 것이 아니라 유기체가 환경과의 접촉에서 반복되는 행동과 경험에서 형성되는 것이라고 하였다. 이런 구조들은 반복되는 행동을 통해서 점차 분화되고, 또 통합되어서 수많은 구조와 복합적인 고차원의 구조가 획득되어 간다. 피아제는 구조는 전체(whole), 변형(transformation), 자율조정(self-regulation)의 세 요건을 갖추어야 한다고 하였다.

> 만약 우리가 이제까지 시종 주장해 왔듯이 하나의 구조가 자율조정적인 변형의 체계적인 전체라고 한다면, 유기체는 어떤 점에서 전형적인 구조(the paradigm structure)다 (Piaget, 1970, p.44).

피아제에 의하면 모든 유기체는 어느 순간이나 그것을 구성하고 있는 낱낱의 부분으로 환원시켜 버릴 수 없는 어떤 전체의 형태로 존재한다. 그리고 그 전체적인 구조는 유기체의 기능적인 과정에 의해서 자율적으로 변형된다. 즉 유기체는 구조의 형태를 취하며, 그 구조는 서로 분화되고 갈등하고 조정되고 체계화되는 역동적인 과정을 거쳐 끊임없이 변모하는 것이다. 그런데 유기체의 기능적인 측면과 구조적인 측면은 서로 밀접한 관련을 갖는다. 구조는 적응과 조직화에 필요불가결하다. 왜냐하면 유기체가 어떤 순간에 모종의 구조를 가지고 있지 않다면 환경에 적응할 수 없을 뿐만 아니라 그 과정을 조직화할 수도 없기 때문이다. 그러나 기능과 구조 간에는 중요한 차이가 있다. 그 하나는 유기체의 일생에서 기능적인 측면은 항상 불변하게 남아 있지만 구조는 어떤 규칙적인 계열을 따라 변화한다는 사실이다. 예컨대, 올챙이와 개구리는 모두 적응하고 조직화하는 성향을 가지고 있지만 그로부터 비롯되는 생리적인 구조는 전혀 다르다. 다른 하나의 주목할 사실은 유기체가 서로 다른 시점에서 상이한 구조를 가지고 동일한 기능을 수행한다는 점이다. 예컨대, 올챙이와 개구리는 서로 다른 구조를 이용하여 호흡의 기능을 수행하는 것이다.

피아제는 초기 연구에서 유아의 사고내용에 관심을 가졌다. 예컨대, 그는 당시 어린이들에게 그림자는 어디에서 오며, 무엇이 강물을 흐르게 하며, 무엇이 구름을 움직이게 하는지를 묻고 그것에 대한 어린이의 자발적인 반응을 추적하였다. 이처럼 내용이란 어떤 특정한 자극에 대해서 유기체가 보이는 특수한 반응을 지칭한다. 그런데 피아제는 내용의 연구는 그 자체로서 큰 의미를 가질 수 없다고 느꼈다. 그리하여 지능의 기능과 구조의 탐구에 역점을 두었다. 피아제는 발달의 원천을 행위에서 구하는 상호작용론의 입장에서 행위를 개체와 환경과의 기능적 상호작용으로 규정하고 있다. 그는 정신활동의 발달이라고 하는 것을 구조의 복잡화, 상호작용 거리의 증대로 본다(Piaget, 1972, pp.18~20).

그는 어린이의 사고과정은 성인의 사고과정과는 질적으로 다른 것이라고 하면서 ① 어린이의 사고능력은 일정한 순서를 밟아 발달하고 ② 모든 어린이는 문화의 차이나 학습의 차이에도 불구하고 동일한 순서의 단계를 거친다고 하였다. 그리고 ③ 각 단계는 역행이나 비월(飛越)이 불가능하다는 것을 전제로 조작의 구조화가 나타나는 시기를 발달적 견지에서 네 가지로 구분하였다. 즉 감각운동기(출생~2년), 전조작기(2~7년), 구체적 조작기(7~11년), 형식적 조작기(11년 이상)가 그것이다. 그런데 여기서 기억해야 할 점은 피아제의 발달단계이론에서 명시한 연령기준은 다른 발달심리학자들의 것과는 그 의미가 상이하다는 것이다. 즉, 피아제는 연령은 각 발달단계를 이해하는 보조수단에 불과하다고 보았다. 그의 발달단계의 의미는 논리적 사고 능력의 획득 정도를 말해 주고 있다. 그런 점에서 피아제의 발달단계는 연령 규준적 단계이론과는 엄연히 구분되어야 한다. 이러한 인지발달에 관한 그의 연구는 실로 위대한 업적으로 후라벨(Flavell)은 피아제의 발달단계는 복잡한 인간 인지의 전 형태에 대해 가장 사실적이고 명확하게 그 진행과정을 밝혔다고 극찬하였다(Flavell, 1963, p.47).

(1) 감각운동기(Sensorimotor Period)

이 시기의 신생아는 자신의 감각과 운동반응만을 통해 세계에 대한 개념을 형성한다. 이 단계의 지능은 그것이 아직 충분히 내면화된 사고의 형태를 나타내지 않는다. 그러나 신생아는 타고난 감각과 반사행동을 통하여 더욱더 복잡하고 독특하며 개별화된 구조의 조직체계의 개발을 계속한다. 신생아의 동작은 인지 도식과 그들의 협응 속에서 일어나며, 아무런 구조조차 없는 형태로 일어나는 것이 아니다. 이 점에서 이 단계의 지적 적응은 단지 자극과 반응이 연합된 습관체제 이상의 복잡한 기제에 의해서 지배된다고 볼 수 있다. 이 단계에서 아동은 하나의 물체가 잠시 사라졌다가 다시 출현할 수 있다는 이른바 물체의 항상성(the permanence of an object)을 이해하게 되는데, 이것은 신생아의 여러 가지 동작이 서로 협응함으로써 비로소 획득되는 것이다. 예컨대, 이 협응은 유아가 자신이 출발했던 원점에 되돌아올 수 있다는 가역성, 그리고 그가 하는 운동의 방향을 바꿀 수 있다는 조합성(associativité)을 전제로 하고 있다.

피아제는 이 감각운동기를 6단계로 나누어 종단적 관찰을 통한 세밀한 관찰 결과를 기술하였던바, 각 단계에 나타나는 발달의 특징적 내용은 〈표 8-1〉과 같다.

〈표 8-1〉 감각운동기의 각 발달단계 특징

시기	일반적 특징	대상개념	공간	인과성
1. 반사, 0~1개월	반사활동	자기와 다른 대상을 변별하지 못함	자아중심적	자아중심적
2. 첫 번째 변별, 1~4개월	손-입 협응: 빨기, 잡기를 통한 변별	사라진 대상에 대한 어떤 특별한 행동을 보이지 않음: 자기의 움직임과 외부 대상을 변별하지 못함	조망에서의 변화를 대상에서 나타내는 변화로 봄	자기의 움직임과 외부 대상 간을 변별치 못함
3. 재현, 4~8개월	눈-손 협응: 흥미 있는 사상을 재현함	움직이는 대상의 위치를 예측함	공간의 외재화: 대상에 대한 공간적 관계가 없음	자기를 모든 사상의 원인으로 봄
4. 도식의 협응, 8~12개월	도식의 협응: 이미 알고 있는 도식을 새로운 문제에 적용시킴: 예견함	대상 영속성: 사라진 대상을 탐색: 젖꼭지를 찾기 위해 우유병을 거꾸로 돌림	대상의 크기와 형태에 대한 지각적 불변성	인과성에 대한 기본적인 외재화
5. 실험, 12~18개월	실험을 통해 새로운 수단을 발견함	사라진 대상을 탐색하면서 전위를 고려함	공간에서 대상 간의 관계와 대상과 자기와의 관계를 인식함	자기를 대상 간의 하나의 대상으로 보고 활동을 일으키는 대상으로 봄
6. 표상, 18~24개월	표상화: 내재적 조합을 통해 새로운 수단을 창출함	부재된 대상에 대한 이미지 전위에 대해 표상함	지각하지 못함. 움직임을 인식함. 공간적 관계를 표상화함	표상적 인과성: 원인과 결과를 추론함

〈표 8-1〉에서 보는 바와 같이 감각운동기 동안의 어린이들은 ① 타고난 반사적 행동에 의존하여 지능의 싹을 보이고 ② 대상 영속성의 개념이 최초로 발달하기 시작하며 ③ 자아중심적이고 ④ 정보를 위한 상징(단어 · 그림 등)보다 구체적 사물에 의존하는 특성을 나타내 보인다. 그러다가 2세 말경에 이르면 유아는 감각운동적 반사행동에 덜 의존하기 시작하고 다음 단계의 지능발달에 필요한 개념들을 표상하기 시작한다.

(2) 전조작기(Preoperational Period)

1세 반에서 2세에 걸쳐 상징적 기능이 나타난다. 즉, 언어, 상징적 놀이, 자연모방 등이 나타나 표상의 기능, 즉 활동에 있어서 사고 쪽으로의 내면화가 가능하게 된다. 이런 상징적 능력의 결과로 유아는 그들의 지능이 작용하는 영역을 시간적으로나 공간적으로 확장시킨다. 그럼에도 불구하고 그들의 사고는 여러 가지 점에서 '조작'이라는 명칭을 부여하기 어려운 미숙성을 보인다. 예컨대, 4~5세 된 어린이에게 같은 분량의 물을 다른 모양의 컵에 옮기면, 그들은 대개 그 과정에서 물의 양이 실지로 증가되거나 감소된 것으로 믿는다. 말하자면, 그들은 지각상의 변화와 논리 간의 갈등 상황에서 전자의 것에 더욱 의존하는 사고를 한다고 볼 수 있다. 이는 또한 그들이 감각동작적인 수준을 훨씬 뛰어넘는 가역성의 개념이나 보존의 개념을 갖고 있는 것은 아니라는 사실을 입증해 준다.

요컨대, 이 시기의 어린이들은 ① 자기중심적 사고방식으로 복합적인 특성을 가진 대상물을 보고 그 물체가 가지고 있는 여러 가지 특징 가운데서 처음 그의 눈길을 끈 특정한 한 부분의 특성만을 수용하여 사물을 이해(일엽중심성, centration)한다. 즉, 지각상의 변화에 의존하여 사고한다. ② 또한 이 시기의 유아는 비도적 사고(飛導的 思考, transductive reasoning)를 그 특징으로 갖는다. 비도적 사고의 특성은 일련의 연속과정 하나하나를 채울 수 없는 것으로 특징을 이룬다. 유아는 보통 처음 사건과 마지막 사건을 다룰 수 있으나 그 중간에 끼여 있는 어떠한 단계를 생각할 수가 없다는 것이다. ③ 이 밖에도 전조작기 유아의 사고의 특징으로서는 도덕적 타율성, 꿈을 외적 사건으로 생각하는 것, 유목화 개념의 부족, 개념의 보존력(conservation) 부족 등을 들 수 있다. 이러한 특성들을 피아제는 자아중심성(ego-centrism)에 근거한 현상으로 연결지어 설명하려고 하였다. 다시 말하면 이 단계의 유아는 탈중심화하지 못했다고 할 수 있다(Crain, 1980, p.92).

(3) 구체적 조작기(Concrete Operations Period)

이 단계의 유아는 초보적이나마 논리-수학적인 사고구조(logico-mathematical knowledge)를 가지게 되어 이전에 없었던 보존과 가역성의 개념이 생긴다. 그러나 구체적인 사물을 아동 앞에 놓아 주고 자신이 직접 조작해 본 후라야만 논리성이 생긴다고 해서 구체적 조작적 시기라고 한다. 유아에게 구체적인 물건을 주게 되면 사물에 대한 보존력이 생긴다는 것이다. 이 단계의 완성기에 이르면 유아는 물의 양이 컵의 모양에 따라 변할 수 없다는 논리적 판단을 내릴 수 있게 된다. 이와 같은 판단은 적어도 부동(negation)이나 상보성(reciprocity)이라는 논리적 조작의 어느 것이 이 단계에서 형성되었음을 의미한다.

그러나 이와 같은 조작의 체제는 아직도 불완전하다. 이 단계의 조작은 그들이 적용되는 구체적인 자료의 테두리 안에서만 일어난다. 구체적 조작이라는 말은 이런 특징을 특히 부각시키고 있다. 또한 그들의 보존개념은 그 구체적인 내용에 따라 일정한 시차를 두고 불안정하게 출현한다. 예컨대 보존개념이 한때는 물질의 양에 국한시켜 적용되다가 나중에야 비로소 무게와 부피로 확대된다. 뿐만 아니라 그 보존개념은 부동이나 상보성의 어느 하나에 근거하고 있으며, 이들이 하나의 체제로 통합되어 동시에 일어나는 것이 아니다. 이는 이 단계의 조작이 하나의 구조화된 전체로서 안정성 있게 통합되어 있지 않음을 의미한다.

(4) 형식적 조작기(Formal Operations Period)

이 시기는 가장 높은 수준의 균형화(equilibrium)에 도달하는 시기로서 성인과의 논리적 형식을 갖춘 추상적 추리가 가능해진다. 이 시기에는 우선 가설연역적 방법(hypothetic-deductive)이 나타난다. 이는 언어를 사용한 가설에 의해 이론을 붙이는 사고가 가능해진다는 것이다. 또한 전 단계의 어린이가 다만 행동적인 것에서 이론적인 것을 찾으려는 데 대해, 이 시기의 청년들은 이론에서 출발하여 사물의 실제적 관계를 가정하고 증명하려고 한다. 이 단계의 청년들은 구체적인 내용에서 독립된 고도의 형식적인 지적 구조를 획득하여 현존한 것을 초월하여 여러 가지 가능한 것을 상징하며, 여러 개의 변인을 동시에 조작하여 연역적으로 가설을 형성하고, 그 가설의 타당성을 입증하는 실험을 체계 있게 수행할 수 있다.

이와 같은 사고구조를 분석하면서 피아제는 그 구조들이 점차 하나의 통합되고 안정된 형식적 체제로 협응함을 발견하였다. 예컨대 이 단계에서는 이미 전 단계에서 형성된 가역성의 두 가지 형태인 부동과 상보성이 하나의 완전한 조작적 체제로 통합된다. 이 단계에서 형성된 이와 같은 능력은 젊은이로 하여금 과학적 지식의 무한한 가능성에 적극적으로 참여할 수 있는 길을 열어 준다. 그러나 그 길은 적절한 실천근거와 호의적인 분위기에서만 열릴 뿐이기 때문에 계속적인 인지발달을 가능케 하기 위해서는 성숙, 경험, 사회적 인간관계, 인지구조상에 일어나는 평형 상태의 네 가지 요인들 간의 끊임없는 상호작용이 이어져야 한다.

> 발달을 결정한다고 가정되는 세 가지 고전적인 요인은 성숙(maturation), 물리적 환경의 경험(experience of the physical environment) 그리고 사회적 환경의 행위(action of social environment)이다. 마지막의 두 가지 요인들은 그 자체로서 충분한 것이 못된다. 왜냐하면 지능의 발달은 본능의 이년에 작용하는 요인들치럼 유전적으로 계획하는 요인을 포함하고 있지 않기 때문이다. 따라서 나는 여기에 네 번째의 요인을 추가하지 않으면 안 된다는 입장을 택하겠다. 이는 세 가지 다른 요인들을 협응시키는 데 사실상 필요한 것으로서 평형화 혹은 자율조정(equilibriation of self-regulation)이다(Piaget, 1970, p.719).

4. 피아제 이론과 유아교육

1) 교육목적

크레인(Crain)은 피아제의 교육철학은 루소나 몬테소리와 비슷하다고 지적한다(Crain, 1980, p.98). 그러나 피아제의 경우 그의 독창적인 교육철학 또는 교육관이 있다기보다는 발생적 인식론에 입각한 인간발달의 조성에 대한 그의 주장을 통해서 교육의 목적을 어디에 두어야 할 것인가에 대한 견해를 밝힐 수 있을 것이다. 교육에 있어서 가장 큰 두 철학적 입장 중 하나는 기존의 사회적 표준과 현실에 큰 비중을 두어, 교육은 개인으로 하여금 현실에 수동적으로 복종하게 하거나 그 가치를 있는 그대로 내면화시키는 몫을 담당해야 한다는 입장이고, 다른 하나의 입장은 기존의 사회적 가치나 표준을 무시하고 오직 아동의 자연적인 성향의 발현만을 강조하는 입장이다. 그러나 이 두 입장 모두 다 피아제에게 있어서는 타당한 것이 아니다.

피아제는 개인을 전적으로 사회적 산물로 보고 교육은 그 구성원들에게 기존의 지식과 가치를 피동적으로 전수시키는 역할을 해야 한다고 생각하지 않는다. 피아제에 의하면 이것은 가능하지도 않고 바람직한 것도 아니다. 성장하고 적응하는 개인은 맹목적으로 그리고 수동적으로 기존의 현실을 모방하지 않는다. 그에 의하면 인간발달은 논리적이며 생물학적인 구조의 법칙에 따라 이루어지는 것이기 때문에 인간발달의 구조를 무시한 채 기존의 사회환경에 맹목적으로 적응케 하는 것은 불가능하다. 이 점에서 피아제는 어린이는 그 나름의 본성과 구조를 가진 존재로서, 그 개성의 성숙에 의해서 사회의 발전이 가능하게 된다는 루소의 생각에 동조한다. 그러나 그는 루소의 주장처럼 사회는 유아의 성장을 저해하는 세력이므로 어린이를 그러한 사회적인 환경으로부터 격리시켜 교육하는 것이 옳다고 생각하지는 않았다. 피아제는 교육자는 어린이로 하여금 성인사회의 가치관과 진리들을 자율성과 협동성이 보장되는 분위기에서 시험해 보도록 도와주어야 하고 이를 통해서 어린이들이 단순한 복종이나 맹신이 아닌 적응적 가치와 진리를 창출하는 능력을 갖도록 교육해야 한다고 주장하였다. 피아제는 자신의 교육에 대한 견해를 기술한 『교육과학과 유아심리학(*Science of Education and the Psychology of the Child*)』에서 교육을 다음과 같이 규정하고 있다.

> 교육한다는 말은 곧 아동을 성인의 사회적 환경에 적응시키는 것, 다시 말하면 교육은 개인의 심리-생리적 구조를 사회적 공동체(community)가 의식적으로 어떤 가치를 부여하는 집합적 현실(collective realities)과 관련하여 변화시키는 것이다. 따라서 교육에 의해서 구성되는 관계에는 두 가지의 항목이 있다. 그 한편에는 성장하는 개인이 있고 다른 한편에는 교육자가 그 방향으로 그 개인을 입문시킬 의무를 지니는 사회적, 지적, 도덕적 가치가 있다(Piaget, 1970, p.137).

이와 같이 그는 교육받는 사람과 사회 간의 관계가 상호보완적으로 좀 더 높은 수준의 평형을 향해 발전될 때 올바른 교육이 이루어진다고 보았다. 어린이는 이미 기성화된 진리나 규칙을 단순히 복사함으로써 성인의 상태에 접근하는 것이 아니라 그들 나름의 창조적인 노력에 의해서 그들의 성인 상태를 성취한다는 것이다. 또한 사회는 이런 자발적인 활동을 통한 개인의 발달을 허용함으로써 단순한 복사 이상의 새로운 세대의 확보와 사회 자체의 발전을 기약할 수 있다. 요컨대 사회의 발전은 기존 체제의 맹목적인 전수와 보존에 있지 않다는 것이다. 이 점에서 피아제는 학교가 백과사전적인 기존 지식의 전수라는 전통적인 굴레에서 벗어나 새로운 세대에게 기존 지식을 비판하고 새로운 지식을 생산하는 능력을 갖춘 인간의 육성에 목표를 두어야 한다고 주장한다.

> 교육의 주된 목표는 다른 세대가 이룩한 것을 단순히 반복하지 않고 새로운 것을 할 수 있는 사람, 즉 창의적이고 창조적이고 새로운 것을 발견해 내는 사람을 창출하는 것이다. 교육의 두 번째 목표는 비판할 수 있고 검증할 수 있고 그들에게 제공되는 어떤 것이라도 무조건 받아들이지 않는 정신을 형성시키는 것이다. 오늘날의 가장 큰 위험성은 제반 슬로건, 제반 집단적 견해, 기성화된 사고경향 따위다. 개인적으로 우리는 저항하고, 비판하고, 증명된 것과 증명되지 않은 것을 구별할 수 있어야 한다. 따라서 우리는 적극적인 학생, 한편으로 그들 자신의 자발적인 활동에 의해서 그리고 다른 한편으로 우리가 그들을 위해 마련해 준 자료를 통해서 자신의 힘으로 발견할 수 있는 능력을 일찍부터 학습한 학생, 그리고 무엇이 증명될 수 있고 무엇이 그들에게 최초로 나타난 생각인지를 일찍부터 말할 수 있도록 학습한 학생들을 필요로 한다(Piaget, 1964, p.5).

이처럼 피아제는 유아를 기존의 진리나 규칙을 단순히 복사하지 않고 스스로의 창조적 활동에 의해서 나름대로의 새로운 지식이나 규칙을 구성하는 존재로 본다. 따라서 피아제가 교육을 통해서 길러 내고자 하는 이상적 인간상은 지적으로 창의적이고 창조적인 인간이고 동시에 정의적・도덕적으로는 외부에서 제공되는 정보나 지식을 무비판적으로 수용하지 않고 능동적으로 옳고 그름을 따지고 검증하는 비판적 인간이다.

2) 학습의 준비성

피아제는 학습만으로 인지발달이 이루어질 수 없음을 명백히 하고 있다. 그는 인지발달이 이루어지기 위해서는 성숙, 사회적 전수 및 평형화 요인들 사이에 상호작용이 필수적이라고 하였다. '좁은 의미의 학습'에 얽매여 있는 학습심리학자들은 어떤 자극의 제시나 환경적인 처치에 의해서 학습자가 어떤 새롭고 특수한 반응을 보이면 학습이 일어난 것으로 간주한다.

그러나 이러한 '좁은 의미의 학습'은 '광의의 학습'에 종속되고 제약을 받는다. 다시 말해서 어린이의 인지발달 정도와 수준이 학습과제의 이해와 학습의 정도, 그리고 수준과 그 범위를 제한한다는 것이다.

피아제 이론에 의하면 학습하기 위해서는 먼저 그에 상응하는 인지발달이 전제되어야 한다. 그러므로 유아의 학습은 그 어린이의 인지구조나 발달수준에 알맞은 내용을 선정하고 그 수준에 알맞게 가르쳐야 한다. 이것이 피아제가 보는 준비성(readiness)이다. 그러므로 교육자가 그 지적 발달의 계열적인 특징을 살려 학과 내용을 선정한다면 효과적인 학습결과를 얻게 될 것이다. 여기서 효과적인 학습이란 유아가 자발적으로 학습에 참여하고, 학습내용이 의미 있게 학습자 내부의 지적 구조를 확장시켜 주는 기능을 하고, 또한 그 학습된 내용이 오랫동안 보존되는 것을 의미한다. 반면, 지적 발달의 구조가 부적합한 단계에서 고차원의 학습을 강요하면 어린이는 학습에 흥미를 잃을 뿐만 아니라, 다만 암기학습의 결과를 가져오며 그 결과도 오래 보존되지 않는다.

피아제 체제에서 학습의 준비성 개념은 교육자나 교육학자에게 어려운 과제를 제시하고 있다. 교육자는 어린이의 발달수준과 계열에 맞는 학과내용을 찾아야 하고 그가 가르치려는 각각의 유아가 어떤 발달단계의 지적 구조를 가지고 있는지를 스스로 진단할 수 있어야 한다.

3) 교육내용 및 방법

피아제는 지식을 물리적 현상을 다루는 형상적(figurative) 지식과 논리-수학적 지식을 다루는 조작적(operational) 지식으로 구분하고, 논리-수학적 지식에 더욱 많은 관심을 가졌다. 그리하여 유아의 지능, 사고, 인지를 발달시키기 위한 유아교육 프로그램 개발연구가 이어졌다(Lavatelli, 1973, pp.27~52).

피아제에게 있어서 교육방법은 한 마디로 학습자의 능동적인 활동을 통하여 지식을 구성해 나가는 방법이다. 피아제는 지식의 구성은 학습자 내부의 상태와 환경적 압력 간의 평형을 찾으려는 학습자 자신의 자기조정적 활동에 의해서 이루어진다고 보았다. 학습자가 습득해야 할 지적 능력이나 지식은 궁극적으로 학습자 자신의 활동에 의해서만 학습될 수 있으며 그 누구도 그것을 대행해 줄 수 없다고 하였다. 그리하여 그는 '능동적 방법(active method)'이 전통적인 교육방법을 대치해야 한다고 제안하였다. 이 방법은 '교사중심의 방법'도 아니고 '유아중심의 방법'도 아니라고 하면서 이 방법의 핵심은 학습자 자신의 활동(activity)과 그것에서 비롯되는 그 나름의 창조(invention)에 있다고 하였다. 다시 말해서 지식은 유아 자신의 활동에 의해서 내부로부터 창조되어야 한다고 하였다.

> "우선 오늘날 우리는 경험이 지능의 발달에 필요하지만 경험 자체가 그것의 충분조건이 아니라는 것을 알고 있다. 무엇보다도 우리는 경험이 고전적 경험주의가 구분하지 못했던 두 가지 매우 상이한 형태, 즉 물리적 경험(physical experience)과 논리-수학적 경험(logico-mathematical experience)의 형태로 일어난다는 것을 알게 되었다. 물리적 경험은 사물들에 행위하고 추상에 의해서 그 사물들로부터 속성을 발견하는 것으로 구성된다. 예컨대 사물들의 무게를 비교하고 가장 무거운 것이 가장 큰 것은 아니라는 것을 발견하는 것을 들 수 있다. 논리-수학적 경험도 역시 사물에 행위하는 것으로 구성되어 있지만 그들의 속성이 발견되는 추상화 과정은 앞의 경우와 같이 사물의 방향으로 지향되어 있는 것이 아니다. 그 사물과 관련을 가지게 되는 행위로 지향되어 있다"(Piaget, 1970, p.37).

여기서 피아제가 말하는 활동의 의미를 명확히 해둘 필요가 있다. 아동의 활동은 다양한 의미로 해석될 수 있으나 피아제가 활동을 통한 학습이라고 할 때, 이때의 '활동'이란 여러 가지 조작(이해, 추리, 사고 등)을 통해서 인지도식이나 인지구조의 기능을 활성화시키고 그것을 확장 수정할 수 있는 것을 말한다. 다시 말해서 교육방법으로서의 유아의 적극적 활동이란 창조적 활동을 말한다. 피아제는 유아들은 활동을 통한 지식의 구성 과정을 잘 조정함으로써 어느 단계에서 가졌던 지적 구조는 서로 협응하여 응결력이 높아지고 안정되고, 좀 더 융통성 있게 변용될 수 있다고 하고, 그것 자체가 다시 새로운 활동을 요청한다고 하였다. 요컨대 피아제는 학습자 자신의 능동적인 활동을 통하여 새로운 지식을 발견하고 창조하는 학습방법을 그의 인지학습을 위한 적합한 교육방법으로 보았다.

시걸(Siegel)은 피아제의 지식의 획득과 발달을 다음과 같이 요약하고 있다. 첫째, 지적 발달은 물리적 환경과 마찬가지로 사회환경과의 상호작용에 의존하고 둘째, 어떤 단계에서 다음 단계로 정해진 순서로 이행하며 셋째, 새로운 지식의 획득은 적절한 동화와 조절을 통해서 균형화된 인지구조에 의해 달성된다고 보았다. 넷째, 언어는 지적 발달의 촉진 역할을 하는 것으로서 그 의미는 어린이의 발달수준에 따라 다르다고 하였다. 이상의 내용을 통해 볼 때 피아제 이론에서 나타나는 교수법은 적절한 동화와 조절이 일어날 수 있는 환경의 조정을 통한 방법이 될 수 있다고 보인다.

크레인은 피아제 이론에 나타난 교수법의 주요점을 네 가지로 정리・제시하고 있다(Crain, 1980, pp.98~99). 첫째, 동화가 이루어지려면 외계를 흡수할 도식(schema)이 전제되어야 한다. 루소나 몬테소리처럼 피아제 역시 교육방법에 있어서 유아의 발달단계에 맞는 수준으로 교수하는 것과 그 수준에 맞는 교재 제시가 중요하게 된다. 어린이가 갖고 있는 도식과 관계없는 교재는 그만큼 동화현상을 일으키지 않기 때문이다. 둘째, 발달은 동화만으로 이루어지는 것이 아니다. 유아의 학습은 능동적인 발견의 과정이 되도록 조절작용을 촉진할 수 있는 방법이 필요하다. 현 사고의 수준보다 한층 높은 수준의 교재 제시가 필요하다. 어린이들은 두 차원을 동시에 조절하는 것을 배움으로써 논리적 사고를 향한 노력이 시작된다. 셋째, 어린이 속에 불균형 상태가 되면 어린이는 불안정하고, 불쾌해져서 곧바로 균형 상태에로 이행한다. 이것을 평형화 과정이라고 한다. 평형화 과정은 마음속에서의 과정이기 때문에 교육적 조작이 직접 주어지는 것은 아니다. 피아제의 입장에서 쓸모 있는 교육적 조작이란 어디까지나 어린이에게 불균형 상태가 생기도록 하는 일이다. 넷째, 교사는 유아의 준비성에 대한 인식을 받아들여야 한다. 어린이들이 정답을 알고 있는 교사(권위자)의 지배를 받으면 학습에 공백이 생겨 관점의 차이를 이해하지 못한다. 그러므로 학습자로 하여금 집단 속에서의 토의를 하게 하면 다른 관점들을 자신의 사고에 대한 도전 자극으로 받아들이게 되어 사고의 발전을 가져올 수 있다.

이상에서 볼 때 피아제의 이론에 근거한 교수방법은 동화의 조절을 통한 평형화를 돕는 방법으로서 학습자의 적극적이고 능동적인 활동 없이 학습의 목표를 달성할 수 있는 방법은 없음을 알 수 있다.

4) 학습동기

피아제는 교육에 있어서 학습자의 적극적 활동을 강조하였다. 그러면 유아 학습활동의 유발방법이 문제가 된다. 이 문제에 있어서 행동주의자들은 유아의 옳은 반응에 대해 그 즉시 칭찬이나 초콜릿 따위의 보상을 해 주는 방법을 사용한다. 그러나 피아제는 이러한 행동주의적 방법이 별 소용이 없다고 주장한다.

> 우선 논리적 구조는 오직 하나의 학습 결정요인으로 줄곧 지칭되고 있는 외래적 보상에 의해서 진행되지 않는다(Piaget, 1973, p.39).

피아제에게 있어서 학습동기이론은 곧 인지적 동기이론이다. 인지적 동기이론의 성립 근거는 평형화 이론에서 찾을 수 있다. 평형화란 동화와 조절 간의 균형을 유지하려는 유기체의 자기조정적 기제로서 인지구조의 변화와 발달도 이 평형화에 의해 이루어진다.

피아제 이론에 의하면 유아는 누구나 원래부터 지적으로 성장하려는 능동적인 성향을 가지고 있고 그와 같은 성향은 곧 환경에 적응해서 생존하려는 욕구이기도 하다. 유아의 지적 적응은 그의 내부에 있는 인지구조와 새로운 사태 간에 생기는 불균형을 해소하려는 과정에서 일어난다. 유아는 인지적 불균형을 일으키는 사태에서 스스로 그의 기존 인지구조를 조절하여 그 불균형을 해소시키는 좀 더 높은 수준의 새로운 인지구조를 형성하려는 경향을 원래부터 지니고 있다. 이런 경향은 외부로부터의 보상 없이 내면에서 우러나오는 힘이기 때문에 내재적 동기화(intrinsic motivation)라고 하였다. 이와 같이 피아제는 학습의 동기는 학습자의 내부로부터 나온다고 하였다.

요컨대, 아동이 그 자신의 내부에서 스스로 우러나오는 내재적 동기를 가지고 있으며 그것은 적절한 인지갈등에 의해서 촉진될 수 있다는 것이다. 따라서 이와 같은 인지갈등을 위해서는 '적정수준의 불균형(optimal discrepency)'을 유지시켜 주어야 한다. 따라서 교사는 아동이 어느 시점에서 가진 지적 구조와 어느 정도의 관련을 가지면서 동시에 그것이 내부에서 어떤 불일치, 갈등, 패러독스, 한계 등을 촉발시킬 수 있는 새롭고 도전적인 학습경험을 선택·제공해 줌으로써 학습의 동기화를 촉진시킬 수 있다. 그런데 내재적 동기화를 유발시키는 상황은 절대적인 것이 아니다. 그것은 학습자의 심리 상태와 알아야 할 대상 간의 상호작용으로부터 그때그때 출현하는 것이다. 동일한 학습경험이 학습자의 인지발달단계에 따라 내재적 동기화를 일으킬 수도 있고 그렇지 못할 수도 있다.

따라서 교사는 학습자의 내재적 동기를 유발시키고 유지하는 해결방안을 강구할 수 있어야 한다. 학습자의 개별적인 발달단계를 정확히 진단하여 각자에 각각 도전적인 학습과제를 제공해야 한다. 그리고 발달단계가 서로 다른 여러 학습자들을 교육해야 할 경우는 그들 각각의 수준에 맞는 흥미로운 활동들을 선택할 수 있도록 교수환경을 다양화시켜 주어야 한다. 이처럼 학습자들이 발달의 정상적인 페이스에 맞춰 학습할 수 있는 보장이 마련된다면 그들은 학습의 주체로서 자신의 진정한 지적 구조를 형성하는 데 능동적으로 참여하게 될 것이다.

그런데 아동이 일단 하나의 새로운 인지구조를 획득하게 되면 완숙되고 공고화되어 안정될 때까지 그것을 반복해서 사용해 보고 싶어 하는 경향성이 있다고 한다. 따라서 반복이나 연습은 지식의 형성에 필수적인 요소가 된다. 그러나 이때 유의해야 할 사항은 유아에게 억지로 연습을 강요해서는 안 된다는 것이다.

5) 학습의 평가

전통적인 평가방법은 시험을 학습의 목표로 전도시키고 진단의 역할보다는 판단의 역할을 한다는 데 문제의 심각성이 있다. 피아제는 이미 완성된 지식의 누적보다는 그런 지식을 비판적으로 검토하고 또한 스스로 생산할 수 있는 개인 내의 구조와 기능을 중시한다. 그리고 철저한 작업습관, 창조적인 기질, 정서적 안정 등이 지능이나 상상력과 마찬가지로 '지적인 가치(intellectual value)'를 갖는 것으로 보았다.

피아제는 원칙상 평가 자체의 필요성을 부인하지는 않는다. 문제는 그 목적과 방법에 있다. 피아제가 바라는 평가방법은 학습자의 지적 구조와 학구적인 태도를 파악할 수 있는 방법이며, 그것의 가치는 학생들의 성장과 발달을 촉진시키는 도구의 역할을 하는 데 있다.

이와 관련하여 피아제는 예컨대 적어도 두 가지 구체적인 평가방법을 제안하였다(Piaget, 1970, pp.107~109). 첫째는 그가 지능 연구에 활용했던 임상적 방법과 같이 교사가 학생이 실제 학업 장면에서 그들의 지적 구조를 계속 진단해 나가는 방법이다. 이는 검사와 같은 결과 위주의 양적이고 상대적인 평가방법보다 훨씬 복잡하기 때문에 교사에게 많은 수련과 자질을 요구하는 방법이다. 이 방법은 정답반응보다는 학생이 자연스럽게 나타낸 오답이나 학습장애에서 더 많은 단서를 발견해 내며, 그 정보를 토대로 교사는 각 학생에게 필요한 교육적인 처치를 가할 수 있다.

피아제가 제안한 두 번째 평가방법은 이른바 교재공개시험(open-book examination)이다. 그는 정서적인 불안의 문제가 제거될 수 있다는 보장만 얻어진다면, 수험생들이 교재와 노트 등을 자유롭게 사용하도록 하는 검사가 진정한 의미의 시험일 것이라고 하였다. 이 방법은 수험자로 하여금 그들이 학급에서 하고 있었던 것을 연장시켜 어떤 자업량을 달성하도록 한다. 다시 말하면 이는 단순히 학습자의 일상적 학업의 일부로서 첫 번째 방법과 거의 유사한 것이다(Piaget, 1970, p.108). 일상 사태에서 지적인 작업을 할 때 우리는 자유롭게 자료를 이용할 수 있으며, 여기서 중요한 것은 그 자료를 해석하고 주어진 문제를 푸는 능력을 기를 수 있다는 것이다.

6) 교사의 역할

피아제의 학습동기에 관한 내용에서 이미 살펴본 바와 같이 교사는 적정 수준의 인지적 갈등을 유발하는 환경과 분위기를 만들어야 한다. 유아의 내면에서 어떤 불일치 갈등, 한계 등을 촉발시킬 수 있는 새롭고 도전적인 학습경험을 제공해 주어야 한다. 즉 발달에 도움이 되는 환경을 제공해 주어야 하는 것이다. 발달에 도움이 되는 환경이란 유아가 독립적으로, 솔선하여 흥미를 추구하고, 자기가 생각하고 있는 것을 정확하게 말하고, 질문하고, 실험하고, 여러 가지 아이디어를 생각해 낼 수 있는 환경을 만들어

내는 것이다. 그것이 피아제 이론에 근거한 교육을 실천하는 교사의 첫 번째 역할이다.

둘째, 교사는 학습자의 개별적인 발달단계를 그때그때 잘 진단하여야 한다. 교사는 여러 가지 작업재료나 활동내용을 시사하면서 어린이가 지금 무엇을 생각하고 있는가를 순간순간 평가할 수 있어야 한다. 교사는 유아가 할 수 있는 무엇이든 해보도록 격려하고 유아의 활동을 관찰하는 역할을 한다. 어린이로부터 더 이상의 아이디어가 나오지 않을 때 교사는 놀이활동을 통하여 자연스럽게 시범을 보이거나 활동을 시사한다. 교사는 미리 결정한 자기의 목표를 강요하는 것이 아니라 어린이의 반응과 아이디어에 맞추어서 활동을 해 나가면서 어린이가 무엇을 생각하고 있는가를 관찰한다. 교사는 많은 현장 경험과 수련을 통해서 어린이의 인지발달이 어느 정도이며 그 장애요인은 무엇인지 정확하게 진단·평가하여 그에 따라 알맞은 교육적 처방을 할 수 있어야 한다.

셋째, 교사는 아동이 스스로의 탐구·발견 활동을 통하여 만족스러운 해답을 얻을 때까지 인내심을 가지고 기다려야 한다. 교사는 어린이가 여러 가지 오류를 경험하도록 격려해야 한다. 그리고 유아가 한 단계에서 다음 단계로 서둘러 이행하도록 촉진시키는 데 노력을 기울이기보다는 아동의 어떤 수준의 인지발달이 보다 폭넓고 풍부하게 이루어지도록 돕는 데 역점을 두어야 한다.

넷째, 피아제 이론을 교육실천에 옮기는 교사는 관여하는 지식의 종류에 따라 어린이에 대한 응답을 달리해야 한다. 물리적 지식에 있어서는 어린이 자신이 사물로부터 직접 답을 찾아내도록 격려하고, 논리-수학적 지식에 있어서는 내성적 추상작용을 조성해 주어야 한다.

다섯째, 교사는 무엇보다 어린이 자신이 자기의 아이디어를 발전시키도록 도와주어야 한다. 교사는 권위적인 방식이 아닌 어린이 스스로 자신의 독특한 아이디어를 발전시킬 수 있도록 격려하는 방식으로 어린이와 상호작용하여야 한다.

그리고 피아제는 교사도 '의사 못지않게 고도로 높은 교육과 훈련을 쌓아야 한다고 주장하였다. 그는 특히 교사양성을 일반 종합대학과 분리시켜 실시하는 것에 반대하였다. 그 이유는 훌륭한 교사가 되기 위해서는 여러 가지 관련 기초과목을 이수해야 하기 때문이라고 하였다. 그리고 유치원 교사를 포함한 초등교사 양성을 위해서는 종합대학에서 학사학위를 받은 후 3년간 교직에 대한 전문직 훈련을 받아야 한다고 주장하였다.

5. 피아제 이론의 교육적 시사

발생적 인식론의 대가인 피아제는 인지발달이 어떻게 이루어지는가에 지대한 관심이 있었으나 인지발달을 위한 교육적 방법에 대해서는 크게 관심을 가지지 않았다. 그러나 그의 이론은 분명히 교육에 관련된 많은 것을 제공해 주고 있다. 일반적인 차원에서 피아제 이론의 교육적 시사점을 몇 가지 밝혀 보면 다음과 같다.

첫째, 피아제 이론의 맥락에서 볼 때 발달은 그 자체가 바로 교육의 목표 내지 목적이다. 발달이 교육의 총체적 목적이 되어야 한다는 생각은 너무 급진적인 것으로 생각될 수도 있으나 그것은 피아제 이론을 충분히 이해하지 못한 데서 오는 것으로, 발달을 교육목표로 확립시키는 것이 전통적 기술(읽기, 쓰기 등)이나 지식(과학 등)의 목표를 제외시킨다는 것을 의미하는 것은 아니고 오히려 전통적 방식으로 조직된 학교에서보다 발달을 촉진시키기 위해 조직된 학교에서 기술과 지식은 더욱 효과적으로 습득될 수 있다.

둘째, 피아제 이론에서 지적 발달은 구조가 성장하는 과정이다. 그러므로 교사는 유아의 현 발달수준과 그들의 지적 능력을 파악할 수 있는 과학적인 이해를 할 수 있어야 하고 동시에 적절한 인지적 갈등을 유발시킬 수 있는 교육적 활동을 제시하여 인지구조의 성립과 발달을 도울 수 있어야 한다. 즉, 인지적 갈등을 조장함으로써 학습자인 유아의 적극적 탐색과정을 통한 평형화의 재확립을 돕는 데 교육의 역점을 두어야 한다.

셋째, 피아제 이론이 시사하는 가장 중요한 것은 유아는 환경에 대한 활동으로부터 지식을 구성한다는 것이다. 물리적 지식은 대상에 대한 활동을 통해 구성되고 논리-수학적 지식은 대상에 대한 행동으로부터 구성되지만 무엇보다 중요한 것은 유아의 활동을 통해서 획득된다는 것이다. 수, 길이, 면적 등에 대한 개념은 그것들을 듣거나 읽음으로써 형성되는 것이 아니며, 사회적인 지식의 구성 또한 유아의 행동과 타인과의 상호작용에 의존한다. 그러므로 유아교육에 있어서 지식은 단어나 다른 상징으로서가 아니라 반드시 활동으로 구성되어야만 한다. 따라서 모든 교육활동은 단순히 지식을 전달하거나 주입시키는 것이 되어서는 안 되고 유아 스스로가 관심과 흥미를 가지고 자발적으로 탐색하도록 충분한 교육적 자료와 활동의 기회를 제공해야 한다.

넷째, 교육 시기의 문제다. 피아제 이론에 따르면 가르칠 시기는 아동의 변화하는 인지적 상태에 따라 고안되어야 한다. 학습준비도는 교육의 모든 수준에서 필요한 것으로, 유아는 특별한 개념을 발달시킬 준비가 인지적으로 되어 있을 때 필요한 도식을 습득한다. 즉, 미리 훈련하고 연습시킨다고 해당 능력이 증진되는 것은 아니다.

다섯째, 개인차에 따른 교육의 문제다. 피아제 자신이 개인차라는 주제에 직접적으로 언급하지는 않았지만 그에 따르면 인지발달은 성숙, 경험, 사회적 작용, 평형화의 모든 요인의 상호작용의 결과다. 그러므로 인지발달 비율이 각 유아 간에 상당히 다를 수 있다. 그리고 피아제가 제안한 발달단계에 있어서 곁들여진 연령 구분은 단지 수준 구분의 의미일 뿐이다. 따라서 사고, 추론, 이해력의 측면에서 확실히 다른 유아를 단지 연령이 같다고 하여 같은 집단으로 편성하여 동일한 교육을 실시해서는 안 된다. 비록 함께 교육한다 하더라도 각자의 수준과 흥미에 맞는 활동을 할 수 있도록 교육환경을 다양화시켜 주어야 한다.

여섯째, 자발적 관심과 흥미, 그리고 놀라움과 호기심에 보다 더 비중을 두어야 한다. 유아가 자발적으로 관심을 갖고 많은 것을 스스로 탐색하도록 허용해야 한다. 어떤 대상이나 사물에 대한 유아의 흥미는 학습 자료의 난이도와 정비례하는 것은 아니다. 알려지지 않은 것과 예측할 수 없는 것은 관심과 인지적 갈등을 유발시킬 수 있다. 불균형을 야기시키는 놀라움(surprise)과 호기심을 활용하는 것도 한 방법이 될 수 있다. 그런 의미에서 놀라움과 호기심은 대단한 교육적 가치를 지닌다.

일곱째, 유아와 교사와의 관계가 상호 존중, 비권위적 관계가 되어야 한다. 교사는 상호 협조적 관계를 통하여 유아의 자율성을 발달시킬 수 있도록 격려해야 한다. 피아제는 권위가 아동의 삶에 두드러진 도덕적 힘으로 작용할 때 도덕적 추론은 발달될 수 없다고 하였다. 유아가 권위적 환경에서 도덕적 판단, 협조, 그리고 자기훈련을 발달시킨다고 해도 그것은 권위주의적 상호관계에서 나온 결과는 아니라고 하였다. 따라서 교육실제에 있어서 교사의 통제적 관계의 필요성이 요구되는 상황이 있을 때라도 교사는 유아의 지적·도덕적·사회 정서적 발달을 촉진시킬 수 있는 협력적 관계를 유지하도록 노력해야 한다.

여덟째, 교육실제에서 또래와의 상호작용을 도와줄 필요가 있다. 피아제는 어린이들이 자기중심성에서 벗어나 점차 탈중심화에로 이행되어 가는 과정에 있어서 또래의 의미와 역할에 주목하였다. 유아 상호 간의 긴밀한 접촉관계는 유아의 자아중심적인 행동에서 탈자아중심적인 행동에로의 전환에 유용한 기회를 제공해 준다. 따라서 교사는 어린이가 다른 어린이와의 접촉을 통해서 자신의 생각과 아이디어의 차이를 발견할 수 있는 기회를 적극 제공해 주어야 한다.

참고문헌

김신주, 『신피아제론』, 서울: 배영사, 1994.

_____, 『인지심리학』, 경기: 정민사, 1987.

김억환, 'Piaget의 인식론에 비추어 본 지식의 사회적 성격', 『단국대학교 논문집(제32권)』, 1988.

성옥련 외 공역, 『삐아제의 인지적 · 정의적 발달』, 서울: 중앙적성 출판사, 1995,

송명자, 'Piaget이론에 있어서 발달단계의 개념', 『동아대학교 교육대학원 논문집(제4집)』, 1977.

_____, 『삐아제 인지구조 변용론과 학습』, 한국심리학회 편, 삐아제 연구, 서울: 서울대학교 출판부, 1982.

장상호, 『Piaget 발생적 인식론과 교육』, 경기: 교육과학사, 1994.

전윤식 · 이영석, 『삐아제와 유아교육』, 서울: 형설출판사, 1993.

Crain, W. C., *Theories of development*, Englewood Cliffs, New Jersey: Prentice-Hall Inc., 1980.

Elkind, D., *Children and adolescents: Interpretative essays on Jean Piaget*, New York: Oxford University Press, 1974.

________, *Child development and education: A Piagetian perspective*, New York: Oxford University Press, 1975.

Flavell, J. H., *The developmental psychology of Jean Piaget*, New York: D. V. Nostrard Co., 1953.

Kamii, C., & De Vries, R., Piaget for Early Education, In R. K. Parker(ed.), *The preschool in action*(2nd ed.), Boston: Allyn & Bacon, 1977.

_________________________, *Physical knowledge in preschool education implications of Piaget's theory*, Englewood Cliffs, N.J.: Prentice-Hall, 1970.

Lavatelli, C. S., *Piaget's theory applied to on early childhood curriculum*, Boston: Center for Media Development, Inc., 1973.

Piaget, J., *Biology and knowledge*, N.Y.: Norton & Co., 1978.

_______, Development and learning, In R. E. Ripple & V. N. Rockcastle(eds.), *Piaget rediscovered*, New York: Cornell University, 1954.

_______, *Genetic epistemology*, New York: W. W. Norton, 1970.

_______, *Judgment and reasoning in the child*, New York: Littlefield, 1969.

_______, *Logic and psychology*, New York: Basic Books, 1953.

_______, *Moral judgement of the child*, New York: The Free Press, 1965(1932).

_______, Piaget's Theory, In P. H. Mussen(ed.), *Carmichael's manual of child psychology* (3rd ed.) Vol.1, New York: Wiley, 1970.

________, *Play, dreams, and imitation in childhood*, New York: W. W. Norton, 1962.

________, *Psychology and epistemology*, New York: Grossman, 1971c(1970).

________, *Science of education and the psychology of the child*, New York: Orion Press, 1970.

________, *Structuralism*, New York: Basic Books, 1970.

________, *The child's conception of the world*, New Jersey: Littlefield, 1960.

________, *The construction of reality in the child*, New York: Basic Books, 1954.

________, *The development of thought: Equilibration of cognitive structures*, New York: Viking, 1977b(1975).

________, *The mechanisms of perception*, London: Routledge & Kegan, 1969.

________, *The origins of intelligence in children*, New York: International Universities Press, 1952.

________, *The psychology of intelligence*, New Jersey: Littlefield, 1973a(1947).

________, *To understand is to invent: The future of education*, New York: Grossman, 1973a(1972).

Piaget, J., & Inhelder, B., *Memory and intelligence*, London: Routledge & Kegan, 1973 (1968).

________________________, *The psychology of the child*, New York: Basic Books, 1969 (1966).

Siegel, I. E., The Piagetian System and the World of Education, In D. Elkind & J. Flare(eds.), *Studies in cognitive development*, Oxford Univ., Press, 1969.

Wadsworth, B. J., *Piaget's theory of cognitive development*, N.Y.: David Mckay, 1972.

9 니일

Neill

(1883~1973)

1. 생애

니일(Alexander Sutherland Neill)은 1883년 10월 17일 영국의 에딘버러 시 북쪽 동해안 지방인 포오파(Forfar) 읍에서 태어났다.

니일이 태어나 어린 시절을 보내고 교육을 받았던 19세기 말에서 20세기 초까지의 세계는 서구 열강이 식민지 쟁탈에 혈안이 되어 투쟁하던 시기로 그는 제 1 차 세계대전(1914~1918년, 당시 31~35세)과 제 2 차 세계대전(1939~1945년, 당시 56~62세)을 겪었다.

영국에서는 이 시기가 빅토리아(Victoria) 여왕이 재위하던 기간에 해당되는데 영국은 18세기 말에서 19세기 초에 산업혁명을 완수하면서 눈부신 국력신장을 이루었고, 사회적으로는 중세의 질서가 무너지고 시민계급의 질서가 형성되었다. 이렇게 형성된 중산계급은 세력을 확장시켜 나가 빅토리아 조를 대표하는 사회계급이 되었다.

이 시기에 영국 전역에 걸쳐 영향력을 행사한 사상은 중산계급의 청교도주의로 대표될 수 있다. 청교도주의는 인간의 금욕을 강조함으로써 인내와 절제를 통해서 도덕적인 인간이며 동시에 종교적인 인간이 되는 것을 목적으로 삼고 있었는데 이것은 특히 성적 품행을 규제하는 것이었다. 중산계급의 청교도 규범은 주로 구약성서에서 근거한 것이지만 금욕적인 규범과 더불어 체면이 또한 강조되었다. 여기에서 지나친 '인습존중' 현상이 생겨나게 되어 외양만의 형식적인 순응이 강조되었다.

니일의 가정은 이와 같은 빅토리아 시대 중산계급의 전형이었다. 니일의 조부(William MacNeill)는 오랫동안 탄광에서 일하다가 니일이 철들 무렵에는 광부 일을 그만두고 에딘버러로 가서 생선가게를 운영하였다. 니일의 삼촌들은 모두 광부가 되었으나 아버지(George Neill)만은 몸이 약하고 공부도 잘해서 교사가 되었다. 그는 술과 담배를 하지 않았고 매우 검소한 사람이었는데 아이들을 좋아하지 않고 야단을 치거나 매로 때리는 일도 있어서 니일은 어려서 아버지를 퍽 무서워했다. 아버지는 공부 잘하는 아이만을 칭찬했는데, 니일은 공부에 전혀 흥미가 없어 아버지의 관심과 애정을 받지 못했다. 어려서 니일은 매일 저녁 밖에서 놀다가 아버지에게 불려와 강제로 라틴어 문법 공부를 하게 되었다. 이때 그는 얼마나 책을 증오했는지 모른다고 회상하고 있다(Neill, 1972, p.38). 니일의 어머니(Mary Sutherland)도 경제적으로 어려운 가정에서 출생하였다.

그녀의 부친은 부두노동자로 일찍 세상을 떠났고 모친이 세탁부로 일하면서 니일의 어머니를 교사로 키웠다.

니일의 아버지와 어머니는 에딘버러 근처인 레이드(Leith) 읍의 학교에서 함께 근무하면서 인연이 맺어졌다. 니일의 어머니는 결혼 후, 자신과 남편이 자라온 환경을 경멸하고 자기 집안이 사회적으로 높은 지위에 있는 것처럼 보이기를 원했다. 그의 어머니는 체면을 중시하여 남의 집 아이들이 모두 맨발로 다니는 무더운 여름철에도 니일 형제들에게는 반드시 양말과 구두를 신도록 했다. 아이들은 밖에서 사투리를 쓰다가도 집에 들어오면 반드시 표준어를 써야만 했다. 니일은 이러한 어머니에 대해 "그녀는 속물이었으며 우리들도 속물을 만들었다"(Ibid., p.28)고 회상하고 있다.

니일은 어려서 바로 손아래 여동생(Clunie)과 가장 친하게 지냈는데 한 번은 자기들의 서로 다른 성기를 발견하고 놀다가 어머니에게 호되게 매를 맞았다. 그 일 이후 그는 성은 불결하고 나쁘다는 생각을 갖게 되었으며 이러한 생각은 오래도록 그에게 붙어다녀 자연스럽고 행복한 성생활 영위에 방해가 되었다고 훗날 술회했다. 그리하여 니일은 부모들의 허세와 지나친 청결 또는 성적인 것에 대한 죄악시 등이 아이들의 생활을 얼마나 고통스럽고 불행하게 만드는가를 역설하면서 어린 시절에는 이러한 원시적인 생활의 욕망을 충분히 충족시킬 수 있는 자유가 허용되어야 한다고 주장하였다.

후일 니일이 좀처럼 넥타이를 매는 일 없이 늘 편한 옷차림을 했고 여름철에는 서머힐의 아이들과 교직원들까지도 웃통을 벗고 지내는 등 자유로운 생활을 허용한 점은 어린 날의 그 자신의 억압된 욕망과 무관한 것 같지 않다.

니일의 형제자매들은 모두 12명인데, 그의 어머니는 사산한 아이 하나까지 합하면 13명의 자식을 낳았다. 12명 중 4명은 니일이 어릴 때 죽고 결국 4남 4녀의 형제가 자라났다. 니일은 3남으로서 형제들 중에는 목사, 의사 등이 있다.

니일은 14세가 될 때까지 아버지가 근무하던 학교에 다녔지만 공부에 별 흥미가 없었고 암기력도 좋지 않았기 때문에 아버지로부터 열등생 취급을 받았다. 학교를 졸업하고 난 뒤에는 다른 형제들처럼 아카데미(중등학교)에 진학을 못하고 가스계량기 공장의 서기, 포목점의 점원 등을 전전했으나 곧 그만두었다. 그는 이 시기에 몇 차례에 걸쳐 공무원 시험을 준비하고 응시했지만 번번이 실패했다. 결국 아버지의 도움으로 학교의 견습교사로 채용된 니일은 4년 뒤 최하급의 교원검정시험에 합격했다.

그 후 보니리그(Bonnyrigg)와 킹스케틀(Kingskettle)의 학교에서 3년간 근무했는데 이 두 학교는 학생들이 시간 중에 사담만 해도 가차 없이 가죽매를 휘두르는 엄격한 학교였다. 니일은 이때 이와 같은 공포에 찬 엄격한 교육이 낳는 부작용을 절감하고 진정한 교육이 이루어질 수 있는 새로운 형태의 교육을 모색하기 시작했다. 그는 곧 뉴포트(Newport)에 있는 비교적 좋은 환경의 학교로 부임하는데 여기서 자신의 학력부족을 깨달아 대학입학자격고사에 합격하고 25세 때인 1908년 에딘버러대학에 입학하여 처음에는 농학, 나중에는 영문학을 카네기재단으로부터 장학금을 받으며 공부했다.

대학에서 영문학을 졸업한 니일은 졸업 후 잠시 출판사에 일하게 되었지만 적성에 맞지 않아 어려움을 겪던 차에 그레트나 그린(Gretna Green) 학교에 교장으로 초빙을 받고 부임하여 그동안 구상해 온 새로운 교육을 실천에 옮겼다. 이 무렵의 생활을 적은 것이 『교사의 수기(*Dominie's Log*)』가 책이 출판되자 진보적인 사람들에게 호평을 받았으나 학교가 위치한 마을 사람들에게는 환영을 받지 못하여 약 1년 만에 물러났다.

그는 1917년 군에 입대했고, 군 복무기간 중에 호우머 레인(Homer Lane)을 알게 되었다. 레인이 경영하던 불량아들을 위한 교화시설인 더 리틀 커먼웰스(The Little Commonwealth)를 알게 되었고 큰 감동을 받았다. 이곳에서 그는 어린이에게 자유를 주고 어린이 편이 되어 주는 것이야말로 불량행위를 고치는 최선의 길이라는 것을 깨달았다. 제대 후 진보적 교장인 존 러셀(John Russell)이 있던 킹 알프레드(King Alfred) 학교로 갔다. 니일은 이곳에서도 자신이 구상하는 진정한 자유에 입각한 교육이 실현 불가능함을 깨달았다.

제 1 차 세계대전이 끝나고 세계가 평화와 자유의 새 희망에 부풀게 되자 세계평화의 이상향을 교육에 의해 이룩해 보려는 운동인 '신교육협회'가 1919년 결성되었다. 1920년 니일은 킹 알프레드 학교를 그만두고 『신시대(*The New Era*)』라는 잡지를 편집했다. 그 후 신교육운동의 국제회의가 프랑스에서 처음 열렸다. 니일은 이 회의에 참석한 후, 친구 부부와 함께 옛 학부형이며 건축가인 오토 노이슈태터(Otto Neustätter) 박사와 부인을 방문코자 독일로 건너갔다. 여기서 니일은 노이슈태터 박사 부부 등의 도움으로 1912년 독일 드레스덴(Dresden)의 교외 헬레라우(Hellerau)에 국제학교를 설립했다. 그러나 정치적 이유로 학교를 오스트리아의 존타아크베르크(Sontagberg)의 산꼭대기로 옮겼지만 거래은행인 빈(Wien)은행의 파산으로 어린이들을 각국의 부모들에게로 돌려보내고 니일은 영국의 어린이들만을 데리고 모국으로 돌아왔다.

1924년 이 아이들로 영국 도오세트(Dorset)의 라임 레지스(Lyme Regis)에 서머힐 학교를 열었는데 차츰 학생 수가 불어 1925년에는 북부 서포크(Suffolk)의 리이스턴(Leiston)에 있는 어느 귀족의 별장 저택으로 학교를 옮겼다. 이 학교가 50여 년에 걸쳐 자유가 어린이에게 어떠한 작용을 하는지를 실험한 니일의 실험학교다.

서머힐 학교를 운영하면서 니일은 국내외 강연을 자주 다녔는데 1937년 오슬로(Oslo) 대학에 강연차 가던 길에 그곳에서 정신분석학자인 빌헬름 라이히(Wilhelm Reich) 박사를 만나게 되었고 그 후 휴가 때면 자주 그를 찾아가 그의 사상과 정신분석의 방법 등을 배웠다. 서머힐 학교는 한때 폐쇄 직전의 위기에 처하기도 했다. 그러자 "서머힐을 구하자"는 운동이 일어나 서머힐협회(Summerhill Society)가 졸업생, 학부형, 기타 많은 지지자들로 구성·조직되었다. 이 협회는 세계 각처로부터 많은 후원자들의 열렬한 호평을 얻어 서머힐은 폐쇄 위기를 모면했고 오늘날까지 많은 교육적 공헌을 하고 있다.

니일은 두 번 결혼했다. 첫 번째는 1927년에 노이슈태터 박사의 전부인 릴(Lil)과의 결혼으로, 그녀는 음악과 미술을 공부하고 여행과 운동을 즐긴 사교적이며 정열적인 여성이었다. 서머힐 졸업생들은 니일의 개인지도보다 오히려 린즈(Lins: 릴의 애칭) 부인의 따뜻한 이해와 사랑에 더욱 큰 영향을 받았다고 회고하고 있다. 1944년 그녀는 과로로 병을 얻어 세상을 떠났다. 그 후 니일은 서머힐에서 보모로 일해 온 간호부 출신인 이이나(Ena) 부인과 재혼, 조우이(Zoë)라는 딸을 낳았다. 니일은 그의 자서전『니일! 니일! 귤껍질(*Neill! Neill! Orange Peel!*)』에서 자신의 사후에도 부인이며 오랜 협력자인 이이나 부인이 학교를 맡아 경영해 줄 것을 바란다고 하면서 유능하고 이해심 많은 두 여인을 부인으로 가질 수 있었던 자기는 행운아였다고 술회하고 있다.

니일은 1973년 9월 23일 90세를 일기로 그의 생애를 마감하고 서머힐에서 30마일 떨어진 이프스위치(Ipswich)의 묘지에 묻혔다. 그는 19권의 저서와 서머힐 학교라는 위대한 업적을 남겼다.

니일은 다음과 같은 저서를 남겼다.

『교사의 수기(*A Dominie's Log*)』, 『파면당한 교사(*A Dominie Dismissed*)』, 『벙키의 급성장(*The Booming of Bunkie*)』, 『회의에 찬 교사(*A Dominie in Doubt*)』, 『붉은 머리 부룬(*Carroty Broon*)』, 『해외의 교사(*A Dominie Abroad*)』, 『교사의 다섯 가지(*A Dominie's Five*)』, 『문제아(*The Problem Child*)』, 『문제의 부모(*The Problem Parent*)』, 『그 지독한 학교(*The Dreadful School*)』, 『문제교사(*The Problem Teacher*)』, 『최후의 생존자(*The Last Man Alive*)』, 『학교에서는 두뇌가 아닌 감정교육을(*Hearts, Not Heads in the School*)』, 『문제가정(*The Problem Family*)』, 『자유로운 어린이(*The Free Child*)』, 『서머힐-자녀양육의 혁신적 접근(*Summerhill: A Radical Approach to Child Rearing*)』, 『방종이 아닌 자유를!(*Freedom-Not License!*)』, 『서머힐에 대해 말함(*Talking of Summerhill*)』, 『니일! 니일! 귤껍질(*Neill! Neill! Orange Peel!*)』.

2. 사상적 배경

니일의 교육사상은 정신분석이론과 인간주의 사상이 근간을 이루고 있다. 그의 사상체계 형성의 토대를 이루고 있는 정신분석이론에서는 인간의 행동을 기본적인 생물학적 충동과 본능을 만족시키려고 하는 욕망에 의하여 동기화되는 것으로 본다. 프로이드는 의식보다 무의식이 더 중요하고 강력하다고 주장하였는데, 니일도 인간의 행위를 좌우하는 것이 의식이 아닌 무의식이라고 하였다. 이와 같이 니일은 프로이드와 마찬가지로 인간을 의식과 무의식의 존재로 보았으며, 인간이 행동하지만 그 이유에 대하여 알지 못한다고 하였다(Neill, 1990, p.220).

그리하여 니일은 자신의 학교에서 꾸짖거나 벌주거나 설교하지 않았으며, 모든 어린이가 자신의 무의식적인 충동에 따라 생활할 수 있도록 허용하였다(Ibid., 257). 니일은 어린이에 대하여 선악의 행위를 의지의 힘으로 좌우할 수 있는 이성적인 존재가 아니라 역동적 추진력인 무의식에 의하여 행동하는 존재로 보았다. 그리하여 그는 교육에 있어서 지적 교육뿐만 아니라 무의식을 중시하는 감정교육에 주력해야 한다고 주장하였다. 이와 같이 니일의 사상은 프로이드로부터 절대적인 영향을 받아, 정신분석학의 기초 위에 자유로운 상태에 놓여 있는 어린이들의 본연의 모습에 대한 관찰과 이해를 그의 교육철학의 기저로 삼았다.

다음으로 니일의 교육사상 형성에 중요한 축을 이루고 있는 사상은 인간주의 사상(Humanism)이다. 인간주의란 원래 중세에 인본주의 사상이 대두되면서 인간성을 다시 찾으려 하였던 휴머니즘의 역어(譯語)였으나, 현대에 와서는 인간 소외 현상을 극복하자는 적극적인 의미를 지니고 있다. 따라서 현대에서의 인간주의라는 용어는 인간성이나 인간의 성질이 갖는 더욱 기본적인 측면을 뜻하고 있다(Patterson, 1973, p.33).

인간주의에서 교육이란 이러한 현대적 휴머니즘에 입각한 인격을 일깨워 주는 교육, 특히 현대 사회의 비인간화 현상으로 야기된 교육의 비인간화 현상을 극복하자는 인간성 지향의 교육의 목표 · 내용 · 방법 · 체제를 총칭하는 하나의 새로운 교육 이데올로기를 말하는 것이다.

20세기에 이르러서는 현대 사회의 인간 소외 현상이 크게 드러나게 되고 이에 따라 교육의 비인간화 현상도 더욱 심해지자 이를 극복하기 위한 인간주의 교육이론이 새로운 표현으로 다시 크게 나타나기에 이르렀다. 인간주의 심리학이 주장하고 있는 바에 의하면 "생명체는 모두 본성으로 성장 원리를 갖고 있는데 인간의 경우 이것이 심리적인 형태로 발전되어 나타나는 것이 자아실현이며, 교육이란 바로 이러한 인간적 추구를 도와주고 그 과정을 촉진시켜 주는 활동"(Combs, 1974, pp.75~80)이라는 것이다. 여기에서의 자아실현이라는 것은 인간이라는 유기체 속에 이미 태어날 때부터 존재하고 있는 것으로, 외부에서 주어지는 것이나 강요되는 목표가 아니다. 인간주의에서 인간이라는 존재는 단순히 환경의 지배를 받는 존재가 아니다. 다시 말해, 인간주의에서 인간이라는 존재는 단순히 환경의 지배로 말미암아 좌지우지되는 객체가 아니라, 충족이나 성취를 지각하고 그것을 끊임없이 추구하는 하나의 소유주이며, 인간의 이 역동적이고 추구적인 성격은 생명 그 자체의 본질에서 기원하는 것으로 본다(Ibid., p.66). 이와 같은 인간주의 교육사상은 여러 선각자들, 즉 프뢰벨, 페스탈로찌, 루소의 교육사상을 강하게 나타내고 있다. 따라서 니일은 이들의 교육사상에 직 · 간접적으로 영향을 받았다고 볼 수 있다(Neill, 1967, p.97).

현대 인간주의 심리학자들이 목표하는 이상적 인간상은 바로 인간 자신의 타고난 여러 잠재 가능성들을 자유롭게 발휘하는 최적의 심리적 성장을 경험한 사람이다. 인간의 잠재력을 자유롭게 성장시킬 것을 주장한 인간주의 교육사상은 니일의 교육사상에 커다란 영향을 주었다. 그리하여 그는 어린이의 개성과 인격을 존중하고, 그들이 창의적이며 행복한 인간으로 성장할 수 있도록 자유를 부여해 줄 것과 정서교육을 강조하였다.

니일의 사상에 영향을 끼친 대표적 인물로서는 프로이드, 레인, 라이히 등을 들 수 있다(Ibid., p.118).

이들 중 프로이드의 정신분석이론은 그의 사상체계 형성의 토대를 이루고 있다. 니일이 어린이는 선한 본성의 소유자로서 그의 행동이 무의식에 의해 좌우된다는 것, 그리고 억압된 본능적 욕망이 신경증의 원인이 된다고 생각한 것 등은 바로 프로이드의 영향이라고 할 수 있을 것이다. 그리하여 니일은 정신분석학적 입장에서 인간을 해석하여 아동은 이성적 존재가 아니라 역동적인 무의식에 의해 그 행위가 좌우된다고 보았다(Neill, 1960, p.309).

인간의 정신은 이드(id)라고 부르는 본능과 자아(ego)와 초자아(super-ego)의 세 가지로 형성되어 있다고 생각하고, 본능을 비인격적 무의식(혹은 민족무의식)이라 하고 자아와 초자아를 인격적 무의식이라 하였다. 여기서 그가 말한 비인격적 무의식은 인간이 가지고 태어난 본능이며 그것은 자기보존 본능(자아 본능)과 종족보존 본능(성본능)으로 근원적인 생명력이라고 하였다. 이러한 인간의 자연적 본성은 그대로 선한 것인데 이를 악이라고 배척함으로써 부자연스러운 억압이 생기고 인간은 신경질적이 된다고 보았다.

니일은 다시 비인격적 무의식에 대응하는 또 하나의 무의식, 즉 인격적 무의식은 어린이가 본래 가지고 태어난 것이 아니라 출생 후 주위 환경이 다른 사람들에 의하여 행해진 금지, 명령, 교훈 등이 무의식화되어 아이의 마음속에 깊이 스며들어 형성되는 것인데, 이것은 정신분석학상 자아와 초자아라 부르는 것으로 도덕적으로는 양심이라고 하였다. 그에 의하면 본능인 이드와 자아는 신으로부터 온 인간의 생명력이기 때문에 이들의 자연스러운 발달을 조장하는 일이야말로 교육의 목적이 되어야 한다고 보았다. 그러나 종래의 종교나 교육은 인간 본래의 생명력인 비인격적 무의식을 무시하고 인격적 무의식인 초자아를 강화시킴으로써 도덕적으로 훌륭한 인간을 양성하는 데만 힘써 왔던 것이다. 바로 이러한 태도는 인간의 본질이라는 입장에서 볼 때 전적으로 잘못된 것이며 이런 교육이나 종교야말로 공연히 사람들에게 심리적 갈등을 불러일으키고 위선자가 되게 하는 원인이 된다고 하였다.

따라서 그는 아동의 본성은 완전히 선이며 본유적으로 현명하고 실제적이기 때문에 이러한 경향이 억압되고 욕구가 좌절된다면 정신적 발달은 저해된다고 하였다. 그러므로 내적 성장과 발달이 자연적으로 성취되기 위해서는 제한을 배척해야 하고 자유가 본질적인 것이 되어야 한다고 주장하였다.

다음으로 니일의 교육사상에 영향을 끼친 학자로 호우머 레인을 들 수 있다. 레인의 사상은 이론적으로나 실천적인 많은 영향을 주었다. 니일이 레인을 만난 것은 1917년 겨울의 일로, 후일 니일은 이때가 자신의 일생의 전환점이 되었다고 술회했다.

레인은 몇몇 공립학교에서 교사로서 경험을 하면서 어른들의 강압적인 태도가 어린이들의 범죄나 비행을 가져오며 반대로 자유롭게 해 주는 태도가 그들에게 책임감을 심어 준다는 신념을 갖게 되었다. 그는 불량 청소년들의 수용시설인 포오드 리퍼블릭(Ford Republic)의 원장으로 있으면서 자치를 통해 아이들에게 책임감을 가르칠 수 있다는 자신의 소신을 실험하였고, 그 실험의 목표는 청소년들에게 자존심을 회복시켜 주는 것이었다. 그는 이 자존심이 자제심을 낳는다고 믿었다. 그러나 개인적인 문제로 레인은 포오드 리퍼블릭을 떠나게 되었고 영국에 와서 그 학교와 비슷한 형태의 리틀 커먼웰스(The Little Commonwealth)라는 소년원을 설립하고 원장직을 맡게 되었다.

리틀 커먼웰스는 포오드 리퍼블릭보다 더욱 발전된 형태의 교육기관이었다. 레인은 프로이드의 영향을 많이 받았고, 몇 명의 재소자들을 상대로 심리분석을 실시하기도 하였다. 그는 커먼웰스가 문을 닫은 1918년 이후에도 심리 치료사로 활약하였다. 레인은 인간의 본성이 선하고 악하지 않다는 것을 강조하였다. 그는 증오와 벌은 불량행위를 결코 고칠 수 없으며 사랑만이 이를 치료할 수 있다고 믿었다. 그러나 이때의 사랑은 감정적이거나 정서와 연관된 것이 아니라 상과 칭찬 그리고 그 어린이의 편이 되어 주는 것을 의미한다고 하였다.

또한 그는 어린이들의 호기심이나 욕망은 억압적인 방법이나 벌에 의해서 사라지는 것이 아니라 응어리를 이루어 계속 남아 있게 된다고 보았다. 그러므로 비행을 예방 치료하기 위해서는 그들의 욕구를 충분히 발산할 수 있도록 자유와 자치할 수 있는 기회를 보다 많이 주어야 한다고 주장했다. 레인의 커먼웰스를 견학한 것이 니일에게 새로운 세계에 대한 눈을 뜨게 해 주었으며 어린이들의 행동을 동기를 통해 이해하려는 정신분석학적 바탕이 그의 사상의 기초가 되었다(Croall, 1983, pp.82~84). 니일이 프로이드에 대해 듣게 된 것도 레인을 통해서였다.

니일의 서머힐도 많은 부분을 레인의 커먼웰스를 응용한 것이다. 특히 서머힐이 자치제도를 가진 학교라는 점과 니일이 학생들에게 개인 면담을 시도했던 점, 또 서머힐에서도 초기에는 커먼웰스와 마찬가지로 노동시간이 있었던 점 등을 공통점으로 꼽을 수 있다. 레인의 영향으로 니일은 '교사라는 직업이 사랑을 불러일으키는 일'이며 그것은 아이들에게 사랑을 쏟음으로써만 가능하다는 것을 확신하게 되었고 그와 같은 신념은 니일 교육사상의 근간을 이루게 되었다.

그리고 니일은 라이히의 사상에 영향을 받았다. 니일은 1935년 정신분석학자, 빌헬름 라이히와의 최초의 만남 이래로 매우 두터운 친분을 유지하였는데 니일은 그를 프로이드 이래의 가장 위대한 심리학자이며 천재라고 칭찬하였다. 니일이 성의 중요성을 지나치게 강조하는 것도 라이히에게서 받은 영향이라고 보인다.

라이히는 전쟁 전의 오스트리아 제국에서 출생하고 자랐으며 전후에는 비엔나대학에서 의학을 전공하였다. 라이히는 육체와 정신은 서로 밀접하게 연관되어 있기 때문에 성적 억압 등의 심리적 억압이 병을 일으키고, 이것은 흔히 근육의 경직으로 나타난다고 주장하였다. 따라서 심리적 억압을 제거함으로써 근육의 경직을 제거하고 근육의 경직을 완화시킴으로써 사람을 심리적 억압으로부터 해방시킬 수 있다고 주장했다. 니일 자신의 경험도 이와 같은 라이히의 의견에 부합했으며 라이히의 치료로 효과를 보았다고 한다. 그래서 한때 서머힐에서 라이히의 치료법을 실시해 보았으나 어린이들에게 응용되기에는 지나치게 성적인 것이어서 오히려 학생들의 웃음거리가 되곤 했다(Idid., p.260).

니일이 라이히에게서 자신에게 남아 있던 성에 관한 칼빈주의적인 사고방식을 제거해 주었다고 회고한 것처럼 라이히는 니일의 내면세계에 잔존해 있던 청교도적인 성에 대한 부조화를 제거해 줌으로써 니일이 보다 완벽한 자유로 그의 교육사상체계를 확립할 수 있도록 기여했다고 볼 수 있다.

3. 교육사상

1) 유아관

니일은 그의 실험학교 서머힐에서 외적 억압과 간섭이 없는 자유로운 상태에서의 어린이의 본성과 본연의 모습을 관찰한 결과 그의 유아관에 대한 다음과 같은 결론을 얻었다.

첫째, 니일에게 있어서 유아는 선한 존재다.

니일은 "필요한 것은 우리가 어린이는 선한 존재이며 악한 존재가 아니라는 완전한 믿음을 가지는 일이다. 근 40년 동안 어린이의 본성에 대한 이와 같은 신념은 전혀 요동하지 않았다. 그것은 오히려 최종적인 신념이 됐다"(Neill, 1960, p.4)고 하였다.

여기서 니일이 말하는 선하다는 뜻은 도덕적인 가치기준에 비춘 선악의 의미가 아니라, 사람이 본래 가지고 태어난 본성은 신이 주신 것으로 나쁜 것이 아니라고 보는 의미였다. 니일이 이러한 생각을 갖게 된 것은 호우머 레인의 영향이 컸으며, 이것은 그의 교육사상의 기초이며 출발점이기도 했다.

둘째, 역동적 발달적 존재다.

니일의 교육철학은 어린이의 선천적 발전가능성에 대한 그의 확신에서 출발한 것이며 동시에 어린이의 내적 동기의 가치에 대한 신념에서 비롯한 것이다(Croall, 1983 p.101).

니일은 어린이의 성장을 미성숙의 상태에서 출발하나 결코 성숙이 결핍되어 있다는 소극적인 의미로 보지 않고 적극적인 의미로 해석하고 있다. 즉, 그는 어린이를 발달할 능력을 지닌 잠재적 가능성의 소유자로 본다. 니일은 어린이는 결코 정지적인 존재가 아니고, 전적으로 역동적인 추진력을 가진 존재로서 자기가 하고 싶은 일을 행동으로 나타내려고 한다고 하였다. 그는 성이 모든 사람에게 있다고 하면서 힘의 추진력도 또한 모든 사람에게 있다(Neill, 1960, p.309)고 하였다.

그리하여 니일은 어린이는 태어날 때부터 본성적으로 현명하고 현실적이기 때문에 어른들이 간섭하지 않고 어린이에게 맡겨둔다면 어린이는 최대한도에까지 발전할 수 있다(Neill, 1990, p.20)고 하였고, 어린이가 최고의 상태에까지 발전하기 위해서는 어른들이 어린이들의 생활에 간섭하지 않고 자유를 허용해야 한다고 하였다. 이와 같이 니일은 유아를 완성을 지향하는 능동적 존재로 보았다.

셋째, 자연·인격적 존재다.

니일은 어린이를 자연적인 존재로 여기고 그들이 지닌 속성을 모두 인정해 주려고 했다. 니일은 어린이들의 생활에 있어서는 공상과 현실이 매우 밀접하게 연관되어 있어서 다른 사람이 그들의 공상을 방해해서 현실을 일깨워 주지 않는 한 하루 종일이라도 공상의 세계에서 즐겁게 놀 수 있다(Neill, 1960, p.32)고 하고 3세에서 8세 정도의 아이들은 일을 함으로써 공상 속에서 자기와 어른들을 동일시하기 때문에 보상 같은 것은 생각지도 않고 열심히 일한다고 한다. 그러나 8, 9세에서 19, 20세의 대부분의 아동들은 따분한 육체적인 일 같은 데에는 전혀 흥미가 없다고 그는 말했다. 따라서 니일은 18세까지의 어린이들에게는 가능한 한 일을 시키지 말고, 자유로이 행동하도록 하는 것이 좋다고 했다. 어린 시절에 실컷 논 아이는 자란 후 어린 시절의 놀이에 대한 미련을 갖지 않고 따분한 직업의 일에도 집중할 수 있다(Ibid., p.60)고 하였다.

니일에 의하면 어린이는 작은 원시인(Idid., p.76)으로 소음을 좋아하고 진흙탕 놀이를 즐기며 공상 가운데에서 어떤 놀이를 하거나 창의적 활동을 하기에 바빠 주위가 어지럽혀져 있거나 더러워져 있음을 전혀 의식하지 못한다고 했다. 어린이들은 어른과 전혀 다른 가치관을 가지고 있으므로 어린이들 자신이 문화적인 교양을 요구할 때까지는 되도록 형식을 벗어난 원시적인 환경 가운데서 생활할 수 있도록 해야 한다고 주장하였다. 또 어린이들은 극히 자기중심적이고 이기적 존재(Ibid., p.240)로서 이타적인 단계는 이기적인 단계가 진화하여 나타나는 것이기 때문에 남을 사랑할 수 있는 애타주의는 유아기를 지나고 나서야 비로소 발달하게 된다고 하였으며, 이기주의적 요소는 일생토록 결코 완전히 없어지는 것이 아니라고 하였다. 한편 어린이들의 흥미를 직접적인 것(Idid., p.59)으로 보았으며, 그들은 미래에는 관심이 없고 현재의 생활에 열중함으로써 그 생활을 하기에 매우 분주하다고 하였다. 또한 어린이들은 죽음에 대해서는 별 관심이 없고 생에 대하여 관심이 있을 뿐(Neill, 1972, p.323)이라고 하였다. 또 그는 신경증적인 어린이들뿐 아니라, 자연스럽고 정상적인 어린이들도 기회만 주어지면 남의 물건을 훔친다(Neill, 1960, pp.276~279)고 했다.

그에 의하면 도둑질에는 두 종류가 있는데 첫 번째는 단지 소유욕의 충족이나 모험심에서 행하는 도둑질로서 정상적인 어린이들도 이러한 종류의 도둑질을 하는데 이것은 어린이들을 사랑으로 기르고 교육할 경우, 때가 되면 그 단계가 지나가고 자연스럽게 정직한 인물이 된다고 하였다. 두 번째는 신경증적인 어린이들이 하는 습관적이고 도벽적인 도둑질로 이것은 애정의 결핍에서 온다고 했다. 이들에게 있어 도둑질은 커다란 가치 있는 것을 얻으려는 상징적 행위로서 돈이나 보석을 훔치는데, 무의식적인 원망은 사랑을 훔치는 것으로 무의식적인 동기에서 일어난다고 했다. 이것은 부모의 사랑의 결핍과 성에 대한 지나친 금기가 겹쳐서 생기는 도벽증(kleptomania)이기 때문에 이것을 고치는 방법은 금지시킨 사람이 자기 잘못을 깨닫고 그 태도를 고쳐 취소하도록 하는 것이 가장 좋다고 하였다. 그러므로 신경증 아동의 도둑질 치료는 어린이를 인정해 주고 심적 갈등이 일어나지 않도록 그릇된 양심을 약화시키는 길이 가장 효과적인 방법이라고 주장하였다.

또 어린이들은 흔히 거짓말을 한다(Idid., pp.146~151)고 하였다. 어린이들이 거짓말을 하는 이유는 참말을 했을 경우 벌 받을지 모른다는 공포에서 오는 경우와 공상에서 오는 경우의 두 가지가 있는데 첫 번째의 경우는 공포가 없어지면 거짓말을 할 필요가 없어지므로 저절로 정직하게 된다고 했다. 그러나 두 번째의 경우에는 염려하거나 고치려고 할 것이 아니라 그런 생활을 실컷 하도록 허용해야 한다고 했다. 어른들의 거짓말은 일반적으로 상대방의 기분이나 체면을 생각하는 애타적인 것인데, 어린이들에게 있어서도 거짓말은 극히 작은 결점에 불과하다고 하였다. 그러나 허위의 생활은 큰 재난으로, 거짓의 생활을 하고 있는 부모는 매우 위험하다고 하였다. 니일은 어린이가 거짓말쟁이가 되는 것은 오직 참말만을 하라고 강제하는 것에서 비롯된다고 하였다.

또 니일은 많은 어린이들이 자위행위를 한다(Idid., p.223)고 하였다. 대부분의 아이들이 자위를 하는데 자위가 좋지 않은 것이라는 생각을 어려서 어머니를 위시한 주위로부터 받아들이게 되어 이것이 문제 어린이로 만드는 계기가 된다고 하였다. 왜냐하면 자위행위는 행복을 위한 바람의 충족이며 최고의 긴장을 추구하는 것인데 그 행위가 끝나자마자 도덕적으로 심어진 양심에 의해 커다란 갈등을 느끼게 만들기 때문에 스스로 문제아라고 느끼게 만든다고 하였다. 이와 같은 자위행위의 문제는 교육에 있어서 가장 중요한 문제로 이것이 해결되지 않으면 학과나 훈육이나 운동경기도 모두 의미 없는 쓸모없는 것이 된다고 하였다. 그러므로 부모나 교사가 자위행위를 책망하지 않으면 아이들은 자연히 쾌활하고 행복한 열의 있는 아이가 된다고 하였다.

이상에서 살펴본 바와 같이 니일은 어린이를 원시적 자연적인 존재로 보았으며, 이들이 자연스럽고 선량하게 자라기 위해서는 인정과 사랑을 필요로 한다고 하였다. 이때 어린이를 사랑한다는 것은 감상적인 의미의 사랑이 아니라, 어린이의 편이 되어 준다는 것을 뜻한다(Idid., p.305)고 하였다.

이처럼 어린이는 원시적·자연적 존재이지만 그들을 한 인격체로서의 존중과 사랑이 가득한 자유로운 상태로 성장할 수 있도록 한다면 유아는 관대하고 친절한 존재가 된다고 하였다.

2) 교육의 기본이념

니일은 교육의 기본이념을 생활의 자연적인 만족인 인간의 내적 행복(Neill, 1960, p.24)에 두고 어린이들의 행복을 모든 교육이념과 제도의 첫 번째 목표로 삼았다. 그는 오늘날 교육이 이러한 인간의 내적 행복을 전혀 무시한 교육이어서 이것이 병든 세계를 만드는 근본 원인이 되었다(Neill, 1967, p.137)고 역설하였다.

니일은 아이들을 유아실의 요람에서부터 주인의 비위를 잘 맞추고 지시에 잘 따르는 강아지를 훈련시키듯, 시간제 수유나 청소의 강요 등으로 어린이의 본성을 무시한 훈련을 강행함으로써, 신경증적이고 상징적으로 거세된 인간들을 만들어 낸다고 주장했다. 그리고 학교에서는 생활에 별 도움도 되지 않는 지식 위주의 교과학습의 강요, 시험을 위한 암기 위주의 교육, 점수나 성적표 등으로 불필요한 아동들의 우월감과 열등감과 경쟁심만을 조장하고 권위주의적인 명령·훈육·처벌 등으로 그들의 감정을 무시하고 두뇌만을 중시하는 교육을 행한다고 보았다. 그 결과 학생들로 하여금 미숙한 감정적 요소를 벗어나지 못하게 했고 사고를 감정에 조화시킬 능력이 없는 부자연스런 존재가 되게 했으며 세계의 사회적 양심이 원시 상태에 머물러 있게 함으로써, 전쟁의 위협에 전전긍긍해야 하는 불행한 세대를 낳게 했다고 주장했다.

그리하여 니일은 교육의 기초를 어린이의 흥미와 행복과 자유에 두고 교육의 의미를 미래를 위한 교육에서 탈피하여 현재의 생활세계에서 삶의 흥미를 발견하고 행복을 찾으며 최대한의 자유를 누리는 것으로 정의했다(Neill, 1991, p.120). 이것은 듀이가 교육을 생활로 간주하여 "사회생활이 스스로를 영속시키기 위하여 가르치고 배우는 일을 필요로 할 뿐만 아니라, 함께 살아가는 과정 자체가 교육한다"(Dewey, 1989, p.16)고 한 것이나 낭만주의 교육사조에서 인간을 태어나면서부터 선한 존재로 보고, 자기계발을 교육의 목적으로 삼은 것, 그리고 아동이 스스로 학습하도록 지도해야 하며 어떠한 교육과정도 설정해서는 안 되며 등급 내지 성적으로 경쟁을 조장시키는 것은 유해하며 생활과 교육 사이에는 간격이 없어야 한다(Kneller, p.241)는 사상과 흐름을 같이한다. 루소 이래로 많은 교육사상가들은 어린이들에게 자유를 부여해 줄 것을 주장하였고, 어린이들에게 보다 많은 자유를 허용해 주는 다양한 학교들이 생겨나게 되었다.

니일은 서머힐 학교를 통하여 어린이들에게 그 자신의 생활을 통한 자유에 입각한 교육을 주장했다. 니일은 교육이 자유에 기초를 둘 때만이 제 기능을 발휘할 수 있으며 건전한 인간을 육성할 수 있는 건전한 교육이 된다고 하였다.

진정한 교육이란 전통적인 의미에서의 교육, 즉 어린이들을 어른의 필요에 의해 어른들이 생활하는 사회에 맞게 양육하는 것이 아니라 참다운 인간성을 풍부하게 하는 자유를 지향하는 교육이어야 한다고 주장하였다.

또한 참다운 교육은 행동 면에서뿐만 아니라 학습 면에서까지도 아이들의 자율적인 자유, 즉 임의에 맡겨지는 교육이어야 한다고 생각하여 수업 출석의 강제, 종래의 도덕교육, 종교교육 등의 철폐를 주장했다. 이러한 것들은 어린이의 창조적 활동을 방해하여 커다란 손실을 가져오게 할 뿐 아니라 어린이들에게 공포심을 주입시키며, 쓸데없는 죄의식에 사로잡히게 하는 등 문제의 근원을 만든다고 보았다.

니일은 자유로운 어린이들은 자신에게 만족감을 갖게 되지만 자유를 억압하는 외적 요인들은 어린이에게 공포심과 두려움을 심어 주어 겉으로 드러나는 감정과 내면의 감정이 다른 이중적인 인간을 양성하게 된다고 보았다. 그러므로 어린이들이 보다 내적으로 자유롭기 위해서는 불안, 위선, 증오 그리고 불관용으로부터 자유로울 수 있어야 한다고 하였다(김은산, 1989, p.47). 이와 같이 자유를 중시한 니일이지만 자유가 방종으로 치닫는 것을 경계하고 참다운 자유는 자율이어야 한다고 주장하였다. 또 자유를 실현함에 있어서 권위를 배격하였지만 무조건적으로 모든 권위를 배격하지는 않았다.

니일이 배격한 권위는 바람직하지 못한 구속이나 제약을 가져오는 것을 의미한 것으로, 모든 사람이 균등한 자유를 누릴 수 있도록 행사되는 권위에 대해서는 그 정당성을 부여했던 것이라고 볼 수 있다. 그는 진정한 자유란 서로 주고받는 상호적인 것이어야 하며 다른 사람들의 일을 생각하는 능력, 다른 사람들의 권리를 존중하는 능력을 뜻하는 자기 통제를 의미한다고 하였다. 그러나 반대로 방종은 다른 사람의 자유에 간섭하는 일로서 자유와는 정반대되는 것이라고 하였다. 결국 니일은 인간의 본성을 무시하고 자연스러운 성장을 기대하지 않는 교육현상들이 허식에 찬 문명을 가져오게 하며, 이러한 문명은 가식과 위선의 세계를 초래하여 어린이들에게 공포와 증오를 심어 줌으로써 그들의 삶을 불행한 삶으로 만든다고 하였다.

그리하여 니일은 그의 교육이념을 어린이에게 미래생활을 위한 준비로서가 아니라 현실생활에서의 흥미에 기초한 창조적인 교육을 통해서 자기 자신 안에서 자신의 생활을 영위할 수 있도록 최대한의 자유를 허용하여 어린이들을 모든 억압에서 해방시키고 진실로 자유에 입각한 교육을 통하여 가식과 위선의 문명세계에서 벗어나 내적인 행복을 누릴 수 있도록 하는 데에 두었다.

3) 지적 교육관

니일은 교과서 중심의 지식 위주의 교육을 반대하였다. 그는 오늘날 교육이 지식 위주의 학과 공부에만 편중됨으로 해서 학생들이 자신의 견해가 없는 성숙되지 못한 인간들로 자라나고 있다고 역설하였다.

> 내가 사범대학이나 일반대학교에서 학생들에게 강연을 할 때마다 자주 놀라는 것은 아무 쓸모없는 지식으로 가득 채워진 이들 남녀 학생들의 성숙되지 못한 점이다. 이 대학생들은 아는 것이 많고, 논리정연하며, 고전을 잘 인용할 줄도 안다. 하지만 삶에 대한 견해에서는 거의가 어린애들이다. 이들은 무엇을 알도록만 교육받았지, 느끼도록 허용되지는 않았기 때문이다. 이 학생들은 무엇인가 결여되어 있다. 그것은 사고를 감정에 예속시키는 힘이다. 즉, 그들은 생각할 줄만 알지 그것을 느끼는 것에 결부시키지 못하는 것이다(Neill, 1960, p.42).

니일에 의하면 교과서에서는 인간의 특성이나 사랑이나 자유나 혹은 자기결정(self-determination)과 같은 것은 다루고 있지 않을 뿐만 아니라 현대의 교육이 책을 통한 공부에만 기준과 목표를 두고 있어 두뇌와 감정을 분리시키는 결과를 낳게 되었다고 하였다. 또한 압축되고 독단화된, 교과서화된 지식을 학생들에게 주입시킴으로써 문제의 초점을 잊어버리게 하고 그 결과 혼란된 지적 소인을 만들고 있다고 하면서 지식 위주의 교육을 비판하였다.

> 책은 학교에서 가장 덜 중요한 교육도구로서, 어느 어린이에게나 필요한 것은 읽기, 쓰기, 셈하기(3R's)를 위해서 필요할 뿐 그 외에 무엇을 만들 수 있는 도구와 진흙, 스포츠와 연극, 그림, 그리고 보다 더 많은 자유가 주어져야 한다(Neill, 1960, p.25)고 주장하였다.

이와 같이 그는 어린이들에게는 책을 통한 지식 위주의 교육보다는 놀이와 같은 창의적인 다양한 활동을 통하여 그들의 잠재능력을 발달시킬 수가 있으며 그들의 감정을 자유롭게 함으로써 지적인 발달도 활발히 이루어질 수 있다고 생각했다. 그리고 또 니일은 "시험의 미신은 참교육을 파괴한다"(Neill, 1953, p.81)고 하면서 지식 위주의 교육에서 실시되고 있는 시험제도에 대하여 부정적인 견해를 표명하였다. 그는 시험제도 때문에 많은 어린이들이 감정과 신체를 희생하여 머리의 발달을 기하고 있다고 하면서 시험은 어린이의 생활과 행복을 희생시키는 근본 원인으로 참다운 학습을 증오하게 만드는 유해한 것이라고 하였다. 또한 그는 학과공부가 시험의 요구에서 해방된 상태에서만이 모든 어린이들이 즐겁게 그리고 열심히 공부하게 될 것이라고 주장하였다.

이와 같이 니일은 시험은 어린이의 내면적 세계를 무시하고 다만 머릿속에 들어 있는 의미 없는 세계를 과대평가하는 결과를 초래하였다고 보고 이를 반대하였다. 또 상을 주거나 시험을 치르는 모든 행위는 공부를 즐길 수 있도록 하는 것이 아니라 참다운 학습을 증오하도록 만들어 학습에 대한 그릇된 태도를 형성시킨다고 하고, 이것은 전인적 인격발달을 지향하는 교육 본질에도 어긋나는 것이라고 하였다.

니일은 모든 사람에게 일률적으로 부과되는 학과 공부는 잘못된 것이며 이러한 학습의 강제가 참다운 학습에의 흥미를 말살시킨다고 보았다. 각기 다른 재능과 흥미를 가진 어린이들에게, 혹은 아직 놀고 활동하기를 바라는 어린이들을 책상 앞에 억지로 붙들어 앉혀 놓는 일은 그들의 창의성을 손상시키고 오히려 수업혐오증에 걸리게 하는 역효과만을 낸다고 하였다.

> 기하학 때문에 밤마다 우는 소녀를 나는 본 적이 있다. 그녀의 마음은 온통 예술 방면에만 쏠려 있었다. 학교에서 말하는 공부의 개념에 대해 근본적인 변혁을 시도해야 할 때이다. 지금은 어느 학생이나 수학, 역사, 지리, 몇몇 과학, 약간의 미술, 문학 등을 반드시 공부해야만 한다는 것이 당연시되고 있다(Neill, 1991, p.101).

또 그는 여러 어린이의 각기 다른 천부적 소질과 재능, 그리고 창의력을 키워 나가기 위해서는 똑같은 교과목을 반드시 공부해야 한다는 생각에 변혁을 가져와야 한다고 주장하고 그렇지 않으면 어린이의 창의성은 손상되고 말 것이라고 경고하였다.

그리고 니일은 지적인 교육은 어린이 자신이 스스로 하려고 할 때까지 기다려서 그가 원할 때 시작해야 한다고 하였다.

니일은 자기의 관찰에 의하면 어린이들은 '갱' 연령기(gang age)를 지나기 전까지는 그야말로 야만인이나 원시인처럼 활발한 활동과 공상이 깃든 놀이에만 열중하며 학과 공부에는 별 관심이 없다고 한다. 그러나 이 시기를 유감없이 만끽한 학생의 경우, 특히 머리가 좋은 아이들은 14세경부터 열심히 공부하기 시작해서 수업이 강제인 다른 학교에서 8년간에 걸쳐 하는 공부를 2, 3년 만에 해내는 훌륭한 성과를 거둔다(Neill, 1960, p.116)고 했다. 그리하여 그는 전문적인 학과공부는 오늘날에 비해 상당히 늦게 가서야 시작하는 것이 좋다고 하였다.

4) 정적 교육 및 도덕교육관

니일은 현대 사회의 문제가 지적인 능력이 정서적인 면에 비해 기형적으로 발전한 데서 오는 지성과 감성의 분열에 기인한다고 지적하면서 이 같은 현상을 극복하기 위해서는 정서적 능력의 개발을 위한 교육의 강화와 더불어 어린이에게 자유가 부여되어야 한다고 주장하였다.

> 나는 정서가 자유로우면 지적 문제도 저절로 해결될 것이라고 본다. 자발적으로 배우고자 하는 사람들의 학습능력이 큰 것도 바로 여기에 있다. 그들은 정서적으로 완전히 자유로울 때 그들이 하고자 하는 것을 하면서 깊이 집중적으로 몰두한다(Snitzer, 1964, p.13).

또 니일은 저서 『학교에서는 두뇌가 아닌 감정교육을(*Hearts not heads in the school*)』에서 현대의 교육이 감정을 무시하고 지식 위주의 두뇌교육에만 치중한 나머지 전쟁을 일으키고 그 결과 인간의 불행을 자초하였다고 주장하였다.

> 인간성이 조금도 진보하지 않은 것은 우리들이 두뇌만을 문제 삼고, 감정을 문제 삼지 않기 때문이다. 우리들의 두뇌는 여러 가지 물건을 발명해 냈다. 그러나 우리들의 감정은 그 사용방법을 모른다. 진보된 과학의 발명은 로테르담의 폭격이나 독가스 제조의 결과를 가져왔다. 그 때문에 내가 이 책에서 강조하고 싶은 것은 감정과 두뇌가 연결되는 방법으로 교육이 행해져야만 한다는 것으로 이것은 교과과정이나 교육법규나 교과서에 의해 행할 수 있는 일이 아니다(Neill, 1953, p.212).

그리하여 니일은 정적 교육에 보다 많은 강조가 주어져야 한다고 역설하였다. 그는 자신의 교육사상의 기저를 인간주의에 두고 있다. 따라서 니일도 인간주의자들이 인간은 본래 조화로운 존재이기 때문에 가치의 발달과 행위에 있어서 통합되고 조화롭게 사회를 형성해 나간다고 하는 그들의 견해를 따르고 있다. 그리하여 니일도 어린이의 본성 속에는 반사회적인 것은 없으며, 주변의 사람들과 그리고 나아가서 사회와 잘 어울리고자 하는 삶에 대한 순수한 목적만이 있다고 하였다. 그는 "'악'은 도덕 때문에 생긴다"(Neill, 1991, p.210)고 단언하면서, 어린이의 순수한 목적을 가진 본성이 외부의 억압과 강요에 의한 도덕교육 때문에 오히려 반사회적인 것으로 변질된다고 주장하였다.

> 어린 아기는 생명력을 가지고 태어난다. 이 생명력이 자신의 여러 가지 욕구를 충족시키도록 촉진시킨다. 그는 신의 뜻에 따르고 있는 것이다. 그런데 어른들은 이 신의 뜻을 악마의 뜻으로 본다. 그래서 모든 부모들은 어린이들에게 어떻게 살아가야 할 것인가를 가르치기 시작한다. …… 따라서 어린이는 여러 가지 금지의 벽에 부딪히게 된다. 그래서 신의 음성이 잘못된 교육의 가르침과 충돌을 하게 되는 것이다. …… 어린이를 나쁘게 만드는 것이 다름 아닌 바로 이 도덕교육이라고 나는 믿는다(Idid., p.13).

니일은 어린이의 이기심은 자연스럽게 충족되어야 하는데 부모들이 어린이의 이기심을 강제로 억압함으로써 무의식 속에 충족시키지 못한 욕구가 고착 상태로 남게 되고, 이렇게 억압된 무의식들은 의식－외부로부터 받은 도덕교육－과 상반된 갈등을 일으키게 됨으로써 이것이 어린이들의 파괴적인 행동을 유발시키는 요인이 된다고 하였다.

인간이 도저히 발달할 수 없는 도덕기준을 만들어 놓고, 그 기준에 맞추려고 인간의 본성에 위반되는 강제적인 도덕교육을 시키는 것이 어린이들에게 심리적인 갈등을 주어 신경증이나 노이로제를 일으키는 원인이 된다고 하였다. 이러한 도덕교육이 주는 죄의식, 공포심, 자기혐오감과 증오감에서 해방될 때 비로소 성실성과 선량함을 되찾아 좋은 사회성원이 될 수 있다고 믿었다. 그리하여 니일은 진정한 도덕교육은 외부 성인으로부터의 주입에 의해서가 아니라, 어린이 자신의 생활경험과 민주적 자치활동을 통해 자신이 획득한 건전한 양심에 따라 생활하게 함으로써 이루어질 수 있다고 주장하였다. 그러기 위해서는 어린이 시절에는 자신의 흥미에 따라 살도록 하고 유아들의 개인적 흥미와 그 사회적 흥미가 충돌할 때에는 개인적 흥미를 먼저 허용하여 그들의 정신을 해방시켜 주어야 한다고 하면서 필요한 것은 설교나 벌이 아니라 사랑과 이해와 인정과 자유로서, 이것들만이 어린이들을 행복하고 선량하게 만든다(Neill, 1960, pp.114~118)고 그는 주장했다. 이와 같이 그는 외부로부터의 양심의 주입을 통한 도덕교육이 아닌 자유가 허용된 민주적 자치생활을 통한 도덕교육을 할 때 비로소 평생에 걸쳐 자발적이고도 조화로운 사회생활을 해 나갈 수 있는 도덕적 생활방식이 확립될 수 있다고 확신하였다.

5) 신체교육 및 성 교육관

니일은 여러 정신분석이론가의 사상을 받아들였고 그중 라이히로부터 가장 많은 영향을 받았다. 정신분석학자 라이히는 육체와 정신은 서로 밀접하게 연관되어 있다는 것에 확신을 갖고 심리적 억압, 특히 성적 억압이 신체의 경직이나 병을 유발시킨다고 주장하였다. 니일은 그의 견해에 전적으로 동의하고 신체와 정신과의 관련성을 믿었다

그리하여 니일은 신체교육은 신체를 정신과 분리시켜 신체만을 위한 교육을 실시하는 것은 부적절한 것으로 어린이에게 자유를 주어 육체적 · 심리적 억압의 상태에서 벗어나게 해 주는 것이야말로 어린이의 건강과 신체의 발달을 위하여 가장 중요하고 필요한 일이라고 보았다.

다음으로 건강을 위하여 좋은 식사가 필요하다고 보았다. 그러나 그는 식사의 내용은 어린이 자신이 그들의 신체적 요구에 따라 선택하도록 해야 한다고 했다. 식사에 대한 어른들의 간섭이나 강요 등은 좋지 않다고 보았다.

운동에 대해서는 그 필요성을 인정하고 중시하였으나 운동은 조직된 운동이 아니라 어린이 자신들의 공상이 깃든 많은 자유로운 놀이 형태의 운동을 의미한다고 하였다.

니일은 신체와 관련된 교육 중 성교육을 특히 강조했다. 그는 성을 인간의 행동에 있어서 가장 본능적인 힘을 가진 자연스러운 것으로 보았다. 그러나 일반적으로 성을 금기시하는 것은 인간의 육체와 정신을 분리한 결과로서 우리의 정신은 고결한 반면 육체는 추하고 혐오스럽다는 종교적인 사고방식에서 비롯되었다고 볼 수 있다. 니일은 이와 같은 육체에 대한 혐오, 특히 성에 대한 금기는 어린이들을 억압하는 데 있어 가장 근본이 되는 해악(Neill, 1987, p.215)이며, 삶에 있어 모든 부정적인 태도의 근본이 된다고 주장하였다. 어린이는 본래 어느 시기에 이르면 자신의 성기에 관심을 갖게 되고 성에 대한 여러 가지 의문을 갖게 되는데 이때 대부분의 부모들은 그들의 자녀에게 거짓말을 한다. 어린이들은 부모의 거짓말에 본능적으로 성에 대한 신비감을 갖게 되고 그 신비감은 어린이의 호기심을 배가시켜 이에 부모는 처벌이나 공포, 훈계 등으로 성적인 것을 억압하고 부정하려 함으로써, 이것이 어린이의 죄의식의 원인이 된다고 하였다. 니일은 성범죄와 비정상적인 성행동은 어린 시절에 성을 인정하지 않은 데서 온

직접적인 결과(Idid., p.219)로서 어린이의 성에 대한 집착은 아주 자연스러운 것이며 그 자체의 욕구가 간섭을 받지 않고 충족되면 어린이는 더 이상 성에 대해 집착을 하지 않게 된다고 하였다. 여기서 니일은 자위의 문제야말로 교육에서 해결해야 할 가장 큰 문제로서 어린이를 자위에 대한 죄책감에서 해방시키는 것이 무엇보다 중요하며 그렇게 했을 때 어린이들은 행복하고 생기 넘치는 활발한 어린이로 자라날 수 있을 것이라고 하였다.

> 자위의 문제는 교육에 있어 매우 어려운 문제다. 자위문제가 해결되지 않는 한 학과, 규율, 게임은 모두 헛되고 쓸데없는 일이다. 자위의 자유는 정말로 자위에 큰 흥미를 갖지 않는 즐겁고 행복하고 부지런한 어린이를 만든다. 자위의 금지는 비참하고 불행하고 감기와 유행병에 걸리기 쉽고 자신을 미워하고 끝내는 타인을 미워하는 어린이들을 만든다. 나는 시미힐 이린이들의 행복의 근본 이유는 성적 금지가 가져오는 공포와 자기 혐오의 제거에 있다고 말하고 싶다(Neill, 1960, pp.224~225).

6) 교사교육관

니일은 그의 저서 『문제의 교사(*The Problem Teacher*)』에서 교사를 어른의 생활에 부딪치기를 두려워하여 언제까지나 어린이로 머물러 있기를 바라는 영원한 피터팬(Peter Pan)이라고 말하면서 사랑의 피터팬과 힘의 피터팬의 두 종류로 구분하였다. '타고난 교사'인 사랑의 피터팬은 어린이로 머무는 것을 좋아하고 자신의 일을 사랑한다. 어린이들을 사랑하며 그들에게 기쁨과 행복을 주는 교사이다. 반면에 권위와 엄격함으로 가득 찬 훈련주의적 교사인 힘의 피터팬은 자신이 성인이 되지 못한 무능을 증오하는 자로서 모든 사람 속에 있는 어린이다운 점을 증오한다. 이런 종류의 교사는 자신이 하는 일을 싫어하고 어린이들에게 증오와 공포를 주는 교사로, 위험한 교사이며 배척해야 할 문제의 교사라고 하였다.

니일은 좋은 교사는 결코 지식의 전달자에 그쳐서는 안 되며 전통적 교육의 개념인 아이들로부터 무엇인가를 의도적으로 이끌어 내려고 하는 교사가 아니라 무엇인가를 주는 교사라고 했다. 그에 의하면 좋은 교사가 어린아이들에게 주는 것은 사랑으로 사랑이란 어린이를 인정해 주는 것이라고 하였다. 그러므로 좋은 교사는 어린이를 사랑하고 이해하고 인정해 주는 사랑의 실천자인 것이다.

> 좋은 교사는 끌어내지 않는다. 그는 준다. 그리고 그가 주는 것은 사랑이다. 이 사랑이란 승인을 의미하며 친절이나 착한 성품으로 보아도 좋다. 좋은 교사는 어린이를 이해할 뿐 아니라 어린이를 승인한다(Neill, 1989, p.10).

그리고 니일은 좋고 나쁜 교사의 판단기준은 어린이들이 그를 무서워하느냐 않느냐에 달려 있다고 하면서 존경도 공포심의 일종이므로 경계해야 한다고 하였다. 교육은 항상 창조적이어야 하며 창조성이 교육에서 유일한 역동적인 요소로서 인식될 때만이 학교가 진정한 교육의 장이 될 수 있다고 하였다. 또 니일은 최고의 교수법은 어린이들에게 가르치려 들지 않는 교육이라고 하였다. 이와 같은 교사상을 갖고 있었던 니일은 교사에게 꼭 필요한 소양을 함양하기 위한 교과과정을 다음과 같이 밝히고 있다. 그가 제시한 교사양성을 위한 교과과정에는 심리학, 창작활동, 역사인류학, 사회학, 경제학, 철학, 정치학, 놀이, 여행, 과학 등이 포함되어 있다.

① 어린이들을 이해하기 위한 아동심리학과 자기 자신을 알기 위한 성인의 행동에 관한 연구를 한다. 이것은 강의에 의해서가 아니라 어린이들과의 공동생활 가운데서 우정 있고 과학적인 태도로써 행해져야 하며 어린이란 어떤 존재인가, 또 어린이는 무엇을 구하고 있는가를 알아내야 한다.

② 모든 종류의 창작활동, 즉 음악, 무용, 회화, 공작 등의 교육을 어린이들을 위해서가 아니라 장차 교사가 되려는 학생들을 위해서 행한다. 그들이 이런 것을 어린이들과 함께 공부함으로써 보다 넓은 견해를 가질 수 있고 또한 그들 자신이 보다 창조적이 됨으로써 학과를 가르치는 데도 단순한 학과 이상의 것을 가르칠 수 있게 된다.

③ 심리학 이외의 방면에서는 인간 연구에 한층 가치 있는 것으로 학교라는 것과는 전혀 관계없는 방면의 것들을 취급한다. 즉, 인류학, 사회학사, 경제학사, 정치학

사 정치의 실제문제들을 가능한 한 철저히 공부하게 한다. 또 철학은 절대로 필요한 과목이다. 그것은 누구의 학설을 알자는 것이 아니라 넓은 세계관을 갖고 모든 것의 원인과 결과를 분별할 줄 알며, 학교라는 한계에 얽매이지 않는 사려 깊은 남녀교사를 양성하기 위해서이므로 이 점을 명심해서 가르쳐야 한다. 그러기 위해서는 여행이 좋은 방법이다. 그것은 인생을 보다 넓게 바라볼 수 있는 기회를 제공하며 자신에 대해서도 유익한 결과를 가져다주기 때문이다. 그러나 이러한 여행은 국가가 일정한 목표와 계획을 세워 외국에 내보내는 식의 여행이 아니라, 교육부가 학생에게 돈을 주고 어디를 가든 무엇을 하든 일체 상관하지 않을 것이며, 돌아와서도 보고서 같은 것을 내라고 하지 않는 자유로운 여행이어야 한다.

④ 정치를 중요한 과목으로 삼는다. 그러나 그것은 교사의 편견을 피하게 하기 위한 것으로 정당정치 같은 것을 의미하는 것이 아니다. 따라서 이 과목의 강사는 보수적인 사람과 급진적인 막스주의자를 함께 채용한다. 그래서 학생들은 각기 원하는 대로 그 어느 한쪽을 택해도 좋고 양쪽을 다 배워도 좋도록 한다.

⑤ 과학은 이 학교에서 제2차적인 학과로 취급되며 인문과학이나 창조적인 예술처럼 없어서는 아니 될 것으로 생각하지는 않는다.

⑥ 놀이를 학교의 교육과정 중에서 가장 중요한 위치에 두는데, 이때 놀이는 종래 학교에서 행하고 있는 조직적인 게임 같은 것을 의미하는 것이 아니다. 그것은 어린이들이 흔히 하는 공상에 의해 도출되는 놀이로서, 유아들의 시대는 놀이시대이므로 어린이의 놀이의 내용을 아는 일은 그들의 지능을 아는 것 이상으로 중요한 일이다.

⑦ 교사에게는 유머가 필요하다. 왜냐하면 교사가 어린이의 놀이를 이해하지 못하고 그들의 놀이세계에 들어가지 못하면 결코 좋은 교사라고 말할 수 없기 때문이다. 따라서 교사의 어린이에 대한 태도는 놀이적이어야 하기 때문에 유머가 필요한 것이다.

⑧ 이 사범학교에서는 교육학이라는 말을 쓰지조차 않는다. 그 이유는 놀이는 그 자체가 목적인 놀이여야지 학습을 위한 수단으로 쓰여서는 안 되기 때문이다.

⑨ 출석을 강제하지 않는 자유교육이어야 한다. 출석반을 중시하는 교사는 어린이들의 사물의 가치판단을 그르치게 하는 사람으로, 등교라고 하는 것을 크게 가치 있는 것으로 생각하게 하는 그릇된 생각을 갖고 있다. 어린이들도 어른과 마찬가지로 교실에서 나가고 싶으면 언제든지 나가고, 들어오고 싶지 않으면 1주일이라도 교실에 들어오지 않아도 되는 그러한 자유가 주어져야 한다(김은산, 1976, pp.38~39).

이와 같이 니일이 생각한 이상적 교사는 창의적이고 폭넓은 세계관을 갖고 편견에 사로잡히지 않는 사람으로서 어린이의 교육에 있어서 놀이의 중요함을 인정하는 교사이며 동시에 유머가 풍부한 사람이다. 그러나 무엇보다 중요한 것은 자유 속에서 진정한 올바른 교육이 이루어진다고 확신하는 교사이다. 요컨대 니일은 기존의 관습에 얽매여 사고가 경직되지 않고, 세계와 어린이와 교육에 대하여 신선하고 폭넓은 융통성 있는 사고를 가진 사람으로서 어린이를 사랑하고 이해하며, 그 어린이를 승인해 주는 사랑을 실천하는 교사를 이상적 교사로 보았다.

4. 실천적 교육이론

1) 서머힐 학교의 교육목적

니일은 인생의 목적과 교육의 궁극적인 목적을 행복에 두었다. 그는 인생의 목적은 행복의 발견에 있고 그것은 흥미의 발견을 의미하는 것으로서, 교육은 이러한 행복의 삶을 위한 준비가 되어야 한다(Neill, 1960, p.24)고 하였다. 그는 행복을 생에 대한 흥미와 선, 내적인 안녕감과 균형감, 생에 대한 만족감으로 보았다(Idid., p.356). 이것은 동시에 억압을 되도록 적게 받음으로써 신경증과 갈등의 이중생활로부터 풀려난 상태를 의미한다(Perry, 1967, p.93)고 하였다. 인생의 궁극적인 목적과 교육의 목표를 다 같이 행복의 발견과 준비에 있다고 생각한 니일은 생활의 자연적인 만족인 인간의 내적 행복을 전혀 무시한 현대의 교육이 병든 세계를 만드는 근본 원인이 되었다(Idid., p.137)고 역설하였다.

니일은 자신의 교육이념을 실천에 옮긴 서머힐 학교에서 어린이들을 학교에 맞추는 대신 어린이들에게 맞추는 학교, 어린이들이 스스로 그 자신의 생활을 할 수 있도록 자유를 허용하는 학교를 만드는 데 목적을 두고 모든 훈련과 지시와 도덕교육 및 종교교육을 하지 않는 그야말로 자유로운 학교를 만드는 데 목표를 두었다(Neill, 1960, p.4).

서머힐 학교는 어린이들에게 자신의 자연적 흥미에 따라 생활할 수 있도록 자유를 허락하는 데 기본이념을 두었다. 서머힐 학교는 성실, 조화, 사회성 등을 육성하는 데 목표를 두지 않았고 더욱이 학업성적을 올리는 데 목표를 두지 않았다(Idid., p.86). 서머힐 학교에서는 노는 것도 공부하는 것도 자유에 맡기고 어린이들 자신에 의한 자치가 강조되었다. 도덕적인 틀을 강요하는 일 없이 자연적인 생활을 통해 도덕적인 용기와 행복, 자비를 갖추고 제도의 틀에 예속되거나 선동에 동요되지 않는 균형 잡힌 인간의 육성(Perry, p.13)에 교육의 목적을 두었다.

이와 같이 니일은 자유와 창조적 활동을 중시하고 자유를 그의 모든 사상의 기초로 삼고 자율적인 인간을 육성하는 데 교육의 목적을 두었다. 그는 자유는 개인적 선택에 대한 권리로 규정되며 자기가 요구하는 대로 어떤 행위를 할 때 외적인 강제나 구속이 가해지지 않는 의미로 사용되나, 방종과는 분명하게 구분되어야 한다고 하였다. 자유는 다른 사람의 자유를 존중하는 범위에서 하고 싶은 대로 하는 것을 의미하는 것으로 그 결과는 자율(Neill, 1965, p.105, 112)이라고 하였다.

그에 의하면 자율은 인간의 본성에 대한 신념에 기초한 것으로 억압이나 무비판적으로 무엇을 받아들이는 것을 의미하는 것이 아니라 다른 사람의 권리나 행복을 소중하게 생각하여 타인의 입장을 이해하고 받아들임으로써 그들과 평화롭게 살아가는 데에서 진정한 의미를 찾을 수 있는 것이라고 하였다. 즉, 자율은 스스로의 판단에 의하여 행동하되 다른 사람을 방해하지 않는 범위 내에서 이루어져야 하는 것으로 방종으로 흐르지 않을 때 비로소 참다운 의미가 부여될 수 있다고 하였다.

니일은 자유를 개인적인 자유와 사회적인 자유로 나누어 설명하였다. 개인적인 자유는 모든 사람이 누려야 하지만 사회적 자유는 타인의 권리, 즉 다른 사람의 자유도 존중해야 하기 때문에 누구도 사회적 자유를 완전히 가지지는 못한다(Neill, 1966, p.13)고 하였다. 그러므로 니일에게 있어서 참다운 자유는 자기 통제를 의미하는 자율로서, 스스로를 규제하고 조정할 줄 아는 것을 의미한다.

그리고 니일은 다시 자유를 외적인 자유와 내적인 자유로 구분하였다. 서머힐에서의 자유란 남의 자유를 방해하지 않는 한 자기가 하고 싶은 대로 하는 것을 의미하는 것으로 그것은 외적인 의미의 자유다. 그러나 보다 내적으로 들어가면 어린이들이 공포, 위선, 증오, 불관용 등으로부터 내적으로 자유롭다는 사실을 알 수 있다(Neill, 1967, p.19)고 하여 참다운 자유란 방해로부터의 자유라고 하는 형식적·소극적 의미에서의 자유뿐만 아니라 심리·정신적으로 온전히 자유롭고 평화로운 상태의 내면적·적극적 의미의 자유를 강조하였다.

니일은 이와 같은 진정한 의미의 자유를 통한 행복한 삶의 영위를 교육의 목적으로 삼았다. 다시 말해서 니일은 인간의 기본 욕구를 충족시킬 수 있는 자연적 상태에서 진정한 의미의 자유를 깨달아 자신을 통제하고 조정하여 자율적으로 행위할 수 있는 인간, 더 나아가 내적 평화와 균형감과 삶에 대한 만족감을 지닌 행복한 인간의 육성에 교육의 목적을 두었다.

2) 교육내용

서머힐 학교의 하루 일과표는 다음과 같다.

오전	8 : 15 ~ 9 : 00	아침식사
	9 : 00 ~ 9 : 30	침대 정리
	9 : 30~	1교시 시작
	11 : 00 ~	2교시 시작
	12 : 30	연소아들 점심
오후	1 : 00 ~	연장아반 수업 종료
	1 : 30 ~	연장아와 교직원 점심
	1 : 30 ~ 4 : 00	자유시간
	4 : 00 ~	간식과 차
	5 : 00 ~	여러 가지 활동
연소반 : 책 읽어 주기와 듣기		
중급반 : 공작실이나 미술실에서 여러 가지를 그리거나 만들기(그림, 리놀륨판화, 가죽제품, 바구니 만들기, 도자기 만들기 등)		
연장반 : 수업 계속		

이 시간표는 매 학기 초에 발표되는데 이것은 교사를 위한 것으로 A교사는 월요일 1교시와 화요일 2교시에 실험실에서, B교사의 지리와 역사는 어느 요일 몇째 시간 어느 교실에서 이루어진다는 식으로 되어 있다. 그러나 연소반 아이들은 대개 아침시간을 담임교사와 보내지만 과학실이나 미술실에 가는 때도 있다.

그런데 서머힐 학교가 다른 학교와 다른 점은 학생이 수업에 참가한다는 보장이 전혀 없다는 점이다. 그러나 관찰자에 따르면 나이가 많으면 많을수록 수업에 규칙적으로 참가한다고 한다.

서머힐 학교의 일주일 스케줄은 다음과 같다.

월요일: 부모에게서 받은 용돈으로 시내의 극장에 영화를 보러 간다.

화요일: 교직원 및 12세 이상의 상급생들은 니일의 심리학 강의를 듣고 하급생들은 여러 그룹으로 나누어 책을 읽는다.

수요일: 댄스파티를 한다.

목요일: 특별한 스케줄이 없다.

금요일: 연극의 예행연습과 같은 특별행사를 위해 비워 둔다.

토요일: 전교자치회가 있으며, 회의가 끝나면 댄스파티가 있다.

일요일: 겨울에는 주로 연극 공연을 한다.

(김은산, 1976, pp.47~48)

서머힐 학교에서 배우는 교과목은 영어, 불어, 독어, 사회생태학, 과학, 생물학, 수학, 목공 및 금속공예, 도기 제작, 미술 및 수공예, 음악 등이다. 수업은 주로 오전에만 있고 오후에는 자유로이 아이들이 각기 자기가 하고 싶은 일을 하며 시간을 보낸다. 손으로 무엇을 만드는 일이나 목공 등은 수업시간 속에 들어 있지 않고 아이들이 만들고 싶은 것을 자유로이 하고 싶을 때에 하도록 되어 있다.

서머힐 학교의 교육내용에서 주목할 만한 것은 무용과 연극의 강조를 들 수 있다. 서머힐에서는 음악의 리듬을 신체의 운동으로 표현시키는 교육을 하고 있는데 이 신체의 표현은 정신적 억압으로부터의 해방을 가능케 해서 건전한 정신을 기를 수 있는 적합한 과목으로 간주되었다. 니일은 대부분의 아이들은 댄스파티를 즐기는데 춤출 때의 기쁨은 발명할 때의 기쁨과 똑같은 의미를 지닌다고 하면서 댄스가 성적인 충동을 발산하는 데 매우 좋다고 확신하였다.

그 밖에 운동으로는 축구, 정구, 수영 등의 조직적인 운동 외에 나무에 오르거나 굴을 파는 등의 야생적이고 자유로운 놀이를 겸한 운동을 많이 했다.

서머힐 학교에서 이루어지는 교육내용 중 가장 많은 비중을 차지하는 것은 연극이다. 니일은 서머힐의 생활 전체를 연극의 한 부분이라고 천명하고 연극은 그 자체로서 훌륭한 교육이라고 하였다. 서머힐에서는 대부분의 연극이 아동들에 의해 쓰여지며 아동들에 의해 제작 연출된다. 어린이들은 연극 출연을 통해서 자신감을 갖게 되며 비록 연기에 뛰어나지 못하더라도 연극에 관계된 다른 분야에서 연극 제작을 위해 서로 협력한다고 한다. 또한 서머힐에서는 자유연기(improvisation)라는 연기술이 자주 연기되었는데 이것은 하나의 상황을 즉석에서 제공하여 이를 상상하여 연기화하는 것이었다. 니일은 이러한 자유연기를 통해서 어린이들은 남의 것을 재현하거나 모방하기보다는 창조적인 어떤 것을 고무받게 되어 그들만의 자유로운 상상력으로 자신의 삶을 더욱 풍요롭게 만들 수 있다고 보고 자유연기의 교육적 가치를 높이 평가하여 중요 교육내용으로 다루었다.

이와 같이 서머힐 학교의 교육내용은 첫째, 어린이들이 좋아하고 둘째, 그들의 상상력과 창의력을 자극하고, 셋째, 그들의 삶을 자유롭고 풍부하게 하는 데 도움을 줄 수 있는 댄스파티, 연극, 운동, 음악, 놀이, 공작 등이 주를 이루고 있다.

3) 교육방법

서머힐 학교는 어린이들이 자신의 자연적 본성과 흥미에 따라 생활할 수 있도록 자유를 부여하는 데 교육의 근본이념을 둔 학교이므로 일체의 강제적인 교육방법이 배제되었다. 다시 말해서 어린이 자신이 스스로 그렇게 하겠다고 생각하고 결정하기 전까지는 누구에게도 어떤 것도 억지로 교육시켜서는 안 된다는 것이 서머힐 학교의 교육방법의 대전제였다(Neill, 1960, p.114).

서머힐 학교의 독특한 교육방법으로는 전교자치회(general school meeting)와 개별지도

(private lesson)를 들 수 있다. 서머힐 학교가 일반학교에서 강조하는 학과의 교수법에 있어서는 특별한 어떤 새로운 방법을 전혀 쓰지 않았지만 그 대신 이 학교는 '전교자치회'라는 민주적 자치 형태인 사회적 방법과 개별지도라는 아동에 대한 심리적 방법을 사용하였다.

자유의 학교인 서머힐이 무질서와 혼돈의 장소가 되지 않고 진보적 학교로서 성공할 수 있었던 것은 바로 이 민주적 자치가 성공적으로 행해졌기 때문이라고 볼 수 있다. 실제로 서머힐 학교에서는 교사의 꾸중이나 처벌 없이 학생 상호 간의 협의와 제재만으로 훌륭히 도덕적인 질서가 유지되었다고 한다. 니일은 주 1회의 전교자치회가 학교에서 공부하는 1주일분의 교과학습과정보다 더 가치가 있다고 말했으며 자치가 없는 학교는 진보적인 학교라 부를 수 없고 어린이들이 완전히 자유롭게 자기들의 사회생활을 다스릴 수 있어야만 그곳에 자유가 있다고 주장하였다(Neill, 1960, p.55). 전교자치회를 통한 민주적 자치의 방법은 시민으로서의 훈련교육이 될 뿐만 아니라 많은 사람 앞에서 자기의 의견을 거침없이 발표할 수 있는 능력도 길러 주는 좋은 기회가 되었다.

서머힐 학교의 또 다른 특징적인 교육방법으로는 아동의 개별지도라는 심리적 방법을 들 수 있다. 개별지도는 공포와 심리적 억압과 도덕적 설교 등으로 인하여 생긴 모든 콤플렉스를 제거해 주는 데 목표를 두고 화롯가에 앉아서 자유로이 이야기하는 형태로 이루어졌다. 니일은 개별지도는 진정한 자유를 누리기 위하여 자신을 청소하는 준비의 단계로 보았다. 이때 사용되는 방법은 사랑과 인정과 자기실현을 돕기 위한 자유 등을 통한 방법으로 정신병리학적 치료가 되는 경우도 있었다. 니일은 처음 문제아의 발생원인은 모두 내심의 갈등에 있고 개별지도에 의해 갈등을 해소시키면 모든 문제아가 정상적인 어린이로 회복될 수 있다고 생각했다. 그러나 여러 해 동안의 경험에 의해 거기에도 한계가 있음을 알게 되었다. 어린이들이 갖가지 문제를 일으키는 것은 문제를 일으킬 만한 상당한 이유가 있기 때문이므로 원인을 찾아 해결해 주지 않으면 안 된다는 것을 알게 되었다.

비행의 원인은 자신도 알지 못하는 무의식적 동기에 있기 때문에 꾸중이나 훈계의 방법으로는 고칠 수가 없다고 하였다. 나쁜 줄 알면서도 그 행동으로 달려가지 않을 수 없게 해버리는 무의식적 동기가 있기 때문이다. 꾸중을 들으면 어린이는 이전의 잘못을 뉘우치고 다시 그런 잘못을 하지 않겠다고 울면서 맹세하지만 그것은 그때뿐이고 며칠 지나면 전과 마찬가지가 된다. 그것은 훈계나 견책이 무의식 속 깊숙이까지는 미치지 못하기 때문이라고 하였다. 이 무의식 속에 자리 잡고 있는 것을 해결하지 않고 어린이에게 그 문제행동이 왜 나쁜가에 대한 지식을 제공하는 것으로는 문제행동을 개선시킬 수 없다고 하는 것을 깨달은 니일은 정신분석이라고 하는 여러 가지 복잡한 심리과정의 분석을 통해 자기 자신도 모르게 깊이 숨겨졌던 무의식을 밖으로 끌어내어 의식화시킴으로써 문제아를 치료하는 방법을 사용하였다.

5. 현대 교육에의 기여

니일의 혁신적이고 진보적인 교육사상은 각계의 다양한 평가를 불러일으켰다. 니일 교육사상에 대한 긍정적 부정적 평가를 담고 있는 「Summerhill-For and Aganist」에 언급된 두 측면의 평가를 살펴보면 다음과 같다.

먼저 긍정적 평가를 살펴보면 첫째, 니일의 근본사상과 서머힐 학교의 정신이 긍정적이라는 점이다. 니일의 기본사상이 어린이들에게 삶을 사랑하게 해 주었다고 보고 삶을 향하는 문화의 가능성을 제시해 주었다는 면에서 긍정적인 평가를 내리고 있다. 특히 프롬(Erich Fromm)은 니일의 기본적 사상이 생명애에 있다고 보고 니일의 교육목표는 인간을 학습과 의무, 질서와 국가에의 봉사수단으로 전환시키려는 경향을 가진 기존의 교육목표와는 근본적으로 다른 것이라고 분석하였다. 즉, 니일의 교육목표는 살아 있는 어린이들을 길러 내는 데 있다고 평가하였다(Hart, 1970, pp.250~263). 이러한 니일의 정신은 분열된 오늘의 문화 속에서 인간을 한층 밀착시키고 융화시키는 데 기여하였다.

둘째, 니일에 대한 공통적인 긍정적 평가는 니일이 가졌던 아동에 대한 이해와 사랑, 존경과 성실성 등이 높이 평가받을 만하다는 것이다. 니일은 서머힐에서의 교육을 통하여 아동에 대한 사랑과 성실성, 그리고 존경심을 바탕으로 많은 성과를 이루었다.

이 같은 평가를 내린 사람은 미국의 인류학자 몬테규(Ashley Montague)로서 그는 니일이 서머힐의 학생들을 있는 그대로의 모습으로 받아들이고 자신의 기대에 어긋난 학생들을 비난하지 않는 점을 들어 아동들에 대한 니일의 성실성을 높이 평가했다.

셋째, 니일은 비합리적이고 잔혹하며 경직된 기존의 교육을 반대하고 교육에 인간미를 부여했다는 점에서 높이 평가받고 있다. 이러한 면은 교육의 혁명으로 표현될 수 있을 정도로 당시로서는 파격적인 것이었으며 현재에 이르러서도 그 영향이 계속되고 있다.

넷째, 니일은 수업시간의 출석을 강요하지 않고 학생의 자의에 맡기는 등 새로운 교육의 형태와 교수법에 큰 변혁을 가져오는 데 공헌했다. 서머힐 학교는 학생과 교사 사이의 친근감을 조성하는 데 기여했으며 학생들뿐 아니라 진보적인 교사들에게 용기와 격려를 주었다고 평가되었다. 특히 미국의 교육학자 왓슨(Goodwin Watson)은 서머힐이 우리의 현대 세계와는 다른 세계를 목표로 한 매우 시대에 앞선 독창적 학교라고 평가하고 우리는 니일이 전개한 인간의 성장발달과 학습과정에 관해 경청하고 그의 의견을 수용하여야 한다고 주장하였다(Ibid., pp.174~193). 왓슨은 그 외에도 니일 사상의 기본원리로서 학습은 강제에 의한 것이기보다는 자발적이어야 한다는 점, 정적 학습이 지적 학습보다 더욱 중요하다는 점, 현재의 생활이 미래를 위한 준비의 노력에 우선한다는 점, 학교는 창조를 위한 교육의 장이 되지 않으면 안 된다는 점 등을 들어 니일의 업적을 긍정적으로 평가하였다.

다섯째, 니일이 새로운 의미에서의 사랑과 자유에 대한 개념을 제시해 주었다는 점이다. 특히 니일은 그만의 독특한 자유개념을 제시했는데 이 자유개념에 따르면 어린이에게 필요한 자유는 방종이 아니라 책임이 따르는 자율로 이해되어야 한다는 것이다. 이와 같이 니일은 교육에 있어서 기본적인 진리인 사랑의 필요와 자율, 자유에 수반되는 책임, 좋은 교사의 임무 등을 사람들에게 이해시키는 데 크게 기여하였다.

여섯째, 서머힐은 사회개혁에 공헌했다. 서머힐에서 수업시간의 출석 여부를 강제화하지 않은 것과 어린이들에게 자치권을 부여한 것 등은 현실 제도에의 도전이라고 볼 수 있다. 서머힐이 사회개혁에 공헌했다고 보는 학자들은 서머힐이 고립된 섬 같은 존재이지만 이런 공간이 확대될 때 인간의 해방이 가능하다고 보았고 차세대를 담당할 어린이들을 억압으로부터 자유롭게 해서 행복하게 하는 것은 곧 미래의 사회를 변혁시키는 것과 불가분의 관계를 맺고 있는 것으로 보았다.

일곱째, 니일은 사람들로 하여금 교육에 대한 반성과 올바른 교육을 모색케 하는 데 공헌했다. 이러한 평가를 한 사람은 미국의 심리학자 페파네크(Ermst Papanek)와 미국의 저술가 르샨(Eda J. Leshan) 등이다. 니일은 교육의 궁극적 목적에 관해 사람들이 냉정히 다시 생각해 보도록 했다. 니일 사상의 공헌은 교육자와 부모들에게 영감을 주어 그들이 인간성을 위한 교육에 더욱 마음을 쓰고, 더욱 사려 깊고 민감하게 관찰하여 보다 좋은 교육을 탐구케 하는 데 공헌했다고 평가했다.

다음으로 니일 사상에 대한 부정적 평가를 살펴보면 다음과 같다.

첫째, 니일의 인간관과 아동관이 그릇되어 있다는 점이다. 니일 사상에 대한 비판가들은 아동이 태어날 때부터 선하다는 루소와 니일의 사상은 진실과 거리가 멀며, 이것은 아동이 악하게 태어나며 원죄로 더럽혀져 있다는 이론만큼이나 틀린 생각으로 어린이가 본래 착하게 태어났기 때문에 더 착하게 할 교육은 필요없다고 하는 니일의 주장은 잘못이라는 것이다.

둘째, 니일이 프로이드 사상에 과도하게 집착하여 성을 지나치게 과대평가한 점을 들 수 있다.

셋째, 그의 교육관과 학교관이 잘못되어 있다는 점이다. 비판가들은 교육의 목적이 인류가 수 세기에 걸쳐 축적해 온 문화적 유산과 지적 수단의 전달에 있지, 행복의 발견에 있는 것이 아니라고 한다. 또 학생에게 지식과 기능을 갖추게 하는 일과 행복한 인간이 되도록 돕는 일은 서로 상반된 것이 아님에도 불구하고 니일은 이것을 양립할 수 없는 상반된 것으로 간주하고 한쪽만을 강조했다는 것이다.

학교는 어디까지나 공부하는 곳이지 놀이터나 휴양지가 아님에도 불구하고 니일은 학교를 이상적인 가정처럼 만들어 수업출석을 자유에 맡기는 등 어린이들이 마음대로 뛰놀며 행복해하는 장소로 만들려고 하였다. 이는 잘못된 생각이라는 것이다. 특히 어린이들을 학교에 맞추는 대신, 어린이들에게 맞추는 학교이어야 한다는 니일의 학교관은 강한 비판을 받았다. 비판가들에 의하면 학교는 사회의 일부 내지는 축소판으로 볼 수 있는데 실제 사회는 결코 인간에게 맞추어지는 것이 아니라 인간이 어느 정도 타협으로 그들 자신을 사회에 맞추어 가며 사는 것이 현실이다. 따라서 니일식으로 교육을 하면 아동이 성장하여 사회에 부딪혔을 때 많은 혼란이 초래될 수 있다는 것이 그들 비판의 요지이다.

넷째, 교육에 있어서 지적 요소를 경시한 점을 들 수 있다. 니일은 지적인 것의 중요성과 지적 탐구의 즐거움을 경시한 결과 문화와 인간성의 배후에 있는 근원적인 것들을 아동들에게 전해 주어야 한다는 중요한 임무를 간과하는 과오를 범했다. 프롬은 니일이 세계의 예술적 감정 파악만을 중시한 나머지 지적 파악의 중요성과 즐거움 및 확실성을 과소평가했다고 지적하였다(Fromm, 1969, p.12).

다섯째, 어린이들에게 지나치게 용인주의적이었다는 점을 들 수 있다. 비판가들은 니일이 어린이들에게 지나치게 안이하고 낙관적인 태도를 보임으로써 초용인주의적이었다는 점을 지적하였다. 그들은 아동과 성인과의 관계에서 지나친 자유인 용인주의는 억압이나 지나친 기대가 어린이들에게 치명적인 것과 마찬가지로 똑같이 해롭다고 보았다. 그리고 또, 니일은 어린이에 대한 육체적·도덕적 적당한 통제와 어른의 보복적 동기를 혼동하고 있다고 비판하였다.

여섯째, 니일의 이론이 지나치게 단순하다는 점이다. 이 점을 비판한 학자들은 니일이 심리학의 복잡성을 이해하지 못한 관계로 그의 이론 전개는 너무나 단순하여, 단지 어린이 편이 되어 주는 것만으로 교육이 제대로 이루어진다고 생각하고 있으나 사실은 아동들이 니일을 닮아 간 것뿐이었다고 비판했다.

일곱째, 니일이 서머힐 교육의 실패 원인을 가정의 탓으로만 돌리고 있다는 점이다. 비판가들은 어린이들이 1년의 3분의 2를 학교에서 보내고 있는 만큼 어린이의 교육이 잘못되었다면 그것은 가정이 아니라 학교의 잘못이라고 하였다.

마지막으로 서머힐이 사회와 유리된 하나의 섬이라는 점이다. 폭발적 인구 증가와 도시화, 그리고 비인간화의 사회가 되어 가고 있는 오늘날, 서머힐의 이론을 이러한 가혹한 기계문명의 세계에 적용시킬 수는 없다는 것이다. 따라서 서머힐은 신비적인 비현실의 섬으로, 인간들의 고뇌로 가득 찬 넓고 거친 바다와 같은 일반사회에는 그의 교육이론은 맞지 않다는 것이다.

참고문헌

강경호, 'A. S. Neill의 교육철학연구', 석사학위논문, 연세대학교 교육대학원, 1993.

강난희, 'A. S. Neill의 교육사상에 있어서 자유와 교육', 석사학위논문, 계명대학교 교육대학원, 1990.

강성화, 'A. S. Neill의 교육사상', 석사학위논문, 성신여자대학교 대학원, 1992.

강영혜, '낭만적 교육관과 주지적 교육관에 있어서의 자유의 의미', 석사학위논문, 서울대학교 대학원, 1982.

김선양, 'A. S. Neill의 교육사상-Summerhill-A Radical Approach to Child Rearing을 중심으로', 인하대학교 인문과학연구소, 논문집f110집, 1984.

김선혜, 'A. S. Neill의 아동교육관 연구', 석사학위논문, 한국교원대학교대학원, 1992.

김은산, 'A. S. Neill연구: 그의 사상과 서머힐 학교의 교육사적 의의', 박사학위논문, 이화여자대학교 대학원, 1976.

______, 『니일의 인간교육사상』, 서울: 배영사, 1989.

노희석, '서머힐의 교육제도에 대한 일고찰', 석사학위논문, 영남대학교대학원, 1984.

류혜숙, '호우머 레인의 교정교육 연구', 석사학위논문, 홍익대학교 대학원, 1990.

문순송, '서머힐에 나타난 Neill의 교육사상', 석사학위논문, 전남대학교 대학원, 1984.

Cobs, A. W. et al., *The professional education of teachers a humanistic approach to teacher preparation*, Boston, Allyn and Bacon, 1974.

Croall, J., *Neill of Summerhill: The permanent rebel*, New York: Pantheon Books, 1983.

Fromm. E., *Escape from freedom*, London: Routledge and Kegan Paul, 1977.

_________, 'Forward', *Summerhill: A radical approach to children rearing* by A. S. Neill, New York: Hart Publishing Co., 1969.

Hart, H. H.(ed), *Summerhill: For and against*, New York: Hart Publishing Co., 1970.

Hopkins, R. L., Freedom and Education The Philosophy of Summerhill, Educational Theory, Vol. 26, No. 2, 1986.

Kneller, G. F., *Movements of thought in modern education*, 박영환 역, 『현대교육철학』, 서울: 형설출판사, 1987.

Neill, A. S., *Freedom not license!*, New York: Hart Publiching Co, 1966.

_________, *Neill! Neill! Orange Peel!: An autobiography*, New York: Hart Publishing Co, 1972.

_________, *Summerhill*, 김은산 역, 경기: 양서원, 1987.

_________, *Summerhill: A radical approach to children rearing*, New York: Hart Publishing Co, Inc., 1960.

_________, *Summerhill: A radical approach to education*, London: Victor Gollancz, Ltd., 1962.

_________, *Talking of Summerhill*, London: Victor Gollancz, Ltd., 1967.

_________, *The free child*, London: Herbert Jenkins, 1953.

_________, *The problem child*, 김인산 외 역, 경기: 양서원, 1991.

_________, *The problem parent*, 김인희 외 역, 경기: 양서원, 1990.

_________, *The problem teacher*, 김정환 역, 경기: 양서원, 1989.

Patteson, C. H., *Humanistic education*, New Jersey: Prentice-Hall, 1973.

Perry, L. R.(ed.), Bertrand Russell, A. S. Neill, Homer Lane, W. H. Kilpatrick, London: Collier-Macmillam Ltd., 1967.

Snitzer, H., *Living at Summerhill*, New York: Collier Book, 1964.

찾아보기

인 명

내 용

A~Z

저자 소개

김동일

대구가톨릭대학교 대학원(교육학 박사)
현, 대구산업정보대학 유아교육과 명예교수
루소의 숲 교육원 원장
〈주요저서〉 Rousseau의 유아교육사상, 성취동기론, 대학생활의 목표 설계, 유아교육철학, 에밀 길라잡이(역서), 손톱 밑의 행복(칼럼집)

조옥희

대구가톨릭대학교 대학원(교육학 박사)
현, 사회복지법인 운정 이사장
〈주요저서〉 마리아 몬테소리, 몬테소리 유아교육, 영·유아교육과정

개정판 **유아교육사상사**

1판 1쇄 발행 — 1996년 4월 15일
1판 11쇄 발행 — 2008년 8월 30일
2판 1쇄 발행 — 2011년 2월 10일
2판 2쇄 발행 — 2015년 7월 25일

저 자 — 김동일 조옥희
발 행 인 — 박철용
발 행 처 — 양서원
주 소 경기도 파주시 직지길 522 파주출판문화정보산업단지
전 화 031-955-8000(대표)
팩 스 031-955-8005
http://www.yswpub.co.kr
E-Mail yswpub@chol.com
출판등록 1987년 11월 24일 No. 406-2003-037호

ISBN 978-89-5964-693-7

정가 16,000원